THE POLITICS BOOK

“人类的思想”百科丛书
精品书目

更多精品图书陆续出版，
敬请期待！

“人类的思想”百科丛书

THE POLITICS BOOK

政治学百科

英国DK出版社 著

张乎安 王剑鸣 译

中国社会科学院政治学研究所 周少来 审校

電子工業出版社
Publishing House of Electronics Industry
北京 · BEIJING

图书在版编目（CIP）数据

政治学百科/英国DK出版社著；张乎安，王剑鸣译. —北京：电子工业出版社，2015.5
（“人类的思想”百科丛书）
书名原文：The politics book
ISBN 978-7-121-25036-1

Ⅰ. ①政…　Ⅱ. ①英…　②张…　③王…　Ⅲ. ①政治学－通俗读物　Ⅳ. ①D0-49

中国版本图书馆CIP数据核字（2014）第283937号

策划编辑：郭景瑶（guojingyao@phei.com.cn）
责任编辑：雷洪勤　张　昭
印　　刷：鸿博昊天科技有限公司
装　　订：鸿博昊天科技有限公司
出版发行：电子工业出版社
　　　　　北京市海淀区万寿路173信箱　邮编：100036
开　　本：850×1168　1/16　印张：22　字数：666千字
版　　次：2015年5月第1版
印　　次：2024年4月第7次印刷
定　　价：148.00元

凡所购买电子工业出版社图书有缺损问题，请向购买书店调换。若书店售缺，请与本社发行部联系，联系及邮购电话：（010）88254888，88258888。
质量投诉请发邮件至zlts@phei.com.cn，盗版侵权举报请发邮件至dbqq@phei.com.cn。
本书咨询联系方式：（010）88254210，influence@phei.com.cn，微信号：yingxianglibook。

www.dk.com

混合产品
纸张｜支持负责任林业
FSC® C018179

扫码免费收听DK“人类的思想”
百科丛书导读

“人类的思想”百科丛书

本丛书由著名的英国DK出版社授权电子工业出版社出版，是介绍全人类思想的百科丛书。本丛书以人类从古至今各领域的重要人物和事件为线索，全面解读各学科领域的经典思想，是了解人类文明发展历程的不二之选。

无论你还未涉足某类学科，或有志于踏足某领域并向深度和广度发展，还是已经成为专业人士，这套书都会给你以智慧上的引领和思想上的启发。读这套书就像与人类历史上的伟大灵魂对话，让你不由得惊叹与感慨。

本丛书包罗万象的内容、科学严谨的结构、精准细致的解读，以及全彩的印刷、易读的文风、精美的插图、优质的装帧，无不带给你一种全新的阅读体验，是一套独具收藏价值的人文社科类经典读物。

“人类的思想”百科丛书适合10岁以上人群阅读。

《政治学百科》的主要贡献者有Paul Kelly, Rod Dacombe, John Farndon, A.S.Hodson, Jesper Johnson, Niall Kishtainy, James Meadway, Anca Pusca, Marcus Weeks等人。

目 录

10 前言

古典政治思想
公元前800年—公元30年

20 子欲善而民善矣
孔子

28 兵者，国之大事
孙子

32 非士无与虑国
墨子

34 除非哲学家成为国王，否则城邦将贻害无穷、永无宁日
柏拉图

40 人是天生的政治动物
亚里士多德

44 独轮之车，无法前行
考底利耶

48 奸邪之臣安利不以功，此亡之本也
韩非子

49 政权就像皮球一样被人们交相传递
西塞罗

中世纪政治
30年—1515年

54 如果没了正义，那政府与组织严密的强盗团伙何异？
希波的奥古斯丁

56 即使你们厌恶战争，但战争也已成为你们的定制
穆罕默德

58 凡人总不愿接受有德者的统治
法拉比

60 不经本国法律之审判，不得将任何自由人逮捕与囚禁
约翰王时期的封建贵族

62 正义战争必须具备一个正当的理由
托马斯·阿奎那

70 政治性的生活，就是遵从良善法律的生活
罗马的吉尔斯

71 教会应当谨遵耶稣基督的先例，放下手中世俗的权力
帕多瓦的马西利乌斯

72 政府欲阻止非正义，但却总在这一过程中制造非正义
伊本·赫勒敦

74 精明审慎的君主绝不能总信守诺言
尼科洛·马基雅维利

理性与启蒙
1515年—1770年

86 起初，万物乃世之共有
弗朗西斯科·德·维多利亚

88 主权是一个国家绝对的、永久的权力
让·布丹

90 自然法是人类法的基础
弗朗西斯科·苏亚雷斯

92 政治是一门使人相联的艺术
约翰内斯·阿尔图修斯

94 自由就是掌控自我的权利
胡果·格劳秀斯

96 自然状态就是一切人反对一切人的战争状态
托马斯·霍布斯

104 法律的目的是保护和扩大自由
约翰 · 洛克

110 当立法权和行政权集中于同一个机构之时，自由将不复存在
孟德斯鸠

112 独立企业家就是优秀公民的典范
本杰明·富兰克林

革命思想
1770年—1848年

118 放弃自由，就是放弃做人的资格
让-雅克·卢梭

126 幸福不能成为任何普遍有效的法律原理的基础
伊曼纽尔·康德

130 必须对人的激情加以束缚
埃德蒙·伯克

134 以财产为基础的权利最不牢靠
托马斯·潘恩

140 人生而平等
托马斯·杰斐逊

142 每个民族都在其自身之内存在自己幸福的中心
约翰·戈特弗雷德·赫尔德

144 政府只是在诸恶之中做选择
杰里米·边沁

150 人民有权持有和携带武器
詹姆斯·麦迪逊

154 最值得尊敬的妇女所受的压迫最深
玛丽·沃斯通克拉夫特

156 奴隶会觉得自为存在只是外在的东西
格奥尔格·黑格尔

160 战争是政治通过另一种手段的延续
卡尔·冯·克劳塞维茨

161 废奴与联邦，不共戴天
约翰·C.卡尔霍恩

162 穷兵黩武的国家必将走向衰败
西蒙·玻利瓦尔

164 英明的政府必须认识到其社会向前发展的需求
何塞·马利亚·路易斯·莫拉

165 一个社会出现“废除家庭”的声音是社会病态的征兆
奥古斯特·孔德

大众的崛起
1848年—1910年

170 美国是民主制度的典范
阿历克西·德·托克维尔

172 不要用“我”字，要用“我们”
朱塞佩·马志尼

174 今天敢于标新立异的人实在太少，这已然是这个时代最主要的危机
约翰·斯图亚特·密尔

182 若不能得到他人的同意，一个人无论多优秀都不足以统治另一个人
亚伯拉罕·林肯

183 财产就是盗窃
皮埃尔-约瑟夫·蒲鲁东

184 权贵都是没有思想和心灵的人
米哈伊尔·巴枯宁

186 最好的政府是根本不进行治理的政府
亨利·戴维·梭罗

188 共产主义是历史之谜的解答
卡尔·马克思

194 谁赞成共和制，谁就是在诛杀自由
亚历山大·赫尔岑

195 必须寻求我国的基轴
伊藤博文

196 权力意志
弗雷德里希·尼采

200 神话本身就具有独一无二的重要性
乔治·索雷尔

202 我们必须根据工人的现实状况来帮助他们
爱德华·伯恩施坦

204 我们虎视眈眈的强大邻居是拉丁美洲最大的威胁
何塞·马蒂

206 有必要为了成功而冒险
彼得·克鲁泡特金

207 要么让女人死，要么让女人投票
埃米琳·潘克赫斯特

208 那些反对建立犹太国的人简直不可理喻
西奥多·赫茨尔

210 若让工人过得穷困潦倒，那这个国家已经无可救药
比阿特丽丝·韦伯

211 美国在保障性立法方面的缺失让人失望
简·亚当斯

212 耕者有其田
孙中山

214 人不过是这台不断运转的机器中的小小齿轮
马克斯·韦伯

意识形态的碰撞
1910年—1945年

220 非暴力是我的第一信念
莫罕达斯·甘地

226 有群众的地方才有政治
弗拉基米尔·列宁

234 工人运动是一定社会条件下不可避免的必然结果
罗莎·卢森堡

236 绥靖主义者喂鳄鱼，只是祈望自己能成为最后一个被吃掉的人
温斯顿·丘吉尔

238 法西斯主义就是由国家包揽一切
乔万尼·秦梯利

240 必须剥夺富农的生产资料
约瑟夫·斯大林

242 只要目的正当就可不择手段的话，那么怎样才能确保目的的正当性呢?
列夫·托洛茨基

246 我们将给农民和商人提供担保，从而团结全体墨西哥人
埃米利阿诺·萨帕塔

247 战争就是一门大发横财的生意
史沫特莱·D.巴特勒

248 主权不能靠施舍，而要靠夺取
穆斯塔法·凯末尔·阿塔图尔克

250 欧洲的传统道德秩序已荡然无存
何塞·奥尔特加·伊·加塞特

252 吾等四亿人，齐声唤自由
马库斯·加维

253 印度脱离大英帝国殖民之日才是印度真正独立之时
罗易

254 主权者就是决断什么是例外情况的那个人
卡尔·施米特

258 后殖民时代非洲国家仍面临外部势力剥削的威胁
乔默·肯雅塔

259 政权必须要承担“教育者”的角色
安东尼奥·葛兰西

260 枪杆子里出政权
毛泽东

战后

1945年—2013年

270 **无限政府乃是诸恶之首**
弗雷德里希·哈耶克

276 **议会政体与理性主义政治隶属不同的传统**
迈克尔·欧克肖特

278 **伊斯兰圣战的目标是消灭非伊斯兰制度的统治**
赛义德·毛杜迪

280 **除了他人的强制，没有任何东西会剥夺一个人的自由**
安·兰德

282 **每一个已知的、确认的事实都可能遭到篡改**
汉娜·阿伦特

284 **女人是什么？**
西蒙娜·德·波伏娃

290 **任何自然物都不仅仅只是一种资源**
阿伦·奈斯

294 **我们不反对白人，只是反对白人至上主义**
纳尔逊·曼德拉

296 **只有弱者才会相信政治是合作的场所**
吉安弗朗科·米利奥

297 **在斗争的初级阶段，被压迫者有可能会转变为新的压迫者**
保罗·弗莱雷

298 **正义是社会制度的第一美德**
约翰·罗尔斯

304 **暴力是殖民主义的本质形态**
弗朗茨·法农

308 **给选票，还是吃子弹？**
马尔科姆·X

310 **我们要“砍下国王的头”**
米歇尔·福柯

312 **世上根本没有什么解放者，是人民自己解放了自己**
切·格瓦拉

314 **每个人都先得把富人们哄开心**
诺姆·乔姆斯基

316 **世界上没有什么东西比纯粹的无知更危险**
马丁·路德·金

322 **改革的实质在于把社会主义和民主结合起来**
米哈伊尔·戈尔巴乔夫

323 **我们的知识分子们愚昧地反对着伊斯兰教**
阿里·沙里亚蒂

324 **战争的残酷性将驱使人们打破每一道道德的限制**
迈克尔·沃尔泽

326 **比“最小政府”拥有其他任何多余职能的政府形式都是非正义的**
罗伯特·诺齐克

328 **没有哪条伊斯兰教义写过妇女的权利可以被侵犯**
希尔琳·艾芭迪

329 **自杀式恐怖袭击是对外国侵略者的回击**
罗伯特·佩普

330 **人名录**

340 **术语表**

344 **索引**

351 **致谢**

INTRODUCTION

前言

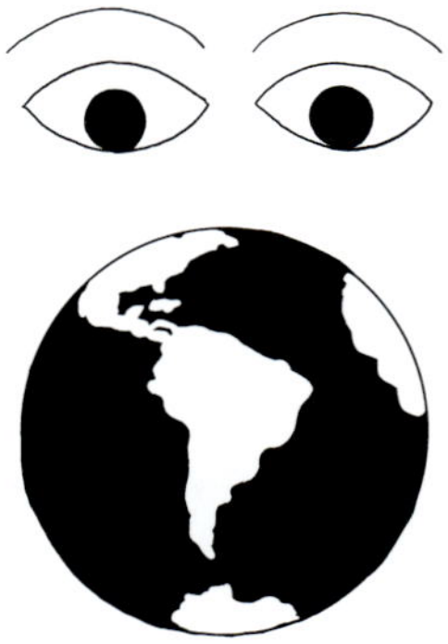

如果人人都能心想事成，那么也许这世上就没有所谓的“政治”了。你会在本书中发现，人们对于“政治”有太多不同的理解。然而，无论你偏爱哪一种理解方式，你都必须承认，让每个人都心想事成是不可能的。相反，为了获得心仪的东西，人们不得不与他人角逐、竞争、妥协，甚至战斗。而在此过程中，我们会逐渐提出一些话语，来向人们说明为什么自己的追求是正当的，而别人的追求是不正当的。它可以是一套关于个体利益或集体利益的说辞，也可以是一种关乎权利、自由、公平和正义等价值观的话语。所以说，从一开始，“政治”这项实践活动就与各种思想观念的产生和发展密切相关。人们总是通过这些观念，来维护自己的政治诉求，捍卫自己的政治利益。

> 政治社会的存在是为了高尚的行为，而不是仅仅为了共处。
>
> ——亚里士多德

但若要就此判断“政治”就是些关于政治的思想的话，那也未免以偏概全了。有人就提出，政治可以被简化为这样一个问题：什么人通过何种方式，于何时何地获得什么东西。在某种程度上，政治就是对我们日常生活中各种挑战的回应；而且由于政治必然是一种非个人的现象，因此它也暗示着集体行为优先于个人行为。然而，以古希腊思想家亚里士多德为代表的思想流派认为，政治绝不只是在资源稀缺条件下人们满足物质需求的各种动作；它还应该包含人类社会中的许多复杂的问题：谁应当统治这个社会？他应当拥有怎样的权力？与家庭和宗教等权威来源比起来，政治的统治又有何独特的正当性？

亚里士多德声称，人是天生的政治动物。这句话并不是想说人们在社会中生活会比离群索居过得更好，而是认为思考和参加公共事务的决策，本身就符合人（参与政治）的自然天性。因此，他认为，政治不是一种争名夺利的行动，而是一种高尚的行为，人们能通过政治来决定要遵循怎样的公共规则，确立要追求怎样的共同目标。

政治道德主义

不过，在亚里士多德看来，并非所有人都有资格参与政治：在他的思想体系里，女人、奴隶和外邦人被他明确地排除在外。虽然如此，他的一个基本观点至今依然引人共鸣，那就是，政治是人们为着某些共同的理想和目标进行的集体性活动。但是，共同的目标又是什么呢？自古以来，众多思想家和政治人物就对政治能够或应该做什么提出过各自不同的观点。这些以讨论政治目标为主的话语，在政治学中叫作政治道德主义。

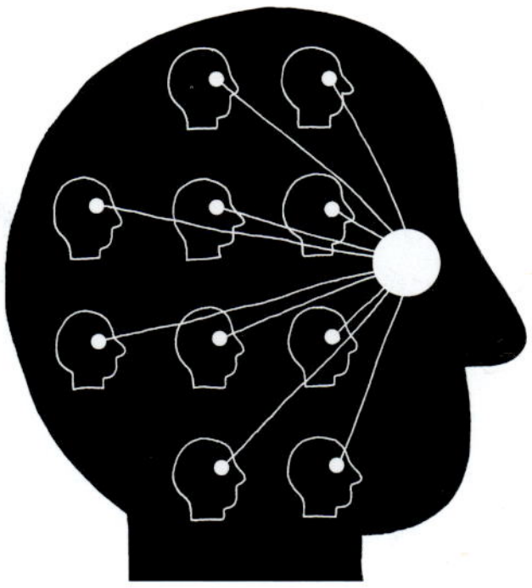

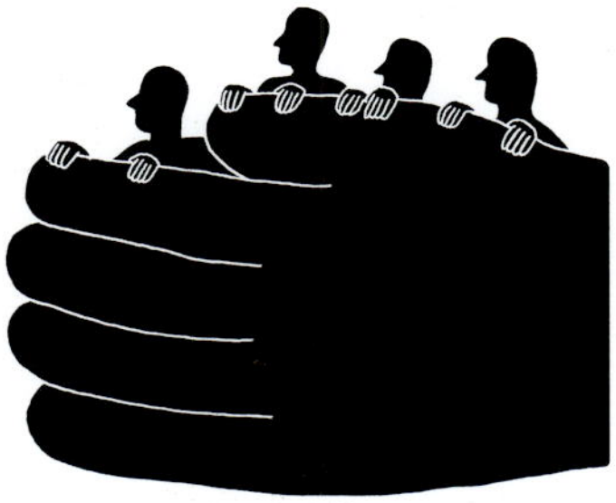

在道德主义者看来，政治乃是伦理学或道德哲学的分支，所以许多哲学家同时也是政治思想家。政治道德主义者呼吁，政治活动应致力于实现某些实质性的目标，而政治安排应当用以保护某些特定的事物，其中就包括诸如正义、平等、自由、快乐、友爱或民族自决等政治价值。而道德主义者中走得最远的一部分人，还创造了一幅理想的政治社会图景，名唤乌托邦。乌托邦这一名词来自英国政治家、哲学家托马斯•莫尔于1516年出版的著作《乌托邦》；在该书中，作者就描绘了他心中完美国家的样子。乌托邦式的政治思想可以追溯到古希腊哲学家柏拉图的著作《理想国》，而到了今天，仍有一些现代思想家还会用它来阐明思想，例如罗伯特•诺齐克。无论如何，从好的方面看，乌托邦思想是人们对建设更美好社会的向往和努力。本书将要论及的众多思想家中，也有不少人曾利用这一理念来论述人们值得追求和保护的价值观。

政治现实主义

然而，政治思想中还有一大流派并不认为政治就是传递和实现自由和幸福之类的价值观的；相反，他们主张，所谓政治，就是关于权力的那些事。在他们眼中，只有通过权力，才能实现目标、打倒敌人或维持现状。如果没有了权力，那无论你的政治价值多么高尚都没用。这些着眼于权力而非道德的思想家，我们称他们为现实主义者。他们对人性总保持阴暗的怀疑态度，并把话题集中在权力、冲突和战争上面。在权力问题上，最伟大的政治理论家大概要数十六七世纪的意大利人尼科洛•马基雅维利和英国人托马斯•霍布斯了。他们生活在各自国家战乱纷飞的年代，这很可能对他们的思想倾向产生了影响。其中，马基雅维利认为，人就是“忘恩负义的骗子”，既不高尚，也不正直；他提醒人们，脱离了权力玩政治是十分危险的。而在霍布斯看来，人类在进入社会前那没有法律约束“自然状态”，是一切人对一切人的战争状态，只有主权者获得“社会契约”赋予的绝对权力，才能把社会从这种残酷的状态中解救出来。这种对权力的关怀并不是那个年代独有的风景，如今，21世纪的政治思想家也同样关注权力的来源和实践。

> **关于政府形式的问题就留给傻瓜们去争论吧；只有最得心应手的政治形式才是最好的选择。**
>
> ——亚历山大•蒲柏

政治谋略

现实主义和道德主义都算得上是一种宏大的视角，它们都希望从整体上来把握政治实践及其与其他因素的关系。然而，并非所有的思想家都会采用这种广阔的视角来看问题。除前面两种外，政治学中

还有一个历史同样悠久的门派，他们对政治中的实际操作和趋利避害之术发表了高见。他们认为，既然战争和冲突将永远无法避免，既然自由和平等价值间的争论也永远无法平息，那么我们何不在制度设计、政策制定以及任贤使能的事务上更费点心思呢？例如，先秦思想家孔子就对负责为君王出谋划策的辅臣应当具备的德行与贤能进行过深邃的探讨。

意识形态的兴起

政治思想有一种衍生品叫作意识形态，它的一个分支话题就是探讨为何不同历史时期有着不同的政治思想。意识形态问题可以追溯至德国哲学家黑格尔和马克思的历史哲学。他们解释了不同时代的政治观念如何随着社会实践和制度的变化而产生差异，还分析了同一概念的含义在不同历史时期有何不同。

例如，柏拉图和亚里士多德认为，民主制是一种危险且容易腐化的体制；而在大部分现代人看来，民主却是最好的政权形式。你看，当今各个威权主义政体国家的民主呼声不是都很响亮吗？还有许多例子，比如，人们曾经认为奴隶制是天经地义；又如，在20世纪之前，几乎没有社会会认为女性应该被赋予公民权。

那么，是什么让“平等”这样的概念变得重要，又让“奴隶制”和“君权神授”之类的思想失去支点的呢？马克思对此的解释是，思想意识总是受阶级利益的影响。那么，各个阶级迭次兴衰，其利益此消彼长，也就影响了这些“主义”的起伏变化。当然，阶级利益并非是意识形态的唯一来源；有不少政治思想甚至可以直接从意识形态内部发展出来。比如，自由主义、保守主义、社会主义和民族主义就从各自内部演变出了许多新的分支。

> **哲学家们只是用不同的方式解释世界，而问题在于改变世界。**
>
> ——卡尔·马克思

有批评者指出，如果观念仅仅只是历史进程的一种反映，那就必然意味着，历史中的个体都只能扮演极其被动的角色，这样一来，理性的协商与辩论的意义就极为有限了。在他们看来，意识形态之争就像一场足球比赛，决定胜负的因素主要在于谁热情更高而非谁更有道理，并且，成王败寇，赢球才是硬道理。所以这让许多人担心，意识形态将会导致最糟糕的极端现实主义，为了意识形态目标可以不择手段地争取胜利。意识形态政治仿佛就是不可调和的敌对阵营之间一场无休止的永恒斗争。

关于未来的争论

在黑格尔看来，政治思想是各个国家、文化和社会运动的抽象表现形式。而若想理解这些思想以及思想所反应的政治过程，你就必

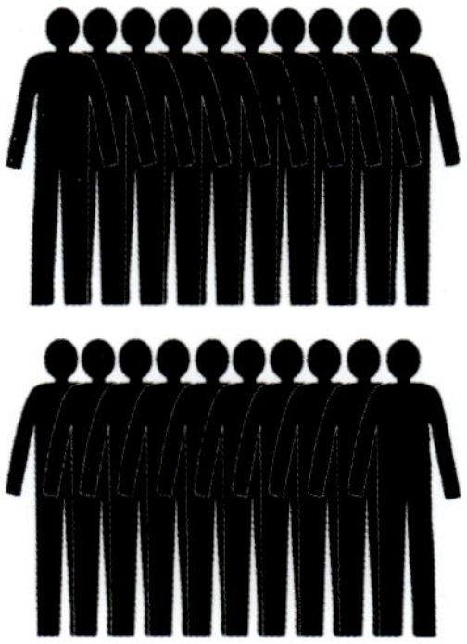

须要对它们的演变历史进行梳理。这里的“历史”，指的是它们演变成如今这副样子的来龙去脉。同时，黑格尔还认为，人们不能对历史的走向做出精确的预判。

在罗马神话中，“密涅瓦的猫头鹰”是智慧的象征。而在黑格尔看来，“密涅瓦的猫头鹰总是在黄昏起飞”；他这句话的意思是说，智慧和认识要靠事后的反思才能实现。黑格尔曾提醒过，请那些在历史前进方向问题上指点江山的人不要太过乐观。我们总是容易认为，自己所处的时代是有史以来最为先进、开明和理性的时代，因为人们看到法治、人权、民主和自由市场的价值已经得到普遍的接受。但是在本书之中，你会发现，这些思想并非想象中那么简单，而且也并未得到所有人的认同。

随着帝国主义的衰落和殖民主义的式微，过往的80年历史里人类见证了又一批新兴国家的诞生。比如，南斯拉夫、捷克斯洛伐克和苏联被分裂出多个新的国家。当然，既然有一些国家主权独立了，就会有另一些国家要寻求合作与结盟。过去几十年里，我们见证欧盟的诞生，在它的垂范之下，还有更多的国家开始寻求更加紧密的国际合作，比如北美自由贸易区，以及其他的地区性合作机构，等等。

这样看来，过去盛行一时的国家主权概念，就在如今这个活跃着主权国家、跨国公司和区域合作组织的时代里显得有些缺乏解释力了。这也许正印证了黑格尔的这句话：人们不要妄自预测未来。而且，在我们这一代的理所当然的思想，很可能在以后就不那么有说服力了。

因此，要读懂当下的世界，就要弄清历史长河之中的各种政治思想理论。这些过往的思想不但能够为当下的现象提供洞见，还能时刻警醒我们不要对自己的价值观太过自以为是；同时，它还会告诉我们，人类有可能继续发明出其他不同的社会组织和管理的方式。既然还会有新的权力形式出现，那么对于这些权力进行分配与监管的方法和思想就都还会应运而生。政治与我们每个人都息息相关，因此在关于政治的讨论之中，没有谁会是局外人。■

政治是一个麻烦到让政治家都无从下手的问题。

——戴高乐

ANCIENT POLITICAL THOUGHT

800 BCE—30 CE

古典政治思想

公元前800年—公元30年

公元前770年

中国进入**春秋**时期，随后出现了百家争鸣的局面。

公元前600年

军事家**孙子**为吴王阖闾献上《孙子兵法》。

公元前6世纪

孔子提出了一个由士人阶层治理并继承和弘扬**礼治**的施政理念。

公元前594年

梭伦改革为**雅典**的民主制铺平了道路。

约公元前510年

罗马共和国成立。

公元前476年—前221年

中国处于**战国时期**，七大诸侯国战事频繁。

约公元前460年

普罗泰戈拉等智者派声称，政治正义只是人们制造的一个**价值观**，而不是正义的天然表现。

公元前339年

常年针砭**雅典政治**和**社会弊病**的苏格拉底被判处死刑。

人类的政治思想史可以追溯到古希腊和中国先秦时代。那时候，两个文明都涌现出一批思想家，对人们周遭的世界进行观察和分析；他们的这一行为被称为“哲学”。从公元前6世纪开始，他们之中的一些人将思考的焦点移向了社会的运作方式问题上来。他们所思考的问题并不局限于政府应如何保障人民的幸福和安宁，而是更多地追问如何让人们过上一个“好的生活”。所以，当时的政治思考通常被视为伦理学或者道德哲学的一部分。

先秦政治思想

公元前770年前后，中国进入春秋时期，各诸侯国间相对和平，学术得以繁荣发展，形成了“百家争鸣”的文化景象。这其中，最有影响力的思想家莫过于孔子。他将伦理和政治哲学思想融为一体，提倡仁德，尊古“复礼”。

之后，针对孔子思想中过于注重君臣之别而出现无道之君和政治腐化的问题，孟子和墨子各自对其进行了改良。而随着中国来到战国时期，战事征伐成为时代的主旋律，在这个背景下，强调严刑峻法的韩非子及其法家学派应运而生。在此之前，已有春秋时期军事家孙子运用其军事思想来主导国家的内政外交了。这一系列集权和实用的政治哲学获得时代的青睐，也推进了中国的统一。

古希腊的民主

而在几乎同一时期的希腊，也出现了一段灿烂多彩的文明时期。此时的希腊是由一系列的独立城邦组成，各邦的政治制度也各不相同。其中多数城邦采用的是君主制和贵族制，但雅典却在梭伦改革之后逐渐形成了一套民主政治体制，并迅速成为希腊的文化中心，孕育出一大批伟大的哲人。这些思想家在这里探讨何为理想城邦，

公元前470年—前391年

墨子提出**尚贤思想**，主张任贤使能，根据才干提拔士卿。

约公元前380年—前360年

柏拉图在《理想国》中倡导，城邦应由**哲学王**进行统治。他说，只有哲学王才拥有理解美好生活本质的知识和智慧。

公元前335年—前323年

亚里士多德在《政治学》中，对两类六种政府形式进行了探讨，并认为其中的**共和政体**最为实在。

约公元前370年—前283年

考底利耶辅佐旃陀罗笈多建立**孔雀王朝**。

公元前372年—前289年

孟子进一步发展**儒家思想**。

公元前3世纪

商鞅和韩非子等人的集权主张演变出**法家**思想。

公元前2世纪

汉朝宣布罢黜百家，**独尊儒术**。

公元前54年—前51年

西塞罗以《理想国》为参考而写下《论共和国》，不过他主张的政府形式**更为民主**。

何为统治之目的，最好的实现途径又是怎样的道路。其中，柏拉图为哲学王统治奔走高呼，而其弟子亚里士多德则潜心对各种统治的形式展开了比较研究。这两个人的思想成为今后两千多年西方政治哲学的基石。

亚里士多德之后，随着亚历山大大帝的横空出世，古希腊哲学的黄金时代也宣告完结。亚历山大开疆拓土，其马其顿帝国也一度远及喜马拉雅地区，但在印度遇上了顽强的阻击。

说到印度，古代南亚次大陆也曾分裂割据，但是在名臣考底利耶的辅佐之下，旃陀罗笈多完成了统一，建立了孔雀王朝。考底利耶推崇赏罚分明的实用主义策略，在他眼中，国家收支和物资安全比施政的伦理重要得多。他的策略也帮助孔雀王朝顶住了各方的反扑，南亚次大陆实现了超过百年的统一。

罗马崛起

而在欧洲，一个新兴势力正在崛起。公元前510年前后，罗马人民推翻暴君统治，建立起了共和国，并实行了与雅典类似的代议制民主体制。罗马共和国制定了法案，并由两位民选的执政官来治理，还有元老院辅以议政。政治的成熟使得罗马共和国迅速壮大，日益征服了欧陆大部分领土。但是，公元前1世纪，国家高层分裂并引发战事，最后导致了恺撒的独裁统治。罗马帝国很快取代了共和国，并将在接下来的近500年时间里成为欧洲的统治者。■

子欲善而民善矣

孔子（公元前551—公元前479年）

背景介绍

思想流派

儒家思想

聚焦

为政以德

此前

公元前1045年 周朝时期，天命是统治的重要依据。

公元前8世纪 历史进入春秋时期，百家争鸣局面开始形成。

此后

公元前5世纪 墨子针对儒家学说可能存在的任人唯亲的弱点提出了尚贤的思想。

公元前4世纪 孟子进一步发展和传播了儒家思想。

公元前3世纪 更强调权术的法家开始主宰当时的政治思想。

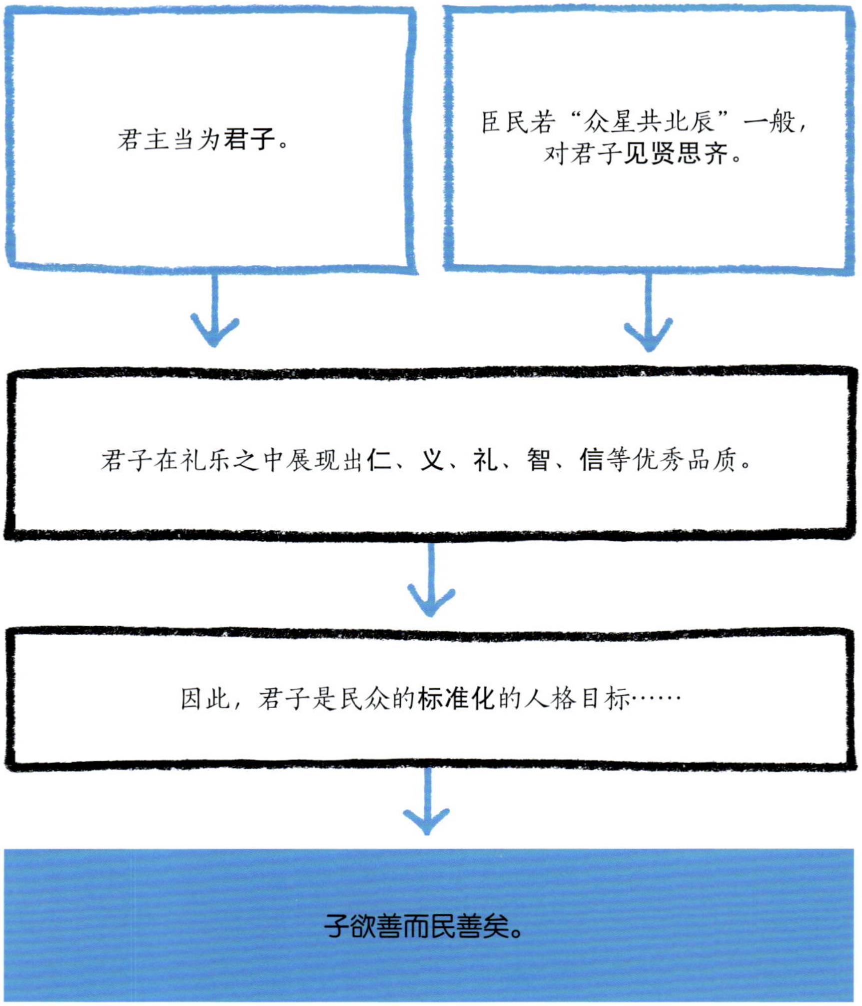

春秋战国是中国历史的大转型时期。其中，在长约300年的春秋时期，社会相对繁荣稳定，孕育出了诗书文艺百花齐放、哲学思想诸子争鸣的局面。在此阶段，一个由文人和思想家组成的新兴士人阶层日益崛起，他们大部分择主而事，寄于公卿贵族门下，为其主行出谋划策之事。

这些士人的新思想层出不穷，也引起了中国社会结构的震荡。这些人不是凭借出生贵贱，而是根据自己的才能而得到任用，因此他们也对此前一直依天命而治的世袭王公贵族们形成了挑战。同时，社会结构的变化还在一定程度上为各诸侯间的战事冲突再加了一把柴火，并在之后的战国时期愈演愈烈。

君子

孔子就生活在春秋时期的末期。孔子名丘，字仲尼，他同大多受过教育的没落贵族一样，年轻时代也曾在仕途方面有过努力。在从政期间，孔子有幸对君臣间的关系耳濡目染，对时代的礼崩乐坏感怀于心。在这些背景的影响下，他以自己的道德哲学体系为基础，开始着手构建起一套引导圣君贤臣“为政以德”的政治理论体系。

孔子的道德观深深植根于

参见：孙子 28~31页，墨子 32~33页，韩非子 48页，孙中山 212~213页。

周朝礼治，其核心包括仁、义、礼、智、信等传统美德。而汇聚这些美德于己身的君子，则成为平民百姓应当追求的理想人格标准。在孔子看来，人并非天生性善，但他们却能在理想人格的感召下不断完善自我修养。同样，在“为政以德”的君臣的领导下，社会也能向好的方向发展。

孔子的道德和政治哲学中，“恕”的观念都十分重要；所谓“恕”，指的是正直、宽厚地对待他人并得到相同的回报。根据这一理念，如果君主希望其臣民有德，那么他自己就必须先以身作则；而若君主能做到这点，那么臣民便将备受勉励，出于对君王的忠诚与敬仰，他们便会效仿君主的德行。《论语》一书收集和整理了孔子平时的教诲和言论，其中便有“子欲善而民善矣”的说法，所以“君子之德风，小人之德草，草上之风，必偃。”然而，想要让这一理念付诸实施，还需改造社会结构，创建一个既能维系贵族统治，又能容纳新兴士人阶层的等级秩序。为此，孔子再次回归传统价值，试图以家庭人伦关系为基础，建立起相应的社会人际体系。他说，“君使臣以礼，臣事君以忠”。那么，君王之礼与臣属之忠，就好比父亲之慈与儿子之孝（在中国人心中这种父慈子孝是最为重要的人伦关系）。

孔子提出五伦，即五种纲常

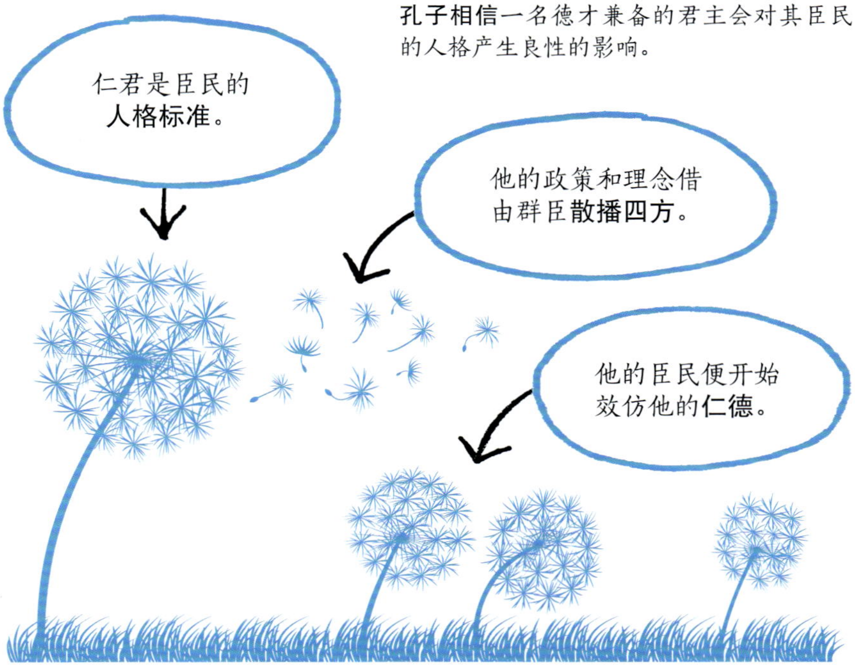

孔子相信一名德才兼备的君主会对其臣民的人格产生良性的影响。

孔子

孔子在中国历史上具有极高的地位，他于公元前551年出生于鲁国曲阜的一个富足且有名望的家庭。然而，在其父亲去世之后，孔子一度生活穷困，但仍在空闲时间有志于学，以期迈入仕途。其后，他成为鲁国的一名官员，并逐渐形成和完善了自己的治国思想；不过，他的谏言很少被采纳，并随后饮恨辞职。他尽其余生周游列国，传授治国之道。最终，他回到故乡曲阜，卒于公元前479年。

主要作品

（这些作品并非孔子亲自写就，而是后人对孔子及其弟子的言论学说进行的整理和编撰。）

《论语》
《中庸》
《大学》

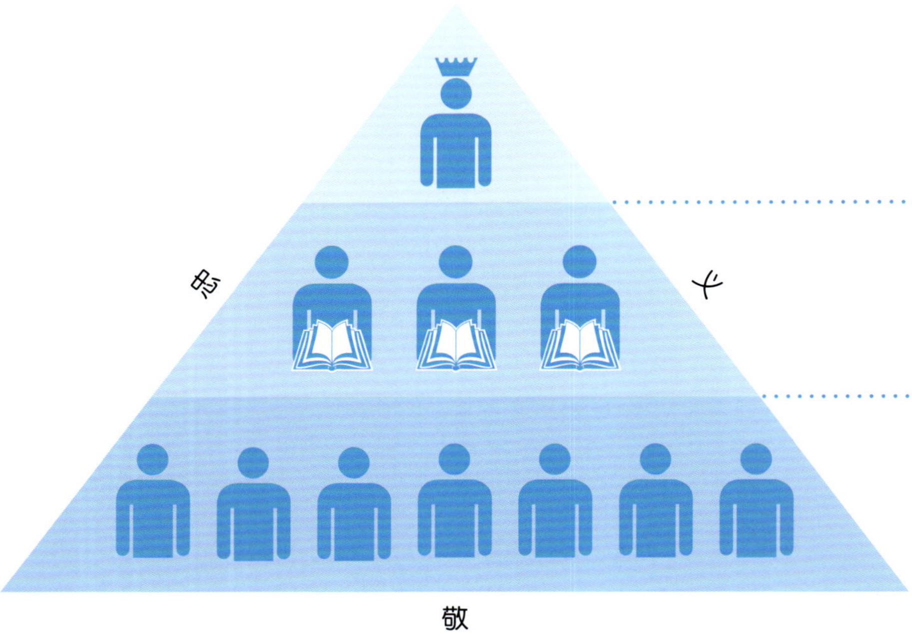

在孔子眼中，君王生而位尊。他的职责是以身作则，践行完美品行，从而为其治下的民众树立表率。

公卿大夫充当着君王与其子民之间中间人的重要角色。他们对这两边都有尽忠之义务。

依孔子来看，有了优秀的人格榜样以效仿，有了系统的社会规范以指引，**百姓**即能走上正道，有耻且格。

关系：君臣关系、父子关系、夫妻关系、兄弟关系和朋友关系。在这些关系中，他不仅强调人们因代际、年龄和性别有尊卑之别，更是强调一对人伦关系的双方都应承担相互的责任——在任何一组人伦关系中，位尊者对于位卑者的责任与位卑者对于位尊者的责任同等重要。若能将这些人伦关系拓展到社会领域之中，那么他们之间的相互权利和义务就能够赋予社会强大的凝聚力，营造一种社会各阶层之间互恭互敬的良好氛围。

支持世袭制

在孔子构想的等级秩序里，君王居于最高地位，并且以世袭制来交接和继承；从这方面，我们能看出孔子政治思想中的保守性。既然家庭关系为社会关系做了参考，那么人们对长辈（尤其是父亲）的孝德也延伸到了祖先身上；这种对祖先的崇拜又恰好为世袭制提供了依据。而父亲既然是一家之主，那么国家自然也应当由君父来进行家长制统治了。

然而，在孔子的思想中，君王的地位并非绝对不可动摇。他认为，无道或昏庸的君王理应遭到反对甚至罢黜。不过，孔子思想中最具创造性的部分则是关于君王之下的那个阶层——具体而言，孔子主张让士人阶层来担任君王身边的宰辅谋臣。他们介于君王与其子民之间，并且对两边均须尽忠诚之义务，因此他们的地位对一国而言极其重要。而正因他们身负重责，所以就必须确保他们能经得起精挑细选，并具有君子之德。而在孔子的理论中，君王唯有“修己身”才可招徕贤臣，也正如他所说：“故为政在人，取人以身，修身以道，修道以仁。”

群臣的主要职责是为君王出谋划策，他们不仅要熟谙治国之术，也要论史议政善外交，从而为君王的纵横捭阖提供参考。同时，这一士人阶层还必须在防止君王施

> **为政之道，在于君君，臣臣，父父，子子。**
>
> ——孔子

行暴政方面发挥同样重要的作用，因为他们不仅要尽忠于上，还要施仁于下。他们也得像君王一样，必须以身作则，用其善德善行来引导君王及其子民。

复礼

孔子言论的许多内容都在论述君子在不同情景下的处事之道，因此它们读起来好似一部箴言集或礼节指南。不过，孔子也强调，礼节仪式绝不是毫无意义的形式。他所描绘的种种礼节，并非只是一些社交规范，而其本身就拥有重要的价值；为此，施礼者就必须心诚，即所谓“人而不仁，如礼何”。而公卿大夫不仅要嘉言懿行，而且必须表现得举止达礼。也正因如此，孔子对祭祀礼乐的重要性做出了反复的强调。另外，这些礼仪还可以用来划分社会中不同成员的身份地位；而孔子对礼治方面的提倡，也再一次展现了他的保守性。

这些礼节仪式，给人们提供了一套机制，使其在礼仪之中能上尽其“忠”，而下施其“德”。依孔子来看，这些礼仪应该渗透到社会的每一个角落，从王室的正规庆典到民间的日常交往都应有其印记；而通过这些礼仪，每个参与者也都能对各自在社会人伦秩序中的角色进行再认。孔子称，唯有在施礼的过程中满怀真诚，其德行才能真正教化民众。也正因如此，孔子把信与诚当作仅次于忠的重要美德。

虽然很多仪式和典礼都有一定的宗教依据，但是对于孔子而言，宗教并不重要。他的道德哲学并非建立在宗教之上，他以此为基础构建起来的政权组织，也只是简单地默许了宗教在社会中的一席之地。事实上，孔子一直对神的问题敬而远之，只有在论及“天命”时才谈及过“神”，并且也只是认为这将有助于把相互倾轧攻伐的诸侯国团结起来而已。尽管孔子支持世袭制的统治，但并不认为需要神灵的力量来为其统治辩护。

孔子对鬼神问题缄口，加上他举贤任能的人才观，都可算作是他思想中最为激进的一面。虽然他倡导一种严格遵循周朝礼仪的等级秩序，但这并不意味着这个社会将缺乏流动性。有才（和有德）之人不论贵贱皆可为卿相；而公卿大夫不论家事如何显赫，如果不具备必要的品质，就可以罢免。孔子还认为，这条原则甚至适用于君王本人，并且他还曾认可过把行刺作为罢免暴君的一种必要手段。因此，保持阶级的流动性

> 君子以人治人，改而止。
> ——孔子

图为山东曲阜孔庙对儒家礼仪“克己”和“恭敬”的演示。这些庄严而周密的传统习俗在当今的游客眼中已经十分陌生了。

能够释放出统治者更大的诚意，这反过来也能赢得民众更多的认可——而这正是一个强大而稳定国家的必要基础。

罪愆与刑罚

孔子的道德哲学准则也延伸到法律与刑罚领域。之前的法律体系建立在宗教规定的行为规范之上，而孔子则倡导用更为人道的体系取而代之。根据其构想的社会结构，孔子提出了一套以“恕”为基础的体系：如果你被人以礼相待，你就也要在行为中表现出礼来。孔子所提出的黄金法则版本（你们愿意人怎样待你们，你们也要怎样待人）是一种否定的句式：“己所不欲，勿施于人。”这一信条不关心如何惩治特定的罪愆，而是关注怎样尽力避免不当的行为。而实现这一原则的最佳方式同样是发挥榜样的引领作用，正如他所言，“见贤思齐焉，见不贤而内自省也。”

孔子认为对待犯罪的最佳方式，不是推行严刑峻法，而是逐渐灌输一种对于不当行为的羞耻感。假如用法律和刑罚来规约百姓，虽然可以减少犯罪，但“免而无耻”，不能使其真正懂得对错之分；相反，如果用德与礼来引导百姓，则“民耻且格”，即他们就能形成对不端行为的羞耻感。

未受重视

孔子的道德与政治哲学，将有关人性中的善和社会性观念与森严的中国古代社会等级秩序结合在了一起。考虑到他本身就担任过司寇一职，因此他对由学者组成的士人阶层的看重也不足为奇了。然而，他的观念却遭到时人质疑，并且终其一生都未得到统治者采纳。王公贵族对他避谈鬼神的做法感到不满，并且认为他那让群臣官吏操持权力的建议会威胁到自己的统治。而群臣官吏虽然能在孔子的理念里获得更大的控制权，但他们仍然质疑通过德与礼的力量管理百姓的观念是否可行，并且，他们很难情愿放弃以严刑峻法来行使职权的权力。

后来的思想家也对孔子的学说进行了批评。战国时期思想家墨子虽赞同孔子的举贤任能与齐

> 为政以德，譬如北辰，居其所而众星共之。
>
> ——孔子

这幅宋代的绘画展示了皇帝主持科举考试时的情形。儒家的经典是科举考试的主要内容。

当儒家学说成为中国的官方哲学后，它便具备了一定的宗教功能。全国各地有众多的孔庙；图中显示的是位于南京的夫子庙。

民以德的理念，但是他认为，孔子对家庭伦常的过分青睐极易导致任人唯亲的裙带关系出现。而与孔子几乎同时期的孙子，则无暇顾及孔子的道德哲学；他与其他军事思想家一道采取了一种更为务实的方式来处理国家事务，为了富国强兵，他们主张采用专制的甚至残暴的统治形式。不过，尽管如此，孔子逝世后的两个世纪里，他学说中的众多元素渐渐地渗入了中国社会，并且在孟子等人的大力弘扬下，在公元前4世纪较好地得到了传播。

独尊儒术

在很多人看来，儒家思想或许能满足和平年代的统治需要，但是对于随后的战国时期和建立一个大统一帝国的斗争，它却显得不够强硬和实用。在这段时期内，更讲求权术和专制的法家思想取代了孔子的观念，并且为诸侯在各自范围内立威强兵发挥了重要作用。然而，到了公元前2世纪的汉朝时期，中国终于实现了和平，而儒家思想也被汉朝定为国家的官方哲学。从那时起，它始终主宰着中国的思想和社会，尤其在选拔士大夫进入统治阶层方面更是如此。从公元605年至20世纪初，中国一直实行着科举考试制度，其中儒家经典便是考试的重要内容。

在孔子去世之后，儒家学者对他的学说进行了发展，编撰出《大学》《中庸》等中国古代的经典，并发展出了“修身齐家治国平天下”等影响中国古代文化的重要观念。而宋朝之后，中国再次涌现了一大批重要的思想家，儒家更是有了理学、心学的新发展。

如今，儒家思想也并未完全消失，至今都仍对中国社会结构有着微妙的影响。同时，儒家思想中的一些重要元素，例如人际的礼节和孝顺的观念仍旧深深植根于中国人的生活方式之中。随着中国改革开放并走向有中国特色的社会主义道路，一度遭到打压的儒家思想又重新焕发了新生。■

> 知之为知之，不知为不知，是知也。
>
> ——孔子

兵者，国之大事

孙子（约公元前544—约公元前496年）

背景介绍

思想流派
现实主义

聚焦
外交与战争

此前
公元前8世纪 中国迎来哲学的"黄金时代"，思想界百家争鸣的盛况逐渐形成。

公元前6世纪 为了改造当时的中国社会，孔子提出了一套以周朝礼治为基础的执政理念。

此后
公元前4世纪 旃陀罗笈多在考底利耶的辅佐下建立起了印度孔雀王朝。

1532年 尼科洛·马基雅维利去世后5年，他的著作《君主论》出版问世。

1938年 毛泽东著《论持久战》。

公元前6世纪末，春秋时期迎来尾声，这是中国历史上一个相对和平昌盛的时期，也是一个思想家大放异彩的年代。这时的各家学说都着眼于道德和伦理问题，并以其为基础构建起政治哲学，为国家依正道治国而出谋划策。其中，孔子就提出了一套以家庭伦理和周朝礼治为基础、由明君贤臣治国理政的等级秩序，成为那个时代政治思想的登峰造极之作。

然而，及至春秋末期，礼崩乐坏的局面更加显著，并且随着人

参见： 考底利耶 44～47页，韩非子 48页，尼科洛·马基雅维利 74～81页，切·格瓦拉 312～313页。

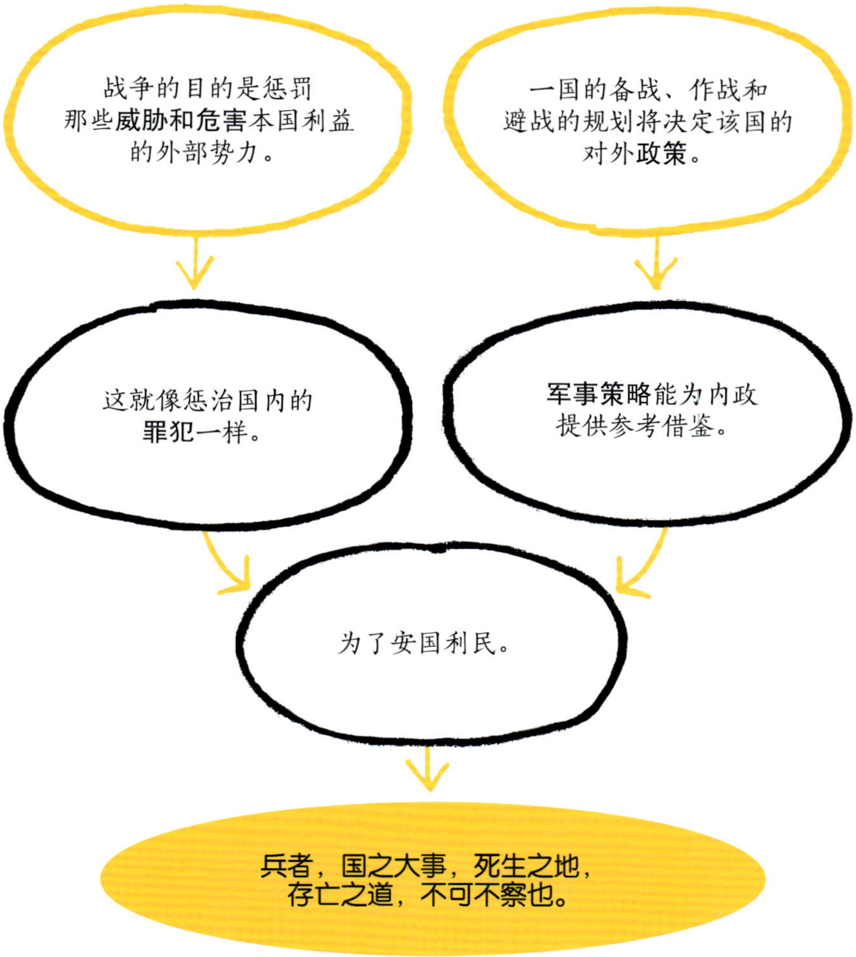

图为秦始皇陵**兵马俑**。由此可以看出，秦始皇非常重视军事，并极有可能详尽地阅读过《孙子兵法》。

口增长，先秦诸侯国之间也愈加剑拔弩张，兼并争霸的战争频频爆发。面对此种时局，各诸侯国不仅要处理好本国的内部事务，还要抵御来自邻国的攻伐。

军事策略

在这种大环境之下，军事将领和随战军师等角色逐渐获得了同主持内务的公卿大夫相似的重要地位。而这一领域最具影响力的著作，则莫过于吴王阖闾时期的军事家孙子的作品《孙子兵法》了。此书开宗明义："兵者，国之大事，死生之地，存亡之道，不可不察也。"这一观念在当时的政治思想中可谓独树一帜，它也许是中国历史上第一次明确地宣示了战争对于国家兴亡的重要性，并且对维系国家的强盛贡献了众多实用之道。当诸子百家都在讨论一国之中的统治结构之时，《孙子兵法》却对诸侯国之间的邦交与战事进行了细致考察，对备战、作战的谋略和军事情报工作的安排进行了详尽的探讨。

可以说，《孙子兵法》中所提出的许多内容对于任何政治形式都有借鉴意义。他提出了一套"五事七计"的战争法则，以备"庙算"时参考。除开天时、地利等现实因素外，它还包括君主的道义、将领的能力以及士兵的组织和纪律。这套法则之中隐含着一套等级结构，在这个等级结构中，君主位居顶端，向其将领问政并且发号施令，而将领们则负责统领军队，即"将受命于君，合军聚众"。

在孙子看来，君主应当施行有道之治。而民众只有在确信他们

兵之“五事”

“道”使得全体士兵与他们的统治者同心同德。

将领们必须通晓“天”，所谓天就是阴阳、寒暑的变化规律。

战略家必须考虑“地”：地形的高低、远近、广狭。

将帅应该具备智、信、仁、勇等品质。

军队组织与指挥系统要贯彻“法”。

是师出有名的情况下，才会支持战争，即所谓“令民与上同意也”。其中，君主应当以身作则，你看，这又与孔子的思想不谋而合了。而军事将领与负责内政的卿大夫一样，既为君主出谋划策，又应奉命行事。

因此，这就无怪乎孙子格外重视将领的素质了，并称“夫将者，国之辅也”。将领们所受的训练及其作战经验能够为君王的大政方针提供有效参考，而且对于军队的组织工作也至关重要。将领身居号令系统的顶层，掌握着军队的后勤补给，操持着战士们的训练和纪律。因此，《孙子兵法》劝诫，要对不服从命令的士兵进行惩处，以严明军纪；又要做到赏罚分明，以保障威严和士气并举。

把握作战时机

如果说《孙子兵法》中对于军队上下层级的描述是当时中国社会等级秩序的模拟和反映的话，那它对于诸侯之间的关系的论述则很具有原创价值。他同前前后后许多将领相似，认为军事的目的是保护国家安全和利益；而战争只是最后迫不得已的下策而已。而一名优秀的将领应该深谙发动战争的时机，并且心中谨记“不战而屈人之兵，善之善者也”。孙子认为，将领应全力识破和挫败敌方的战争筹划；如若不能，则应尽量考虑如何抵御敌方的进攻；而只能当无法防御时，他才需要主动出击。

为了避免战争，孙子倡导着力增强国家的防御实力，并尽力与邻邦建立同盟关系。因为一场劳民伤财的战争对于交战双方都十分有害，所以双方若能达成合谋则意义重大。孙子说，“攻城则力屈，久暴师则国用不足。”持续的战事，尤其是攻城战对资源消耗十分严重，所以就算取胜，也是得不偿失。而且，这些战争和消耗将不得不让民众做出巨大牺牲，这更是严重削弱了发动战争的道义性。

军事情报

孙子认为，军人必须知己知彼；及时准确地掌握他国的信息情报十分重要。他提出，军方派遣间谍而获取的有关潜在敌人的谋划和战力的关键情报，将为将领们的出谋划策提供重要的依据。其次，在虚虚实实的情报战中要应善用“诡道”。例如，我方通过散布关于自己防御实力的虚假情报，就有机会避免一场战争。此

> 知彼知己，百战不殆。
>
> ——孙子

中国早在公元前7世纪即修建**长城**，目的是防止外族入侵，巩固新近占领的土地。在孙子看来，防御与进攻同等重要。

> 先之以身，后之以人，则士无不勇矣。
>
> ——孙子

外，他还反对在战斗中彻底摧毁敌人的荒唐做法，“全伍为上，破伍次之”。因为这会削弱通过胜利带来的回报，不论是战俘还是战利品皆会减少。

可以说，《孙子兵法》里各种极其实用的建议，乃是植根于中国的道、义和中庸等传统文化之中。这意味着军事策略、诸侯邦交以及战争存在的目的就是为弘扬这些价值，并且要谨遵这些价值而行动。诸侯用兵惩罚那些从外部侵害和威胁自己的势力，就好比用法律处罚国内的罪犯一样符合道义。而且只有当战争师出有名之时，国家才会赢得民众的支持，并顺利攻城略地。在中国历史的历朝历代，《孙子兵法》都成为王侯将相们的重要参考；而在近现代史上，毛泽东、胡志明等革命领导人的斗争策略也受到了该书的影响。如今，它成为众多军事院校的必读著作，并且还经常是政治、商业和经济等课程的固定书目。■

孙子

多数学者相信，《孙子兵法》的作者是春秋时期的军事家孙子。孙子本名孙武，在公元前544年前后出生于齐国或者吴国。历史上几乎没有关于他早年生活的记载，从他担任吴国将领时期才出现他的资料。他西破强楚，北威齐晋，成为吴王阖闾在军事策略上不可或缺的辅臣，从而显名于诸侯。

《孙子兵法》是一本由13个短篇构成的简明小册子，是为诸侯君王提供的军事战略方面的建议集。它的传播十分广泛，不仅成为中国历朝历代帝王将相的参考，还影响了日本、韩国的军事思想家。1782年，它首次被翻译成法语，相传该书还可能对拿破仑产生过影响。

主要作品

公元前6世纪 《孙子兵法》

非士无与虑国

墨子（约公元前470—约公元前391年）

背景介绍

思想流派

墨家思想

聚焦

尚贤

此前

公元前6世纪 哲学家老子创建道家思想，以“道”来解释万物演变。

公元前5世纪 孔子提出了一个由士人治理并施行周朝礼治的施政理念。

此后

公元前427—前347年 柏拉图认为哲学家最懂得如何统治。

公元前4世纪—前3世纪 商鞅与韩非子的专制集权思想被秦国先后采纳。

公元前372—前289年 孟子发展儒家学说，提出了仁政思想。

1748—1832年 杰里米·边沁功利主义学说的核心要义是追求幸福最大化。

春秋战国时期，中国出现了“百家争鸣”的盛况，思想家们发展出了各自的道德哲学观念，并运用到政治、社会的实际事务中来。其中开风气之先的是孔子，他提出一套强调家庭伦常和周朝礼治的等级体系；与此同时，他也很看重君王身边负责议政的辅臣的德行和才干，而这一观念后来得到了墨子的进一步发展。

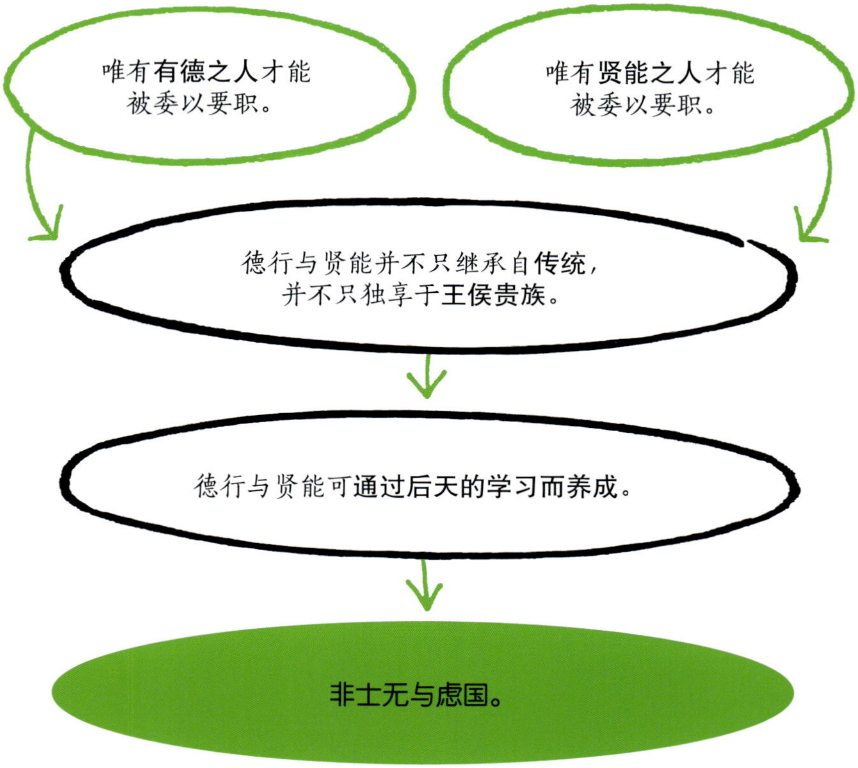

参见: 孔子 20~27页, 柏拉图 34~39页, 韩非子 48页, 孙中山 212~213页。

在墨子看来，像图中这位技艺娴熟的木匠，若能加以培训，也同样能成为才能出众的官吏。

孔子和墨子都认为，治国理政有赖于一个有才干的官吏阶层，但是他俩在如何选拔官吏的问题上却存在分歧。在墨子看来，孔子过于执着于世袭王公贵族的身份，而墨子则认为，“官无常贵”，好的出生不见得就能赋予一个人担当治国重任的德行与才干。他相信，担任要职所需的品质与能力只能靠个人的资质和后天的学习，而与其出生贵贱无关。

尚同

墨子精英主义的“尚贤”理念不仅是其政治思想的基石，也与他道德哲学的其他方面密切相关。他认为民众应当生活在一种“兼相爱，交相利”的社会环境之中；但同时，他也承认人性中存在着自利的倾向。在他看来，这种自利性并非是源自道德的缺失，而是因为人们对何为道德各执一词，从而导致了社会纷乱。因此，执政者就需要用一套清晰统一的道德准则来团结民众，“一同天下之义”，并且还要通过一个强大的政府来推行。这套准则要靠独具学识和智慧的士人来建立，并以社会利益最大化为出发点，“兴天下之大利，除天下之害”。

毋庸置疑，墨子任人唯贤的主张，与他从社会底层努力打拼至上层的亲身经历有很大关系。他洞察到王公贵族在任命大臣时总存在着任人唯亲倾向；这将违背君臣为国家和全民谋利的宗旨。纵使墨子的思想吸引了大批门徒，但是他却被时人看作理想主义者，其思想也未被当时的中国统治者所采纳。然而，其政治思想中的某些元素却被后来的政治体制所吸纳。例如，他关于一统天下思想的主张，就对法家思想的专制集权理念产生了重大影响。而到了20世纪，墨子爱无差等的平等观念还启发了中国的革命领袖孙中山和毛泽东。■

> **夫尚贤者，政之本也。**
>
> ——墨子

墨子

墨子本名墨翟，大约在孔子逝世前后的时期出生于山东滕州的一个工匠或者农民家庭。墨子曾做过木工，尝供职于贵族门下，从社会底层打拼，最后成为一个得到诸侯召见的名士。他的哲学与政治观点为其赢得了大批门徒，他们在生活中都能谨遵墨子的朴素平等和和平主义原则。墨子去世后，他的学说被后人汇编为《墨子》一书。公元前221年，中国实现大一统，墨家思想开始衰微。不过到了20世纪，他的思想却吸引了越来越多的人的兴趣。

主要作品

公元前5世纪 《墨子》

除非哲学家成为国王，否则城邦将贻害无穷、永无宁日

柏拉图（约公元前427—公元前347年）

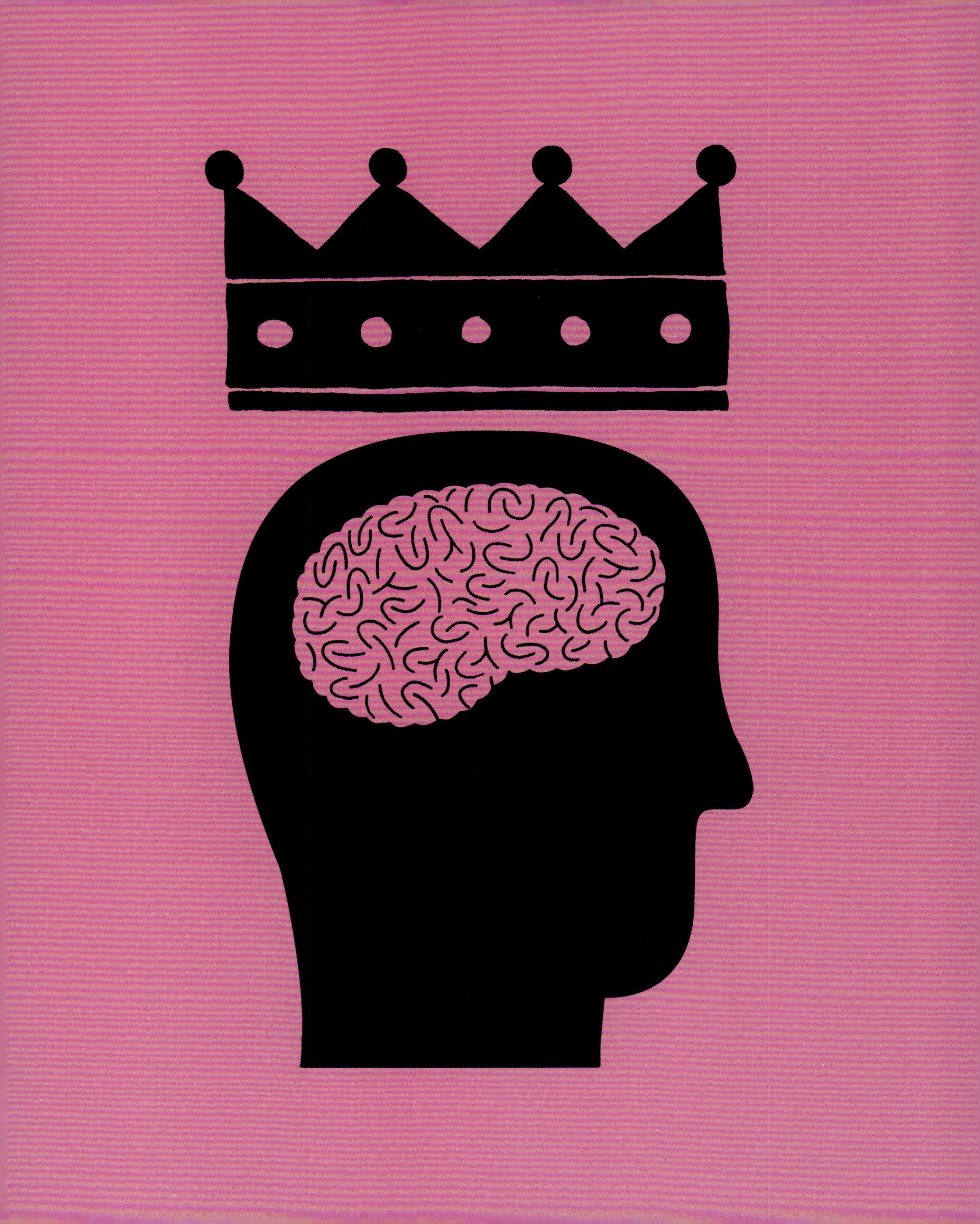

背景介绍

思想流派
理性主义

聚焦
哲学王

此前
公元前594年 雅典立法者梭伦制定的法律为古希腊民主奠定了根基。

约公元前450年 古希腊智者派哲学家普罗泰戈拉认为，政治正义是人们强加的观念，而并非对自然正义的真实写照。

此后
公元前335—前323年 亚里士多德提出，共和政体是管理国家的最佳方式。

公元前54—前51年 西塞罗著《论共和国》，倡导一种比柏拉图在《理想国》中提出的政府形式更为民主的政体。

统治者的职责是确保民众实现“美好生活”。

唯有具备一定的**思考能力**和**伦理道德**的知识，才知道什么是“美好生活”。

唯有哲学家具备这种**能力与知识**。

政治权力只应当交由**哲学家**执掌。

除非哲学家成为国王，否则城邦将贻害无穷、永无宁日。

公元前6世纪末，古希腊迈入了长达两百多年的文化黄金年代。在这段被称作“古典时期”的岁月里，文学、建筑学、自然科学，尤其是哲学繁荣昌盛，并对整个西方文明的发展产生了深远影响。

在这段古典时期的初期，雅典城邦的民众推翻了暴君，并创造了一种民主政体以取而代之。在这种体制下，城邦的官员由公民内部抽签产生，而凡涉及整个城邦的决策都由公民大会来进行表决。在公民大会上，所有公民都可以自由地发言和投票，无须选举代表来替他们行使权利。然而，这里所谓的“公民”仅是人口中的一小部分，他们必须是30岁以上的男性自由民，而且他们的父辈还必须是雅典人。因此，女性、奴隶、儿童、青年男性、外邦人以及第一代定居者，都被排除在民主生活之外。

在这样的政治环境下，雅典迅速发展成为那时的文化中心之一，让当时的思想家们心驰神往并蜂拥而至，这其中就有一个重要人物——苏格拉底。苏格拉底对当时的正义观和美德观进行质疑，这也使他赢得了大批年轻信徒的追随。不幸的是，雅典的当权者对苏格拉底产生了警惕，他们说服了公民大会，以腐化青年人的罪名将苏格拉底判处死刑。苏格拉底的那些追随者中，有一个与苏格拉底一样极富求知欲和怀疑精神的年轻人叫作柏拉图。在亲眼看见老师所遭受到的不公正处决之后，柏拉图开始对雅

参见：孔子 20~25页，墨子 32~33页，亚里士多德 40~43页，考底利耶 44~47页，西塞罗 49页，希波的奥古斯丁 54~55页，法拉比 58~59页。

> **民主必将慢慢滑向暴政。**
>
> ——柏拉图

典的民主政治产生怀疑。

随后，柏拉图逐渐成为与苏格拉底齐名的大哲学家，并且，在其学术生涯晚期，开始将自己的丰富知识投入到政治学的创作上来，其中最著名的成果便是《理想国》。柏拉图出生贵族家庭，又曾目睹苏格拉底被判死刑，考虑到这些，也就无怪乎柏拉图对民主制不抱什么好感了。不过，对于其他的所有现存政体，他也同样认为乏善可陈；在他看来，所有这些政体都会将城邦引向“邪恶”。

美好生活

想要了解在柏拉图的概念里“邪恶”一词意指什么，我们必须先在心中谨记“美好生活”的观念。“美好生活”是古希腊人的终极追求，它不在于物质上的享受，不在于荣耀或感官上的快乐，而在于是否在生活中践行智慧、虔敬以及最重要的正义等基本的美德。柏拉图认为，城邦的目标就在于为公民培育起这些美德，从而帮助他们实现美好生活。而至于私有财产、个人自由以及城邦安定等问题，也只有在它们能帮助公民实现美好生活之时才是重要的。不过，在柏拉图看来，迄今为止存在过的一切政体中，没有一个能够很好地促成这项目标；相反，这些政体自身的缺陷，却助长了美德的对立面，亦即他所谓的“邪恶”。

柏拉图认为，无论在君主政体、寡头政体（少数人的统治）还是民主政体中，之所以会出现这种情况，是因为统治者往往易于为一己私利而忽略城邦与人民的整体利益。柏拉图解释道，之所以会这样，是由于人们普遍对构成美好生活的美德成分缺乏认识，其中尤其是贪恋荣耀和财富之类的短暂享乐，致使他们在追求之路上误入歧途。而人们对荣耀和财富的追求容易引发政治权力斗争，更是造成了雪上加霜的效果。在柏拉图看来，为了荣耀、财富等错误的目标而追逐权力，会引发公民之间的冲突；而当每个人都不断追逐更多更大的权力时，城邦的稳定与团结都将遭到动摇。而且，无论谁从权力角逐中胜出，都将剥夺其对手实现目标的权力，这造成的结果便是一种非正义——即与柏拉图美好生活理念的美德根基截然相反的“邪恶”。

柏拉图指出，有这么一群人，他们懂得美好生活的含义，会把美德置于荣誉和金钱带来的快乐之上，并且尽其一生不倦地对美好生活展开追求——他们就是哲学家。既然重美德而轻名利，那么他们对政治权力也无所欲求；然而又恰恰是他们的这些品质使得他们最具备成为理想统治者的资格。表面上看，柏拉图的观点可以简单理

图中的苏格拉底宁愿喝下毒酒，也不愿摒弃自己的观点。对苏格拉底的审判，使得柏拉图对雅典民主政体产生了严重怀疑。

解为“哲学家最懂得如何统治”，然而，（根据一位后世思想家的说法）这似乎又同他那“哲学家没有权欲”的论断自相矛盾。对此，柏拉图做出了更为丰富和精致的论证。

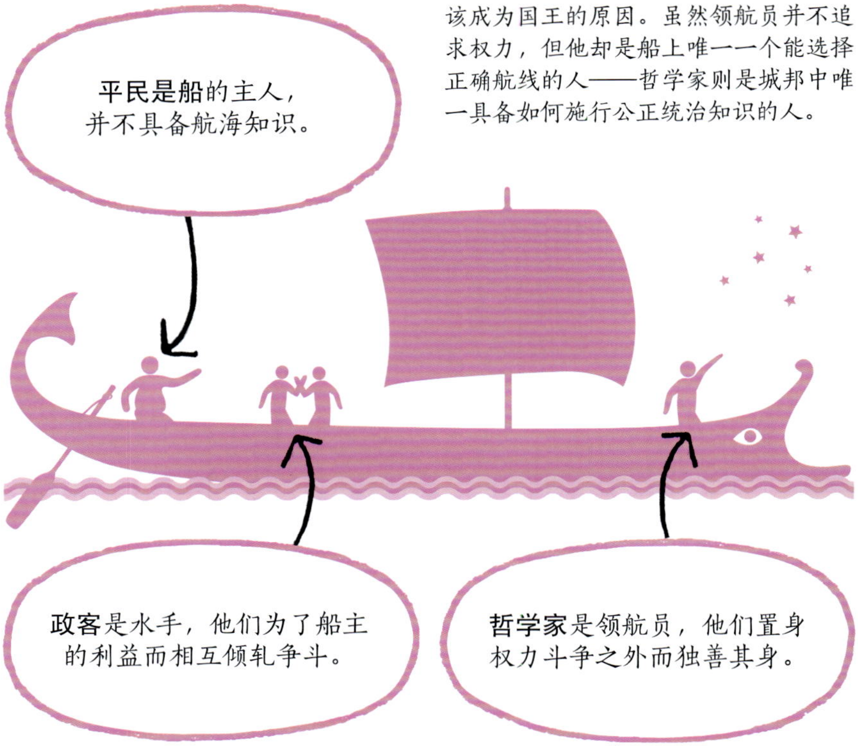

柏拉图把城邦比作航船以讲解哲学家应该成为国王的原因。虽然领航员并不追求权力，但他却是船上唯一一个能选择正确航线的人——哲学家则是城邦中唯一具备如何施行公正统治知识的人。

理想形式

柏拉图从其导师苏格拉底那里了解到，美德并不是与生俱来的，而要靠后天的知识与智慧来培养。因此，想要实现有德行的生活，首先就必须理解美德的本质。他指出，虽然一些人身上时常能展现出公正、善和美之类的品质，但是我们终究还是无法看出他们的这些品质来自何处。我们或许可以见贤思齐，比如，像他们一样公正地行事，但是，这充其量只是一种机械的模仿，并没有参透美好生活的真谛。

于是，柏拉图提出，各种美德（乃至万事万物）都存在着由它们的本质构成的理想原型；这意味着，生活中的各种美德仅仅是其原型的摹本，并且只能表现出其本质的一小部分。它们就像是真实原型的不完美的映像或影子。这就是柏拉图的形式论，或者叫理念论。

这些柏拉图所谓的理想形式或理念，存在于我们所处的现实世界之外的空间中，并且只有通过哲学推理与思考才能进入这一空间。正因如此，所以只有哲学家能够超越对其他有德者的简单模仿，从而界定美好生活的构成，并且实现真正有德行的生活。这样，柏拉图就证明，城邦只有在有德之人的统治之下才能变得更好。由于其他人把金钱和荣誉看得至为珍贵，而哲学家却会珍视知识、智慧与美德；因此，只有哲学家所追求的东西才能够使整个城邦受益，所以，哲学家必须成为城邦的国王。

培养国王

当然，柏拉图也承认这是一种假想的情况，并且进一步说道，“或许我们将现存的国王和统治者用智慧武装起来”才是相对更切实可行的办法。在其晚期的作品《国家篇》和《法律篇》中，柏拉图曾对如何传授领悟美好生活真谛的哲学技能以及其他一切对社会有益的技艺的方法进行过探讨。不过，他也指出，并非所有公民都具备掌握这些技艺的天资和智力。他还补充道，这种专供小部分智识精英的教育方式，一旦适合推行，就

> **好人对政治不感兴趣的代价，就是被不如他们的人所统治。**
>
> ——柏拉图

> 民主制实际是一种无政府状态，它把某种平等不做区分地赋予所有人，无论这些人有何不同，都能获得完全的等份。
>
> ——柏拉图

不仅要创造条件，还要强制性地推行。而且，这些精挑细选、天赋出众的孩童必须脱离家庭，并且在集体生活中被抚养成人，从而使他们完全只忠于城邦。

柏拉图的政治学著作在古典时期尤其是在罗马帝国时期影响广泛，可谓与中国的孔子、墨子等先秦诸子思想中的德行与教育观念遥相呼应。甚至有人推断，印度名臣考底利耶关于培养储君的论述也有可能受到了柏拉图的影响。中世纪时期，柏拉图的影响波及伊斯兰帝国与基督教教会治下的欧洲，他的思想还被奥古斯丁等人融入基督教义中。后来，他的思想逐渐为日益盛行的亚里士多德的体系所掩盖，因为后者对民主的态度更符合文艺复兴时期政治哲学家们的主张。

在近现代思想家看来，柏拉图的政治观念就是一种让人难以接受的独裁主义和精英主义；在这个奉行民主制的现代世界中，他的思想显然不得人心。人们批评其思想是一套极权主义，亦即由某个号称最了解所有人根本利益的精英来进行统治的政治体制。然而如今，当代的政治思想家们又开始重新正视他关于哲学王的政治精英思想了。■

据记载，当年罗马城遭受大火肆虐，暴君尼禄却冷眼旁观，无动于衷。柏拉图对哲学王的推崇也因暴君的层出不穷而遭到一些人的指责。

柏拉图

柏拉图生于公元前427年左右，本名亚里斯多克勒斯，后来因其强壮的体魄而被人们称为柏拉图（希腊语意为“平坦、宽阔”）。柏拉图出身自雅典的贵族家庭，家人曾期待他继承家族的政治事业，但他却选择成为哲学家苏格拉底的追随者。他曾目睹其导师宁愿选择死亡也不愿摒弃自己主张的悲壮事迹，这对他的思想产生了巨大影响。

柏拉图游历了地中海地区，之后回到雅典创建了一个哲学学院，即阿卡德米学园（又叫柏拉图学园）。据称，柏拉图晚年仍在坚持教学和写作，并且逝世于公元前348到公元前347年之间的某个时间，享年80岁。

主要作品

约公元前399—前387年 《克力同》

约公元前380—前360年 《理想国》

约公元前355—前347年 《国家篇》《法律篇》

人是天生的政治动物

亚里士多德（公元前384—公元前322年）

背景介绍

思想流派

共和主义

聚焦

政治美德

此前

公元前431年　雅典政治家伯里克利宣称民主能为所有公民带来平等的正义。

约公元前380—前360年　柏拉图在《理想国》中提出，城邦应当由充满智慧的“哲学王”来统治。

此后

13世纪　托马斯·阿奎那将亚里士多德的观念融入基督教教义。

约1300年　罗马的吉尔斯论证了法治对于市民社会生活的重要性。

1651年　托马斯·霍布斯运用社会契约论的思想，论述了人类是如何逃离野蛮的自然状态的。

人们所说的古希腊不是今天意义上的统一民族国家，而是由一批以城市为中心的独立邦国所组成的集体，每一个城邦（polis）又都有其独特的政治体制。其中，有一些实行的是君主制，比如马其顿；而有一些则是民主制，它们的一大特征就是能让部分公民参与到国家管理之中，而这一政体最著名的代表就是雅典。

亚里士多德在马其顿长大，于雅典求学。这些在不同政体的生活经历使他对“城邦”概念了如指掌，对人们关于“城邦”的不同理解熟

参见：柏拉图 34~39页，西塞罗 49页，托马斯·阿奎那 62~69页，罗马的吉尔斯 70页，托马斯·霍布斯 96~103页，让-雅克·卢梭 118~125页。

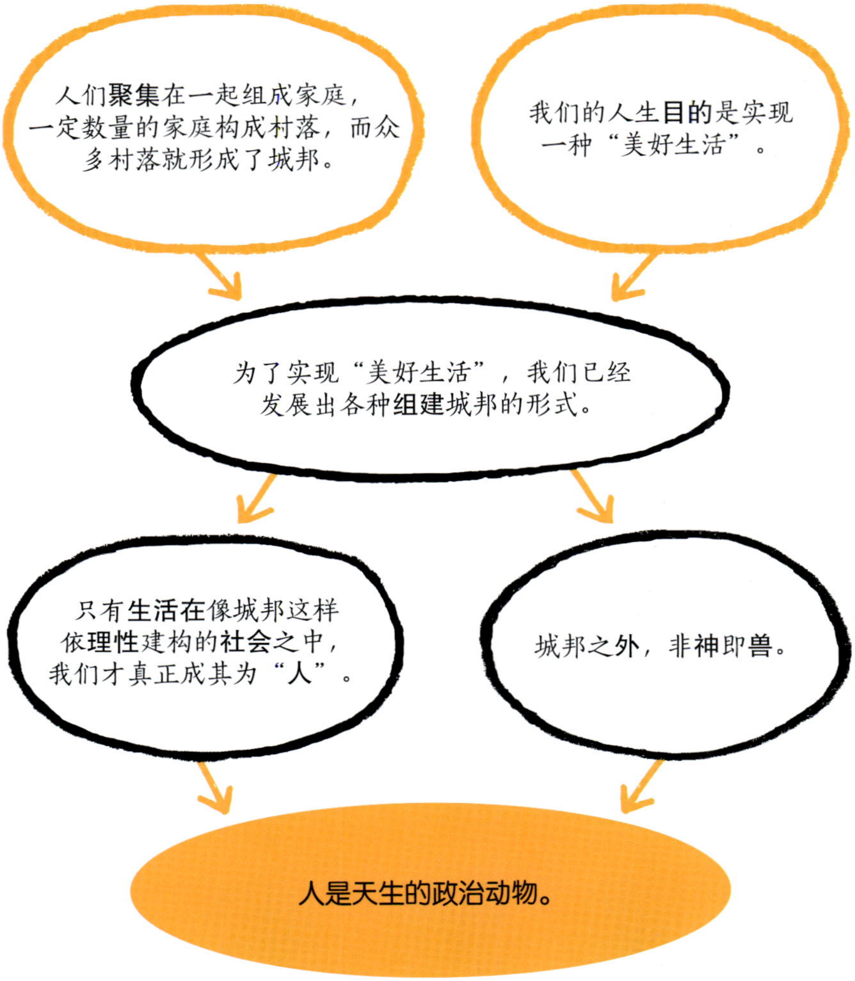

稔于心；而他出众的分析能力更使他能洞悉各类城邦的优劣所在。他在爱奥尼亚时，曾根据动植物的特征对它们进行分类；而在他看来，伦理学和政治学（同动植物一样）也属于自然和实践科学的范畴，因此分类的研究技巧对此二者也同样适用。柏拉图是亚里士多德的老师，他认为知识来源于思辨推理，而亚里士多德则提出知识来自观察和分析，所以政治学应当以经验资料为基础，并且要像研究自然界那样运用分类法来对资料进行分析。

人天生的社会性

亚里士多德观察发现，人类有组成社会单位的天性：个体聚合在一起组成家庭，家庭聚合形成村落，而村落最终构成了城市和国家。如果说狼天生就是群居动

亚里士多德

亚里士多德出生于色雷斯的斯塔基拉（当今希腊的东北部），他的父亲是当时马其顿王国的王室御医。他在17岁时前往雅典的阿卡德米学园向柏拉图求学。出乎很多人的意料，亚里士多德并没有被选为柏拉图学园的接班人。后来，他迁居爱奥尼亚，在那里他对野生动植物展开了深入研究，并且还受马其顿国王腓力二世的聘请，担任起年青的亚历山大的老师。

公元前335年，亚里士多德返回雅典，在吕克昂建立起一所与阿卡德米学园相竞争的学园。在学园的从教生涯中，他的科学、哲学和政治思想逐渐成形。公元前323年，亚历山大大帝去世，雅典人反对马其顿统治的情绪高涨，他被迫逃离雅典，前往埃维厄岛避难，并且于数年之后在该地去世。

主要作品

约公元前350年
《尼各马可伦理学》
《政治学》《修辞学》

物的话，那么“人就是天生的政治动物”了。亚里士多德这里所说的“政治”并不是现代意义上的政治活动，而完全就是在说人类是一种按其本性就应当在城邦中过着社会生活的动物。

亚里士多德说在大规模公民社会中过集体生活是人的天性，这种观点在今天看来似乎有些过时了。但在他当时看来，城邦就像蚂蚁巢一样，是自然的造物。对于他而言，除城邦外，任何一种其他的人类生存方式都难以想象。在后来的思想家中，有人会主张公民社会是人们为了使自己摆脱野蛮的“自然状态”而人为构造出来的产物，但亚里士多德的观点却与此截然相反；事实上，他甚至可能根本无法理解何为“自然状态”。他相信，城邦之外，非神即兽——他们要么是高于人的存在（即为神），要么是低于人的存在（即为兽），总之不可能是人。

美好生活

亚里士多德认为城邦是一种自然现象而非人为产物，这种观点也为其有关城邦伦理和政治的思想奠定了基础。他通过对自然界进行研究发现，万事万物皆有其存在的目的，而人类的目的，就是实现美好生活。而所谓美好生活，就是要对正义、善和美等美德展开追求。而城邦存在的目的就是帮助人们遵照这些美德来生活。在古希腊人看来，城邦这种政治结构既能使人们齐聚共处，又能保护公民的自由和财产，因此它就是人们通往美德的重要手段。

亚里士多德还辨析了城邦的不同类型及其变种。在城邦这一共同体之内，人们不需要什么“社会契约”来强制推动，仅靠天性便能建立一个集体组织，来保障公民的人身安全、经济稳定，并维持城邦的正义。在亚里士多德看来，城邦的组织并非因让人们能够过上群居生活而存在（人们集体生活是出于自然本性），而是为了让人们实现美好生活而存在。他认为，人们能不能实现美好的生活，取决于他们选择何种政府形式。

> **法律就是秩序，有好的法律才有好的秩序。**
>
> ——亚里士多德

统治类型

柏拉图是在理论上推论出了最理想的政府形式，而亚里士多德则是将现实中存在的政体逐个做了考察，再分析其优劣。为了做好这项调查，他提出两个简单的问题：谁在统治，为谁而统治？

对于第一个问题，亚里士多德认为存在着三种形式：单人的统治，少数精英的统治，以及多数人的统治。而针对第二个问题，他提出政治统治可能是为了全体人民的利益，也可能是为了统治者本人或者统治阶级的私利；其中前一种统治是正宗的或者优良的政体，而后者则是一种有缺陷的政府形式。他提出了总共六种统治的“种类”，并且两两相对成双。其中，君主制是一种为了全体人民利益而施行的单人统治，相反，只为一己私利

在古代雅典，公民们经常在这个叫作普尼克斯（Pnyx）的石头高台上讨论公共事务。在亚里士多德看来，对于一个健康的社会而言，公民积极参与政治生活至关重要。

而施行的单人统治就是僭主制，这是一种堕落化的君主制。贵族统治（在希腊人看来，这意味着由最优秀的人而非世袭贵族家庭施行的统治）是一种为了全体人民的福祉而进行的少数人统治，相对应的，少数人为了私利而施行的统治就是寡头制，它是贵族统治的堕落形式。最后，共和制是为了全体人民利益而由多数人施行的统治。在亚里士多德看来，民主制是它的堕落形式，因为它意味着只为了这个多数人集体的利益而非城邦整体的利益而进行的统治。

亚里士多德认为，这些有缺陷的政府形式所固有的自利倾向，往往会造成社会的不平等与非正义。这将动摇城邦的稳定，从而威胁到城邦的作用，并有损城邦鼓励公民践行德行生活的能力。然而，现实中，他所调研的城邦并非全都能精确地划入某个类别，而是时常呈现出不同的特征。

虽然亚里士多德乐于将城邦视作一个完整的“有机体”，其中公民只是有机整体的一部分，

亚里士多德的六种政体类型

	单人统治	少数精英统治	多数人统治
正宗政体	君主制	贵族制	共和政体
变态政体	僭主制	寡头制	民主政体

但他同样很重视个体在城邦中的作用。他强调了人类天生的社会交往秉性：公民乃是公民共同体的一分子，他们不仅要选举其代表，还要亲自参与到政治中来。当公民在“优良”政体（君主制、贵族制以及共和制）中参与政治时，他们追寻有德之生活的能力将得到提高和完善。而生活在“有缺陷的”政体（僭主制、寡头制以及民主制）中的公民，则将会与自私自利的统治者或统治阶级沆瀣一气——僭主会追求权力，寡头会渴望财富，而平民则向往自由放荡。亚里士多德总结道，在所有政体之中，共和制下的公民最有机会实现美好生活。同时，尽管亚里士多德将民主制归类为“有缺陷的”政体形式，但是却认为它是仅次于共和政体的次佳政府形式，乃至比“优良的”贵族制和君主制都要好。他认为，虽然个体公民也许不具备一名优秀统治者的智慧和美德，但是当“多数人”汇聚在一起时，却有可能成为比“单个人”更为优秀的统治者。

虽然亚里士多德对古希腊城邦的这些论述在表面上看来与后来的民族国家关系不大，但事实上，他的观点却对整个欧洲中世纪的政治思想产生了持久而深远的影响。尽管他常常持有一种权威主义的立场，尽管他曾为奴隶制与女性的下等地位进行过辩护，也因此而招致了不少批评，但他对共和体制的支持却为近两千年后启蒙运动里出现的各种理念打下了基础。■

> 民主城邦以自由为基础。
>
> ——亚里士多德

独轮之车，无法前行

考底利耶（约公元前350—约公元前275年）

背景介绍

思想流派

现实主义

聚焦

功利主义

此前

公元前6世纪　中国军事家孙子著《孙子兵法》。此书可以视为一套对治国之术的论述。

公元前424年　摩诃帕德摩·难陀依仗其将领的战术建议击败对手，建立起难陀王朝。

此后

约公元前3世纪　依仗考底利耶辅佐建立起来的孔雀王朝盛极一时，统治着除最南端之外的整个印度次大陆。

1904年　考底利耶长期失传的著作被重新发现，并且在1915年被译成英文。

公元前5世纪至公元前4世纪，古印度的难陀王朝在逐一击败敌国并成功抵御来自西方的希腊人与波斯人的入侵之后，渐渐控制了印度次大陆的北部地区。一开始，这个日益扩张的帝国的统治者们完全仰仗于将领们在战争中的战术建议，但随后他们也逐渐开始领悟到文臣们在治国理政方略中的价值。这些文臣多是学者身份，其中尤以来自塔克西拉大学的学者为盛；这所大学成立于公元前6世纪前后，坐落在今天巴基斯坦境内的拉瓦尔品第。当时塔克西拉大学

参见：孔子 20~27页，孙子 28~31页，墨子 32~33页，柏拉图 34~39页，亚里士多德 40~43页，尼科洛·马基雅维利 74~81页。

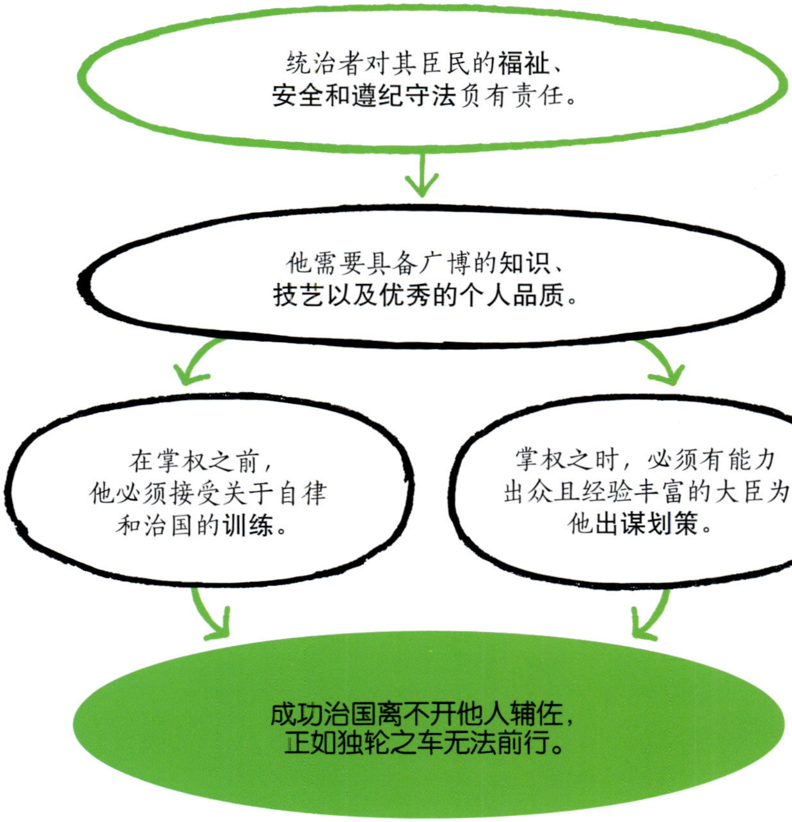

的思想界可谓百家争鸣，而其中最为著名的也许当属考底利耶。他的《政事论》（*Arthashastra*）是一部研究治国之道的著作，其原意为“获取财富之学”或者“治国安邦之术”。此书融合了历史上积累下来的权术智慧与考底利耶自己的思想结晶，并以对于政治事务的冷静甚至冷血的尖锐分析而著称。

为主而谋

虽然《政事论》中好几个章节都在讨论君主应当具备的道德品质，但该书关注的重心却是现实问题。书中毫不掩饰地讨论了获取权力和保住权力的方法，并且在印度历史上第一次明确阐释了君臣共治的重要意义。

实现国家的繁荣是考底利耶政治思想的核心宗旨，并且他也一再重申民众的福祉是政府的终极追求。在他看来，一国之君对此义不容辞。而君王若想确保人民的幸福与安宁，就必须维持国内的秩序和公正，并领导国人抵御外敌。考底利耶在《政事论》中指出，君王若想履行他对于国家及其臣民的义务，就必须掌握权力。而掌权的成功则有赖于这几个不同因素：统治者的宏才大略，谋臣的运筹帷幄，以及君主所拥有的领土、城镇、财富、兵力和盟友的品质。

身为一国之首，君王在整个政权体制中扮演着核心角色。考底利耶强调，君王的才略极为重要；而且他还进一步提出，君主不能仅有领袖之才，为了统治国家，君王还必须接受专门的训练。他必须精通各类治国之术，例如军事之谋、法令之度、内政之技艺和外交之手腕；另外，为了树立威严并促使臣民忠诚和顺从，他还应当掌握有关自律和道义方面的学识。一言以蔽之，在上台掌权之前，君王需要接受经验丰富并且学识渊博的导师的点拨和指导。

而一旦掌权之后，贤德之君

图为**阿育王狮子柱头**，它立于孔雀王朝中心地带鹿野苑的一根石柱之上。考底利耶对这个几乎统治了印度全境的强大帝国之建立可谓功不可没。

> 诸事之成功，皆发端于商议。
>
> ——考底利耶

也不能只依靠自己的个人智慧，还应向亲信的大臣及幕僚们问政。在考底利耶看来，对于治理国家而言，群臣与君王的地位同等重要。考底利耶在《政事论》中写道：“成功治国离不开他人辅佐。正如独轮之车无法前行。”这句话就是在警示君王切莫独断专行，而要听取大臣的建议，三思而后行。

因此，君王挑选议政谋国的群臣队伍也就与民众选择英明君王同等重要了。而贤臣们要有各方面的智慧与才华。他们必须有值得托付的才干与忠诚，因为唯有这样，君王才能闻言纳谏，国家和民众的利益也才能得到保障——此外，在特定条件下，他们甚至能防止君王成为只顾一己私利的独夫民贼。

为胜利不择手段

正是这种对人性现实的深刻认识，使得考底利耶在同时代的印度思想家中脱颖而出。《政事论》并不是一部道德哲学著作，而是一本关于治国权术的操作指南。书中提出，只要能保障国家的福祉与安宁，君王就可以无所不用其极。虽然《政事论》主张由自律好学的理想统治者来当政，并且也论及了一些特定的道德品质，但它也从不避讳地谈论如何使用阴险的手段谋取并保住权力。考底利耶对人性的优缺点洞若观火，他深深懂得如何利用人性，来增强君主的权威，并削弱敌人的实力。

这一点在他关于如何守护和攫取领土的建议上展现无遗。他劝告统治者在进攻敌人之前，应该召集谋臣议政，并共同分析敌我的实力优劣；然后，君臣可从若干不同策略中选取一种，例如议和、离间、与第三国君主缔结暂时同盟，抑或是直接动武。在施展这些策略时，统治者应当冷酷无情，并善用欺诈、贿赂以及其他一切有必要的手段来取得胜利。这些内容似乎与考底利耶所倡导的统治者应当树德立威之说相悖离，但在取得成功之后，他却奉劝君王应当“用其美德替代战败国的恶行；而在战败国过去尚且良善之处，君王就应该比他们加倍良善”。

情报与间谍

《政事论》还提醒统治者，要重视军师的任免和情报的收集。谍报网络对于评估邻国之威胁和判断攻城略地之可行性上至关重要；而且考底利耶还进一步提出，为了维护社会稳定，在国内设间谍也是一种“必要的恶”。无论在国内还是在外交关系中，对于保卫国家而言，道德都是次要的。只要符合国家利益，一切能够削弱敌方势力威胁的秘密行动都可以实施，乃至在必要的情况下，暗杀也未尝不可。

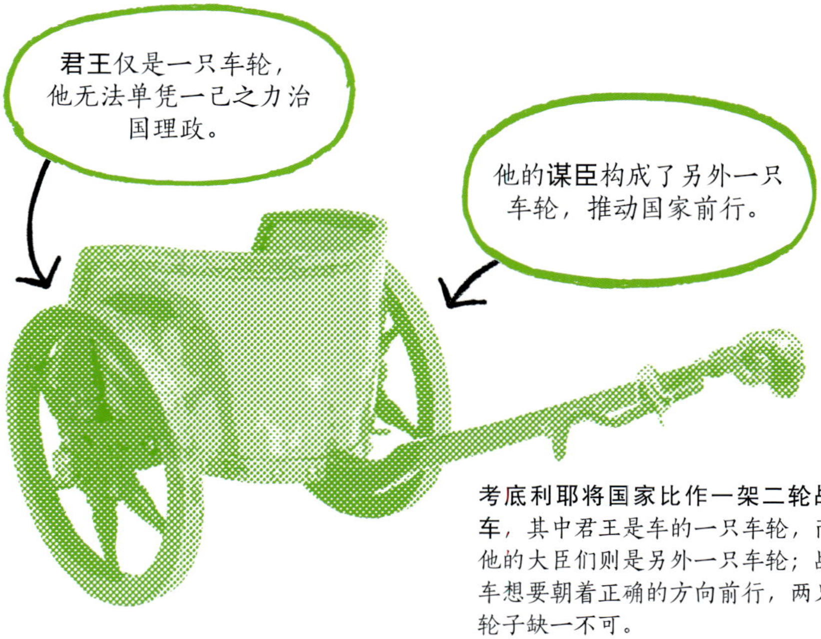

考底利耶将国家比作一架二轮战车，其中君王是车的一只车轮，而他的大臣们则是另外一只车轮；战车想要朝着正确的方向前行，两只轮子缺一不可。

> 借众臣之眼，能看破别人的缺点。
>
> ——考底利耶

以违背道义的方式获取和保住权力，以严刑峻法保卫国内的秩序，对于这样的主张，人们顶多夸你老谋深算，更多的人会指责你残酷无情。而且，许多人还将这样的主张与近2000年之后的马基雅维利的《君主论》相提并论。不过，书中有关君王与群臣共同施行的核心观念，实则与孔子、墨子、柏拉图及亚里士多德的思想有着更多的相近之处。有人就认为，考底利耶在塔克西拉大学求学之时就有可能曾接触过这些思想家的观念。

大象在印度的古代战争中曾扮演过重要角色。它们常常能够威慑敌人，使其不战而退。而考底利耶就曾围绕大象而设计发明过一些新的战术。

经得起检验的成功哲学

考底利耶的学生旃陀罗笈多采纳了《政事论》中的诸多建议，并且在公元前321年左右成功推翻难陀国王并开创了孔雀王朝。这一成功无疑是本书实用性的最佳证明。孔雀王朝建立起了第一个覆盖印度次大陆绝大部分领土的大帝国；同时，旃陀罗笈多还曾成功抵御过亚历山大大帝所统领的马其顿军队的入侵。在接下来的数世纪中，考底利耶的思想持续影响着印度的统治与施政理念，一直到中世纪伊斯兰人的莫卧儿王朝时期方才有所减弱。

20世纪初，一度失传的《政事论》文本被重新发现，并且在印度政治思想中重新赢得了一席之地；而当印度于1948年摆脱英国统治获得独立之后，它更是被赋予了某种文化象征性的地位。不过，考底利耶虽在印度政治思想中十分重要，但在西方却鲜为人知。直到最近，印度之外的世界才终于知道了印度还有一名叫作考底利耶的杰出政治思想家呢。■

考底利耶

现在人们还没发现关于考底利耶出生地的确切信息，只知道他曾在塔克西拉大学求学并任教。考底利耶投笔从戎之后，先前往华氏城，并成为达那·难陀国王的谋臣。随后，他在某场争执（关于争执的说法众说纷纭）之后离开了难陀朝廷。考底利耶为报此仇，将旃陀罗笈多培养成为与难陀王朝抗衡的力量。随后，旃陀罗笈多与达那·难陀交战并取胜，建立起了统治着除最南端之外整个印度地区的孔雀王朝。考底利耶曾担任旃陀罗笈多的首辅，但是，据说在被旃陀罗笈多之子宾头娑罗诬陷涉嫌毒害其母之后，绝食而死。

主要作品

公元前4世纪 《政事论》

奸邪之臣安利不以功，此亡之本也

韩非子（公元前280—前233年）

背景介绍

思想流派

法家思想

聚焦

以法治国

此前

公元前5世纪 孔子呼吁以家庭人伦关系为基础建立一套社会等级秩序，而这套秩序中，明君贤臣应具有百姓竞相效仿的理想人格。

公元前4世纪 墨子提出尚贤思想，主张唯才是举，以贤德为标准选拔辅佐君王的臣属。

此后

公元前2世纪 汉朝不再推崇法家学说，并罢黜百家，独尊儒家。

公元589—618年 隋朝统一中国，法家思想一度复兴。

战国时期，诸侯逐鹿中原，力求统一中国；在这样一个动荡的年代，一套新的政治哲学应运而生。其间，商鞅（公元前390—前338年）、慎到（约公元前350—前275年）、申不害（卒于公元前337年）等思想家均建议诸侯实行一种更为专制集权的统治方式；而这类主张经过发展便形成了后来的法家思想，由韩非子最终完善成形并付诸实践。它拒斥孔子“德治”的主张以及墨子“兼相爱”的信念，而汲取《老子》的“道”思想与荀子的人性论思想，即认为人的本性就是趋利避害。而控制这种本性的唯一办法，就是施行严刑峻法，惩罚不良行为，从而使得个人利益服从国家利益。

群臣是法的执法者。而同时，为了确保群臣尽忠职守，君主也会“以誉为赏、以毁为罚”，在这个意义上，群臣又是法的对象。如此，君王高高在上的等级体系就能得以维持，而官吏的腐败与密谋也能受到限制。因此，大臣们能否“曲私而就公法”，即能否为了国与法的利益而看淡个人仕途，就对国家的安危至关重要了。所以韩非子说，“忠臣危死于非罪，奸邪之臣安利不以功……此亡之本也”。■

> 以法治国，刑过赏善而已。
>
> ——韩非子

参见：孔子 20~27页，孙子 28~31页，墨子 32~33页，托马斯•霍布斯 96~103页。

政权就像皮球一样被人们交相传递

西塞罗（公元前106—前43年）

背景介绍

思想流派
共和主义

聚焦
混合政体

此前
约公元前380年　柏拉图写就《理想国》，阐述了其理想城邦的思想。

公元前2世纪　古希腊历史学家波利比阿在其所著的《历史》中，描述了罗马共和国的兴起，并论及了罗马三权分立的政体。

公元前48年　恺撒掌握空前权威，开始施行独裁统治，这也标志着罗马共和制的终结。

此后
公元前27年　屋大维获得奥古斯都的称号，成为罗马历史上的第一位皇帝。

1734年　孟德斯鸠写就《罗马盛衰原因论》一书。

公元前510年前后，与古希腊城邦时代几乎同时的罗马共和国成立。其共和政体延续了将近500年之久，并且未曾经历过大的变动。这种政权体系综合了君主制、贵族制和民主制这三种不同政体的部分因素：其中执政官代表君主制，元老院代表贵族制，而公民大会则代表了民主制，三者的权力范围不同却又相互制衡。这就是所谓的混合政体。在绝大多数罗马人看来，它是能够维护城邦稳定并阻止暴政的理想政体。

制约与平衡

罗马政治家西塞罗是共和制的坚定维护者。在尤里乌斯·恺撒被授予独裁权力并对共和制产生威胁之时，西塞罗做出了强烈抵制。他警告世人，共和制的破产将会导致国家堕入一种统治体制的恶性循环之中：君主制的权力将可能落入到僭主手中，继而又被贵族或平民夺取，并最后被寡头或僭主所攫取。在他看来，如若缺少混合政体的制约与平衡，政权就将“像皮球一样被人们交相传递”。果不其然，历史印证了西塞罗的预言，恺撒死后不久，罗马便落入皇帝奥古斯都的统治之下，而且之后继承奥古斯都的诸代皇帝之中，荒淫无度的独裁暴君层出不穷。■

罗马鹰旗上印刻着SPQR字样，意为“元老院与罗马公民”，这正是罗马混合体制的精华和核心。

参见：柏拉图 34~39页，亚里士多德 40~43页，孟德斯鸠 110~111页，本杰明·富兰克林 112~113页，托马斯·杰斐逊 140~141页，詹姆斯·麦迪逊 150~153页。

MEDIEVAL POLITICS

30 CE—1515 CE

中世纪政治

30年—1515年

约公元30年
根据天主教会的说法，圣彼得（又作“圣伯多禄”）乃是**罗马教区的第一任主教**，而圣彼得的继任者们即为“教皇”。

306年
君士坦丁一世成为罗马帝国第一位**信奉基督教的皇帝**。

380年
狄奥多西一世确立基督教为罗马帝国的**国教**。

约公元413年
希波的奥古斯丁称，**政府若丧失正义**则与强盗团伙无异。

622年
穆罕默德制定**《麦地那公约》**，建立起第一个伊斯兰教政权。

800年
查理曼加冕“罗马人的皇帝”。他建立的帝国后来演变出了**神圣罗马帝国**。

900年
阿拉伯哲学家肯迪（Al-Kindi）将**古典哲学资料**带到了巴格达的智慧宫。

约940—950年
法拉比借鉴**柏拉图和亚里士多德**的思想，在《美德城》中讲述了理想的伊斯兰王国的理念。

建立于公元前1世纪的罗马帝国在接下来的时间里不断发展壮大，成为地跨欧洲、北非和中东地区的庞大帝国。随着帝国实力在公元2世纪达到顶峰，这个国家所青睐的繁荣和稳定的文化价值观，逐渐对古希腊和罗马共和国时期的哲学传统形成了挑战。与此同时，有一种新的宗教正在帝国里生根发芽，那就是基督教。

在接下来的近千年时间里，基督教会垄断了人类思想，其神学也对中世纪的政治理论产生了重要影响。而公元7世纪，又一个强大的宗教——伊斯兰教诞生了。它从阿拉伯地区逐渐扩展到亚洲和非洲的其他区域，甚至对欧洲及其基督教思想也产生了影响。

基督教的影响力

普罗蒂诺等罗马哲学家溯及柏拉图的学说，建立起新柏拉图学派，塑造了早期的基督教思想轮廓。而希波的奥古斯丁则借用基督教信仰对柏拉图进行阐释，对神圣法和人类法做出区分，并对正义战争的问题进行了探讨。

过去，不信基督教的罗马皇帝很少光顾哲学思想；而到了基督教统治的时代，政治却成为宗教的附庸，这也使得古希腊和古罗马时代的思想精华遭到严重忽视。这种局面在很大程度上源自教会和教皇势力的崛起。公元800年，随着查理曼登上皇位，教会的这种统治地位得到了进一步确立。

伊斯兰教思想的影响

在阿拉伯半岛，穆罕默德建立起了第一个伊斯兰教政权，并迅速崛起，成长为一个重要的政治和宗教力量。与基督教不同，当时的伊斯兰教对世俗政治的思想较为开放，并鼓励学者向非穆斯林的思想家进行学习。那时，阿拉伯帝国许多城市都建立起了图书馆，对古典思想的资料进行了翻译和保存；其中一些学者还将柏拉图和亚里士多

约9806—1037年

波斯思想家阿维森纳（Avicenna）实现了**理性哲学和伊斯兰教神学的结合**。

1086年

英王威廉一世（征服者）下令进行全国土地情况调查，其结果被编撰为**《末日审判书》**。这是史上第一次普查。

1095年

基督教世界发动**第一次十字军东征**，欲从伊斯兰世界手中夺回圣城耶路撒冷。

1100年

英王亨利一世颁布**《自由宪章》**，规定君主须服从法律，以避免滥用权力。

1300年

托马斯·阿奎那对**神职人员和神学的美德**进行界定，并对自然法、实在法和神圣法做出了区分。

1328年

（巴伐利亚的）路易四世和教皇约翰二十二世发生冲突，帕多瓦的马西利乌斯选择支持路易四世的**世俗统治**。

1377年

伊本·赫勒敦指出，政府的宗旨应当是**防止非正义**。

1513年

尼科洛·马基雅维利完成《君主论》，标志着**现代政治学**的诞生。

德的思想与伊斯兰神学进行融合。阿拉伯帝国出现了巴格达等学术中心，并涌现了肯迪、法拉比、阿维森纳、阿威洛依和伊本·赫勒敦这样的伟大思想家。

而这一时期的欧洲，学术成为教士的专利，教会进一步巩固了森严的等级秩序，异议的声音几乎消亡。不过，随着与伊斯兰文化交往日益频繁，欧洲终于接触到一些古典时期的著作。12世纪，基督教和伊斯兰教并存的西班牙成为文化的聚焦之地。这些被重新发现的思想得到迅速传播，其中欧洲学者不但读到了古典的作品，还把伊斯兰学者的注疏也顺带翻译了过来。

权力的难题

新一代的基督教思想家如今已武装上了古典思想的武器。其中，托马斯·阿奎那力图将亚里士多德的思想与基督教神学进行融合，但这也同样引起了一个新的问题：宗教神权和世俗君主的权力当如何权衡，世俗法律和神圣法又各自处于何种地位？总之，随着世俗思想的介入，新的问题引发了文化的新发展。一些民族国家开始寻求独立，世俗君主与教皇间的冲突也不断发生；教会对世俗事务的干预更是引发争议，导致像罗马的吉尔斯和帕多瓦的马西利乌斯这样的大思想家在这一问题上也是各执一词。

中世纪末期，世俗政权不断挑战教会的权威，但是君主自己的权威也同样开始受到人民的质疑。在英国，约翰王被迫与封建领主签署了限制自己权力的协议；在意大利，一些小型的城市共和国也开始取代君主制政权。这其中，共和国体制的佛罗伦萨不仅成为文艺复兴开始的地方，而且还诞生了一个叫马基雅维利的人物，他对君主治国一系列建议不但在当时惊世骇俗，并且还为政治思想史翻开了崭新的一页。■

如果没了正义，那政府与组织严密的强盗团伙何异？

希波的奥古斯丁（354—430年）

背景介绍

思想流派
基督教

聚焦
政府正义问题

此前
公元前4世纪 柏拉图在《理想国》和《法律篇》中强调了正义在一个理想国家中的重要性。

公元前1世纪 罗马帝国取代了罗马共和国。西塞罗对此表示反对。

306年 君士坦丁大帝成为第一位尊崇基督教的罗马皇帝。

此后
13世纪 托马斯·阿奎那借用奥古斯丁的观点，对正义战争给出了定义。

14世纪 伊本·赫勒敦指出，政府的作用就是遏制非正义。

约1600年 弗朗西斯科·苏亚雷斯创制了一套自然法的哲学。

自公元380年起，成为罗马帝国国教的基督教开始逐步站稳脚跟，教会权威日益增长，它同世俗政权之间的关系也成为一个争议性话题。最早对这一问题进行阐述的政治哲学家是著名学者希波的奥古斯丁。他致力于将古典哲学和宗教融合起来，在此过程中，他深受柏拉图的影响。可以说，柏拉图的学说是奥古斯丁思想的基础。

作为罗马帝国公民，奥古斯丁认同在法律约束下的国家的统治形式；然而，奥古斯丁同时也是一名学者，他也与亚里士多德和柏拉图一样，认为国家的目的是引领公民过上美好和有德行的生活。而这

国家拥有统治者和政府，并通过法律来管理社会和经济。

↓

一个由非正义的统治者领导的国家，会侵略邻国以掠夺领土和财富。

强盗团伙追随其首领，也有一套效忠和分赃的规则。

↓

每个团伙也有自己的地盘，也会在其相邻地盘抢掠。

↓

如果没了正义，那政府与组织严密的强盗团伙何异？

参见：柏拉图 34~39页，西塞罗 49页，托马斯·阿奎那 62~69页，弗朗西斯科·苏亚雷斯 90~91页，托马斯·霍布斯 96~103页。

> 若没有了正义，一个群体不可能总是遵守法律的约束。
>
> ——奥古斯丁

种生活对于一个基督徒而言，是特指按照教会所规定的神圣法则来生活。不过，在实际生活中，很少有人真正遵守神圣法则；绝大多数人处于一种罪恶的生活状态。奥古斯丁区分了两大王国：上帝之城和罪恶盛行的地上之城。在奥古斯丁看来，只有让政府接受教会的引导，才能确保王国的法律能符合神圣法则的要求，使其国民能生活在上帝之城。也只有在这种正义法则的影响下，国家才能体现出与强盗团伙的不同之处。强盗通常也会追随一个首领，对其邻里烧杀抢掠；他们也可能会制定一些规矩，但这些规矩也确保不了正义。当然，奥古斯丁也指出，即使是在充满罪恶的地上之城中，世俗统治者也可以通过法治来维护社会秩序，王国之民也会渴望这种秩序。

正义战争

正义是奥古斯丁的核心思想。这不仅是他基督教学说的根基，也是他判断战争性质的重要因素。尽管奥古斯丁相信一切战争都是邪恶的，一国对其他国家的攻伐和抢掠都是非正义的，但他也承认，以正义的目的发动的正义战争是存在的，比如反击侵略的战争和恢复和平的战争。不过，即使是这类战争，也要求参战者把战争当作一件让人痛苦且需要忏悔的事，而且它必须是不得已而为之的最后手段。

自此，这场世俗法和神圣法之间的纷争，以及试图调和两者的各种尝试，引发了教会与政府之间的漫长斗争，纵贯整个中世纪。■

奥古斯丁关于国家要尊崇基督教义的观点呈现在《上帝之城》中。他在此书中，对罗马帝国的法律与上帝的法律之间的关系进行了描述。

希波的奥古斯丁

奥勒留·奥古斯丁出生在罗马帝国北非地区的塔加斯特镇（今阿尔及利亚的苏克·阿赫拉斯），父亲是异教徒，母亲是一名虔诚的基督教徒。奥古斯丁先是在马道拉学习通俗文学，后在迦太基城学习修辞学；在迦太基，他接触到了波斯的摩尼教，并通过阅读西塞罗的著作，对哲学产生了兴趣。在373年之后，他前往罗马和米兰，在神学家安布罗斯主教的引领下开始钻研柏拉图的学说，并在387年受洗皈依基督教，后于391年成为塔加斯特的一名神父。之后，奥古斯丁在希波（今天阿尔及利亚的彭城）定居，在此地建设起宗教社群，并在396年升任当地主教。除了自传性质的《忏悔录》，他还撰写了大量的神学和哲学作品。430年，在汪达尔人攻破希波城期间，奥古斯丁不幸离世。

主要作品

387—395年 《论自由意志》

397—401年 《忏悔录》

413—425年 《上帝之城》

即使你们厌恶战争，但战争也已成为你们的定制

穆罕默德（570—630年）

背景介绍

思想流派

伊斯兰教

聚焦

正义战争

此前

公元前6世纪 孙武在《孙子兵法》中写道，“兵者，国之大事”。

约413年 奥古斯丁指出，丧失正义的政府与强盗团伙无异。

此后

13世纪 托马斯·阿奎那归纳了正义战争需要符合的基本条件。

1095年 天主教会发动第一次十字军东征，要从穆斯林手中夺回圣地耶路撒冷。

1932年 赛义德·毛杜迪在《认识伊斯兰》中强调，伊斯兰教涉及人类生活的一切领域，政治也包括在内。

伊斯兰教是一个和平宗教，所有穆斯林都希望过一种安宁的生活。

↓

但是伊斯兰教的信道者有必要防范他人的侵扰……

↓

……并且应当攻击那些威胁和平安宁和宗教信仰的不信道者。

↓

即使你们厌恶战争，但战争也已成为你们的定制。

穆罕默德被穆斯林尊为伊斯兰教的先知，他的一生为强大的阿拉伯帝国打下了基础。穆罕默德不仅是个宗教领袖，还同时是一位政治军事领袖。622年，穆罕默德因为传教活动而遭到当地人迫害，旋即离开麦加，迁移到雅什里布，这一逃亡之旅史称“希吉拉事件”。穆罕默德在雅什里布赢得了大量追随者，并在那里构筑起一个伊斯兰社群组织。此地自此更名为麦地那，意即“先知之城”，建立起史上第一个伊斯兰政权。穆罕默德还制定了《麦地那公约》，而该份文件也成为伊斯兰政权的政治传统之基石。

这部公约陈述了各社会群体的权利和义务，罗列了各方需要共同服从的典章制度，并论及了一系列关乎战争的问题。这部公约承认麦地那当地犹太社群的独立地位，并提出要与后者互惠共存。这些条令还要求整个社群在遭遇共同威胁之时要同仇敌忾，一起战斗。这部

参加: 希波的奥古斯丁 54~55页，法拉比 58~59页，托马斯•阿奎那 62~69页，伊本•赫勒敦 72~73页，赛义德•毛杜迪 278~279页，阿里•沙里亚蒂 323页。

各地穆斯林来到位于沙特阿拉伯圣城麦地那的先知寺进行朝觐。麦地那是当初穆罕默德建立第一个伊斯兰政权的地方。

公约的核心目标是维系麦地那的伊斯兰政权各群体间的和平，并同时构建起一套政治体制。这套体制促进了穆罕默德对其追随者和军队的领导，并最终促成了他征服整个阿拉伯半岛的事业。

这部公约具有信仰和世俗的双重权威性。因为真主通过穆罕默德来传达旨意，因此他的话就具有了无可置疑的权威性。

爱好和平，但并非非战主义者

这部公约的许多内容后来都出现在《古兰经》中。相较于更强调政治的公约，《古兰经》对宗教义务的要求则更加详尽。根据《古兰经》的描述，伊斯兰教是一个热爱和平的宗教，但它并非推崇非战主义。穆罕默德反复强调，伊斯兰教必须严防不信道者的侵扰，他还暗示，在一定条件下，应当采取先发制人的行动。一切捍卫信仰的行为应当是“必要的恶”。捍卫信仰是所有穆斯林的一项道德义务。

这项义务可以凝练为伊斯兰政权的圣战思想。这一思想最初是指防范邻国威胁的自卫行为。而随着穆罕默德征服了一个又一个的邻国，圣战也成为阿拉伯帝国散播信仰和攻城略地的重要手段。

《古兰经》中，圣战是一项宗教的义务，战争虽然让人厌恶，但也是一种必要行为。同时，《古兰经》还陈述了约束战争行为的一系列严格的规则。它对正义战争的条件进行了描述（师出有名，目的正当，由合法权威者发起，并且是最后手段），其内容与欧洲基督教社会的定义非常相似。■

穆罕默德

570年，穆罕默德出生于麦加，其父亲在穆罕默德出生前已去世，而母亲也在他6岁时离世。30多岁时，穆罕默德时常去西拉山洞静思祈祷；相传，在610年，他接到了由天使吉卜利勒（又作“加百列”）所传达的来自安拉的启示。于是，他开始布道，并逐渐赢得大批追随者，但也因此遭到了麦加当地人的驱逐，被迫与信众一道逃离麦加，在622年来到麦地那。这年被视为伊斯兰教历的元年。在632年去世之时，穆罕默德已统治了阿拉伯半岛的绝大多数地区。

主要作品

约622年 《麦地那公约》
约632年 《古兰经》
8世纪和9世纪 《圣训》（穆罕默德言行录）

> 你们当以安拉的名义，为安拉而战，讨伐叛逆昧徒。
>
> ——《逊尼派圣训集》

凡人总不愿接受有德者的统治

法拉比（约870—950年）

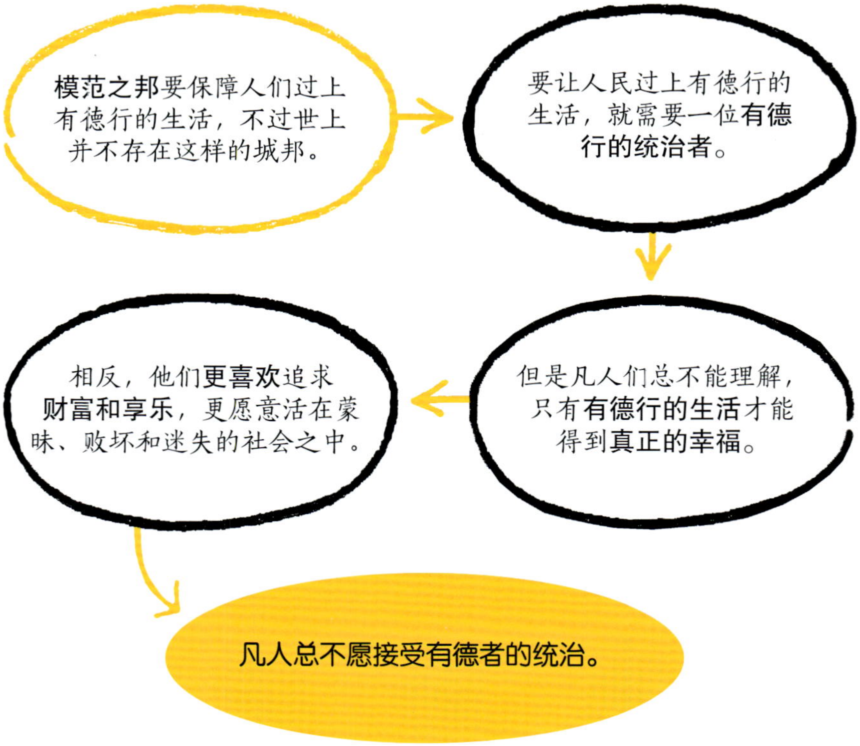

背景介绍

思想流派
伊斯兰教

聚焦
政治美德

此前

约公元前380—前360年 柏拉图在《理想国》中提出，城邦应由哲学王来统治。

3世纪 以普罗提诺为代表的哲学家开始重新阐释柏拉图的作品，并突出了其神学和神秘主义的思想。

9世纪 阿拉伯哲学家肯迪（Al-Kindi）将古希腊古典哲学资料带到了巴格达的智慧宫。

此后

约980—1037年 波斯思想家阿维森纳（Avicenna）将理性哲学和伊斯兰教神学结合起来。

13世纪 托马斯·阿奎那对神职人员和神学的美德进行界定，并对自然法、实在法和神圣法做出了区分。

公元7世纪至8世纪，阿拉伯帝国不断发展壮大，伊斯兰文明随之兴盛，伊斯兰政权的黄金时代应运而生。帝国之中许多大型城市都建起了图书馆，古希腊和古罗马思想家的大量作品得以保存，并通过翻译而得到传播。当时，巴格达是帝国治学的中心，而法拉比也正是在这里建立起了自己哲学大师的名望，成为古希腊哲学家亚里士多德作品的著名诠释者。

法拉比认同亚里士多德的观

参见： 柏拉图 34～39页，亚里士多德 40～43页，希波的奥古斯丁 54～55页，托马斯•阿奎那 62～69页。

> **模范之邦的目标不只是为居民带来物质上的繁荣，还要庇护人们未来的命运。**
>
> ——法拉比

点，认为人天生就是社会性的动物，应当在城邦这样的社会组织中过上美好而幸福的生活。他同时还认为，城邦只是开展这种社会生活的一种最小的组织形式；事实上，在民族国家、帝国，乃至世界国家之中，这样的生活原则同样适用。不过亚里士多德的老师柏拉图对法拉比影响还要更大一些。柏拉图提出，由于哲学王能够理解正义等美德的真正本质，因此城邦只应当由哲学王来统治。类似地，法拉比在《美德城》中勾勒出一座模范之邦，其统治者是一名有德行的领袖，他将指引和教化人民去过上一种能带来真正幸福的德行生活。

神圣之智

什么是统治者的美德与本质，它又从何而来？法拉比与柏拉图对这些问题的不同回答，呈现了两人思想的分野。对此，法拉比的观点是，美德来自一种宗教神灵般的智慧。柏拉图主张哲学王的统治，而法拉比则主张，由一名“哲学先知”，也就是由他所谓的“正义的伊玛目”来统治。

法拉比也承认，他的美德城只是个乌托邦之想。法拉比对现实世界中存在的各种政府形式也进行过探讨，并指出这些政府形式衰败的三个主要原因：蒙昧、迷失和败坏。其中，对于如何通过有德的生活来追寻真正的幸福的问题，蒙昧之邦的人民对此一无所知；而迷失之邦的人民，则是误解了美德的本质；而在败坏之邦，其国民对德行生活有所了解，但是却不愿去追寻这种生活。在这三种有问题的国家之中，人们追求的都是财富和享乐，而不是美好的生活。法拉比相信，蒙昧和迷失之邦中的人民在去世之后，其灵魂都会消失；而败坏之邦的人民则将永远逃不脱懊悔的纠缠。只有美德城居民的灵魂才能享有永恒的幸福。但凡这些蒙昧、迷失和败坏之邦的民众及其领袖依然追求世俗的享乐，他们就不愿接受有德者的统治；因为有德者不会给他们带来他们追求的快乐，因此，模范的美德之城始终难以成为现实。■

法拉比在巴格达著书立说。在伊斯兰黄金时代，巴格达是学术的中心，孕育出了历史上最早的一批大学。

法拉比

阿布•纳斯尔•阿尔•法拉比贵为伊斯兰教哲学家们眼中的“第二导师”（第一导师是亚里士多德），但关于他的生平记述非常稀少。

他很可能在870年前后出生于法拉卜（今天哈萨克斯坦的奥特拉），并曾在其出生地和布哈拉（位于今天的乌兹别克斯坦）求学；到901年，他前往巴格达同伊斯兰教、基督教的学者们一道，共同钻研炼金术和哲学。此外，他还是著名的音乐学家，并且精通多门语言。法拉比曾在巴格达担任法官和教师，又曾游历天下，足迹遍及埃及、大马士革、哈兰和阿勒颇。普遍认为，他的著作主要是在阿勒颇担任叙利亚苏丹塞弗•道莱的宫廷学者时期完成的。

主要作品

均写于约940—950年

《美德城》
《论理智》
《问学录》

不经本国法律之审判，不得将任何自由人逮捕与囚禁

约翰王时期的封建贵族（13世纪早期）

背景介绍

思想流派
议会政治

聚焦
自由

此前
约公元前509年 古罗马王国被推翻，罗马共和国取而代之。

公元前1世纪 尤里乌斯·恺撒剥夺元老院权力；而西塞罗则主张回归共和国体制。

此后
17世纪40年代 英国爆发内战，专制王权被推翻。自此，国王的统治必须得到议会的认可。

1776年 美国发表《独立宣言》，宣布生存权、自由权和追求幸福的权利是一个人不可剥夺的权利。

1948年 联合国大会在巴黎通过了《世界人权宣言》。

英国封建时期，各个封建领主要向国王缴纳税赋，并派骑士服役国王。当时，国王约翰在与法国的战争中不断出现错误决策，连连失地；同时又对各封建领主专横跋扈，恣意妄为，因此，各方对约翰王的不满持续积累。1215年，贵族联合起兵反抗约翰王，并在占领伦敦之后迫使后者与贵族进行谈判。贵族们仿照国王亨利一世在1100年颁布的《自由宪章》内容提出条件，罗列成文，要求对约翰王的权力进行限制，从而保障贵族的特权。这份文件被誉为“男爵法案”，内容囊括了关于财产、权利、税赋的条款，还提出了国王需服从王国法律的要求。

> 余等不得向任何人出售、拒绝，或延搁其应享之权利与应受之公正裁判。
>
> ——《大宪章》第40条

免于暴政的自由

这些条款中，第39条具有最深远的影响：“任何自由人，如未经其同级贵族之依法审判，或未经国法判罚，皆不得被拘留囚禁、没收财产、剥夺法律保护权、流放异地，或加以任何其他损害。”贵族的这项要求体现的是“人身保护令”的理念，意指一个人被拘押后，应移送法庭进行判决，在此过程中，其人身自由应免遭权力的伤害。这是有史以来，第一次对个人免遭统治者任意侵犯的权利提出保障要求。约翰王别无选择，只能接受这些条款，盖上封印，成就了这部被后世称为《大宪章》的文件。

不过，这只是约翰王的权宜之计，事实上，文件的绝大多数条款都没能得到执行，有些还直接遭到

参见：西塞罗 49页，约翰·洛克 104~109页，孟德斯鸠 110~111页，让-雅克·卢梭 118~125页，奥利弗·克伦威尔 333页。

自由人享有自由的权利，并受到法律保护。

专制君王喜怒无常，会不时压榨和处罚其臣民。

君主的权力必须受到国法的约束。

不经本国法律之审判，不得将任何自由人逮捕与区禁。

了废除。尽管如此，其中一些核心的条款被保留下来，《大宪章》的核心精神也对英国的政治发展产生了深远的影响。对君主权力的限制，有利于保障“自由人”（仅指封建领主，并不包括农奴）的权益，这也为议会的出现打下了基础。1265年，德·孟福尔男爵在打败国王之后召开了议会。此次议会的代表是通过直接选举产生的，除男爵外，还邀请了骑士、市民和基层官员参加，可谓开历史之先河。

英国众议院坐落于伦敦，肇始于13世纪封建贵族对国王的反抗。他们当时要求，没有王室成员会议的同意，国王不得随意增加赋税。

走向议会制

到了17世纪英国内战时期，通过法律约束君主权力的思潮到达顶峰，而《大宪章》也成为由奥利弗·克伦威尔领导的议会派的象征。尽管在这个时期，《大宪章》仍只适用于满足一定财产条件的少数公民，但是它依然引领了以法律保护个人免遭公权侵扰的精神思潮。当今许多国家（尤其是前英国殖民地地区）宪法中地位神圣的《权利法案》和《人权宣言》，也多多少少受到《大宪章》精神的影响。■

英格兰的封建贵族

英格兰的封建制度由征服者威廉（1028—1087）所创立。在该制度下，国王将其领地分封给各位贵族，并按照等级，将相应的特权和义务进行分配。而受封土地的贵族要向国王进贡赋税，并且一旦得到国王的征召，贵族有义务派遣一定数额的骑士勤王，以协助作战。此外，各贵族还获得了应邀参加国王会议或议会的资格。不过，那时候会议并不频繁，因为国王的行动经常变动，没有一个固定的开会地点。

尽管上图这位约翰王当时在胁迫之下签署了《大宪章》，但事实上，在13世纪时，封建领主的权力没有扩大，反而是缩小了；在英国内战时期，该制度曾一度差点遭到彻底的废除。

主要作品

1100年 《自由宪章》

1215年 《大宪章》

正义战争必须具备一个正当的理由

托马斯·阿奎那（1225—1274年）

背景介绍

思想流派

自然法

聚焦

正义战争

此前

公元前44年 西塞罗在《论责任》中反对发动战争，不过当战争成为保护国家安全与恢复和平的最后手段时，则另当别论。

公元5世纪 希波的奥古斯丁主张，国家应当致力于弘扬美德。

7世纪20年代 穆罕默德号召穆斯林为了保卫伊斯兰教而战。

此后

1625年 胡果·格劳秀斯在《战争与和平法》中，将正义战争理论放在国际法的背景下进行了讨论。

1945年 《联合国宪章》禁止各国在没有得到联合国授权的情况下采用武力方式解决国际争端。

在中世纪欧洲，罗马天主教会垄断知识长达数世纪之久。自从狄奥多西一世在公元4世纪末将基督教确立为罗马帝国的官方宗教以来，欧洲的政治思想始终被基督教教义所主宰。有关国家与教会之间关系的问题深深吸引着哲学家与神学家，其中最为著名的就是希波的奥古斯丁，是他通过将柏拉图《理想国》中的政治思想与基督教义相结合，为这场争论奠定了基础。然而，当历史来到12世纪，随着欧洲人与伊斯兰学者的往来日益频繁，他们终于有机会接触到大量的古希腊著作的译本；这使得一些欧洲思想家开始对基督教之外的一些哲学家产生兴趣，其中，亚里士多德最受推崇，而其伊斯兰教教义的诠释者——博学的安达卢西亚思想家阿威罗伊也颇有威望。

> 和平是正义的间接功效，这是因为正义只能清除获得和平的障碍。可是，和平却是美德的直接功效，因为美德是产生和平的缘由。
>
> ——托马斯·阿奎那

理性论证的方法

整个中世纪晚期，最为杰出的基督教思想家非意大利学者托马斯·阿奎那莫属。阿奎那是当时刚成立不久的多明我会的修道士，这个修道会珍视经院哲学传统，他们拒绝简单地传授基督教教条，而是将论证与推理作为其传教的方法。本着这种精神，阿奎那开始着手对基督教神学与柏拉图、亚里士多德等哲学家的理性思想进行调和。作

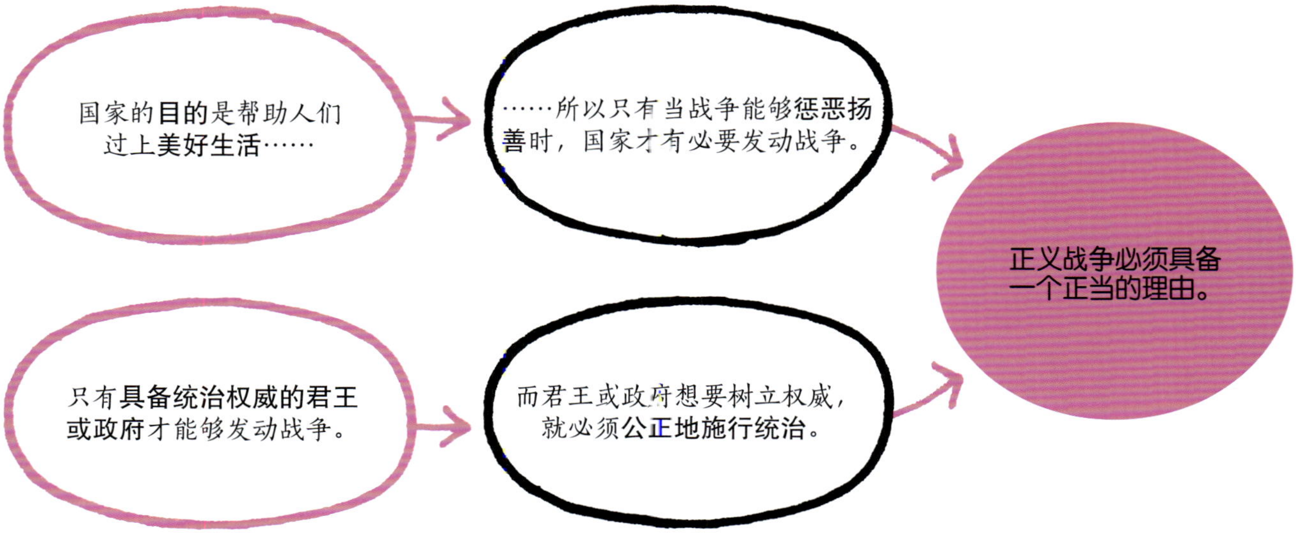

参见：亚里士多德 40~43页，西塞罗 49页，希波的奥古斯丁 54~55页，穆罕默德 56~57页，帕多瓦的马西利乌斯 71页，弗朗西斯科·苏亚雷斯 90~91页，迈克尔·沃尔泽 324~325页。

为一名教士，他的核心思想是关于神学的，不过由于教会本身就是当时的支配性政治力量，所以神学与政治学的区分并没有像今天那么显著。阿奎那努力促成理性思想与基督教义、哲学与神学的有机结合，并且在此过程中，探讨了世俗权力与神圣权威，以及教会和日益崛起的国家力量之间的冲突问题。他还运用这种方法检视伦理问题，例如什么情况下发动战争可称正义。

作为首要美德的正义

阿奎那在他的道德哲学中明确地探讨了一些政治话题，并强调，理性论证在政治思考中也像在神学论辩里一样重要。他将希波的奥古斯丁的著作作为自己思考的出发点。当年，正是奥古斯丁成功地将"国家的宗旨是促进良善和有德之生活"这一古希腊观念融入了基督教信仰。奥古斯丁相信，这一古希腊观念与能够阻止非正义的神圣法相得益彰。对于沉迷于柏拉图与亚里士多德著作的阿奎那而言，正义是支撑其整座政治哲学大厦的

根据阿奎那的思想，凡能保护基督教价值的战争就是符合正义的。因此1096—1099年占领耶路撒冷并屠杀数千穆斯林的第一次十字军东征也不例外。

托马斯·阿奎那

阿奎那出生于意大利的洛卡斯卡堡，该城堡是阿奎那家族的领地。他曾在卡西诺山的本笃修道院接受教育，后又负笈那不勒斯大学。尽管其家人期望他成为一名本笃会修士，但阿奎那却在1244年意外地加入了新成立的多明我会，并于次年移居巴黎。1259年起，他先后任教于那不勒斯、奥尔维耶托以及圣萨比纳的新式学校，并且在罗马担任了教皇的顾问。

相传，为处理一场有关阿威罗伊及亚里士多德的哲学与基督教义的相容性的争论，他1269年被派遣回到巴黎。1272年，他在那不勒斯创立一所新的多明我教会大学。1274年，阿奎那被委派参加第二次里昂会议，但是却在旅途中罹患重病并且在一场意外之后溘然长逝。

主要作品

1245—1256年 《箴言书注》
约1258—1260年 《反异教大全》
1267—1273年 《神学大全》

> **开战的唯一理由是：我们可以生活在不受侵害的和平环境中。**
>
> ——托马斯·阿奎那

首要政治美德，同时也是政治统治的核心要素。正义的法律能区分良政与秕政，并能赋予它统治的合法性。同样，正义也决定着国家行动的道德原则；而这一原则在阿奎那关于正义战争的理论中得到最为明显的体现。

界定“正义战争”

阿奎那同意奥古斯丁的观点，认为尽管基督教始终传布和平主义，但为了保障与恢复和平，战争有时也是必要的。不过，这一战争应当是自卫性的而非先发制人的，并且只有在符合特定条件之时方能发动。他将这些条件称为“开战正当性”或“开战的权利”；它不同于“战时正当性”，后者是指战争中正义行为的准则。阿奎那相信，这些条件将会确保战争的正义性。

阿奎那为正义战争提出了三项独立的基本要件：正当的动机，君王的权威，以及一个正当的理由。直至今日，这些准则仍旧是正义战争理论的基本标准。其中，所谓“正当的动机”只能是重拾和平，这自然是基督教义的要求；不过在另外两个条件之中，我们能够发现一种更为世俗的思想路径。“君王的权威”意味着唯有拥有统治权威的国家或统治者才能发动战争，而“合乎正义的理由”则要求其发动战争的权力只能用来为全体人民谋求福祉，而不可出自个人的利益或满足虚荣。若想达到这些

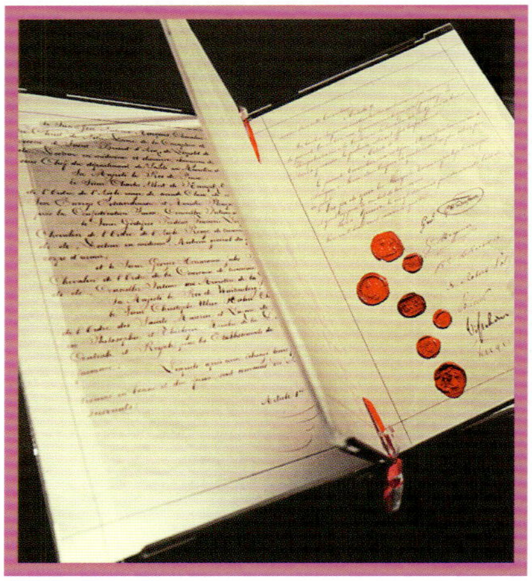

《日内瓦公约》由1864年到1949年之间各国签订的四项条约组成，它规定了战争时期对待士兵与平民的基本原则。很大程度上，正义战争理念正是《公约》的思想根基。

标准，政府就必须是一个合法的政权，统治者也应当受到法律的约束以确保其行动的正义性。而这样的要求也意味着，这一政权要建立在一种合法统治的基础之上，并能同时兼顾教会和世俗统治的需求。

自然法与人类法

阿奎那对于国家机器统治权威的角色的认识，使其脱俗于同时

开战权

在阿奎那看来，正义战争的唯一**正当动机**是恢复和平。

唯有**具备权威的君王**才能发动战争。

一场称得上**正当的战争**，就必须使人民获益。

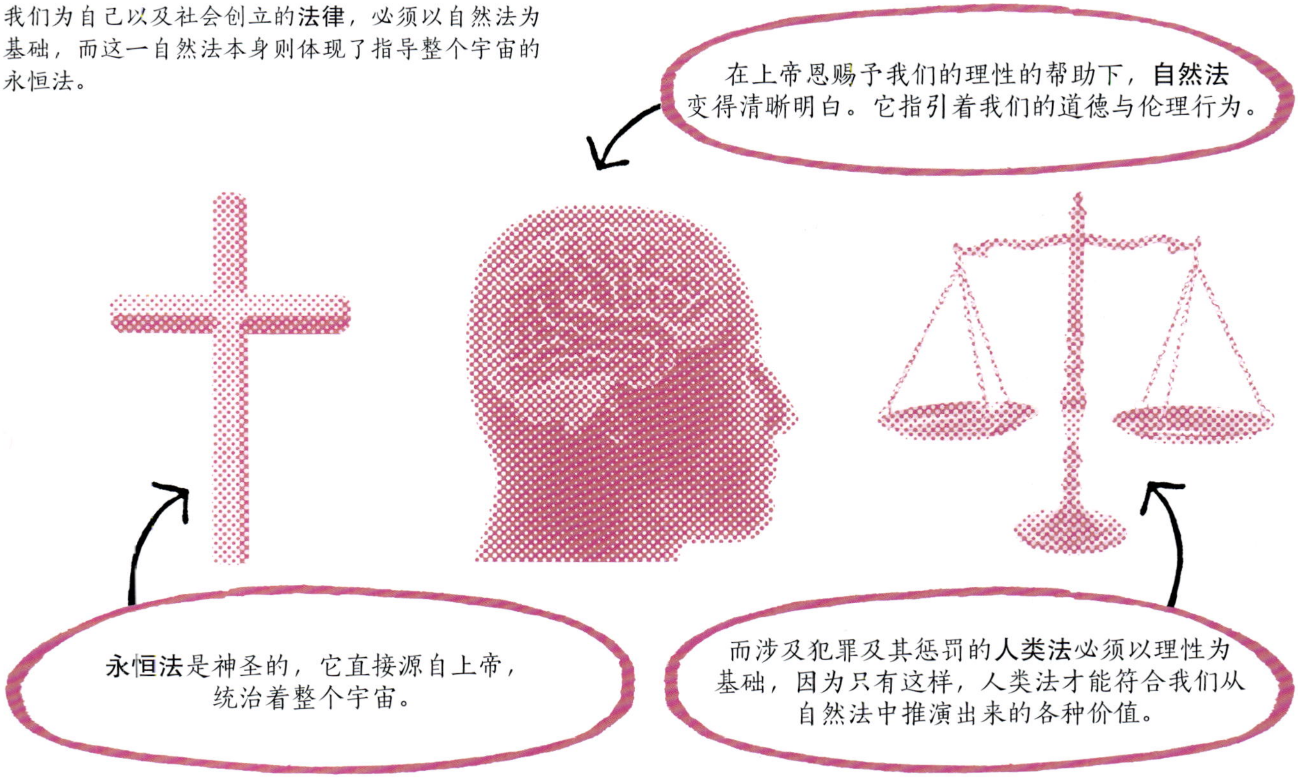

代的其他思想家。他深受柏拉图与亚里士多德的影响，认为正义是人类的根本美德；对于正义的重视促使他进一步思考法律在社会中的地位，而对于法律的兴趣也在日后成为他整个政治思想的基础。所以，在当时社会日益多元化的情况下，他的思考就很自然地包含了对于神圣法与人类法及其所对应的教会法规与国家法律之间不同之处的辨析。

身为基督教徒，阿奎那相信永恒的神圣法统治着全宇宙，而作为唯一理性造物的人类则与之有着独特的关联。由于我们具备理性推理能力，所以支配我们的是他所谓的“自然法”；自然法源于人们对人类本质的求索，以及对道德行为准则的推论。不过，阿奎那解释道，这种自然法不仅不与神圣法相冲突，而且还是人类对于永恒法的一种融入。

他认为，理性是上帝恩赐给我们的能力，以使我们能够为自己制定自然法；而作为社会动物的人类，也是通过自然法为介质而顺应着永恒法。然而，不能将关注道德与美德的自然法，与我们创造出来用于管理社会共同体的日常事务的人类法相混淆。人类法这类人定之法就像人本身一样，在本质上是易犯错的，因此它们也可能导致非正义；并且人类法的权威与否也只能靠比照自然法来进行判断。

> 理性之于人就像上帝之于这个世界。
>
> ——托马斯·阿奎那

对共同体的渴求

阿奎那将自然法归因于人们理性思考的秉性，又用人类本质的另一方面来解释人类法的出现，而这一方面就是我们对于建立共同体的需求。这一观念与亚里士多德在

1928年，15个国家共同签订**凯洛格-白里安公约**（The Kellogg-Briand Pact），禁止缔约国发动战争。这符合了阿奎那的战争只能被用以恢复和平的原则。

《政治学》中提出的人是天生的政治动物的思想极其相似；事实上，阿奎那也确实曾针对《政治学》写过长篇的评注。他说，正是建立社会共同体的欲求使人们成其为人，而非其他动物。像亚里士多德一样，阿奎那承认人类自然而然地建立起家庭，而若干家庭聚在一起又成为村落，最后，无数村落共同构成了像城邦或者民族国家这样的政治社会，为人们提供有序的社会结构。尽管他在总体上与亚里士多德保持一致，认同这样的国家是一种完美的共同体，但是13世纪教会对国家的理解已与古希腊大不相同，因此阿奎那与亚里士多德在对国家的看法上存在不同之处。

根据古希腊哲学家的思想，社会的目标是帮助人们过上符合美德与理性的美好生活。而企图将古希腊这一思想与基督教神学及自己的自然法观念相协调的阿奎那，对此则有略微不同的理解。在他看来，政治社会的作用是帮助公民理性地成长，并借助于此获得对于道德感也就是自然法的理解。如此，他们才能过上美好生活：既符合了自然法，又作为基督教徒而遵循了神圣法。

公正地统治

紧接着的一个问题是：何种政府形式最适于确保这一政治社会目标的实现？阿奎那再一次从亚里士多德那里得到启发，他以统治者的人数和统治的公正性为标准，划分出几种不同的政体形式。由一人施行公正统治的政体就是君主制，而当其进行不公正的统治时就成为僭主制。类似地，少数人施行公正统治的政体是贵族制，而当其进行不公正的统治时就成为寡头制；多数人施行公正统治的政体是共和制，而其对立面则是施行不公正统治的民主制。

> **长远看来，相较于太平盛世，一场正义战争将对人类精神带来更大的好处。**
>
> ——西奥多·罗斯福

这些政体形式是否合乎正义，取决于它们能否制定出为国家带来稳定秩序的法律。阿奎那将法律定义为“由共同体的管理者为了共同善而制定并颁布的理性的命令”。这一定义概括了他用以判断统治公正与否的标准。这些法律必须以理性为根据，而不像神圣法那样被教会强加在国家身上，因为只有这样才能满足我们人类对于为自己推演出自然法的需求。

维持秩序

阿奎那进一步解释道，人类法本身对于维持社会的秩序也是不可或缺的。自然法指导我们做出正确的决定，并为我们提供用来判断何为罪愆或非正义的道德准则；但唯有人类法决定着施以惩处的力度和方式。这些人类法对于有序、文明的社会至关重要，它们的威慑力敦促着潜在的违法犯罪者尊重共同的利益，并最终“心甘情愿地去做其之前只是出于畏惧而所做之事，并成为有德的人”。不过人类法的正义性，要比照其与自然法相符程度来判断。如果无法符合自然法，它们甚至根本不会被视为法律。

阿奎那关于法律的定义的第二部分，或许是判断一个政府体制正义性的决定性因素：法律应当关注全体人民的利益，而非统治者的利益。只有在这样的法律之下，国家才能为人们提供自由追求智识与道德发展的制度框架。然而，一个问题仍旧有待讨论：谁应当统治？阿奎那相信多数人并不具备充分领会实行统治所需之德行的理性能力，这也意味着政府不应掌握在人民之手，而应交给某一个公正君主或是贵族。不过阿奎那也明白这些个人存在腐化堕落的可能性，所以他转而提倡一种混合政体形式。在阿奎那那里，国家存在的目的是根据基督教的原则来改善人们的生活，但若我们对此进行仔细考察，便会惊人地发现，阿奎那并不排斥由一个合法的异教徒来施行统治。尽管一个异教徒的统治可能并不完美，但他也能够根据人类法来进行公正统治，允许其臣民发展他们的理性力量并最终为自己推导出道德准则。这样一来，他们才能根据自然法来生活，并最终形成一个基督教的社会。

1945年，人们在第二次世界大战之后建立**联合国**，目的是维护世界和平，并推行一系列准则。若阿奎那有知，这些准则很可能也被他纳入自然法。

激进的思想家

从900年后的现代视角来看，阿奎那似乎只是在简单地再现与重复亚里士多德的政治理论。然而当我们将其思想置于中世纪基督教背景下详加考虑之时，会发现这些思想实质上是一种挑战罗马天主教会传统权威的激进政治思想变革。尽管如此，由于他的渊博学识与虔诚真挚，其思想仍然被当时的官方教会奉为经典，并且直至今日依旧是大部分天主教政治思想的基石。

从阿奎那为正义战争设置的标准中——正当的动机、君王的统治权威以及合乎正义的理由——我们可以看到这些原则如何与他总体性的政治正义观念相符，而且会发现这些观念多基于自然法与理性原则，而非神圣的权威。阿奎那的自然法思想不仅对后世的许多正义战争理论影响深远，而且也被众多神学家与法学家奉为圭臬。在接下来的几个世纪中，随着日益强盛的民族国家逐步脱离教会的束缚，教权与世俗权力的斗争愈发激烈，人类法的必要性也因此成为一个更加重要的问题。■

阿奎那有关正义战争之要素（正当的动机、统治权威以及正当的理由）的理论，至今仍颠扑不破，并且激励着许多人加入反战的运动。

政治性的生活，就是遵从良善法律的生活

罗马的吉尔斯（约1243—1316年）

背景介绍

思想流派

立宪主义

聚焦

法治

此前

约公元前350年 亚里士多德认为，“人是天生的政治动物”。

13世纪 托马斯·阿奎那将亚里士多德的思想与基督教的哲学、政治观念融合起来。

此后

1328年 帕多瓦的马西利乌斯在国王与教会的冲突中选择支持国王。

约公元1600年 弗朗西斯科·苏亚雷斯在《论法律及立法者上帝》一书中，对君权神授之说进行驳斥。

1651年 在《利维坦》中，托马斯·霍布斯将自然状态下的人类形容为“孤独、贫穷、肮脏、野蛮和短暂”的状态，并主张通过建立社会契约来保护社会中的所有公民。

古希腊哲学家亚里士多德的学说在很长一段时间里为人们所忽视；但到了13世纪，在多明我会教士托马斯·阿奎那及其门徒罗马的吉尔斯等人的努力下，其思想终于得到了教会的认同。罗马的吉尔斯不仅是亚里士多德著作的注疏者，他还对其思想进行了一定的完善。亚里士多德曾提出，人是天生的政治动物；而吉尔斯认为，这里的“政治”是指一种城邦式的或公民共同体式的生活，而不并非特指某种政府统治的形式。

吉尔斯看来，成为公民社会的一员，就意味着要“过一种政治性的生活”，同时，这也是公民在美德指引下过上美好生活的关键。这是因为，法律是公民共同体的调节者，正是它确立并保障了公民的基本道德。良善的法律能够给人们带来美德，而正义即是其中一种。一个人要成为社会的一员，就必须遵从法律；如若不然，他就是游离于社会之外。吉尔斯认为，法治乃是区别暴政和政治性生活的核心因素；而那些暴君由于不受法律的约束，也因此自绝于公民社会之外了。

法国国王腓力四世当众焚烧《神圣一体敕谕》。这一敕令要求国王听命于教皇，这正是吉尔斯所提倡的原则。

尽管吉尔斯认为世袭君主制是政治性生活的最佳形式，但是由于他还同时身居教会要职，所以他认为，国王应当服从教会，并在这场争执中最终站到了教皇一边。■

参见：亚里士多德 40～43页，托马斯·阿奎那 62～69页，帕多瓦的马西利乌斯 71页，弗朗西斯科·苏亚雷斯 90～91页，托马斯·霍布斯 96～103页。

教会应当谨遵耶稣基督的先例，放下手中世俗的权力

帕多瓦的马西利乌斯（1275—1343年）

背景介绍

思想流派
世俗主义

聚焦
教会的地位

此前
约公元前350年 在《政治学》中，亚里士多德论述了公民在城邦的管理和司法事务中的角色。

约公元30年 天主教会的圣彼得成为罗马教区的第一任主教，而圣彼得的继任者们即为“教皇”。

800年 查理曼加冕“罗马人的皇帝”。他建立的帝国后来演变出了神圣罗马帝国。

此后
1328年 （巴伐利亚的）路易四世加冕神圣罗马帝国皇帝，并罢免了教皇约翰二十二世。

1517年 德国神学家马丁•路德对天主教会的教义和烦琐仪式发起猛烈抨击，欧洲宗教改革就此打响。

帕多瓦的马西利乌斯是一名学者，而不是一位神职人员，所以他敢于将自己的大胆想法公之于众。他说：教会，尤其是教皇，不应拥有任何世俗的政治权力。

当时，新加冕的神圣罗马帝国皇帝的（巴伐利亚的）路易四世同教皇约翰二十二世发生了政治冲突。此时，帕多瓦的马西利乌斯撰写了《和平的保卫者》一书，以表达对路易四世的支持。他认为，世俗的管理实务不应当是教会的职能。他驳斥了几任教皇持续鼓吹的“一切权力都是神所命”的思想，认为这将对国家造成破坏。

马西利乌斯借鉴亚里士多德在《政治学》中的观点指出，好的政府乃是由人民选举产生的，人民有权利参与到立法过程之中，并且选出统治者。对民间事务的管理，最好是靠法律来统筹，由人民来管控，而不宜由神圣法来强加干预；这种干预，在《圣经》中也找不到依据。在基督耶稣本人眼中，神职人员就应当充当教化者的角色，不可成为凌驾于他人之上并享有更多权力之人。因此教会应当谨遵耶稣及其使徒的教诲，将政治的权力交还于国家手中。对于法律、秩序、财政和军事等领域，只有人民选出来的统治者所主持的世俗政权才是操持这些事务的主角。■

> 只要公职人员是通过选举上任的，那他的权威就不再需要其他任何势力的批准。
>
> ——帕多瓦的马西利乌斯

参见： 亚里士多德 40～43页，希波的奥古斯丁 54～55页，罗马的吉尔斯 70页，尼科洛•马基雅维利 74～81页。

政府欲阻止非正义，但却总在这一过程中制造非正义

伊本·赫勒敦（1332—1406年）

背景介绍

思想流派

伊斯兰教

聚焦

权力的腐化

此前

公元前1027—公元前256年 周朝的史学家将王朝的兴衰称为“朝代循环”（dynastic cycle）。

约950年 法拉比借鉴柏拉图和亚里士多德的思想，在《美德城》中讲述了理想的伊斯兰王国的理念，并探讨了各种政府形式各自的缺陷。

此后

1776年 英国经济学家亚当·斯密在《国富论》中阐释了劳动分工的原理。

1974年 美国经济学家阿瑟·拉弗根据赫勒敦关于税收的思想提出了拉弗曲线，揭示了税率与政府财政收入之间的关系。

政治社会的团结源自“阿萨比亚”，即阿拉伯语中**社群凝聚力**的意思。

↓

它是**政府的基础**，能够阻止非正义的产生。

↓

随着社会的发展和社会凝聚力的下降，**政府容易产生懈怠**……

↓

……并且开始为自身利益而**剥削公民**，制造非正义。

↓

于是，另一个**政权兴起**，并取代这个衰落的政权。

↓

政府欲阻止非正义，但却总在这一过程中制造非正义。

参见：亚里士多德 40~43页，穆罕默德 56~57页，法拉比 58~59页，尼科洛·马基雅维利 74~81页，卡尔·马克思 188~193页。

在英国人类学家欧内斯特·盖尔纳看来，“政府欲阻止非正义，但却总在这一过程中制造非正义”这句伊本·赫勒敦的名言，可以称得上政治思想史上对政府进行的最佳描述。这句话不但可以直接作为马基雅维利式的现实主义论述，甚至用来对当下政治制度进行批评也一样恰如其分。但实际上，这句话乃是14世纪的人们对当时社会动荡原因所做的分析的结晶。

以共同体为基

伊本·赫勒敦与同时代的政治思想家不同，他较少涉及形而上学和神学的内容，而是综合运用历史、社会和经济的观点，对政治制度的兴衰进行考察。他与亚里士多德一样，认为人类具有形成社会的天性；他还进一步提出，这种构成群体的倾向源自“阿萨比亚”，你可以将这个阿拉伯语词汇理解为“社群意识”“组织团结”或“部落忠诚”。这种社会凝聚力将衍生出一系列社会制度，以保护其公民的利益，并防范他人的侵扰。

但是，任何一种政府形式，都内在地蕴藏着衰败的种子。随着旧政体的“阿萨比亚”逐渐遗失，另一个政权的诞生条件就会成熟，并将发展起来取代衰落的旧政权。伊本·赫勒敦说道，文明就是在这样的朝代循环之中兴亡更替的。

衰落源自腐败

伊本·赫勒敦同时还论述了权贵阶层将对经济造成何种危害。他说，社会初始时期，为维持“阿萨比亚”，政府需要收取一定的税收；但随着政权的自我进化，统治者便会开始强加税收，以维持自己日渐奢靡的生活。横征暴敛不仅是一种危害政治团结的非正义现象，而且还会大幅削弱社会生产力——过重的苛捐杂税会打击生产的积极性，还会使国家财政收入持续减少。这一税收与财政的关系在20世纪被美国经济学家阿瑟·拉弗重新发现。事实上，伊本·赫勒敦对分工和劳动价值的论述也比后世许多经济学家的“重要发现”早了几百年。

尽管，伊本·赫勒敦相信，这种循环往复的朝代更替将是政权难以避免的宿命，但是他依然认为各种政府形式之间存在着优劣之分。他认为，由单人统治的政府最善于维持“阿萨比亚”，比如哈里发统治的伊斯兰政权（因为宗教在维持社会凝聚力上具有独特的优势）。而暴君的统治则最容易摧毁“阿萨比亚”。此外，赫勒敦还认为，政府是必要的，但是由于政府必然造成一些人控制另一些人的非正义局面，因此政府权力应当尽量维持在最小的范围。■

> **一个民族在心理上被击垮，就标志着这个民族走向终结。**
>
> ——伊本·赫勒敦

伊本·赫勒敦

伊本·赫勒敦于1332年出生在今天的突尼斯城，成长于一个政治激进的家庭，从小接受《古兰经》和伊斯兰法规的熏陶。他曾在北非马格里布担任宫廷职务，也因此获得了大量政权更替事件的一手资料。在菲斯期间，赫勒敦曾参与了与卡斯蒂利亚国王“残酷者”佩德罗一世的议和。之后，他回到非洲，先后在北非地区几个王朝的宫廷任职。1384年，赫勒敦定居开罗，在那里完成了他的历史学著作。1401年，赫勒敦进行了最后一次游历，其间曾代表埃及在大马士革同蒙古可汗帖木儿商议罢兵。

主要作品

1377—1406年 《殷鉴书》（全称《阿拉伯人、异族人、柏柏尔人及其同时代最有权势者时期之殷鉴集与始末录》）

精明审慎的君主
绝不能总信守诺言

尼科洛·马基雅维利（1469—1527年）

背景介绍

思想流派

现实主义

聚焦

治国之术

此前

公元前4世纪 考底利耶建议统治者采取一切必要措施来实现国家利益。

公元前3世纪 韩非子相信追求私利、规避惩罚是人的本性；因此信奉其法家思想的政权都各自制定了严刑峻法。

公元前51年 西塞罗在《论共和国》中倡导一种共和主义的统治。

此后

1651年 托马斯·霍布斯在《利维坦》中，将自然状态下的生命描述为“肮脏、野蛮与短暂的”状态。

1816—1830年 卡尔·冯·克劳塞维茨在《战争论》中讨论了战争的政治维度。

尼科洛·马基雅维利或许是所有政治理论家中最为著名同时也最常被误解的一个了。从他的著作中诞生的“马基雅维利主义者”一词，代表着一类善于利用他人、惯于欺诈、自私自利并且相信“目的为手段辩护”的政客。然而，这一名词却无法完全涵盖马基雅维利在《君主论》中阐发的那套更为丰富、更具创造性的政治哲学。

马基雅维利生活在文艺复兴的开始阶段。这一时期是欧洲历史的转折点，这其间，“世界由上帝指引”的中世纪基督教观念逐渐被“人类能够掌控自己命运”的信念所取代。随着教会权力遭到文艺复兴的人文主义精神的挑战，繁荣的城市共和国在意大利逐渐兴盛，马基雅维利的故乡佛罗伦萨就是其中一个；但同时，像美第奇家族那样富有而强大的家族，在扩张过程中总会威胁乃至颠覆这些共和国。那时，马基雅维利在佛罗伦萨担任外交公职，其间曾接触到了大量的政治实务一手资料；他又曾对古罗马的社会与政治有过深入研究，在这番经历的影响下，他提出了一套有别于传统的新的政治思想研究方法。

现实主义思想

马基雅维利不关心社会的应然状态，而尝试“直面事情的真相而非其幻象”。这意味着他要把握的是现实事物的核心与本质，并且让政治学脱离道德哲学或伦理学分支的地位，以完全实用与现实的视角来看待政治。

与之前的政治思想家不同，在他看来，国家的目的不是培养其公民的德行，而是保障他们的福祉与安全。因此，他用“有用性”“必要性”“成功”“危险”及“害处”等概念取代了传统的“对”“错”观念。他把效用置于德行之上，并且拒绝所有形式的意识形态和道德戒律；而对于成功统治者应当具备何种品质的问题，他将政绩与精明

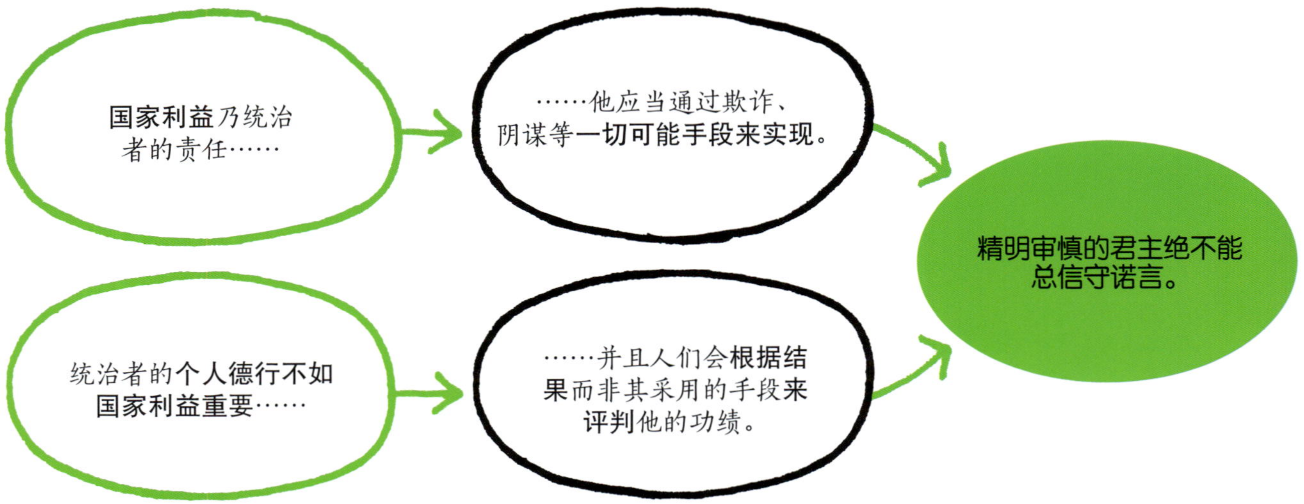

参见：考底利耶 44~47页，韩非子 48页，伊本·赫勒敦 72~73页，托马斯·霍布斯 96~103页，卡尔·冯·克劳塞维茨 160页，安东尼奥·葛兰西 259页。

正如一条牧羊犬能够操控整个羊群，**高效的统治者**也能够最充分地利用其臣民的人性弱点。

算计作为答案的标准。

他的政治哲学的核心是一种文艺复兴式的视角：从人的角度看待人类社会，这就彻底脱离了教会所灌输的宗教理念之窠臼。为实现这种理念，马基雅维利开始在考察古往今来人类行动的基础上探究人类的本性，而他得出的结论是：大多数人都是生来自私、目光短浅、善变并且易于受骗的。他的观点是现实主义的，甚至可称得上是一套性恶论，这与先前的政治思想家大为不同。上述这些人性的弱点理论上应当是构建一个高效、稳定社会的障碍，不过马基雅维利却相信，在正确的统治之下，其中一些所谓弱点，在事实上却将有助于建立一个成功的社会。

善用人类本性

例如，自我保存的本能展现出人类的利己天性；不过，当面临外来侵犯或是恶劣环境的威胁时，人为了自保，便会变得行事勇敢、工作勤劳并懂得合作。因此，马基雅维利区分了毫无德行可言的原始、纯粹的人类天性，与使人行为高尚并有对社会有益的习得的美德。但同时，人类其他一些负面品质若加以利用，也可以增进公共利益。例如，相对于独立思考，人们更愿意仿效他人，这一倾向常被视为负面品质，但这种品质却能够引导人们以统治者为榜样，并且更善于互助合作。更有甚者，像善变以及易骗等品质，使得人们便于被技艺高超的统治者所操控，并且会因此变得仁爱有加。至于人们在追逐个人利益与抱负的过程中表现出来的自私等品性，倘若引导得当，则能够转变为强大的行为动力，而且这种品性对于统治者而言将尤其有用。

不过欲将恶劣、原始的人类本性转变成崇尚仁爱的社会美德，必须具备两个关键要素：其一是对社会进行有效组织；其二是统治者“精明审慎”的统治。在马基雅维利看来，所谓“精明审慎”的统治，就是有益于国家繁荣发展的统治。

给新任统治者的建议

马基雅维利的《君主论》颇负盛名（如今则臭名昭著），它的体裁类似于统治者案头的治国手

桑德罗·波提切利的画作《三博士来朝》创作于1475年，它描绘了在马基雅维利写作《君主论》期间统治着佛罗伦萨的美第奇家族的强盛景象。

册，这种被称为“君王宝鉴”的文体在中世纪以及文艺复兴时期盛行一时。此书系为新任统治者所写，并题献给了强大的美第奇家族的成员，其宗旨是指导掌权者为了国家利益而驱使并操控人类的本性。不过，后来的解读发现，通过这种文体，马基雅维利还巧妙实现了将早为统治阶级所熟知的秘密揭露给更多读者的目的。在分析了人类根本上自利但却可塑的本性之后，他开始转而探讨一名想要审慎治国的统治者需必备何种品质。

> 君王食言从不缺乏正当的理由。
>
> ——尼科洛·马基雅维利

领导者品质

让人不解的是，马基雅维利竟使用“美德”一词来描述这些领导者品质，而且这并非我们现代人或者教会理解下的美德观念。马基雅维利是一名基督教徒，所以在日常生活中他倡导践行基督教美德；不过当讨论统治者的行为时，他相信德行必须让位于效用和国家的安全。在这一方面，他的观念回归到古罗马的美德品质，这种品质以军事将领为榜样，他们志存高远，雄心勃勃，全力追求荣耀和财富，这就与基督教的谦卑美德截然相反。然而，马基雅维利提醒道，这些动机虽是人类自私天性的体现，但同样也能够增进公共的利益。

马基雅维利将军事领袖与政治领袖之间的类比进一步延伸，并谈及了勇气、立规以及组织能力等统治者其他方面的美德。同时，他还强调，在采取行动之前非常需要对实际情况进行理性分析；并指出，这一行动不能以人们在理想状况下的行为为基础，而应当以实际情形下的所作所为为基础（通常就是谋求一己私利）。在马基雅维利看来，社会冲突是人类自私本性所导致的必然结果（而这就与“自私并非人类的天性”的中世纪基督教观念背道而驰了）。所以，想要妥善应对这种自私本性，统治者就需要掌握战争的技艺。

尽管马基雅维利相信人类在很大程度上能够掌控自己的命运，但他也承认，他称之为“幸运”的因素同样起着重要的作用。统治者不仅要努力克服这种可能性，也要同与这种“幸运”密切相关的人类善变本性做斗争。在他看来，政治生活尤其可以被看作“美德”与“幸运”两种因素之间的持续斗争；那么这样一来，政治生活仿佛就始终是一种战争状态。

权谋之有用性

通过用军事理论分析政治，马基雅维利得出结论，绝大多数政治生活的本质都是权谋。就像战争的胜利有赖间谍活动、情报工作、

> 在评判一项政策时，我们应当考虑政策能带来的结果，而不必太在意执行时采用的手段。
> ——尼科洛·马基雅维利

反情报工作以及欺诈之术，政治的成功也需要保密、阴谋和诡计。有关权谋的观念早已为军事理论家所熟谙，并且也被政治领袖付诸实践；但是在西方，马基雅维利是明确提出政治权谋论的第一人。一般认为，欺诈之术有悖国家应当保卫其公民之德行的观念，所以，马基雅维利的主张可谓与传统思想做出了惊世骇俗的决裂。

根据马基雅维利的主张，尽管在私人生活中，阴谋与欺诈有违道德，但对于成功的统治而言，它们却是明智之举，而当其被用来谋求公共利益之时，更是情有可原。不仅如此，马基雅维利还相信，为了操纵人性之中的恶劣一面，统治者还必须善于欺诈，并且敢于出于精明审慎而不去兑现承诺，因为若不如此就会损害统治，并危及国家的稳定。因此，对于不得不面临不可避免之冲突的统治者而言，为达目的可以不择手段。

唯独目的至为紧要

判断一名君主能否被冠以成功统治者之号，无须根据其道德和思想境界，只需依据其行动的结果以及为国家带来的裨益。正如马基雅维利在《君主论》中所写的：“在人的所有行动里，尤其是君主的行为，由于再上已没有法庭可以申诉，所以人必须注重最终的结果。因此，假使一位君主建立和维持了他的统治，那他的所为总会被所有人认为值得敬佩和赞誉。因为凡夫俗子总是只看到事物的表面和事情的结果。而在这世上最不缺的就是这些庸人了。”然而，他也郑重强调，这只是一种权宜之计，而非社会行为应当遵循的典范。并且唯有当它们被用于公共利益时，才是情有可原的。同样重要的是，阴谋与欺诈之术只应被当作实现某种目的的手段，而不能成为目的的本身；因此，这些手段只能由政治与军事领袖使用，并且在使用时要受到严格的限制。

马基雅维利从军事中借用的另一项技艺是对于强制与暴力的使用，这在私人生活中同样有违道德，但当它们被用于公共利益时却也可以容忍。武力能够在民众中制造恐惧，从而有助于确保统治者的安全。而在回答“君主应当被爱戴还是被畏惧”这一问题时，马基雅维利表现出其特有的实用主义倾向：他认为，在理想状态中，君主应当既被爱戴又被畏惧；但在现实情况下，二者几乎从不可兼得。不过唯有畏惧能够使得统治者处于更加强势的地位，因此对于国家福祉

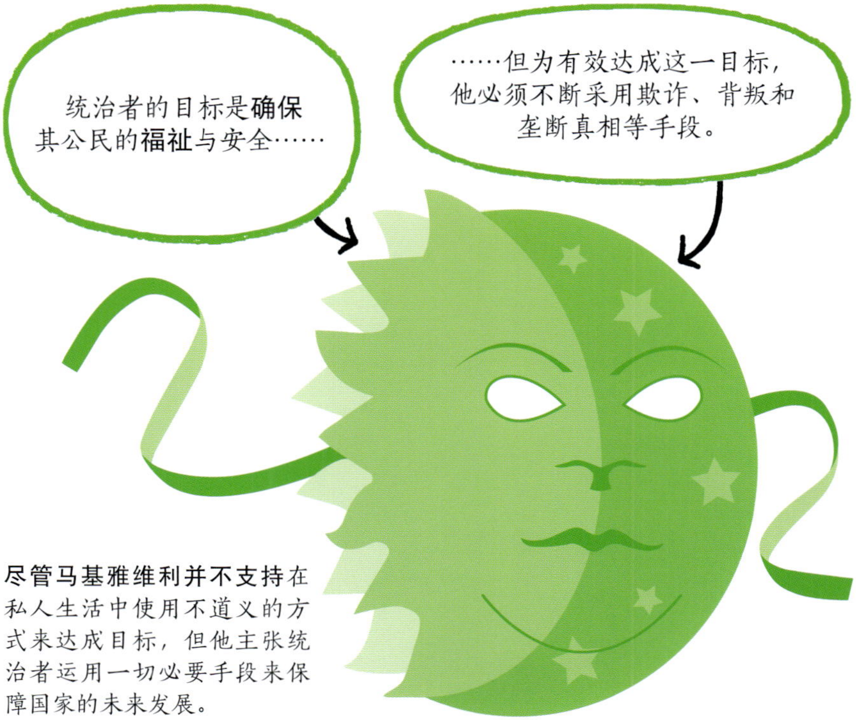

尽管马基雅维利并不支持在私人生活中使用不道义的方式来达成目标，但他主张统治者运用一切必要手段来保障国家的未来发展。

对于冷峻寡情的**意大利独裁者贝尼托·墨索里尼**，人们对他的畏惧多于敬爱。他宣称自己从《君主论》中得到了启示。

> **敬爱与畏惧一向难以共存，如果非要做选择，那么被人们畏惧比被敬爱更安全。**
>
> ——尼科洛·马基雅维利

也更为有利。运用（马基雅维利式的）“美德”而获取了权力的统治者，已经击败所有对手并赢得了人民的尊重，并已处于最为安稳的位置；不过想要维持人们的拥护并且牢牢把控权力，他们还必须不断巩固自己的权威。

理想中的共和国

《君主论》一书是要献给志在成功治国的统治者，而在马基雅维利名气稍逊的著作《论李维》中，他则极力推崇共和主义，而非任何形式的君主制和寡头制。尽管马基雅维利终身信仰天主教，但他仍旧反对教会对于政治生活的任何干涉。他最为推崇的政体乃是以罗马共和国为典范：这是一种有着公民参与的混合政体，并且得到了建制合理的国民军队（而非雇佣军）的保护。他认为，这样能够保障公民的自由，并且最大限度地减少普通民众与统治精英之间的冲突。然而，要建立一个这样的共和国，或者改革某个既存国家，需要某个具备适当“美德”与审慎品质的个人来施行统治。尽管建立国家的时候可能需要一个强力的统治者以及一些卑鄙的手段，不过一旦一个政治社会被构建起来之后，统治者就可以开始引进必要的法律与社会组织，以使其作为一个理想的共和国而长存和发展。而这种法律与社会组织也成为实现某个值得追求的目标的有效手段。

马基雅维利的哲学以个人经验及对历史的客观研究为基础，他有力地挑战了教会的权威地位和政治道德的传统观念，而这也使得其著作遭到教会当局的封禁。他把政治当作一种现实事务而非哲学或伦理问题来讨论，把效用而非德行当作国家的奋斗目标，并且将人们关注的重心从政治行为的道德动机转移到它实际产生的后果之上来。

不朽的遗产

马基雅维利逝世后的那几个世纪里，《君主论》一书极具影响力，对于英格兰国王亨利八世、神圣罗马帝国皇帝查理五世、奥利弗·克伦威尔以及拿破仑等军政领袖尤为如此；而且此书也被安东尼奥·葛兰西以及贝尼托·墨索里尼等各类人物共同视作重要的灵感源泉。

马基雅维利的批评者来自政治领域的各个维度，例如，天主教徒就指责他支持新教，而新教也同样对他指责批评。他对于主流政治思想的重要性不可胜言：他无疑是文艺复兴时代的产物，这个时代开始着眼于人文主义，而非宗教；开始强调经验主义，而非信仰和教条。而他还是以客观、科学的方法研究政治历史的第一人。

这种客观性也使得其对于人性做出了性恶论的分析，而后托马斯·霍布斯有关自然状态下人类生活的残酷描述也正是受此影响。他关于效用的观念成为19世纪自由主义的中流砥柱。从更为一般的意义来看，他的著作把政治从道德和意识形态中分离出来，并且成为后来与国际关系领域密切相关的政治现实主义运动的基石。

“马基雅维利式”行动

如今，“马基雅维利主义者”

> 每个人都能看到你表面的样子，但几乎无人能够触摸到你的本质。
>
> ——尼科洛·马基雅维利

一词被广泛使用，通常用作贬义，以指那些被认为（或者被发现）精于操纵与欺诈的政客。美国前总统尼克松命令手下闯入竞选对手总部并施以窃听，并且曾试图掩盖这一事实。这些行为就是马基雅维利式不正当行为的现代实例，但也造成了尼克松被迫引咎辞职。然而，马基雅维利在《君主论》中很可能暗示了这样一个观点：那些已然功成名就的统治者们也许都曾采取过这种“马基雅维利式”行动，只不过他们的行径从未受到如此细致的审查；他们走向成功的手段已无人问津，因为人们所关注的焦点已经转移到他们的成就上了。

如果把这一观点再推演一步，我们也许会发现，战争的失败者常常被认为存在道德上的缺陷，而胜利者则无可指责——正所谓历史是由胜利者所写的。因此在批评马基雅维利的同时，我们必须反思一下自己，当政府的所作所为对我们自己有利时，我们是否也情愿对政府行为背后可疑的阴谋睁一只眼闭一只眼呢？■

1974年，**理查德·尼克松**辞去美国总统职位。在之前的大选中，他曾命令下属闯入民主党全国委员会办公室并且安装窃听器，这可算作一个典型的马基雅维利式行为。

尼科洛·马基雅维利

尼科洛·马基雅维利生于佛罗伦萨，其父是一名律师。在他1498年担任佛罗伦萨共和国公职之前，其相关资料都鲜为人知。之后，他奔波于外交公务，从而得以周游意大利、法国以及西班牙三国。

1512年，佛罗伦萨重新沦入美第奇家族的统治。而马基雅维利因为卷入一场反对美第奇家族的密谋而被捕入狱；被释放出狱后，他选择到远离佛罗伦萨的僻静农场中隐居。在那里，他全心投入写作，《君主论》以及其他一些政治和哲学著作就诞生于这个阶段。期间，他也尝试重新获得美第奇家族的青睐，但却收效甚微。1527年，美第奇家族被推翻之后，他又因为与该家族的联系而未能获得新的共和国政府起用。那一年末期，马基雅维利抑郁而终。

主要作品

约1513年 《君主论》

约1517年（出版于1531年） 《论李维》

1519—1521年 《兵法》

RATIONALITY AND ENLIGHTENMENT
1515–1770

理性与启蒙

1515年—1770年

1517年
马丁·路德将《九十五条论纲》钉在威腾堡教堂的大门上，对天主教廷正式发难。

1532年
西班牙探险家弗朗西斯科·皮萨罗征服印加帝国。

1576年
让·布丹在《国家六论》中对最佳的政府形式进行了描绘。

1590年
经过小田原之战，丰臣秀吉完成了对日本的统一，并开始推行森严的等级制度。

1597年
弗朗西斯科·苏亚雷斯在《形而上学的争辩》中谈及了阿奎那的政治思想。

1602年
荷兰东印度公司建立，成为史上第一个跨国公司。

1620年
早期清教徒移民到达美国，在马萨诸塞的普利茅斯建立殖民地。

1625年
胡果·格劳秀斯在《战争与和平法》中为国际法思想奠定了基石。

西方现代政治思想可以溯源自中世纪之后的那个“理性时代”。活字印刷术的发明和传播、民族国家的崛起以及发现新大陆的壮举，都在某种程度上推进了中世纪向新时代的转变。1517年，马丁·路德的《九十五条论纲》对教会正统地位发起质疑，吹响了宗教改革的号角，同时也引发了天主教庭的反扑。

同时，在世俗和教会权威重叠的场域，两者的冲突愈演愈烈。不过在失去了宗教指引的场域，人们依然需要一些其他的学说来加以填补。于是有两套理论充当了这个角色——“君权神授”和“自然法”。不过这两个学说一开始都是在为君主专制说话。

绝对主权者

法国思想家让·布丹对教皇权威衰落之后各方割据纷争的局面深感担忧，于是他主张用强有力的集权力量来终结这一乱局。英国哲学家霍布斯也在见证了英国内战的血腥暴力之后，提出了和布丹相似的主张，不过区别在于，布丹的集权诉求的合法性来自上帝，而霍布斯的则源自社会契约。社会契约意味着统治的权力源自人民，是他们把部分权力让渡和托付给了主权者。而这一思想至今仍然是西方政治思想的一个重要理念。

另有一些思想家则看到了事情的另一面。在约翰内斯·阿尔图修斯看来，政治就是把人民团结起来共度安宁和繁荣生活的艺术；而孟德斯鸠则呼吁一种三权分立的政治形式。很明显，这两位学者是中央集权的反对者。

通向启蒙

两位萨拉曼卡学派的神学家——弗朗西斯科·德·维多利亚和弗朗西斯科·苏亚雷斯开始运用理性的手法来对《圣经》进行诠释。其中，维多利亚还对殖民者打着教会旗号行殖民征服之事予以了

1643年 年仅5岁的路易十四（**太阳王**）登基，开启了他长达72年的专制统治。

1649年 查理一世遭**处决**，英国内战基本结束。

1651年 霍布斯在《利维坦》中为**专制主义**辩护。

1689年 英国议会通过**《权利法案》**。

1689年 洛克在《政府论》中提出，政府只有在**人民同意**的前提下才能统治。

1733年 伏尔泰在《英国书简》中对英国的**政治自由**大为赞赏。

1748年 孟德斯鸠在《论法的精神》中倡导**三权分立**。

1758年 本杰明·富兰克林在《致富之道》中的观点为**美国资本主义**的发展铺平了道路。

批判。而苏亚雷斯则对人类法、自然法和神圣法进行了区分；他也由此反对君权神授的观点，认为这一说辞是错误地将三种法混为一谈。

在这以后，有更多的学者开始不再以神学、而是以理性来认识和分析世界。1784年，哲学家伊曼努尔·康德首次提出了“启蒙”的概念，他指的就是让人类挣脱其他因素的困扰，勇敢地把自己的理性能力和自由运用起来。

尽管自然法在布丹和霍布斯那里是为专制主义辩护的工具，但是启蒙思想家们则是运用自然法来诠释他们的自由主义和国际法的思想，并由此高呼，人类自己有权利编写自己的人定法。

个人权利

被后人称为国际法之父的格劳秀斯将自由与权利视为个人固有之物，而不是上帝的恩赐。这一思想为自由主义发展以及法律事务中权利和义务的区分都做出了贡献。而洛克则进一步将自由和权利的地位推向更高的位置；他说，政府和法律的目的不是限制和削弱自由，而是保护和扩大自由。他也与霍布斯一样运用了社会契约学说，但是他对人性更乐观的判断，使他开出的药方不是建立君主专制，而是加强对政府的限制和防范。

同时，美国的启蒙运动不仅影响了《独立宣言》，还在法国大革命中留下了印记。而在这场美国的启蒙运动中，本杰明·富兰克林扮演了一个核心的角色。他对于企业家精神的倡导，可谓是为后来资本主义的发展提供了极有价值的理论基础。

理性、人权、自由、国际法、分权与制衡、代议制民主……这些现代政治概念可以说都是这一时期思想家留下的宝贵遗产。■

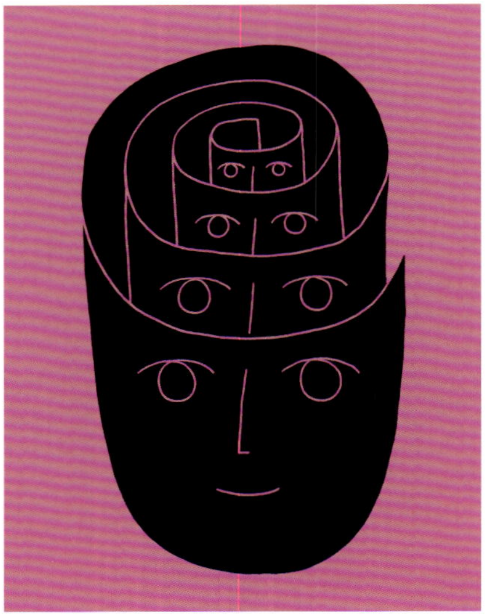

起初，万物乃世之共有

弗朗西斯科·德·维多利亚

（约1483—1546年）

背景介绍

思想流派
正义战争

聚焦
殖民主义

此前
1267—1272年 托马斯·阿奎那写下《神学大全》，此书成为基督教神学史上最具影响力的著作。

1492年 探险家克里斯托弗·哥伦布成功发现新大陆。随后“旧世界”掀起了一波殖民竞赛的浪潮。

此后
1625年 胡果·格劳秀斯在维多利亚学说的影响下发表了《战争与和平法》，对国际法的形成产生了深远影响。

1899年 第一届海牙会议召开；会议达成了有关战争与战争犯罪法的第一份正式条约。

16世纪早期，西班牙萨拉曼卡大学涌现出一批杰出的神学家，组成了“萨拉曼卡学派”。该学派的核心人物正是弗朗西斯科·德·维多利亚。这一学派强调个人自由、权利与平等，对前人的自然法观念进行了彻底的革新。

这一时期，受地理大发现和教皇权威下降的影响，欧洲列强开始为在新大陆攫取更多的殖民地而展开激烈角逐。当时，是萨拉曼卡学派第一个站起来对这种殖民行径提出了有影响力的批评。其中，维多利亚认为法律权利源于自然，并且人们生来拥有相同的本质，因此所有人都应当平等地享有生命与自由的权利。

无道之征服

维多利亚关于自然法和权利平等的主张，可谓与教会以及欧洲殖民当局的主流观念背道而驰。根据基督教教义，主流道德观相信欧洲人对美洲土著人的征服与统治是完全合情合法的。不过，维多利亚却根据“起初，万物乃世之共有”的

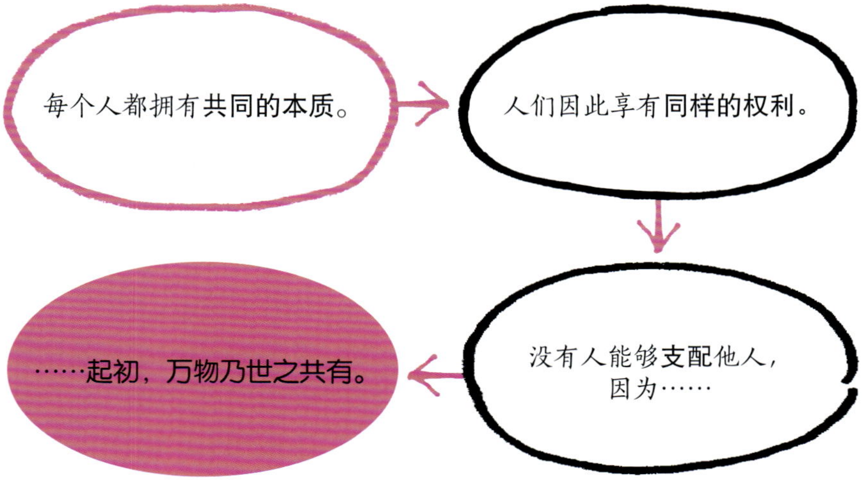

参见：托马斯·阿奎那 62~69页，弗朗西斯科·苏亚雷斯 90~91页，胡果·格劳秀斯 94~95页。

逻辑判定，这种征服是不正当的。他想，如果异教徒并不必然意味着邪恶，基督教徒也可能做出无道之事，那么有什么理由认为欧洲基督教徒有权统治美洲的异教徒呢？

这一观点同样也动摇了君权神授的基础，因此这也导致维多利亚同西班牙国王、神圣罗马帝国皇帝查理五世之间产生了众多分歧。不过尽管如此，这位国王依旧时常向维多利亚寻求建议。

是否存在正义战争？

维多利亚关于自然法与人民权利的原则，与他对于正义战争理论的研究密切相关。在这个征服新大陆的时期，人们也激烈地讨论了战争的道德与宗教理由。其核心难题是怎样将基督教义与政治现实协调起来。在此之前，托马斯·阿奎那已经对正当的开战理由以及正当的战争行为做出了区分，对此，萨拉曼卡学派进行了借鉴，并做出了进一步的发展。其中，维多利亚拒绝把宗教因素作为战争正义性的理由。他相信，如果仅仅因为有人是异教徒或拒绝转变信仰就发动战争，那这种战争乃是极其不正义的。他说，信仰不能强加，它只能来自上帝恩赐于人的自由意志。

维多利亚不仅将正义与道德问题从宗教中分离出来，而且还为未来的国际法和人权研究奠定了基础。后来，海牙和日内瓦会议庄重宣布了“参战国必须履行义务”和“无辜平民权利不受侵犯”的准则，在某种意义上也可以说是溯源至维多利亚的学说。如今，当讨论土著居民在国际法中的权利之时，依然还有许多人会引用维多利亚的理论。■

> **占有和支配的权利由自然法或者人类法所赋予；因此这些权利不会因信仰或者欲望而消失。**
>
> ——弗朗西斯科·德·维多利亚

征服美洲的行径遭到维多利亚的谴责；他否认基督徒征服者对于异教徒土著居民有任何特权。

弗朗西斯科·德·维多利亚

维多利亚出生于巴斯克地区的维多利亚镇。在获得萨拉曼卡大学的教席之前，维多利亚在巴黎索邦大学求学，并且任教于一所多明我会教会学校。

接着，他当上萨拉曼卡大学的神学教授，后于1526年被选为该校的最高教职——首席神学教授。他是萨拉曼卡学派的创始人之一，这个在当时极有影响力的学者团体还包括多明戈·索托、马丁·德·阿斯皮利奎塔、托马斯·德·梅尔卡多以及弗朗西斯科·苏亚雷斯等一批力图在天主教传统内重新界定人与上帝的关系的学者。维多利亚细致研习了另一位多明我修士、神学家——托马斯·阿奎那的学说，可以说，阿奎那的著作能算作萨拉曼卡学派的基石。

主要作品

1532年 《论印第安人》
1532年 《论西班牙对异邦人的战争》
1557年 《神学反思》

主权是一个国家绝对的、永久的权力

让·布丹（1529—1596年）

背景介绍

思想流派
专制主义

聚焦
主权

此前
公元前380年 柏拉图在《理想国》中主张，理想城邦应当交由哲学王统治。

公元1532年 尼科洛·马基雅维利的《君主论》问世，为君王提供了众多具体操作的建议。

此后
1648年 威斯特伐利亚条约建立了欧洲现代民族国家体系。

1651年 托马斯·霍布斯在《利维坦》中主张由主权者施行统治，不过他也需要同人民缔结社会契约。

1922年 卡尔·施米特认为，面对战争等例外情况时，最高统治者有权悬置法律。

统治集团相互角逐将导致内战和混乱……

↓

……因此必须出现单个统治者，掌握绝对权力并且只对上帝负责。

↓

君主的权力想要成为绝对的，就必须是永恒的，它不由他人授予，也不受时间限制。

↓

主权是一个国家绝对的、永久的权力。

16世纪，法国法学家让·布丹最早提出了“国家在其领土内拥有最高主权”的现代思想。1562—1598年，法国陷入宗教战争，天主教派与胡格诺派之间冲突不断。而亲身经历了这一混乱年代的布丹，则对统治权力交织混杂所带来的危害感受颇深。那时，教会、贵族和君王为争取民众效忠而展开激烈角逐，但总会造成混乱和内战。对于如何避免冲突的问题，当时的德国神学家马丁·路德，以及后来的英国哲学家约翰·洛克、美国国父托马斯·杰斐逊等思想家所开的药方是实行政教分离。然而，在布丹看来，建立一个受神庇护的强大中央主权才是确保和平与繁荣的不二法门。

布丹在其著作《国家六论》中认为，主权要有效力，就必须是绝对的、永恒的。绝对的主权可以在其疆界之内形成强大的中央权威。而为了避免纷争，主权者不能受到任何外部力量或其臣

参见: 柏拉图 34～39页，托马斯·阿奎那 62～69页，尼科洛·马基雅维利 74～81页，托马斯·霍布斯 96～103页，约翰·洛克 104～109页，卡尔·施米特 254～257页。

> 至高无上的君王只对上帝负责。
>
> ——让·布丹

民所左右，不能为法律、责任以及种种条件所束缚。布丹关于绝对主权的必要性的主张，为当时欧洲专制君主的崛起提供了理论上的支持。同时，他还强调主权还应当是永恒的。因为，君王的权力既非他人授予，也不能受到时间的限制，否则将违背绝对主义原则。布丹用拉丁文名词“国家/共和国”（Respublica，法语为République，英语为Commonwealth）来指称公共法律事务，并且相信任何政治社会都必须有一个能够为这个国家制定和废止法律的主权者。

君权神授

布丹认为，主权者的合法性源于自然法与上帝。由此可见，布丹认为，无论社会的道德准则还是君王的统治权都直接来自上帝的授予。就此而言，布丹不会同意后来卢梭等启蒙思想家提出的社会契约观念，即不同意统治合法性来自君主与臣民缔结的社会契约。同时，尽管布丹对大众统治的民主制不抱好感，但他并不认同支持君主统治采用恣意妄为手段的马基雅维利式策略。他说，统治者需要掌握绝对权力，但他们同时也必须谨遵自然法和上帝的教诲。

1648年欧洲各国达成一系列协约，统称威斯特伐利亚和约。它以布丹的一国之内主权至上的观念为基础，将欧洲从封建等级制的中世纪政治体系推进到了现代民族国家体系之中。自此之后，威斯特伐利亚体系成为国际关系的组织框架，而主权国家的政治自决、相互尊重以及不得干涉他国内政等现代原则正是这一框架的基石。■

让·布丹

1529年，让·布丹出生于法国西北部昂热市的一个富裕的裁缝家庭。他年轻时候就加入了加尔默罗修会，并且在1545年负笈巴黎，求学于哲学家纪尧姆·普雷沃。之后，他到图卢兹学习法律，并于1560年重返巴黎。随后，他被推荐为国王的顾问，后又被国王委任为检察官一职。

布丹学识渊博，其作品广泛涉猎历史、经济、自然史、法律、巫术以及宗教。这些作品，在其身前身后都极具影响力；但是，他的宗教观念与当时的主流意见大相径庭，因而备受争议。尽管布丹名义上是一名天主教徒，但他却质疑教皇的权威，甚至后来还与其他宗教信仰进行过接触。

主要作品

1576年 《国家六论》

在法国宗教战争中，天主教势力把教皇奉为最高权力，而胡格诺派则支持国王的权威。

自然法是人类法的基础

弗朗西斯科·苏亚雷斯（1548—1617年）

背景介绍

思想流派
法哲学

聚焦
自然法与人类法

此前
1274年 托马斯·阿奎那在他的《神学大全》中对自然法与神圣法做了区分。

1517年 欧洲爆发宗教改革，改革者们对天主教会的教条发起质问，其新的观点也被用来为君权神授做辩护。

此后
1613年 苏亚雷斯在其反对英国国教的论著中对君权神授做出了批判，这些书因而遭到英格兰国王詹姆斯一世的封禁。

1625年 胡果·格劳秀斯完成第一部关于国际法的系统性著作。

1787年 美国宪法将自然法当作实在法的基础。

在16世纪的欧洲，宗教改革、地理大发现以及人文主义的兴起等重大事件，使得这样一个问题日益重要起来：法律究竟是源自自然、上帝还是人类本身？托马斯·阿奎那此前已经将自然法与神圣法联系在一起，认为人类法应当根据其与自然法的符合程度而得到评判；相应地，自然法也应当在神圣法的背景下来理解。自然法指的是关乎道德的普世规则，它可以通过对人类在内的自然进行分析而获得，而人类法（也称作“实体法”）指的则是人类自己制定的法律，它是某一特定社会的产物。

人类法可违

西班牙哲学家弗朗西斯科·苏亚雷斯继承了阿奎那的传统，主张自然法是人类法的基础。他细致地解释了人类法为何有可能是不公正的，与此同时他还格外注重个人自由。根据苏亚雷斯的观点，在某些特定情况下，人们可以违背人类

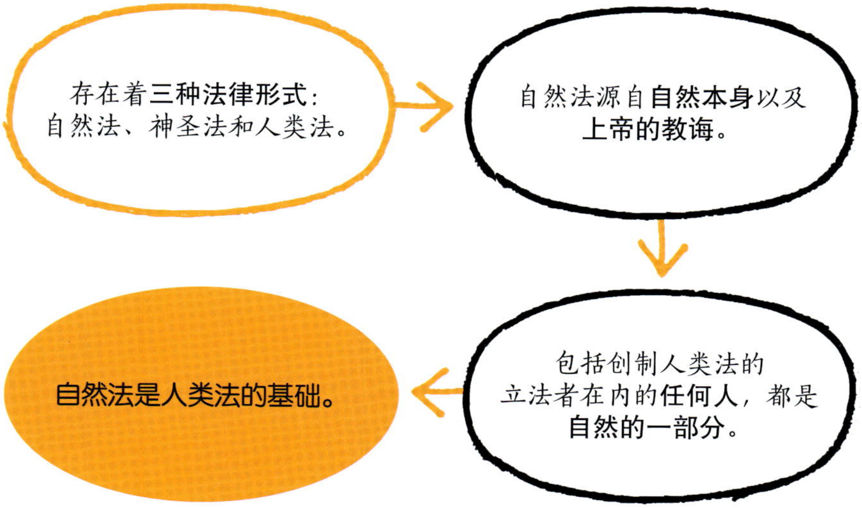

参见：托马斯·阿奎那 62~69页，弗朗西斯科·德·维多利亚 86~87页，胡果·格劳秀斯 94~95页，约翰·洛克 104~109页。

萨拉曼卡大学是萨拉曼卡学派的聚集地，这一学派由一群神学家组成，其中就包括试图将阿奎那的观念与日新月异的外部世界相融合的苏亚雷斯。

法。例如，人们可以将权力与权威赋予统治者，不过在统治者制定的法律非正义情况下，人们同样可以剥夺他们的权力与权威；所以，任何人类法都不能凌驾于人们对于生命和自由的自然权利之上。并且由于国家权威和权力源于人类，所以国家权威也应当从属于神圣权威。

君权源自神授吗？

当时欧洲北部国家的君主们争相宣称拥有神圣、绝对的权威，也就是所谓“君权神授”。在这种背景下，苏亚雷斯的观点就备受争议了。他的理论挑战了统治者只对上帝而非教会或者其臣民负责的观念。通过对自然法、神圣法及人类法三种不同法律来源的区分，苏亚雷斯认为，君权神授之说就是将三者混为一谈。此外，他还引进了社会契约的概念，提出统治者只能根据人民的同意来施行统治，而且如果统治者不尊重自然法的指引，人民也可以合法地撤回他们的同意。

国际法

苏亚雷斯还在国际法与自然法之间做出了区分。他认为国际法主要依据于习俗与实在法，而非自然法那样的普世规则。如今，无论在国内管辖还是国际法领域，自然法与实在法的区分仍旧被沿用下来：英国普通法就深受自然法理论的影响，而美国的独立宣言和宪法也与自然法密切相关。■

> 毫无疑问，上帝是自然法的理由，也是自然法的导师，但他并不是自然法的制定者。
>
> ——弗朗西斯科·苏亚雷斯

弗朗西斯科·苏亚雷斯

苏亚雷斯出生于西班牙南部，在16岁时成为萨拉曼卡大学的一名耶稣会学生。作为一名神学家与哲学家，他接续托马斯·阿奎那的经院传统从事研究，其对国际法和正义战争理论的发展具有巨大影响。他最为闻名的著作是1597年的《形而上学的争辩》，此外，他还是一名多产的学者，创作了有关自然法、国家与教会以及神学之间相互关系的众多杰出论著。他是一名虔敬的耶稣会士——辛勤工作，自律，谦逊并且虔诚，被时人尊奉为当时最伟大的哲学家之一。教皇保罗五世授予他卓越博士的荣誉称号，而且据说教皇格里高利十三世还曾出席了他在罗马的首场授课。

主要作品

1597年 《形而上学的争辩》
1612年 《论法律》
1613年 《替天主教辩护兼驳斥圣公宗派之谬误》

政治是一门使人相联的艺术

约翰内斯·阿尔图修斯（1557—1638年）

背景介绍

思想流派
联邦制

聚焦
联合体

此前
约公元前350年 亚里士多德认为人类天生具有社会性。

1576年 让·布丹呼吁在欧洲各国树立国家主权，将权力与权威集中到君主身上。

此后
1762年 让-雅克·卢梭宣称，社会契约的核心理念是主权在民。

1787年 美国宪法的最后四条阐述了有关其联邦制政府的原则。

1789年 法国大革命推翻了国王的统治，并且宣布主权在民。

人们在不同的层面**联合并形成团体**，如家庭、行会、城市、行省以及国家。

国家的宗旨是**保护**其内部各种联合体的**成员**，并促成其互动交往。

国家的民选代表必须**反映**这些不同联合体的**各自观点**。

政治是一门使人相联的艺术。

长久以来，国家、共同体以及个人之间的权力平衡始终是无数政治思想家们深入思考的问题。16、17世纪，世人普遍是通过建立一个君主掌握一切权力的集权制国家来解决这个问题。然而，加尔文派政治哲学家约翰内斯·阿尔图修斯则不同，他提出了有关国家、主权、政治的地位与作用的激进观点，为现代联邦制观念铺平了道路。在时人眼中，“政治”只关乎国家的行动；而阿尔图修斯却重新定义了这一概念，认为“政治”渗透到了社会生活的方方面面；在国家层面以下的政治联合体中也包含着“政治”。在其主要作品《政治学》的第一章中，他就提出了“联合体”的概念，而这一概念也

参见：亚里士多德 40~43页，让·布丹 88~89页，托马斯·霍布斯 96~103页，让-雅克·卢梭 118~125页，托马斯·杰斐逊 140~141页，米歇尔·福柯 310~311页。

舞蹈这样的乡村公共生活的活动为阿尔图修斯的联合体观念提供了实例——独立的个体会基于共同的需要、生活方式和价值而联合成团体。

从此成为联邦主义思想的基石。

阿尔图修斯认为，从私人性质的家庭与行会到公共性质的城市，一切人类联合体都是通过某种形式的社会契约建立起来的自主性实体。阿尔图修斯相信人类具有社会性，并且为了共享安宁生活，他们乐于分享物品并尊重他人的权利。当一些人认同某种共同的需要、生活方式或者价值观并自愿奉献于集体的福祉时，一个个体之间的联合便出现了。

应自下而上，而非自上而下

在阿尔图修斯看来，布丹与霍布斯所推崇的绝对主权，不仅不合逻辑，而且具有强制性和压迫性。他相信，权利与权威应当是自下而上源自各个联合体，而非自上而下来自于君王。但这些联合体单独存在时，它们都从属于国家；但联合体形成集合时，他们却凌驾于国家之上。政府位于联合体层级的最顶端，其职责正是管理联合体构成的国家。而它本身也是这项社会契约的参与者，认同并分享其臣民的宗旨、价值、物品、生活方式，并且协调他们之间的相互交往。

根据阿尔图修斯的理论，主权在民而不在君。政府的民选代表并不代表个人或者某一个共同意志，而是代表着国家这个共同体之中的一切共同体的丰富多样的意志。

不过阿尔图修斯对于共生联合体的关注，使得他的联邦主义思想与今天美国联邦政府有所不同：因为现代联邦主义以个人主义而非社会团体为根据。但两种观念都一致认为国家是一种政治联合体，而不是独立于其构成要素之外的单一实体。■

> **这种相互的交流和共同的事业，共享着日常物品、生活方式以及共同权利。**
>
> ——约翰内斯·阿尔图修斯

约翰内斯·阿尔图修斯

阿尔图修斯1557年出生于德国威斯特伐利亚信奉加尔文教的地区。自1581年起，他在一位当地伯爵的资助下，得以到科隆学习法律、哲学和神学。1602年，在担任了一系列学术职位之后，阿尔图修斯成为赫伯恩学院的院长。1604年，也就是他最重要的著作《政治学》付梓之后的一年，他被选为埃姆登城的市政理事。

后来，阿尔图修斯成为一名议员和城市长老；在1638年逝世前，他一直担任该市的外交官和律师。尽管《政治学》在阿尔图修斯的时代流传甚广，但是由于与甚嚣尘上的专制主义、绝对主权理论相冲突，此书在接下来的两个世纪里几近被人遗忘。19世纪，奥托·冯·基尔克重新发现和传播他的思想。而如今阿尔图修斯已被奉为联邦主义的鼻祖。

主要作品

1603年 《政治学：政治方法剖析》
1617年 《法学大全》

自由就是掌控自我的权利

胡果·格劳秀斯（1583—1645年）

背景介绍

思想流派

自然法

聚焦

个人权利

此前

1517年　尼科洛·马基雅维利在其著作《论李维》中宣称，共和国的首要目标就是保障个人自由。

1532年　弗朗西斯科·维多利亚在萨拉曼卡大学讲授关于民权的知识。

此后

1789年　追求自由、平等与博爱的法国大革命为整个欧洲带来了巨大改变。

1958年　政治学家以赛亚·伯林提出两种自由观：消极自由（免于干涉而自由行动）和积极自由（成为自己的主人的能力）。

生命和财产是每个人的自然权利。

↓

人们有权享有这些权利。

↓

国家没有剥夺这些自由的正当权力。

↓

自由就是掌控自我的权利。

关于个人自由与权利的概念到了近代时期方才出现。在此前的中世纪时期，权利归属于集体，并且由自然法或者神圣法来进行评判。那时，人们认为个人并不拥有权利；而权利也不过是源自自然或上帝的恩赐，而自由也很少与个人相联系。可以说，那个年代的个体有且只有完成上帝旨意的义务。而到了16世纪，萨拉曼卡学派的弗朗西斯科·维多利亚和弗朗西斯科·苏亚雷斯对个体的自然权利展开了研究。但是，对中世纪个体和自由思想造成决定性影响的却是胡果·格劳秀斯，是他明确提出了个人拥有自由与权利。为此，格劳

参见：弗朗西斯科·维多利亚 86~87页，弗朗西斯科·苏亚雷斯 90~91页，约翰·洛克 104~109页，约翰·斯图亚特·密尔 174~181页。

秀斯对自然法做了重新定义，并且提出了一种新的权利与自由观。他摒弃了自然法中的神圣成分，并且提出，一个人只要探究、学习关于人性的知识，就足以成为立法者。简而言之，是人类行为产生了自然法；而自然权利也是与生俱来的，不是上帝和君王的馈赠。或更确切地说，自由就是一种自然权利。

掌控自我的权利

格劳秀斯认为，所谓自由，就是人们掌控自我的权利。而在此意义之上，格劳秀斯对"去做某事的自由"同"免于干涉的自由"进行了区分。在他看来，既然人们拥有生命与财产权，那么他们就理应掌握用以践行这些权利的能力。故而在这些领域，国家并没有凌驾于个人之上并干涉个人行动的权力。这样一来，权利与个人的概念就被联系了起来，此时的自由也已不再只是一个关于自由意志的问题，它还蕴含着个人行动不受限制的意味。而这种对人类主动性的关注，也成为与之前思想相决裂的明确标志。

格劳秀斯将权利视为由个人所拥有的东西，因此他的哲学思想也支持"权利的交易"。例如，个人可以与君王"交易"权利：在这种情况下，个人能自愿让渡其权利从而构成了国家公权力。此外，格劳秀斯区分了两大类关系：一类是"父子、主仆以及君臣"等不平等者之间的关系；另一类是"兄弟、市民、朋友以及盟友"等平等者之间的关系，并在此基础上探讨权利交易的问题。

格劳秀斯主张的天赋人权的观念，成为后来自由主义理论的基石。不过，他还是认为某些人能够拥有特权，这显然又与现代自由主义思想相抵触了。■

格劳秀斯主张，**公海自由**是一种自然权利。他运用此观念为荷兰东印度公司舰队打破其他国家的海洋垄断的行为进行了辩护。

胡果·格劳秀斯

胡果·格劳秀斯生于荷兰南部的代尔夫特，他出生时正值荷兰起义反抗西班牙统治的时期。格劳秀斯小时候被视为神童，11岁就考入莱顿大学，16岁就拿到了博士学位。而24岁时，他已被推举为荷兰检察总长。后来，荷兰陷入了一段动乱时期，格劳秀斯也因主张限制教会对世俗事务的干涉而被判处终身监禁，关押于罗维斯退因要塞。

据称，格劳秀斯藏匿在一个大箱子中成功越狱，并逃往法国。在法国，他创作出自己最为闻名的著作《战争与和平法》，并因此被尊为国际法与海洋法之父。此外，他关于自然法与个人自由的核心思想后来被约翰·洛克等自由主义哲学家吸收和借鉴。

主要作品

1605年 《战利品法的注解》
1609年 《海洋自由论》，原为《战利品法的注解》的一个章节
1615年 《战争与和平法》

自然状态就是一切人反对一切人的战争状态

托马斯·霍布斯（1588—1679年）

背景介绍

思想流派

现实主义

聚焦

社会契约

此前

1578年 在让·布丹《国家六论》的影响下，主权与君权神授的观念开始盛行。

1642—1651年 英国内战暂时确立了君主不得在未经议会同意的情况下施行统治的先例。

此后

1688年 英格兰发生光荣革命，次年人们制定了《权利法案》，用以在法律上限制君主的权力。

1689年 约翰·洛克提出反对专制的学说，主张政府应当代表人民，并且保障他们的生命、健康、自由以及财产权。

中世纪之后，欧洲来到启蒙时代，一种源自理性思维的新人性观逐渐替代了宗教的人性观。不过启蒙思想家之间也存在分歧，他们对人类所处的状态以及人行为的本质有着各自不同的看法。为了平息这些重要但抽象的分歧，有学者开始对所谓的“自然状态”进行探讨，即探究社会及社会规范产生之前的理论上的人类状况是一幅怎样的画面。

当时许多思想家相信，通过分析这种自然状态下的人类的本能与行动，就能够据此设计出一套能反映公民需求并惩恶扬善的政治体制来。例如，如果自然状态里，人们能够超越狭隘的私利，并努力谋求公共利益，那么他们就可以享受民主的权利。相反，如果他们只关心私利，仅在乎个人权利的最大化，那么就有必要建立一个强大而有控制力的政治权威来化解纷争。英国思想家托马斯·霍布斯是最早将自己的理论建立在缜密的自然状态分析之上的启蒙哲学家。而他分析出的结论是，自然状态是一个糟糕的、弱肉强食的世界，所以人类需要受到政府的统治和保护。

残酷的自然状态

霍布斯在他最著名的作品《利维坦》中，将人类描述为一种追求权力最大化并根据个人利益而行动的理性主体，他认为，若非如此，那么人类的自我保存就将受到威胁。其实，这本著作的书名就已暗示了霍布斯对国家与人类本性的

> **在没有一个共同权力使大家慑服时，人们便处在所谓的战争状态之下。**
>
> ——托马斯·霍布斯

托马斯·霍布斯

托马斯·霍布斯出生于1588年，毕业于牛津大学，之后成为德文郡公爵威廉·卡文迪许的家庭教师。英国内战期间，他被迫流亡巴黎十年之久，期间写就了名著《利维坦》。此书深刻地影响着我们认识政府角色的方式，引导一代人将社会契约视为统治合法性的基础。霍布斯对自然科学兴趣浓厚，并且长期与笛卡尔等哲学家保持密切交往，这也在一定程度上对他的政治哲学产生了影响。其中，他从自然科学著作中领悟到，万事万物甚至人性都可以被还原为其最基本的构成要素；而几何学与物理学的简洁与优美，以及那些运用自然方法进行论证的新式哲学也对他形成了极大的启发。1651年，他重返英格兰；后于1679年逝世。

主要作品

1628年 《伯罗奔尼撒战争史》
1650年 《论人》
1651年 《利维坦》

参见： 柏拉图 34~39页，让•布丹 88~89页，约翰•洛克 104~109页，让-雅克•卢梭 118~125页，约翰•罗尔斯 298~303页。

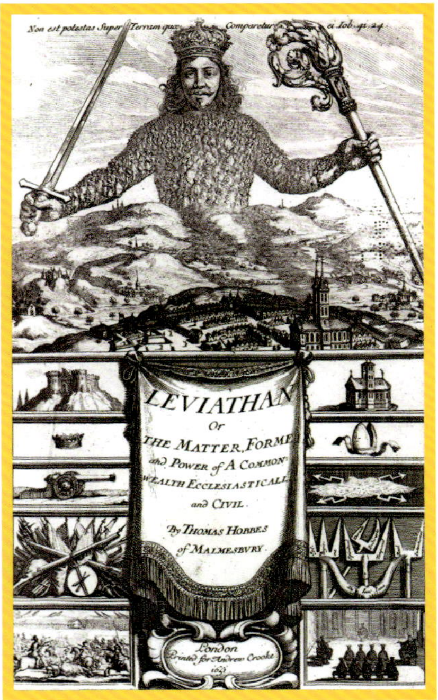

《利维坦》的卷首插图描绘了一个由无数微小面孔拼凑而成的统治者形象，他凌驾于大地之上，双手分别持有象征着世俗权力与宗教权力的宝剑和权杖。

看法。“利维坦”原指圣经《约伯记》里的海中巨兽，而在霍布斯看来，国家就是这个“庞然大物利维坦”；“它其实是一个人造的人；它远比自然人要高要壮，所以能够保护自然人；而在利维坦中，主权就是使整体得到生命力的人造的灵魂。”由此可见，国家就是一个残暴的人造机构，但是，在保护公民安全的问题上它又是不可或缺的。该书写于英国内战期间，其内容声讨了那些挑衅王室权威的行为。在霍布斯看来，英国内战就像一种自然状态，也就是一切人对一切人的战争状态；而人们只有通过缔结社会契约来将其权力让渡给第三方（主权者），才能避免陷入这种状态；而之所以还需要缔结社会契约，是为了保障其他人同样会将其权力让渡出去。他说，理性的个体之所以选择放弃自由并屈服于专制统治者，是因为在自然状态之中，生命是如此的“孤独、贫穷、肮脏、野蛮和短暂”，以至于自由成为一种无暇顾及、无力承担的奢侈品。霍布斯认为，在这样的自然状态之中，即使人们拥有自然权利，但是首先考虑的事依然必须是想尽一切办法来保障生存。因此，为了生存，一切行动都情有可原，而奢谈权利本身却保障不了个体的安全。

源自社会契约的统治

在没有公共权威调解纠纷和保护弱者的情况下，个人就将自主决定需要什么东西和需要采取何种措施来维持生存。在自然状态中，人生而自由、独立，并且对他人没有任何义务。霍布斯假设，自然状态中人们的身体都比较单薄和虚弱，而且往往会面临物资稀缺的问题。因此，为了获得食品与住所，一些人将会挑起争端；而还有一些人会为了获取权力与荣誉而引发争执。于是一种持续的恐惧状态随之而来，并最终引发人们相互攻击，而且先发者往往制人。

在霍布斯看来，这种战争和混乱状态是人类自由不受约束的必然结果；因而，为了避免这种情况，国家就需要掌握不可分割的至高权力与权威，来约束其国民的自由行为。这与法国法学家让·布丹对于主权的描述极其相似。不过，霍布斯没有像布丹那样将政治权威建立在君权神授之上，而是建基于一种所有理性人都会同意的社会契约。

霍布斯关于人的自然状态的观念对政治理论产生了深远影响。霍布斯的自然状态是一种理论假说，是一种对无政府状态下人类生存情况的理性重构。而约翰·洛克、让-雅克·卢梭等后来的思想家，及其讨论社会契约与理想政体的著作中，却都以不同的方式来运用这一观念——在洛克和卢梭眼中，自然状态不是一种理性建构，而是确实存在过的真实状态。

必要的恶

启蒙思想家运用社会契约的观念来回答不同统治类型的合法性问题。他们认为，统治者与被统治者之间必须对以下问题达成一致，其统治才具有合法性：如果公民同意放弃个人自由并甘愿接受统治，那么君主就必须保障公民的安全及其自然权利。

霍布斯说，摆在人类面前的有两个选择：要么生活在无政府状态（自然状态）之中，要么生活在政府统治之下。在他看来，如果个体破坏性的冲动没有强力约束，那么等待人们的必将是残酷的命运；因而，为了避免这一厄运，人们订立社会契约，并赋予主权者不可分割的至高权威就将是一种必要的恶。霍布斯相信，“当没有一个共同权力使大家慑服，那么人们便处在所谓的战争状态之下。这种战争是每一个人对每一个人的战争”。然而，霍布斯不同意先前那些宣称君权神授的学者，而是真正地把统治者与被统治者之间的关系看作一种契约关系。这项契约乃是由社会个体之间相互订立的，而君主作为

霍布斯的《利维坦》创作于英国内战时期。在他看来，唯有君王的保护才能使人们远离同战争一样残酷的“自然状态”。

在霍布斯眼中，自然状态是十分可怕的，因此，他认为，人们为了自保，一定会甘愿臣服于统治者或主权者。

第三方，则不参与其中。

集体行动

由于人们是理性的，所以他们能够理解自然状态的恶劣，明白和平安宁的美好。因为自然状态下的个体往往不得不只考虑自己的一己私利，因此容易陷入“集体行动困境”。尽管这个现代名词并非霍布斯发明，但是在他所探讨的那种自然状态中，每个人都不愿相信他人会像自己一样先放下武器，因此这种“困境”与这个现代概念非常吻合。而解决困境的方法只有一个，就是使所有希望获得满意结局的个体集体地行动起来。对此，霍布斯选择的解决办法是：将一切个人权力移交给契约的第三方，即主权者。不过，已有当代学者探索出了一些克服集体行动困境的其他方法。英国哲学家玛格丽特·吉尔伯特就提出，集体行动包含着一种针对某项行动的集体意向，这意味着在行动过程中，个人并非绝对自私的独立个体，而是一个有机体的一部分，会为了某一特定目标而协作行动。

> 臣民对于主权者的义务，只存在于主权者有权力保卫臣民的时期。
>
> ——托马斯·霍布斯

霍布斯的契约观同样也涉及主权者的义务。他认为，只有当主权者能够保护臣民时，社会契约才能生效。不过，霍布斯并不支持教会或民众对国家事务进行干预，也不赞同民主统治。于他而言，政府的主要目标是维持稳定与和平，而不是保障个人自由。

实用政治学

霍布斯的社会契约理论曾被用来给某些政权变动提供辩护。例如，1649年英王查理一世被奥利弗·克伦威尔废黜之时，霍布斯就认为，社会的契约仍旧保持完好，只不过是一名统治者被另一名所取代而已。换言之，霍布斯不仅是一

在奥利弗·克伦威尔的领导下，反对王权的议会派在1649年推翻了国王查理一世。不过霍布斯认为社会契约仍旧有效，因为统治权完好地转移到了议会手中。

名反民主的专制主义者，同时也是实用主义者。他从未确切地表明过什么是最佳的统治类型；但是很明显，他更偏爱查理一世的君主制，在他心目中，这是一种优良的、稳定的政府形式。不过，在他看来，只要立法会议的成员数额是奇数，就不会形成双方人数相等的政治僵局，那么由议会行使主权也是一种适宜的政府形式。

霍布斯的社会契约背后的逻辑曾遭到众多学者的质疑。其中，约翰·洛克就提出了一项尖锐的批评，他认为霍布斯的逻辑就是“人们为了免受狸猫或狐狸的搅扰，而甘愿选择被狮子所吞食，并且还认为这是最安全的选择”。在洛克看来，独裁统治与内战状态都同样危险，或更确切地说，身处自然状态比遭受君主的专制统治要好。然而，霍布斯却相信，唯独拥有不可分割、不受约束权力的政府，才能防止无政府状态下的社会分裂演化为一场内战。在他看来，那些只知争取自由与权利之人没有看到，文明世界下的人们认为理所当然的基本生存安全，其实只有在强有力的集权统治之下才可能维持。所以，想要维护和平，就必须有政治服从。当公民的生命受到威胁时，他们的确有权自卫；但是在其他一切问题上，为了避免派系冲突与政治动乱，人们必须听从政府的支配。

反对自然状态

霍布斯从他对于人性的思考出发，为专制主义提供了强有力的辩护。而他那些反对专制主义的论敌们，则对他把人类描绘成贪权好斗的存在提出了质疑。在让-雅克·卢梭充满浪漫主义色彩的设想中，人们在自然状态下的生活是纯真、简单的，与现代社会尔虞我诈的生活截然相反。因此，卢梭认为人们不应脱离自然状态，而且应尽可能地还原自然状态。故而，卢梭倡导在小规模共同体中实行直接民主制。事实上，霍布斯生活在动荡不安的英国内战期间，而卢梭却安居于平静的日内瓦，由此可见，不同的生活背景造就了他们不同的政见。此外，卢梭与霍布斯还有一个不同，就是卢梭认为自然状态是对人类进入社会之前那段历史的真实

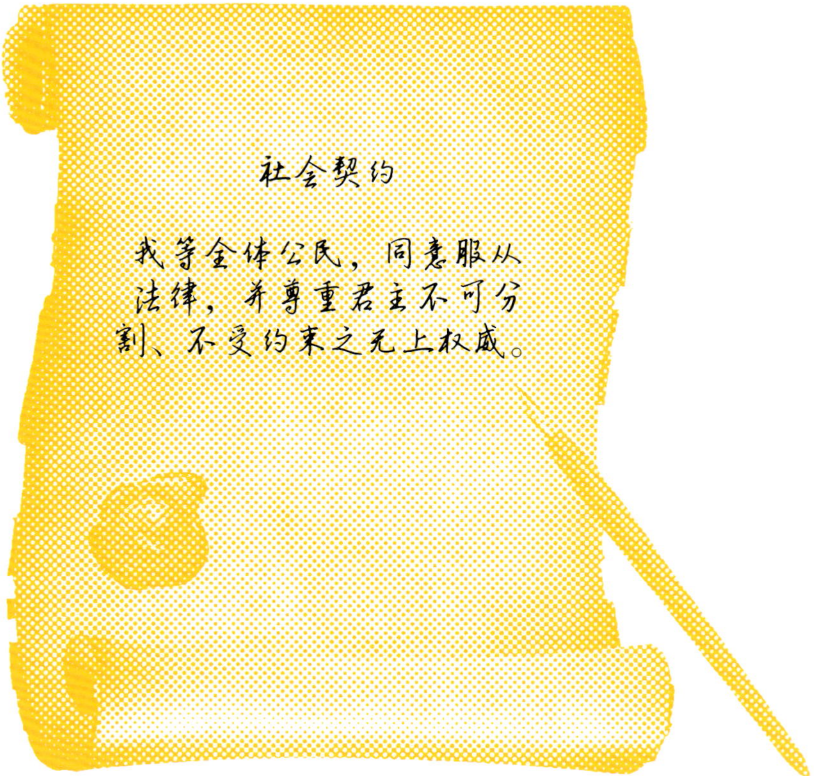

> 再没有比原始状态中的人更温和的了，在那个时候，人与野兽般的愚钝、文明人不幸的智慧都有很远的距离。
>
> ——让-雅克·卢梭

描述。自此而始，几乎后来所有的政治思想家都始终在霍布斯与卢梭这两个极端之间摇摆，要么认为人类状况是一种战争状态，要么是一种人与自然和谐相处的融洽状态。

另外，约翰·洛克和苏格兰哲人休谟也各自对霍布斯进行了批判。洛克在他的两卷本《政府论》中讨论了自然状态，并且论及了规范这种状态的自然法。他主张，即使在自然状态之中，人们也无权侵犯他人。而休谟也加入论辩，他认为人类天生就具有社会性，因而不太可能存在霍布斯所描述的那种野蛮状态。

霍布斯的研究方法

如今，仍然有学者运用霍布斯的自然状态观念来阐释自己的政治观。例如，约翰·罗尔斯就运用了霍布斯社会契约的思想，来探讨理想的社会制度安排。在《正义论》中，罗尔斯表明，人们在“无知之幕”下能够选出一个公正的社会制度。“无知之幕”里的人们将失去关于自己各种优势、背景和倾向的信息；在这样的中立状态下，人们最终的选择将是一个让每个人都拥有一定基本权利与经济保障的社会。当然，霍布斯探讨的不是如何实现理想社会，而是建立强大政府的必要性。

尽管在大多数当代学者眼中，霍布斯关于人类状况的看法显得过于悲观，但他的观点对于现代政治思想仍然影响深远。例如，国际关系理论中，着眼于权力研究的现实主义流派并不赞同霍布斯关于人的状态就是战争状态的预设前提，但在他们看来，他所描述的自然状态下的无政府状况，却很契合如今以国家为主体的国际社会的情形。而直到如今冷战已经结束，国际社会的这种现实主义观点仍旧处于支配地位。不过它与霍布斯理论的主要区别在于，在国际层面上，人们无法依靠一个强大的公权来抑制各国对权与利的追求；国家之间无法彼此信任，因而它们注定会走上军备竞赛与战争的道路。■

> 在人人相互为战的战争状态下，不可能有任何事情会被视为不公正的……因为没有共同权力的地方就没有法律，而没有法律的地方就无所谓公正。
>
> ——托马斯·霍布斯

老彼得·勃鲁盖尔（Pieter Bruegel the Elder）的画作《死亡的胜利》（*The Triumph of Death*），描绘了死亡不分贵贱地平等降临到世人身上时所引发的混乱状态。在霍布斯看来，混乱、野蛮的自然状态正与此类似。

法律的目的是保护和扩大自由

约翰·洛克（1632—1704年）

背景介绍

思想流派
自由主义

聚焦
法治

此前
1642年 英国内战爆发，其原因之一是人们担忧查理一世将会实行专制统治。

1661年 路易十四开始其对法国的专制统治；他自称“朕即国家”，专制思想可谓昭然若揭。

此后
1689年 英国制定《权利法案》，明确了议会权利，并保障了选举免受王室的干涉。

18世纪 美国和法国先后爆发人民革命，打造出两个以自由主义原则为立国根基的共和国。

一个政府应当扮演怎样的角色，应履行怎样的职能？政府统治的权力来自哪里，权力范围又该如何界定？以上可谓是政治理论中非常重要的两组问题。中世纪的一些思想家认为，国王的统治权由上帝所赐，另一些则宣称贵族具有统治他人的天生权力。然而，这些陈规陋见逐渐遭到启蒙时代思想家们的挑战。不过，既然他们主张统治的权力既非神授也与出生无关，那么他们必须为统治权力找到其他的合法性来源。

于是，英国哲学家约翰·洛克第一次明确地阐述了政府应当遵循的自由主义原则。他说，政府的宗旨是保证人民自由、生命、财产以及获得公共物品的权利，并且对那些侵犯他人权利的人施以惩罚。那么，要扮演这些角色，政府首先就要把立法作为首要职能。洛克认为，人们之所以愿意签订社会契约并甘心接受政府的统治，是因为他们期盼政府能够以中立的身份调节分歧与冲突。接着，根据同样的逻辑，洛克又描述了不具有统治合法性的政府的特征：如果一个政府无法尊重和保护人们的自然权利，并且对人们的自由进行了不必要的限制，那么它就是一个不合法的政府。可见，洛克反对专制统治。此前，洛克的同代人托马斯·霍布斯曾提出，只有一个具有至上权力的政府才能将人们从野蛮的自然状态中解救出来；而洛克则不同，他认为，政府的权力与职能必须受到限制。

以法为本

洛克的大部分政治哲学著作都在讨论权利和法律的问题。他将政治权力定义为“制定法律的权力，其中还包含关于死刑的法律”。他认为，人们之所以自愿脱离不受法律管制的自然状态，其首要原因是在这种状态下缺少一个中立的裁判者。在这种情况下，将施行暴力和刑罚的权利托付给政

约翰·洛克

1632年，约翰·洛克出生于英国布里斯托。他经历了英国历史上最具有变革性意义的一个世纪；在某种意义上，他本人也是这些变革的缔造者之一。这个世纪里，一系列的内战使新教徒、国教徒与天主教徒相互敌对，并使权力在国王与议会之间不断摇摆。洛克本人也曾因为被怀疑参与谋杀国王查理二世的行动而不得不长期流亡法国与荷兰。他的两卷本《政府论》为1688年光荣革命奠定了理论基础，而这场革命也标志着权力中心从国王向议会的永久转移。另外，作为哲学家的洛克还认为，人的心灵就像一块白板，并非生来就具备各种观念——这可谓是一种非常现代的自我认知方式。

主要作品

1689年 《政府论》（上下篇）
1689年 《论宗教宽容》
1690年 《人类理解论》

参见： 托马斯·霍布斯 96~103页，孟德斯鸠 110~111页，让-雅克·卢梭 118~125页，托马斯·杰斐逊 140~141页，罗伯特·诺齐克 326~327页。

人类是拥有自然权利的理性、独立的个体。

→ 他们进入政治社会，是为了在法治下得到保护。

→ **法律的目的不是废除和限制自由，而是保护和扩大自由。**

府，以确保法治的公平，也正符合人们的意愿。洛克进一步主张，一个合法的政权应当将立法权与行政权进行分割；不过，立法权要高于行政权，因为前者掌握着为国家制定普遍准则的至高权力，而后者只需负责在具体的领域保障法律的实施。

洛克密切关注法律，其中一个重要的原因是法律能够保障自由。他认为，法律的目的不是要废除或限制自由，而是保障并扩大自由。洛克相信，在政治社会中，“没有法律的地方，也就没有自由”。因此，在他看来，法律既能约束自由又会增进自由。生活在自由之中，并非意味着生活在没有法律的自然状态中。据此，洛克指出，“自由，正如人们告诉我们的，并非人人想怎样就可以怎样的那种自由（如果任何一个人因一时高兴就可以支配另一个人的话，那还有什么自由呢？），而是在他所受约束的法律许可范围内，随心所欲地处置和安排自己的人身、行动、财富和全部财产的那种自由。”换言之，法律不能只是保障自由，还要帮助人们将自由付诸实践。如若没有法律，我们的自由将受限于混乱无常的自然状态。实际上，在这种情况下，很可能根本就没有自由可言。

> **在一切能够接受法律支配的人类状态中，没有法律的地方，就没有自由。**
>
> ——约翰·洛克

人的原初状态

洛克认为，我们应当在理解人的原初状态与本性的基础上来制定并执行法律。同大多数社会契约论思想家一样，洛克也认为人是生而平等、自由和独立的造物。按照洛克的观点，在自然状态中，人们能够相对和谐地共同生活，只是缺乏一个合法的政治力量或仲裁者以中立的方式来协调纠纷。洛克这样描述道：“在自然状态中，人类受理性支配而生活在一起，却不存在拥有权力对他们进行裁判的共同尊长。”

同时，虽然在霍布斯眼中，自然状态下的人们往往只关心自我的保存与自己权利的最大化，但与霍布斯不同，洛克认为，自然状态并不等于战争状态，战争状态中的

1649年，孩提时期的洛克目睹了对国王查理一世的处决，其罪名是“暴君、叛徒、杀人犯和国民公敌”。这段经历也许给洛克**反对专制统治**的思想埋下了种子。

政府的角色

政府必须制定良法

用来保障人们的权利

并在公共利益的指导下执行法律

人们不会遵守自然法和理性法。而在自然状态中，人们也能够根据理性来行动，并且相互包容，冲突并不是普遍存在的。不过，随着人口密度的增长，资源变得稀缺，加之货币的发明导致经济上的不平等，冲突就会随之增加。于是，人类社会就开始需要法律、调解者与仲裁者以客观的姿态来解决分歧了。

1689年英王威廉三世签署《权利法案》，从此形成了对国王权力的限制。这一做法正好符合洛克的“君主只能在民意下施行统治”的观点。

政府的宗旨

洛克政治思想的核心议题就是统治的合法性问题。与霍布斯相似，他试图在理解人类自然状态的基础上，论证政府统治的合法性。洛克赞同霍布斯的观点，认为合法的政府应当建立在社会个体相互缔结的社会契约之上。因为，自然状态面临着一个困境，那就是没有法官与警察来保障法律实施；而人们之所以自愿进入人类社会，就是为了建立一个政府来承担这一责任——而这，就是政府的合法角色。合法政府的另一重要特质，就是它必须在公民的同意下施行统治。不过在洛克看来，这并不意味着一定要实行民主制，也就是说，不一定要大多数人来决定是由君主、贵族还是公民会议来行使统治权。他认为，真正重要的是统治的权利来自人民，并且人民有权将其收回。

洛克反对建立霍布斯所拥护的那种强大的专制政府，原因是这样一个强大的存在必将构成对个人自由不必要的限制。洛克相信，公民若彻底臣服于政府是十分危险的；他写道：“我有理由断定，凡是不经我同意就能将我置于其权力之下的人，必然能任意处置我，甚至也可以随意毁灭我。除非一个人动用强力来破坏自由，否则没有人应该存在将他人置于自己绝对权力之下的欲望，因为那将同遭受奴役无异。”

确切地说，洛克是在倡导建立一个有限政府。政府应当保护私产、维护和平、确保为全民供给公共物品，并且尽可能地抵御外敌入侵，“这就是（政府的）初衷，这就是（它的）作用，这就是每一个国家中至高立法权的界限”。政府的宗旨就是弥补自然状态的不足，保障人们的自由并维护社会的繁荣；所以根本没有必要将人们置于专制统治之下。因此，政府的首要功能是制定能够保护人们权利的良法，并在公共利益的指导下保障法律的实施。

反抗的权利

洛克在对合法与非法政府做出区分之后指出，反对无道的统治是正当的举动。他描述了一系列人们为收回授予给政府的权力而进行反抗的情形，如民选代表参加议会受阻、外国统治者获得统治本国国民的权威、在没有公众授意的情况下改变选举制度或程序、法治的原则没有得到贯彻，以及政府出现剥夺人民权利的举动，等等。在洛克看来，非法、无道的统治简直与奴隶制无异。此外，如果遇到君主打破与人民订立的社会契约，那么处死君主也是可行的。洛克是清教徒的后代，并在英国内战中支持议会派，因此"处死君主"的观点不仅是一种理论探讨，更是在为处决查理一世的举动的合法性进行辩护。

洛克的遗产

在洛克身处的时代，他的学说就被世人称为"自由主义"，被看作一种推崇自由与平等原则的政治哲学。18世纪末期，先后在美国和法国爆发的革命就是以自由主义理念为基础的。事实上，托马斯·杰斐逊就对洛克推崇备至，并且在参与起草《独立宣言》和美国宪法这些奠基性文件时大量引用了他的文字。美国宪法的《权利法案》中对保障"生命、自由与财产"的强调，以及《独立宣言》中对不可剥夺的"生命、自由与追求幸福"权利的颂扬，都可以被视为约翰·洛克哲学所结下的果实。■

> 权利法案的意思就是人民有权反对任何政府，而政府无权拒绝或者拖延。
>
> ——托马斯·杰斐逊

根据洛克的观点，一个政府要有统治合法性，就必须允许民选的代表有权召集会议（比如下议院）并展开辩论。

当立法权和行政权集中于同一个机构时，自由将不复存在

孟德斯鸠（1689—1755年）

背景介绍

思想流派
立宪政治

聚焦
三权分立

此前
公元前509年 罗马人推翻暴君卢修斯·塔克文·苏佩布的统治，成立罗马共和国，形成了由三大权力机构组成的政府。

1689年 英国在光荣革命之后建立起了君主立宪政体。

此后
1787年 美国国父们在费城通过了美国1787宪法。

1789—1799年 法国大革命时期建立起了法兰西第一共和国，取代了此前由君主和教会统治的专制政体。

1856年 阿历克西·德·托克维尔发表了《旧制度与大革命》，对法国专制君主制度的没落进行了分析。

18世纪启蒙运动时期，科学的进步使教会权威遭遇了严重挑战，而专制体制的君权神授思想也逐渐受到世人质疑。在当时欧洲，尤其是法国，有许多政治哲学家对君主、僧侣和贵族的统治权威做出了研究和拷问，其中佼佼者莫过于伏尔泰、让-雅克·卢梭和孟德斯鸠。

卢梭提出应该把君主的政治权力转交到人民手中，伏尔泰主张政教分离的思想，而孟德斯鸠则并

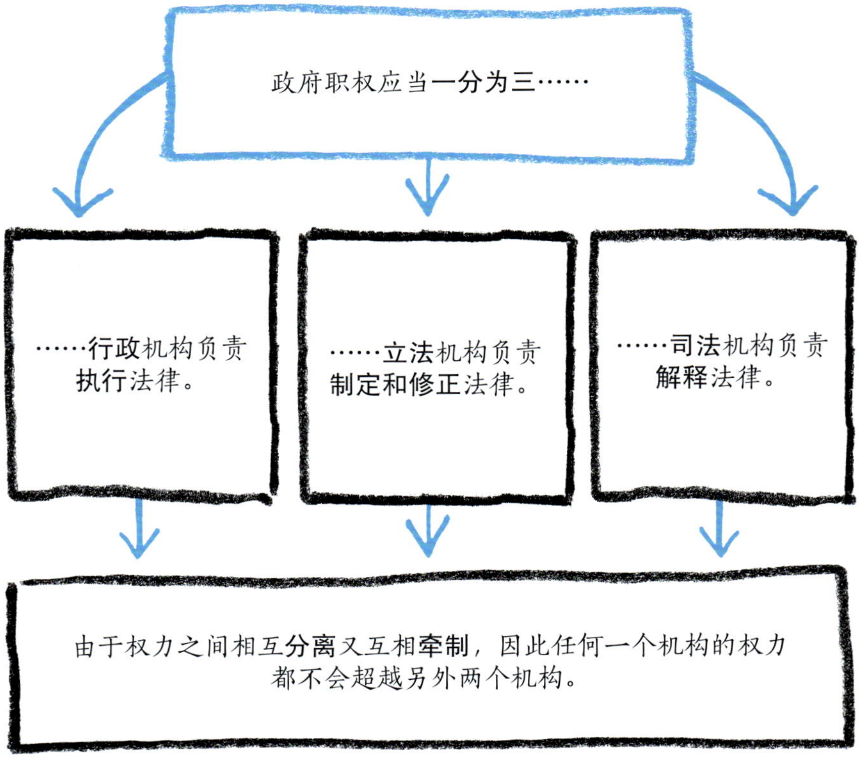

参见: 西塞罗 49页, 让-雅克·卢梭 118~125页, 托马斯·杰斐逊 140~141页, 詹姆斯·麦迪逊 150~153页, 阿历克西·德·托克维尔 170~171页, 亨利·戴维·梭罗 186~187页, 诺姆·乔姆斯基 314~315页。

政府的腐化总是始于原则的腐化。

——孟德斯鸠

不如前两位那样着重关注权力的归属问题；对他而言，最关键的问题是以宪法的形式防止暴政的出现。他相信，通过三权分立便能实现这一目标。

孟德斯鸠认为，暴政是对公民自由最大的威胁，如果没有宪法的保护，那么不论是君主制还是共和政体都将有退化的危险。他思想的核心正是将政府职权分成以下三个类别：行政权（负责执行和实施法律）、立法权（负责制定、废除和修正法律）和司法权（负责解释和应用法律）。

三权分立

将政府职权分成不同类别的做法，这在希腊语中被称为三权分立（trias politica）。这一提法其实并不新鲜，早在古希腊和古罗马时期就存在这样的思想。但孟德斯鸠的创新之处在于，他主张由三个不同的机构来分别行使这些权力。这样一来，机构之间能够形成权力的制衡，确保政权的稳定，并防止政权堕入暴政之中。权力分立还可以防止其中任何一个部门变得过于强大，因为每个机构都有能力对其他机构滥用权力的倾向进行限制。尽管，孟德斯鸠的思想不可避免地遭到了法国当权者的敌视，但是三权分立原则却能流芳后世，影响极其深远，还成了后来美国宪法的奠基之石。在法国大革命中，参照这一原则成立的共和国也成为后世政体的一大典范。在接下来的几个世纪里，随着民主制度在全球范围的推广，三权分立已成为许多国家宪法中最为神圣的一道法则。■

美国国会是联邦政府的立法机构，它同总统（行政机构）以及司法机构既分权又制衡。

孟德斯鸠

孟德斯鸠原名夏尔·路易·德·塞孔达。他出生在法国波尔多附近的贵族世家，并在1716年继承了伯父的男爵封号。他早年在波尔多学习法律，1715年成婚，这场婚姻为他带来了一笔巨额的遗产，再加之他本人继承的殷实家产，使他能毫无顾虑地投身于自己的写作生涯之中。他的第一部著作是以辛辣讽刺笔调写就的小说《波斯人信札》。

1728年，孟德斯鸠被选为法国科学院院士，并开始在意大利、匈牙利、土耳其和英国展开一系列的考察游历。1731年，他回到波尔多，写作《罗马盛衰原因论》以及其传世巨作《论法的精神》。《论法的精神》1748年问世之后，在法国饱受敌视，但在欧洲其他地方却大受赞赏。1755年，孟德斯鸠因病去世。

主要作品

1721年 《波斯人信札》

1734年 《罗马盛衰原因论》

1748年 《论法的精神》

独立企业家就是优秀公民的典范

本杰明·富兰克林（1706—1790年）

背景介绍

思想流派

自由主义

聚焦

有企业家精神的公民

此前

1760年 英国夺取了法国在北美的殖民地，进一步扩张在新世界（the New World）的势力范围。

1776年 英国在北美的13个殖民地发表《独立宣言》，美利坚合众国成立。

此后

1790年 托马斯·潘恩的《人的权利》在法国出版。

1868年 随着《美国宪法》第14修正案的颁布，美国黑人获得了公民资格。

1919年 宪法第19修正案赋予了美国妇女选举权。

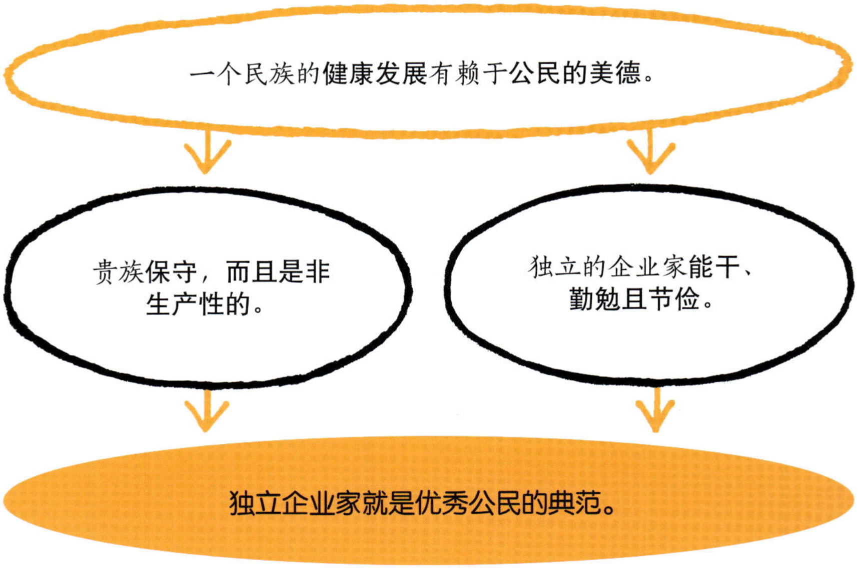

在独立运动前后的一段时期，美国正经历着一场思想的大变革。在这段号称美国启蒙运动的时代里，思想界的领军人物们深受约翰·洛克、埃德蒙·伯克、让-雅克·卢梭、伏尔泰和孟德斯鸠等欧洲启蒙作家的启迪。其中，美国国父们在设计新政权体制时，始终遵循着自由主义与共和主义原则，反对专制集权和贵族特权。在他们眼中，多元主义的理想、对个人权利的保障以及不设限制的公民权是这个国家的基石。他们这种新的政权体制背后的人性观来源于古典共和主义，它主张公民美德是建立一个良好社会的根基。而同样被尊为美国国父的本杰明·富兰克林则认为，个体企业家就是优秀而高尚的公民。接着，富兰克林对美国的资本主义精神进行了清晰的阐述。

参见：约翰•洛克 104~109页，孟德斯鸠 110~111页，埃德蒙•伯克 130~133页，托马斯•潘恩 134~139页，托马斯•杰斐逊 140~141页。

企业家的美德

自由主义者注重个人的生命与财产等权利，而古典共和主义者们则更为关心公民对于国家的义务，以及成为优秀公民需要具备的美德。对于早期古典共和主义者而言，美德的概念十分重要。例如意大利思想家尼科洛•马基雅维利在讨论统治者的品质时，就是在谈及君主的“美德”。但是，个体公民的美德却很少有人论及。

于是，富兰克林从个人层面对美德进行了探讨。在他看来，一个国家的繁荣是以个人的美德为基础的，是公民的辛勤工作和积极生产，而不是王公贵族的美德在左右民族的进步。富兰克林与欧洲启蒙思想家一样，相信商人与科学家将成为社会进步的真正动力；当然，他还同样十分注重个人的品质与责任。他认为，企业家精神就是一种极具美德的个人品质。

微软创始人比尔•盖茨身上展现出来的企业家精神和慈善热忱，正是富兰克林所谓良好公民品质的核心内容。

> 请不浪费时间；请只去做那些有用的事；请戒掉一切不必要的行动。
>
> ——本杰明•富兰克林

促进公共利益

在当下世人眼中，企业家精神已成为一个同资本主义生产体系关系紧密的概念。例如，在奥地利经济学家约瑟夫•熊彼特看来，企业家精神就是形塑着资本主义体系的“创造性破坏”（creative destruction）过程的核心因素。然而，富兰克林眼中的企业家明显与现代的资本主义商人形象有所不同。一方面，他认为唯有当企业家精神能够通过慈善等方式促进社会公共利益时，它才可以称得上是一种美德；另一方面，他还呼吁推广志愿组织，从而在一定程度上扭转社会的个人主义倾向。■

本杰明•富兰克林

本杰明•富兰克林是著名的政治家、科学家和发明家。1706年，他出生于波士顿，其父亲是一名肥皂与蜡烛的制造者。富兰克林在漫长的美国建国历程中，发挥着重要的领袖作用。在政治方面，他积极参与反对英国《印花税法案》的运动，并担任过美国驻英国和法国大使。在美国人民心中，他是国父中最伟大的人选之一。

富兰克林同时也是一名科学家，尤其以风筝雷电的实验而著称。他还拥有众多发明，包括避雷针、开放式取暖炉（又叫富兰克林火炉）、双焦眼镜与软性导尿管等。此外，他还是一名成功的报纸编辑、出版商和流行文学作者。尽管富兰克林从未在政府高层任职，但他对美国政治版图的影响十分深远，鲜有人能与之相提并论。

主要作品

1733年 《穷查理年鉴》
1787年 《美国宪法》
1790年 《富兰克林自传》

REVOLUTIONARY THOUGHTS
1770–1848

革命思想
1770年—1848年

1776年 托马斯·潘恩在《常识》中鼓动北美殖民地**脱离英国统治**。

1783年 美国赢得了**独立战争**的胜利。

1788年 伊曼努尔·康德在《实践理性批判》中指出，人的道德和政治判断是以**理性**为基础的。

1789年 **巴黎人民**冲击巴士底狱，**法国大革命**爆发。

1790年 埃德蒙·伯克在《反思法国大革命》中谴责了革命中的**暴力冲动**行为。

1792年 法国废除君主专制，**建立共和国**。

1798年 受美国独立运动和法国大革命影响，爱尔兰爆发起义，力图推翻英国统治，但**遭到失败**。

1804年 海地获得独立，成为拉丁美洲地区第一个独立的国家，也是第一个独立的**黑种人的共和国**。

17世纪，人类认识和理解自然世界的能力有了巨大进步。而人们在科学问题的全新发现以及运用的全新方法，也为人们解决社会问题提供了新的途径。英国哲学家霍布斯运用了"社会契约"的理念，描绘了自然状态下理性（但是自私）的人们所面临的生活情境；而另一个位英国思想家洛克，则为私有财产制提供了一套理性的辩护。接着，这些对社会结构进行理性化解读的早期尝试由后来的启蒙运动思想家所接续。这场思想文化运动旨在清除经院哲学几个世纪的统治，要用理性而非信仰来为人类获取知识和推动社会改革铺平道路。

人民主权

瑞士籍法国哲学家卢梭用社会契约的思想向人们展示了新时代的政治模式。那时，包括伏尔泰在内的许多启蒙思想家都还在宣扬开明专制的好处，提醒暴民政治的威胁；而激进的卢梭却明确地宣布"主权在民"。尽管卢梭并不是第一个批判权威的人，但他着实是第一个运用启蒙运动时代的新思想模式来批判权威的人。而且，卢梭还坚信，启蒙运动绝不是一场知识精英的运动，它对理性和进步的关怀必将最终成为一场人民的运动。

在卢梭去世之后，新思想之间的碰撞和分歧成为时代的主旋律。而启蒙运动的思想也在18世纪剩余的那些日子里开始为现实政治刻下痕迹。其中，托马斯·潘恩的一本名叫《常识》的小册子刚一发表便洛阳纸贵，它所宣扬的独立、共和和民主的思想可谓是顺应了美国独立运动的需要。而法国大革命中最激进的雅各宾派对卢梭推崇备至，他们甚至将卢梭的灵柩搬进了先贤祠，与伏尔泰相对而葬。

通过理性的力量来改造社会成为时代的信仰，甚至同传统与过去彻底决裂也在所不惜。19世纪50年代以前，革命浪潮在欧洲前仆后

1806年 随着《普雷斯堡合约》的签订，近1000年历史的**神圣罗马帝国正式灭亡**。

1810年 由西蒙·玻利瓦尔领导的**拉丁美洲**民族解放运动爆发。

1815年 拿破仑兵败滑铁卢。

1820年 黑格尔在《**法哲学原理**》中讨论了自由。

1821年 希腊爆发反抗奥斯曼帝国的独立战争，并引发了巴尔干地区的一系列**民族独立运动**。

1831年 南威尔士钢铁工人起义被镇压，在这次运动中，**红旗**首次成为革命的象征。

1837年 加拿大爆发叛乱，试图推翻**英国在加拿大**的统治，但最终失败。

1839年 英国宪章运动中，工人们为实现“人民宪章”而进行了一场民主改革运动，要求实现**不记名投票和（男性）普选权**。

继，而民族解放运动也在拉丁美洲吹响号角。另外，还有英国作家玛丽·沃斯通克拉夫特起身高呼：启蒙运动所崇尚的自由不应当只属于一半的人，妇女获得权利也应当是公正社会的一个重要标志。

保守主义

伴随着这些激进的思想，一种更加新颖而且深邃的保守主义思想也应运而生，并由爱尔兰政治家埃德蒙·伯克加以阐释。

伯克运用自由和权利的话语为英明君主的统治进行了辩护，并宣称维持社会的稳定比推动激进的变革更加有意义。他坚信，一个健康的社会实属不易，需要经过世世代代的繁衍和孕育。伯克话音刚落，法国大革命就出现了恐怖统治，激进的恶果让他不幸言中。

与此同时，对权利的辩护出现了一套新的路径模式。英国哲学家杰里米·边沁根据人类追求幸福的天性，构建起了一套有限的民主体制，既注重财产权，又需要政府有所作为。边沁指出，政府必须对社会权利的不平等进行纠正，否则它会对今后权利的扩展造成极大的限制。

德国哲学家黑格尔也以更加艰涩的方式得出了相同的结论。他一开始曾是法国大革命的歌颂者，相信只有在一个完善的公民社会里才能实现自由，但他人生的晚期却变为了普鲁士专制国家的拥护者。不过，他的一些观点和方法，将成为下一个时代的人们解读后革命时期世界的新的思想工具。■

放弃自由，就是放弃做人的资格

让-雅克·卢梭（1712—1778年）

背景介绍

思想流派
共和主义

聚焦
公意

此前
1513年 尼科洛·马基雅维利的《君主论》提出了一套现代政治观，认为统治者的德行应当与政治事务彻底分离。

1651年 托马斯·霍布斯在《利维坦》中提出，国家应以社会契约为基础。

此后
1789年 雅各宾派会集巴黎；该派中的极端分子把卢梭的思想搬到政治变革中付诸实践。

1791年 英国政治家埃德蒙·伯克谴责道，是卢梭的思想造成了法国大革命中的"过激"行为。

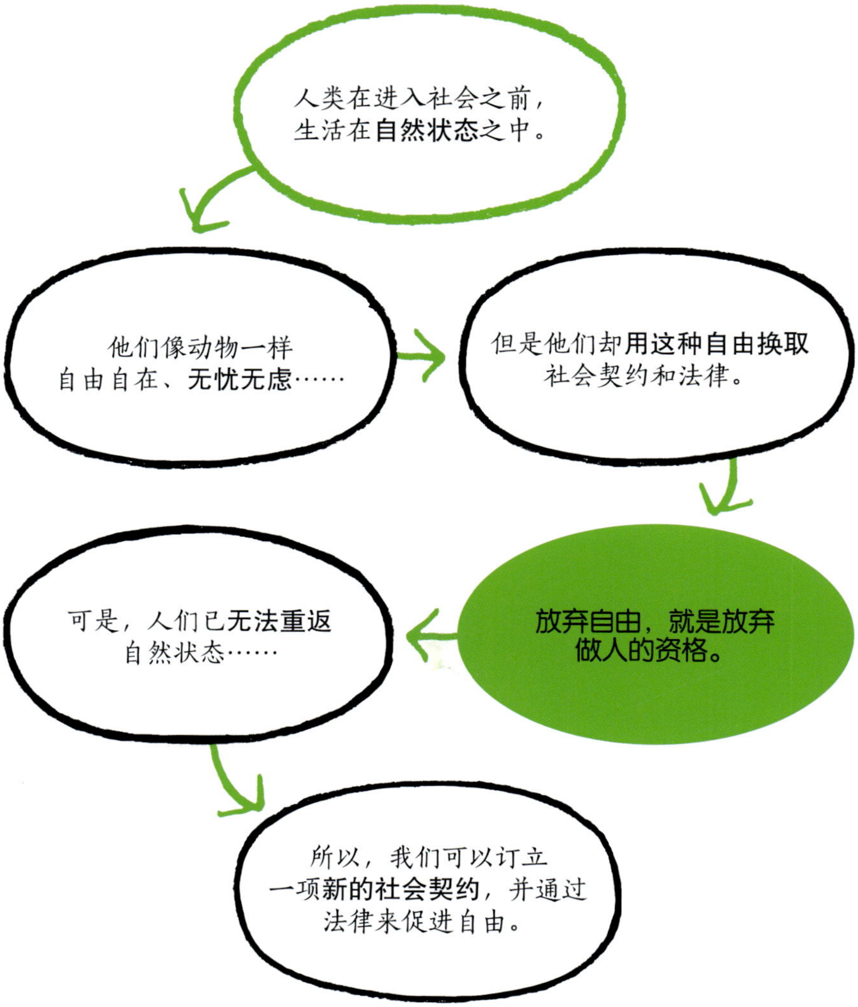

在西欧，一套特定的关于人类事务的思维方式盛行了几个世纪。那时，天主教会垄断着思想，加之奥古斯丁、阿奎那等一批杰出学者重新发掘了古代思想家的观念，使古希腊和古罗马的著作得以传播和继承，这便形成了一套经院式思维方式。这种思维方式主宰着人们认识社会的方法，相信历史与社会在本质上恒定不变，并认为万事万物都是为了实现上帝设定的某个崇高的道德目标而存在。但是，随着资本主义的繁荣以及城市生活的兴盛，这种思维方式渐渐开始遭人怀疑。

反思现状

例如，16世纪的尼科洛·马基雅维利在《君主论》中大量引用古人先例，但他不是借此向人们谈论古人的道德生活，而是为了展示古人如何以一切阴险狡诈的手段来服务内政外交。他的思想彻底颠覆了整个经院哲学大厦，激进地同过去的时代做了决裂。同样，17世纪的托马斯·霍布斯在英国内战期间写就的《利维坦》，不只是援引古代文献，而是采用科学的证明方法，论证了建立强大政权并以此保障人民安全的重要性。

然而，与旧时代做出最激进的决裂的人，则是一个私生活为上流社会所不齿且性情古怪的瑞士人——让-雅克·卢梭。根据卢梭逝世后出版的自传性著作《忏悔录》，我们可以看出，自他在

参见: 伊本·赫勒敦 72~73页, 尼科洛·马基雅维利 74~81页, 胡果·格劳秀斯 94~95页, 托马斯·霍布斯 96~103页, 埃德蒙·伯克 130~133页, 汉娜·阿伦特 282~283页。

> **如果你们忘记土地的果实是归大家所有的，忘记土地是属于任何人的，那你们就要遭殃了!**
>
> ——让-雅克·卢梭

威尼斯担任大使秘书时起，他便已坚信“政治制度（而非人的本性）将决定一切”。他认为，人并非生来邪恶，但却可以在一个坏的政府的统治下自甘堕落而变得邪恶。他在家乡日内瓦见识了什么是美德，也在威尼斯见证了城邦从辉煌走向衰落，因此，他相信，这些区别并非源于人的本性差异，而在于政治制度的异同。

政治塑造社会

卢梭在1754年完成的《论人类不平等的起源和基础》中，与先前的政治哲学一刀两断。此前，古希腊人以及14世纪的伊本·赫勒敦等研究社会的学者均认为，政治将受到自身兴衰规律的支配，并受到恒定不变之人性的影响。其中，古希腊人就相信政治体制按这样的规律循环：君主制、共和制以及贵族制这些优良政体会堕落为各自对应的暴政统治，坏到一定程度之后，又将循环到开始的地方。如此，社会亘古不变，政府形式也大致相似。

卢梭旗帜鲜明地反对这种观点。他争论道，既然政治制度能够改变社会，那么在理论上，人们就完全可以通过政治行为把社会带向一个正确的方向。

卢梭这一论断可谓卓尔不群，开现代思想之先河。在他之前，从未有人系统地提出过“社会”是不同于政治制度的独立实体，社会本身就值得人们展开研究和改造。即使在启蒙思想家当中，卢梭也称得上是从人与人之间的社会关系来进行思考论证的第一人。

不过，这种全新的理论回避了一个显而易见的问题：既然人类社会能够通过政治变革来塑造，那么为何它如今还是有这么多的缺陷?

论财产与不平等

对此，卢梭的回答再次剑走偏锋、惊世骇俗。其答案的第一步是想象人类步入社会之前的情形。在此之前，托马斯·霍布斯已进行过探讨，宣称这种状况下的人们是未开化的，过着“贫穷、肮脏、野蛮和短暂”的生活；而卢梭的观点则完全相反。在他看来，在受到社会桎梏之前的人类是友善而幸福的

卢梭在威尼斯见证了城市的衰落，这个城市很好地诠释了一个坏政权是如何造就了一批坏市民的。而他繁荣昌盛的家乡日内瓦则从另一面证明好政府对其公民的影响。

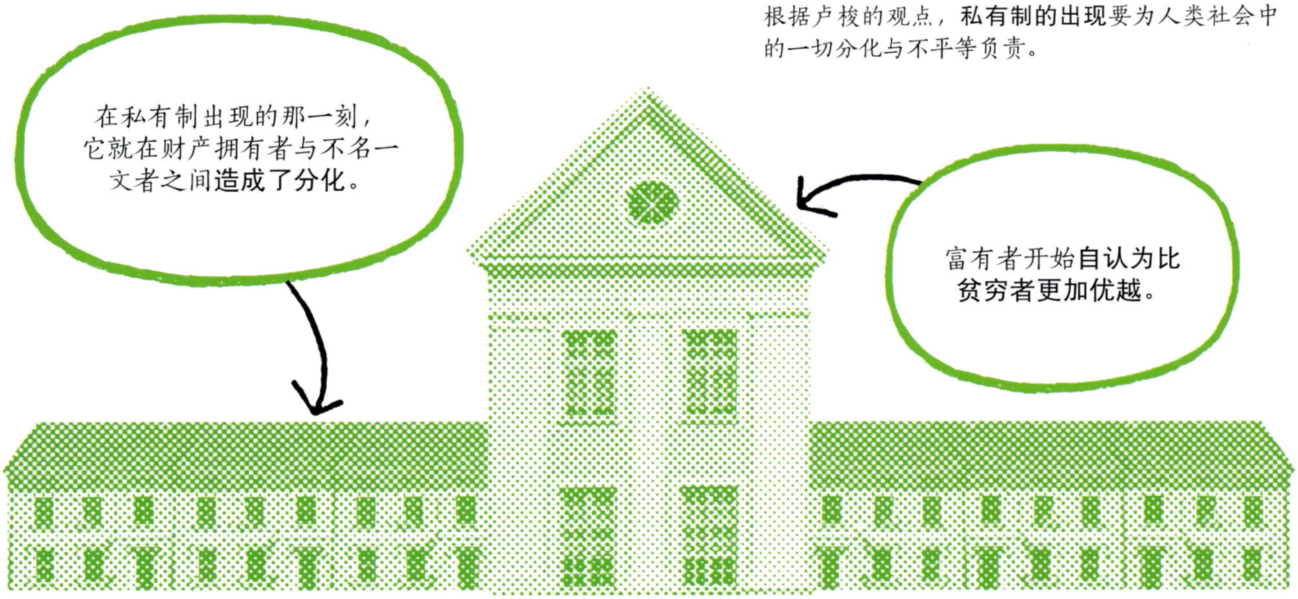

根据卢梭的观点，**私有制的出现**要为人类社会中的一切分化与不平等负责。

造物，他们对于这样的自然状态心满意足。这种状态下，只有两条原则指导着他们的生活：一是本能的自爱与自我保存的愿望，二是对人类同伴的同情之心。这两条原则相互结合，使人们像动物一样安定地栖息于自然之中，一代又一代繁衍不息。然而，随着公民社会的创立，尤其是私有制的出现，这种幸福状态被蛮横地打破了。私有制一出现，就带来了原本并不存在的不平等问题：财产所有者和不名一文者之间从此出现一道鸿沟。社会制度将这种不平等固定下来之后，私有制又为进一步的社会分化提供了基础：社会因财产差异而分为主人与奴隶，后来又在不同家庭之间产生贫富分化。此外，私有制还会使一个人本能的自爱，退化为源自嫉妒与虚荣所导致的相互敌视的破坏性自私。而且，自拥有物质财富起，人们便开始想去占有、去攫取，有的人还会因此自认为高人一等。所以，公民社会就是与自然和谐截然对立的分化与冲突的产物。

> **一个人若只有嗜欲的冲动，那也是受奴役的状态；而服从人们自己为自己所制定的法律，那也是自由。**
>
> ——让-雅克·卢梭

自由的遗失

卢梭在他1762年出版的《社会契约论》中进一步扩展了这一论述。他写道，“人生而自由，却无往不在枷锁之中”。尽管他早期的作品曾坚定地反对令他生厌的世俗社会，但《社会契约论》却试图为世俗社会找寻到积极的一面。与此前的霍布斯和胡果·格劳秀斯一样，卢梭也认为一个社会的统治权力来自人们相互订立的社会契约。根据霍布斯的理论，人们可以选择将权利与自由让渡给政府和主权者，并从国王那里得到安全和保护。霍布斯相信，如果没有主权者的统治，人们的生活将会退回到极为恶劣的自然状态；只有主权者才能终止纷争并施行刑罚，所以唯有人们让渡一定程度的自由，尤其是使用暴力的自由，并且宣誓效忠，才能够享有和平和安宁。

卢梭反对这种观点。他认为，倘若一个人放弃了自由，那么这必然意味着他放弃了人的本质，并会做出有损道德的事。他认为，绝不能让主权者掌握绝对权威，那样定会让自由人遭受奴役；同时，建立一个凌驾于其他社会成员之上的绝对统治权，就会使生而平等的人们陷入一种永恒的政治不平等关系。在卢梭看来，霍布斯所构想的社会契约，其本质是一场富人对穷人设下的骗局，只有通过这样的说辞，才可能诱拐穷人甘愿接受由这种社会契约所维持的不平等现状。

卢梭认为，那些号称要帮助人们摆脱自然状态并因此获得合法性的政权，根本就不是在自然状态中建立的。确切地说，卢梭认为这些政权是在我们已经脱离自然状态之后建立起来的；而且早在社会产生之前，导致一系列不平等的私有制就已经出现了。私有财产的分配问题将引发种种冲突，甚至可以说正是公民社会和私有财产的产生导致了战争，而国家只不过是一种战争工具罢了。

重置社会契约

卢梭在《社会契约论》中为纠正私有制带来的问题提供了出路。他说，虽然对于个体而言，国家和公民社会是一种剥夺了个人天赋自由的累赘，但倘若人们能对政治制度与社会进行恰当的安排，那么这些制度反过来也能拓展人类的自由。所以，人们订立社会契约，并非只源自对冲突状态的恐惧，还可能是出于实现自我提升的美好愿景。若想实现任何更高尚的追求，就必须走出自然状态，进入人类社会。所以，我们需要缔结社会契约。

在霍布斯看来，法律就是限制，只有没有法律的地方才有自由；而卢梭则相信，如果法律约束的对象是立法者本人，那么法律就可以成为对自由的积极扩充。因此，人们在自然状态之外，即在国家之下，也能够获得自由。不过实现这一点的前提是，全体人民必须成为主权者。他认为，只有当一个国家能提供比在自然状态下更多的自由时，它的统治才具有合法性。而保障这种自由的前提就是人与人之间必须平等。

人民主权

卢梭在《社会契约论》中提

霍布斯与卢梭之比较

	在自然状态中	社会契约	自由
霍布斯	 生命肮脏、野蛮而短暂。	 对于维护和平与逃离自然状态而言是必需的。	 只能在没有法律的情况下才存在。
卢梭	 人们自足而幸福。	 维持了不平等并破坏了人性。	 能在法律的约束下获得。

只要能够保证财富的公平分配，卢梭就不会反对。在他心目中，一个由小农场主构成的农业小国就是理想国家的样子。

出的众多主张，为之后数世纪左派政治的发展奠定了基础。这些主张包括：第一，自由与平等能够和谐并存而非相互敌对；第二，相信依靠法律与国家能够改善社会；第三，坚信人民是真正的主权者，是国家统治合法性的来源。尽管卢梭猛烈地抨击了私有制，但他并不是一名社会主义者。他认为，彻底废除私有制将会导致自由与平等之间的冲突；相反，若对财富进行适当地分配则有助于增进人们的自由。事实上，他后来也倡导建立一个由经营小农场的农民所组成的农业国家。但尽管如此，卢梭的思想在那个年代已经称得上是十分激进的了。他将主权赋予全体人民，并用平等来定义主权；这些思想，对当时西方政治思想中的所有派别都是一种巨大的挑战。

新的社会契约

不过，在卢梭看来，人民主权并不等于要实行民主制，他认为全体公民直接参与政治的民主政体，极易陷入腐败与内战。根据他的设想，主权应当被授予公民大会，而公民大会又可通过一项新的社会契约或宪法将具体的统治事权委托给一名行政长官。既而最高统治权掌握在代表“公意”亦即所谓民意的全体人民手中；而政府的日常管理事务则有赖于“个别意志”的具体决断。

卢梭认为，“个别意志”与“公意”之间很容易产生冲突，这将使掌握主权的公民陷入堕落。在卢梭眼中，这正是他所处时代的流行病症：人们不是作为统一的主权者集体行动，而是各自追求一己私利。这样的社会，不仅没有带来自由，反而将人们推向孤立的私人领域，在劳动分工中如此，在艺术、科学、文学中也是如此。

因此，卢梭呼吁，为了确保国家的统治忠实于人民的公意，应当强制人们在尽可能摆脱个人私欲的情况下，积极参与到政治会议与活动中来。不过，卢梭对个别意志的这种批评，连同前面对私有制的抨击，都成为后世批评者对他进行攻击的靶子。

个人与公意

尽管“公意”观念在理论上

让–雅克·卢梭

让–雅克·卢梭出生在瑞士日内瓦。卢梭的父亲是在城市选举中握有投票权的自由公民，这让他对日内瓦的自由体制颇有好感。他没有受过正规的教育，但他从父辈那里获得了一个庞大的藏书室，也传承了家人无尽的阅读欲望。15岁那一年，卢梭与贵族名媛华伦夫人相遇，从此皈依天主教，但这导致他被日内瓦人放逐他乡，其父亲也与他断绝了关系。

20岁之后，卢梭开始发愤图强，在1743年被任命为驻威尼斯大使的秘书。此后，他前往巴黎，并逐渐发迹，成为一名小有名气却大受争议的散文家。后来，他的著作在法国与日内瓦被禁，他也曾逃往伦敦避难，不过很快又回到巴黎，并在那里度过了余生。

主要作品

1754年 《论人类不平等的起源和基础》
1762年 《爱弥儿》
1762年 《社会契约论》
1770年 《忏悔录》

> **我们正迈向一个危机和革命时代。**
>
> ——让-雅克·卢梭

1789年7月14日，愤怒的市民冲击巴黎的巴士底狱，成为**法国大革命**的导火索。巴士底狱这座要塞监狱在中世纪正是王权的象征。

十分吸引人，但在现实中却很容易导致压迫性的政治安排。而且关键是，我们很难确切地判断何为“公意”。例如某些个人或集体大有可能在表面上宣称自己在执行公意，而暗地里却是在满足他们的个别意志。所以，本想帮助人民当家做主的卢梭，却很有可能最终成为极权主义之父。你看，自他以后，哪一个极权政权没有宣称过自己获得了“人民”的支持呢？

卢梭认同马基雅维利的观点，认为公民间的派系分化会危害国家；但他对此开出的药方，却极可能在事实上演变为多数人的暴政，即不受欢迎的少数人将遭受自称代表“公意”的多数人的迫害。为了解决这一困境，卢梭提出，既然派系分化不可避免，那么可以无限增加这些小派系的数量，最终使得各个派系都成为个别意志，以至于他们中没有一个能够有机会代表公意或者强大到与公意为敌。

如果一个国家以强者的暴力和欺骗作为统治基础，那么它就无法代表公意，因为其国民的服从不是出于同意，而只是出于被迫选择的顺从。如果一个国家以社会契约为统治基础，但是却不能代表人民主权，那么这种契约就是非法的契约。在这两种情形下，人民就可以动用罢免统治者的权利——至少，卢梭的那些更为激进的后继者们认为卢梭就是这么想的。

革命先驱

卢梭对于人民主权的观点和他对人与社会可以得到改善的信念，都对后世产生了非凡的影响。法国大革命期间，雅各宾派就将卢梭奉为精神领袖，要对法国进行一场毫不留情的彻底平等化改造。1794年，他们还将卢梭视作民族英雄而改葬进了巴黎的先贤祠。

同样，世人对卢梭的种种批评，也对保守主义与自由主义思想起到了一定的形塑作用。1791年，作为现代保守主义创始人的埃德蒙·伯克认为，法国大革命中那些过激的革命行为全是由卢梭一手造成的。而大概200年后，自由主义哲学家汉娜·阿伦特也相信，卢梭思想中的错误成分，把法国大革命带离了自由主义的初心，并最终走向了歧途。■

幸福不能成为任何普遍有效的法律原理的基础

伊曼纽尔·康德（1724—1804年）

背景介绍

思想流派
自由主义

聚焦
个人义务

此前

公元前380年 柏拉图在《理想国》中声称，城邦的首要目标是实现全体公民的幸福。

1689年 约翰·洛克在《政府论》下篇描写道，人们通过订立社会契约，把他们的自卫权让渡给了政府。

此后

1851年 皮埃尔-约瑟夫·蒲鲁东认为，社会契约应该是个人与个人之间签订，而非个人与政府之间签订。

1971年 约翰·罗尔斯在其《正义论》中，将康德的自律理论同社会选择理论进行了融合。

1793年，伟大的德国哲学家伊曼纽尔·康德写下一篇名为《论俗语：这在理论上可能是正确的，但不适用于实践》的文章，现在简称为《理论与实践》。这篇文章问世的那一年，世界正经历着迭次兴起的政治变革：在美国，乔治·华盛顿成为该国首位总统；在德国，美因茨宣布成立独立的共和国；在法国，随着对国王路易十六的处决，大革命达到顶峰阶段。而康德的这篇文章不仅检验了政治的理论与实践，更是探

参见：柏拉图 34~39页，托马斯•霍布斯 96~103页，约翰•洛克 104~109页，让-雅克•卢梭 118~125页，杰里米•边沁 144~149页，约翰•罗尔斯 298~303页。

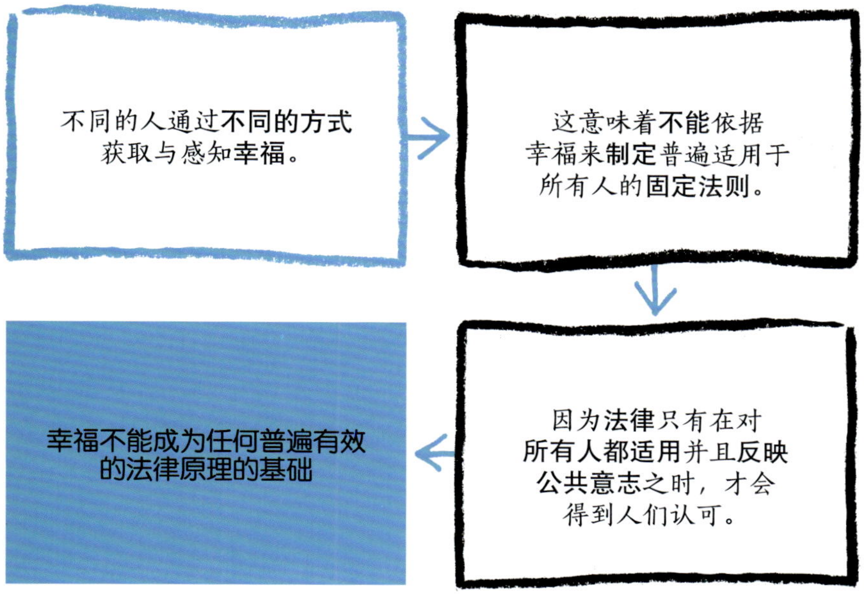

讨了关于政府统治合法性的问题。这一问题，在1793年这一特别的年份，可以称得上生死攸关。

“幸福不能成为任何普遍有效的法律原理的基础”——康德这句话是在反驳哲学家柏拉图的一个观点，即城邦的首要目标是提升公民幸福。在康德这篇文章里，幸福之所以不能成为法律的基础，是因为没有人能够或者应该为他人定义何为幸福，因此以幸福为基础的统治很难做到稳定如一。“对幸福是什么的问题，人与人之间的观点总是彼此矛盾而且不断变换，”康德写道，“这使得一切固定的原理成为不可能，并使得仅以幸福作为立法体系的原则行不通。”他相信，相较于幸福而言，对政府更重要的是保障人们法律范围内的自由，“只要他不侵犯其他同胞臣民的权利，他就始终可以按自己认为最好的方式去寻求自己的幸福”。

接着，康德思考了这样一个问题：在“自然状态”下，若每个人自由地根据自己的欲望行事，那将产生何种后果。对此，他认为，最棘手的问题是人们遇上利益冲突时，能采用什么调解机制。你可以设想，当你的邻居闯进你的房子，并且把你赶了出去，那么如果没有法律的帮助，你会怎么办？所以，在康德看来，自然状态就是一种难以以和平方式解决分歧的无政府状态。也正因如此，人们自愿“抛弃自然状态……并选择接受来自社会和法律的强制”。在这个意义上，康德承接了英国哲学家洛克的社会契约思想，他也同意人们为了获得国家的保护，从而自愿放弃部分自由，并与国家订下社会契约。

全体人民的同意

康德断言，政府必须谨记自

1793年，法国国王路易十六被处决。在康德看来，法国大革命为所有的政府敲响了警钟，提醒他们必须要为全体人民的利益而实行统治。

己只有在公民的同意下才能施行统治：这不仅是一些人同意、多数人同意，而是全体人民的同意。其中最重要的是，没有一个人会去反对政府制定的法律。“因为如果一项法律得不到全体人民的同意，它就是不公正的；不过假如这项法律存在着得到某些公民同意的可能性，那么我们就有义务去考证这项法律的公正性。”

康德的观点能为政府和公民提供共同的教谕；因为他还强调，即使政府通过的法律在你看来是错误的，你也仍旧有服从它的道德义务。比如，你认为你纳税资助的政府所发动的战争是错误的，但是你不能仅凭自己对这场战争的否定而拒绝纳税，因为“赋税不可获取，战争不可避免——这得到同意的可能性是存在的。”

然而，在康德看来，尽管人们有遵守法律的义务，他们也必须为自己的道德抉择承担相应责任。他认为道德就是一种“绝对命令”。这一术语是指个人只应当遵循这样一些准则：他相信这样的准则也将适用于其他所有人身上。康德认为，每个人都应当像立法者一样行事，要心里明白，他们的每一次道德抉择都是在为自己和他人立法。

> **没有人能强制我按照他的方式（以及他为别人设想的福祉方式）来获得幸福。**
>
> ——伊曼纽尔·康德

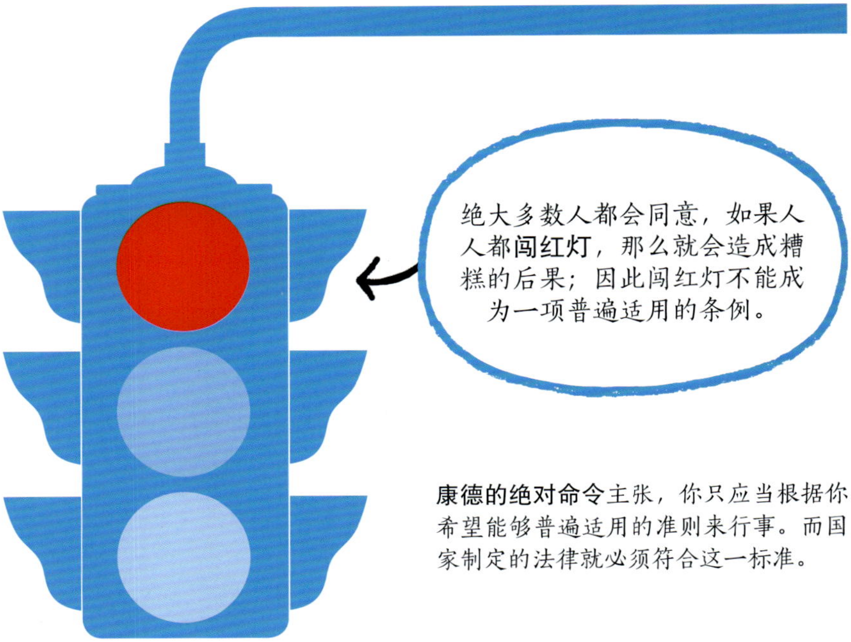

康德的绝对命令主张，你只应当根据你希望能够普遍适用的准则来行事。而国家制定的法律就必须符合这一标准。

人民的意志

自律概念是康德哲学的基础，并且这不仅是道德领域的基础，在政治方面也是如此。这个概念的意思是人类的意志是且必须是完全独立自主的。当然，自由也并不是不受法律约束，而是要受制于自己制定的法律的约束。他认为，个人的道德准则与国家的法律具有直接的联系，因为二者的合法性都建立在人们的理性愿望之上；而社会契约正好又以“一国之中所有个人意志的联合为基础”。所以，国家法必须是“人民意志”的真实写照。因此，如果人们愿意接受统治，那么我们就必须自愿服从国家制定的每一部法律；而根据同样的道理，外部势力或殖民者等外来政权颁布法律就不具合法性。如此，康德便开始探讨，政府是否应当在提升其国民的幸福方面有所作为。对此，他的推理是，由于只有个人才能够决定什么是自己要的幸福，所以政府不能根据自己对幸福的臆断而给人民强加“这是为了你好”的幸福。而且政府更不能强迫某个人为其他人带来幸福。举例说，国家法律不能强制要求你经常去探望你的祖母，即使你祖母德高望重，即使经常探望她会提升国家的整体福祉，也不能强制这样做。

不关心幸福的国家？

一些评论家认为，在康德眼中，幸福根本不能被当作评价政府好坏的因素。然而，若真是如此的

> 任何权利都得在对他人自由的限制中实现。
> ——伊曼纽尔·康德

话，那么国家除了保护其公民的人身安全外，将不再有任何作为：它不再提供教育，不修建医院、美术馆、博物馆、公路与铁路等公共设施，不再通过任何方式为人们谋求福利。这种观点也许在逻辑上能自圆其说，但这却不是我们之中绝大多数人渴望的生活。

不过，在过去的50年里，一些思想家仍运用康德的这种观点，来为国有产业的私有化以及废除福利国家体制的主张提供理论基础。然而，另外一些评论家认为，前述观念是对康德思想的一种误解。他们宣称，康德并不是说幸福不能成为衡量政府的标准，而是说幸福不能成为唯一的衡量标准。另外，康德也曾说过，只有在一部规范国家职权的宪法的保护下，人们才能获得幸福。他在《理论与实践》中就曾主张，“‘公共福祉乃一国之最高法律’这一信条的价值与权威并未削弱，不过这种至关重要的公共福祉却仅存在于能够保障每个人法律范围内自由的法制体系中”。

权利与幸福

其实在写作《理论与实践》的两年前，康德在《永久和平论》中曾写道，政府必须履行两组义务：一是以正义为使命保护公民的权利与自由；二是在无损人们权利与自由的情况下，提升他们的幸福。前面那种对康德思想的片面理解依然被当今不少人看重，所以有一些评论家也希望探究，某些政府是否过于强调经济发展和正义而忽视了社会幸福的重要性。在这种批评和呼声的影响下，2008年，时任法国总统萨科齐就把幸福指数纳入了考量。他邀请美国经济学家斯蒂格利茨领导其“委员会”团队，衡量国家的幸福水平，并发布了报告，这显示着幸福在当下政府的施政目标中又变得重要起来。■

可能有些美国与欧洲民众并不支持本国军队介入阿富汗事务，但根据康德的观点，个人无权因为这种不满而拒绝纳税。

伊曼纽尔·康德

德国哲学家伊曼纽尔·康德生于普鲁士的柯尼斯堡（Königsberg，也就是如今俄罗斯的加里宁格勒），并终身安居此地。康德的路德教家庭共有九个兄弟姐妹，其中康德排行老四。年轻时，康德在一所路德教会学校接受教育，在这里，他对拉丁文产生了浓厚的兴趣，同时也对宗教自省产生了反感。16岁那年，他选择研读神学专业，但却很快便迷上了哲学、数学与物理学。

康德在柯尼斯堡大学担任了15年的无薪讲师和图书馆长助理后，终在46岁那年成为该校的逻辑学与形而上学教授。之后，他的三大批判相继问世，为他赢得了国际性的声誉。但他仍旧继续从教，一如既往，终其一生。在很多人眼里，18世纪最伟大的哲学家就是康德。

主要作品

1781年 《纯粹理性批判》（1787年进行了修订）
1788年 《实践理性批判》
1793年 《理论与实践》

必须对人的激情加以束缚

埃德蒙·伯克（1729—1797年）

背景介绍

思想流派

保守主义

聚焦

政治传统

此前

1688年 在新贵族的逼迫下，国王詹姆斯二世退位，英国完成光荣革命。

1748年 孟德斯鸠认为，社会各个组成部分之间的权力制衡，维系着英国社会基本的自由。

此后

1790—1791年 潘恩的《人的权利》对伯克的观点进行了反驳。

1867—1894年 马克思在《资本论》中主张，推翻现有制度并走向共产主义，将是不可阻挡的历史潮流。

1962年 欧克肖特强调，公共制度和机构中的传统因素十分有价值。

1790年，英国政治家、思想家埃德蒙·伯克对一年前爆发的法国大革命进行了最早也是最有力的批判。他在这本名为《反思法国大革命》的小册子中明确指出，个人的激情不应当左右政治判断。

事实上，伯克对大革命的爆发已经感到非常惊讶，但他并没有公开地进行批判。虽然起义者的暴行让人震惊，但是就像他之前曾赞赏美国独立运动的革命者一样，他对大革命起义者的革命精神也同样敬佩。但是在伯克撰写这部小册子

参见：让-雅克·卢梭 118~125页，托马斯·潘恩 134~139页，托马斯·杰斐逊 140~141页，格奥尔格·黑格尔 156~159页，卡尔·马克思 188~193页，弗拉基米尔·列宁 226~233页，迈克尔·欧克肖特 276~277页，米歇尔·福柯 310~311页。

时，革命也开始走向高潮阶段。此刻，法国国内粮食已开始匮乏，而关于国王与贵族打算镇压第三等级（造反的民众）的流言也在四下传播。农民起而反抗，迫使贵族在危在旦夕中通过了《人权与公民权宣言》（通常简称《人权宣言》）。这项宣言宣称，所有人都拥有自由、财产、安全以及反抗压迫的“自然权利”。

但是，国王拒绝批准《人权宣言》。结果导致1789年10月5日大批巴黎民众加入农民行列，并一起赶往近郊的凡尔赛宫，逼迫国王返回巴黎。在伯克看来，民众的这一举动过于激进，而这件事也正是促使他写下这本小册子的直接原因。要知道，小册子中提出的批评，对此后所有的激进革命者都十分贴切和适用。

政府是一个有机体

伯克对英国国内的少数族裔爱尔兰天主教教徒保有同情，他还支持印度摆脱腐败的东印度公司而获得民族解放——这在当时都算是偏向于自由派的思想。伯克是主张社会渐进改良的辉格党成员，而其对手托利党则倾向于维持现状。但是，伯克与其他改革派的辉格党员不同，他极其强调政权的延续性，并认为这种传承感十分神圣。在伯克看来，政府就像一个复杂的有机体，历经岁月的风霜才能形成如今这般精致而又富有生命力的形态。从君主的不成文举止，到贵族的礼节规范，这些东西都以一种难以参透的精妙方式演变和发展了几个世代。伯克说，统治的习惯深深地根植于统治阶级的言行之中，以至于他们几乎不用思考就会自然地进行运用。

批判抽象权利

伯克尤其反感“自然权利”这一启蒙概念。他认为，这些概念确实在理论上十分华丽而完美，但这恰好又是它致命的问题：“理论太完美，反而会成为实践运用中的缺点。”对于伯克而言，尽管人们

图中的约翰牛(英国的拟人化昵称)正遭遇着自由之树上的恶魔的引诱。这象征着英国人对法国大革命的狂热有所担忧，害怕这股热潮传染到海峡彼岸。

政府乃是一项用来回应人们在社会中的需求的**人类发明**。

↓

但是人们的某些需求和欲望会与他人相冲突。

↓

为了产生**最为公正的结果**，政府必须在相互冲突的欲求之间做出**裁决**。

↓

必须通过法律，对人的激情加以束缚。

理论上拥有对于某一事物的权利，但是倘若权利无法兑现，那么它归根到底就是一纸空谈。况且理论上，人们可以对无穷无尽的东西宣布享有权利，有的人甚至认为限制他人的权利也是自己应当享有的正当权利。所以事实上，所谓权利，不过就是人们的欲求，而政府的职责正是调和人们的不同欲求。

伯克宣称，“任何人都不能成为关乎自身的事务的公正判断者”，并认为这是市民社会的一项基本准则。倘若人们希望生活在一个自由且公正的社会里，就必须放弃众多自认为极其重要的拍板权。伯克之所以说“必须对人的激情加以束缚”，就是意在表明，为了多数人的正当利益，社会必须对某些人的热情加以限制。如果人人都能为所欲为，能因一时兴起而任意宣泄激情，那么必然会造就混乱的结局。而且事实上，不仅是个人，大众作为一个整体也尤其需要由“他们之外的力量”来加以约束。

习惯与成见

伯克质疑个人权利，但支持传统与习惯。在他看来，政府是人们应当稳步继承并在未来继续发扬的宝贵遗产。他还认为，正是对传统与习惯的珍视态度，使英国1688年的光荣革命与正在法国发生的暴动和骚乱显得截然不同。信奉新教的威廉与玛丽取代偏向天主教的国王詹姆斯二世，光荣革命就此顺利完成了权力的和平交接；它既驱走了肆意妄为的君王，又没有劳烦彻底缔造一个从零开始的稚嫩政府。所以，像法国大革命中那些举动，只会让伯克觉得“厌恶和恐惧”。

> **社会契约是在世者、已经死去者和尚未出生者之间的一种合伙关系。**
>
> ——埃德蒙·伯克

那时候，在英国人眼里，国王和议会就是毋庸置疑的“民族和时代的银行和资产”，而伯克也对这种发自内心的情感流露予以了肯定。他相信这种情感流露远远好于个人理性的狂想；而且在他看来，成见也是一种古老的智慧，它能够帮助人们在紧急状况中迅速地、条件反射式地做出反应，不会像依赖理性推理的人那样犹豫不决。

伯克还警告道，忽视国家的传统必将造成严重的后果。一旦权力进入真空状态，必然引发各个派系间的争夺，恐慌乃至杀戮将在所难免；而到最后，必然会是由军人来收拾乱局，接管一切。

伯克革命

法国大革命在1793到1794年

在伯克看来，政府的首要任务是调和国民的不同欲求。因此，空谈抽象的权利只会使我们偏离这一主题。

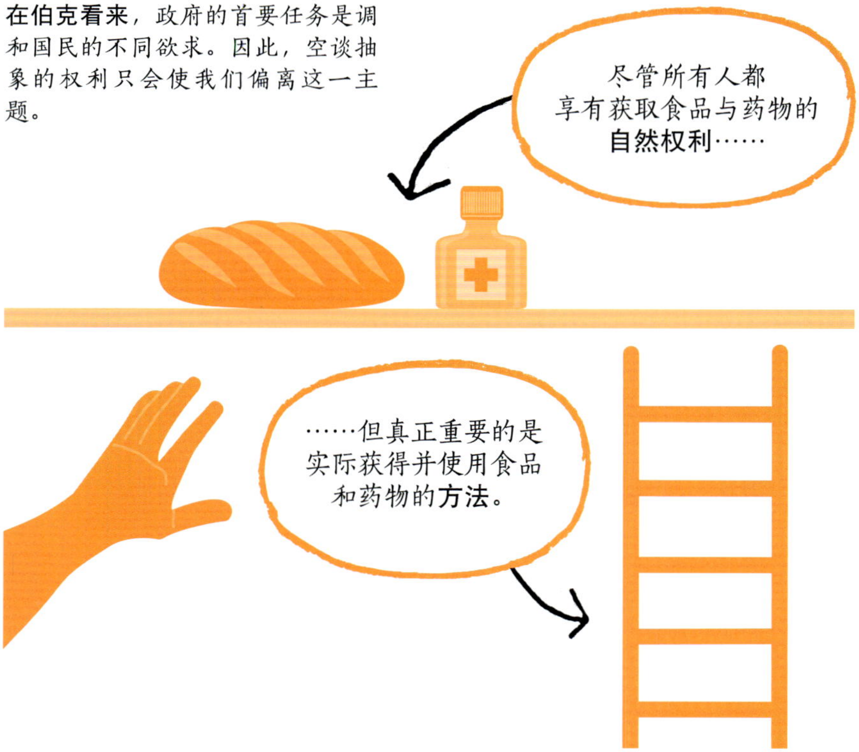

1799年，拿破仑·波拿巴登上权力顶峰。这正好印证了埃德蒙·伯克在1790年的预言：通过革命手段推翻君主统治的结局，必然是由军事独裁者来收拾局面。

的恐怖统治以及后来拿破仑的崛起，都一一应证了伯克的预言，这也为他赢得了预言家般的声誉。他的理论不仅吸引了右派人士，而且对于左派而言也如平地惊雷一般。当时身为美国驻法大使的托马斯·杰斐逊就曾写道，“发生在法国的革命还不如伯克引发的革命那样令我震惊”。

财产占有者的权力

伯克相信，地主贵族的巨额世袭财产是维系社会稳定的一大关键。伯克宣称，只有这些富有的地主和贵族才掌握着足够的权力和政治手腕，并在利益的驱使下有能力与恣意妄为的君主抗衡。同时，他们的巨额地产还能够为周边小额财富拥有者架起保护伞。此外，伯克并不支持再分配的主张，并认为将少数人的财富转移给多数人的做法基本不会产生什么好处。

拿破仑最终还是失败了，革命浪潮又几次回袭了欧洲。因此，在那些被新崛起的政治势力吓坏了的保守者眼里，伯克具有极为特殊的地位。然而，在马克思等批评者看来，伯克的财产观念简直就是在为社会的不平等进行赤裸裸的辩护。伯克确实是有力地驳斥了那些打碎传统的做法，但他同样也是在对旧的社会做辩解，而且这样的旧社会里，仍有大多数人生活在奴役状态之中，看不到改善的可能和光明的未来。而他为成见所做的辩护，本意也许是想唤起人们对于自然情感的同理心，但却很可能变成一种盲目的守旧思维。另外，他那对于个人激情加以束缚的主张，还有可能沦为为审查制度、警察国家以及迫害异议者的行为的辩护词。■

> 通过把农民从土地上赶走，夺去他们的公有地的办法，造就了人数更多的无产阶级。
>
> ——卡尔·马克思

埃德蒙·伯克

伯克在1729年生于爱尔兰都柏林。他从小信仰新教，而他的妹妹朱丽安纳则信仰天主教。伯克一开始被当作律师来培养，不过很快就转行当了作家。1756年，他出版《为自然社会辩护》一文，对托利党领袖博林布鲁克勋爵的宗教主张进行了辛辣讽刺。

1774年，伯克成为国会议员；但由于他对天主教的同情态度不符合主流民意，从而失去了国会席位。此外，他还曾为废除死刑奔走呼号，这为他赢得了进步人士的美誉。但如今，人们提到伯克时，多已忽略他自由开明的主张，而主要铭记的是他保守主义的思想。

主要作品

1756年 《为自然社会辩护：检视人类遭遇的痛苦和邪恶》

1770年 《论当前不满情绪产生的原因》

1790年 《对法国大革命的反思》

以财产为基础的权利最不牢靠

托马斯·潘恩（1737—1809年）

背景介绍

思想流派

共和主义

聚焦

（男性）不受财产限制的普选权

此前

公元前508年 雅典的民主制赋予了全体男性公民选举权。

1647年 克伦威尔新模范军中的激进分子呼吁赋予男性不受财产限制的普选权，并且结束君主制，实现共和制。

此后

1839—1848年 英国的宪章运动要求赋予男性不受财产限制的普选权。

1871年 刚刚实现统一的德意志帝国赋予男性公民普选权。

1917—1919年 第一次世界大战结束后，一场民主共和制取代君主制的风暴席卷了整个欧洲。

当前制度对选举权设有**财产限制。**

财产所有者**滥用他们的特权，**纯粹为了一己私利来管理社会。

这让穷人感到激愤，如果穷人的需求得不到满足，那他们就将**起而反抗富人。**

以财产为基础的权利最不牢靠。

一个人不管是否拥有财产，**都应当享有权利。**

对国王查理一世的审判与处决，标志着英国资产阶级革命的激进主义到达顶峰，但是在17世纪末期革命结束之时，却很难说它取得了多大的成果。1688年“光荣革命”之后，英国社会回归安定，但是君主制还是得到了保留，只不过君主必须服从议会罢了。这场革命并没有制定出一部正式的宪法，而在克伦威尔主持下实行共和制的短暂实验也草草收场。新的政权就像一个混合怪物，由不同部分拼凑而成：腐败且不具代表性的下议院，堕落且不由选举产生的上议院，以及仍旧是国家名义首脑的世袭君主。

1689年的《权利法案》虽然对新政府划定了权限，但是它仍只是社会顶层各派间相互妥协的产物，而那些社会边缘人群的需求几乎没有得到满足。这些无权参与政治的人群就包括爱尔兰人、天主教徒和非国教徒；穷人和手工业者；甚至一些中产阶级与国家公务员也在边缘的行列。就是在这样的背景之下，托马斯·潘恩走进了公共的视野。在1774年移民美国之后，潘恩发表了一系列极富煽动性的册子，为重新建立起克伦威尔统治时期的那种民主和共和体制进行鼓与呼。

拥护民主制

1776年，潘恩在费城匿名发表《常识》一书，极力鼓动北美殖民地同英国及其君主制度做出决

参见：托马斯·霍布斯 96~103页，约翰·洛克 104~109页，让-雅克·卢梭 118~125页，埃德蒙·伯克 130~133页，托马斯·杰斐逊 140~141页，奥利弗·克伦威尔 333页，约翰·李尔本 333页，乔治·华盛顿 334页。

> **当我们为后代做打算时，我们必须记住，人的德行是不能遗传的。**
>
> ——托马斯·潘恩

裂。同之前的霍布斯和卢梭一样，他也认为人们会自发地形成相互的纽带，从而摆脱个人的孤立状态并建立社会。随着这些亲情、友谊和商业纽带日渐交织，它们反过来又亟须建立一种外部的规范来相互约束。这些规范系统化之后便成为法律，于是人们又需要建造政府来制定并保障法律实施。这些法律本应代表和贯彻人民的意志，但是由于现实中人口太多，所以很难让每一个人都能参与到集体决策中来。为了克服这一困境，民主制度应运而生，人们可以通过选举代表来参与决策并表达意志。

潘恩相信，民主制是平衡社会与政府不同需求的最为自然的方式。而选举则充当着协调社会与政府的工具，它帮助社会影响政府，使其能够更准确地反映社会的需求。而像君主制这样的制度是不符合自然的，因为它奉行的世袭制度使其独立于社会之外而自成一体，而且君主还可以完全无视公意而只考虑一己私利。潘恩还认为，约翰·洛克等人所推崇的那种容纳了君主制的立宪政体也十分危险，因为君主能够轻而易举地忽视法律并扩张自己的权力。潘恩相信，最好的选择就是彻底地放弃君主制。

美国独立战争最伟大的成就，在于其对君主制毫不妥协的拒绝。事实上，国家也只有在实现独立之后才可能建立民主。而潘恩建立一个民主共和国的明确主张，也确实通过美国的独立战争得到了实现。1787年，潘恩重返英国，两年之后他来到法国，在接下来的大革命中坚定地站在革命者一边。

反思革命

潘恩刚从法国回到英国，就听见有人开始对他发难。现代保守主义鼻祖、时任布里斯托选区国会议员的伯克，在1790年发表《反思法国大革命》一书，无情地指控大革命中的激进主义威胁到了整个社会秩序的安定。在伯克看来，社会就像一个有机的整体，不可贸然动手术。他说，英国的“光荣革命”和美国的独立运动并没有直接破坏社会中长期存在的各种权利，仅仅是纠正了体制中的一些明显纰漏，而且更重要的是，它们都没有对私有制造成破坏。然而法国大革命却不一样，他们用暴力摧毁了一个古老的政权。

伯克曾强烈支持北美殖民地

这是威廉·霍加斯讽刺性画作《法官席》，画中这些**法官们**显得懒惰、无能、唯利是图，让人觉得他们丝毫不关心人们的权益。

当代的**法国国民大会**源自大革命时期的国民公会。这个国民公会是法国历史上第一个由男性公民通过普选决出的掌握国家统治权的人民议会。

的独立，因而当潘恩从美国返回英国之际，二人也曾一度交好。但是伯克对法国大革命的猛烈抨击，却促使潘恩不念旧谊，并做出回应。潘恩在1791年发表《人的权利》一书展开反击。此书当时遭到了当局的审查，但是在众多为法国大革命正名的英文著作中，《人的权利》依旧是最为著名也流传最广的一本。潘恩认为，每一代人都有重建政治与社会制度的权利，并且相信只要一代人认为合适，便可不受任何既有权威的桎梏而行使这一权利。他提出，人们代代相传的东西不应当是财产，而应当是权利。该本小册子的第二部分主张建立社会福利的制度，于1792年出版。截至该年年底，此书的两卷一共售出超过20万册。

终结君主制

此时，英国官方打算以“煽动性诽谤”的罪名控告潘恩，而且英国街头还出现了民众焚烧潘恩模拟像的活动。于是，潘恩毅然迈出了更为激进的一步，发表了“针对近期王室公告的一封信”，直指“同流合污的自治市镇与团体”，批评他们协助王室刊印指控公告的举动无异于助纣为虐。潘恩认为，所谓的“煽动性诽谤”不过就是一些批评政府的文章而已，对自己加诸如此罪名简直无异于滥用权力的暴政行径。对此，他呼吁效仿法国，建立一个民选的国民公会，来为英国起草一部共和主义的宪法。

潘恩这封信的内容虽然简短，却正面回击了伯克的挑战。他说，尽管英国通过1689年的《权利法案》确保了君主立宪制之下所有臣民的权利，但依然存在着滥用权力的可能性。潘恩在信中列举了几个最引人憎恶的腐败案例。接着，他还有更大的抱负，那就是直击君主立宪制本身的缺陷。他认为，由于这一体制赋予了世袭财产至上的地位，因而极易造成人的堕落和权力的滥用。在这种体制中，世袭君主位居政权的顶端，而议会的作用也仅仅是维护王权与财产至上的地位。因此，只对腐败的议会进行改

对于选举权的财产限制，造成了富人与穷人之间的不平等，导致了权力的腐败与垄断。

男性公民的普选权重新恢复了天平的平衡——这体现了在制定政策的过程中，富人与穷人的权利都必须得到尊重。

> 我们经常能看到，如果富人能保护穷人的权利，那么穷人就会保护富人的财产。
>
> ——托马斯·潘恩

革无济于事；只有对整个体制来一次彻头彻尾的变革才有意义。

（男性）不受财产限制的普选权

潘恩相信主权在民而不在君，人民在其认为合适的情况下，有改变法律以及变更政权的绝对权利。然而，现存的体制却没有为人们提供更替政府的渠道。所以，潘恩认为有必要建成法国那样的国民公会，来冲破这层体制的束缚。

潘恩希望向大众普及卢梭的这一观念：国家是人民“公意”的反映，人民应当通过以透明、公正的方式选举出国民会议来代表公意；这样一来，个人私利与腐败行为就能得以杜绝。潘恩呼吁赋予所有男性公民选举代表的权利，并通过代表来为英国起草一部新的宪法。但是当时的英国却对选举权设有财产的限定，因此在潘恩看来，正是这一原因造成了选举制度的贪腐问题。他说，唯有在一个富人与穷人的权利均得到平等对待的体制中，人们才会相互尊重，而不会互相倾轧。

为改革者留下的遗产

尽管潘恩的这封信并未像《常识》和《人的权利》那样广为流传，但他在该文中阐述的激进主张，却成为往后50年里英国改革者们的核心诉求：这些主张就包括建立共和制国家、制定新的宪法以及通过（男性）普选来选出国民会

1848年3月10日，宪章运动支持者在伦敦的肯宁顿公地召开了一场人民会议，要求当局推行当初托马斯·潘恩倡导的那种选举制度。

议。而那为世人唾弃的对选举权的财产限制，也终于在1867年第二次改革法案之后得以取消。

潘恩对美国和法国最为推崇；而他的思想也在这两个国家影响最深远，其中尤以美国为甚：潘恩被美国奉为独立与宪法之父，他的思想感召着无数仁人志士为了民主与共和事业奋斗不止。■

托马斯·潘恩

托马斯·潘恩出生于英格兰的塞特福德。1774年，他因煽动工人涨薪而被免职，丢掉了收税员的工作，于是，他在这一年移居美国。在本杰明·富兰克林的推荐下，他成为宾夕法尼亚一本地方杂志的编辑。

他的《常识》一书于1776年问世，三个月内就在人口只有两百万的北美殖民地售出10万余册。1781年，潘恩从法国国王那里为美国独立战争争取到了大量资金支援。1790年，他回到伦敦，在法国大革命的鼓舞下，写就了《人的权利》一书，但这本书也给他招致了“煽动性诽谤”的罪名。潘恩乘机逃到法国，并随后被选入法国国民公会，在其后的恐怖统治时期侥幸躲过了死刑。1802年，在时任总统杰斐逊的邀请下，潘恩重返美国。7年之后，他在纽约逝世。

主要作品

1776年 《常识》
1791年 《人的权利》（《人权论》）
1792年 《针对近期王室公告的一封信》

人生而平等

托马斯·杰斐逊（1743—1826年）

背景介绍

思想流派

民族主义

聚焦

公民权

此前

1649年 英格兰国王查理一世被判处“危害公共利益、共同权利、自由、正义以及人民的和平”的罪名并遭到处决。

1689年 约翰·洛克驳斥君权神授论，主张主权在民。

此后

1789年 法国大革命颁布的《人权宣言》明确宣布，“人生而自由且权利平等”。

1948年 联合国通过并颁布了《世界人权宣言》。

1998年 根据DNA结果显示，杰斐逊有可能就是其黑奴萨莉·赫明斯的孩子的父亲。

美国《独立宣言》中关于所有人都享有“生命、自由以及追求幸福”的权利的主张，至今仍然是对人们心中的美好生活及其实现条件的精准概述。

宣言起草于北美13个殖民地反对英国王室统治的独立战争时期。在此之前，英国通过一系列的战争打败法国，赢得了北美大片新殖民地，并开始大量征税，以弥补巨额的战争支出。但是，英国议会中来自北美殖民地的议员一个都没有，却仍然以殖民地代表的名义进行着各种决定。

“无代表、不纳税”，在这样的口号之下，波士顿人民开始抗议，引致英国的军事干预，并最终演变成为战争。1774年，第一次大陆会议召开，殖民地人民要求建立自己单独的议会。由于该要求遭到英王乔治三世的无视，一年之后，他们又召开第二次大陆会议，并提出了完全独立的要求。

> 上帝在赋予我们生命的同时已经给了我们自由；暴力之手也许可以摧毁我们的生命与自由，但却不能让这两者分离。
>
> ——托马斯·杰斐逊

告别旧大陆 走向新世界

身为第二次大陆会议代表的托马斯·杰斐逊被委任起草《独立宣言》。他是美国启蒙运动的核心人物，而这场启蒙运动则为独立战争的爆发奠定了思想基础。

回望当时的欧洲“旧大陆”，人们看到的只是一个个由专制君主和腐朽寡头统治着的社会，在那里，人们过着穷困潦倒的生活，看不到一丝宗教宽容和基本自由。而杰斐逊，以及“新世界”的其他知

参见：胡果·格劳秀斯 94~95页，约翰·洛克 104~109页，让-雅克·卢梭 118~125页，托马斯·潘恩 134~139页，乔治·华盛顿 334页。

凡人生而平等，拥诸固定的无可转让之权利。

世袭统治侵犯了人们不可转让之权利。

唯有共和国能契合人们不可转让之权利。

北美殖民地必须与欧洲的世袭统治决裂，建成独立的共和国。

识分子们则从洛克等自由主义思想家那里获得指引，高声倡导“天赋权利”和“社会契约”的思想。

杰斐逊不仅继承了洛克的私有制和思想自由的主张，还为他增添上了一层共和主义的含义。这层含义要归功于托马斯·潘恩的影响，后者在1776年发表的小册子《常识》极大地推广了建立共和国的主张。所以，《独立宣言》的颁布，不仅标志着新世界同殖民主义的决裂，还意味着他们与违背“人生而平等”之观念并且侵犯了人们“不可转让之权利”的世袭统治划清了界限。

自签署以来，《独立宣言》对君主专制的批判至今振聋发聩。它不仅为接下来的法国大革命提供了蓝本，还对未来从甘地到胡志明的一大批民族独立运动的领袖产生了持久的影响。■

图为杰斐逊向大陆会议呈递《独立宣言》第一份草案时的情形。后来，《独立宣言》的最终版在大街小巷传颂，人们高声诵读，互相激励着奔赴战场。

托马斯·杰斐逊

托马斯·杰斐逊出生于弗吉尼亚的沙德维尔。他曾经营过自家农场，从事过律师职业。1776年6月的第二次大陆会议上，作为弗吉尼亚州代表的杰斐逊被委任为《独立宣言》的首席起草者。

杰斐逊本人是一名种植园主，拥有超过100名奴隶，他的这种身份与对平等的信仰之间的冲突使得杰斐逊深受困扰。事实上，他在《独立宣言》初稿中曾批判奴隶制，但这一内容在大陆会议上遭到了废除。而在美国1783年战胜英国之后，杰斐逊的又一次禁止奴隶制的举动因一票之差而遭到失败。

1801年，杰斐逊当选美国第三任总统。1808年卸任之后，他仍长期活跃于公共生活，并在1819年创建弗吉尼亚大学。1826年7月4日，杰斐逊与世长辞。

主要作品

1776年 《独立宣言》
1785年 《弗吉尼亚日记》

每个民族都在其自身之内存在自己幸福的中心

约翰·戈特弗雷德·赫尔德（1744—1803年）

背景介绍

思想流派
民族主义

聚焦
文化认同

此前
公元98年 古罗马元老院议员、历史学家塔西佗在《日耳曼尼亚志》中热情赞扬了日耳曼人的美德。

1748年 孟德斯鸠提出“地理环境决定论”，他认为气候对一个民族的性格和国家的政治制度会产生巨大的影响。

此后
1808年 在浪漫主义时期的民族运动中，德国哲学家约翰·费希特进一步发展了民族的概念。

1867年 卡尔·马克思批评民族主义不过是“虚假意识”，人们在这种意识的支配下很难会认识到自己本应当获得更好的境遇。

人们被他们生长的地方所塑造。

↓

因为共同的语言和地理环境能够促进**民族精神**的形成。

↓

这种民族精神塑造着具有**独特的民族性格**的共同体。

↓

人们想要获得幸福需要依靠**民族共同体**。

↓

每个民族都在其自身之内存在自己幸福的中心。

18世纪的启蒙思想家们认为，理性之光能够引领人们走出封建时代的黑暗和愚昧，同时，他们相信，普遍永恒的真理能借由理性来获得。然而，德国思想家赫尔德坚决地否定了启蒙思想的普遍主义，并指出，这种追求是错误的，因为这一观念忽略了由于文化和物质环境差异而造成的人性差异。赫尔德认为，每个人都在寻找自己的群体，这种强烈的归属感以及他们对真理的观念，都植根于他们所处的独特环境，因此根本不存在超越特定历史和具体环境的普遍主义。

民族精神

赫尔德指出语言对自我意识的形成起着重要作用，相同的文化语境为每个人提供了自然聚集的纽带。人们会自然形成民族——它并不一定是一个国家，而是一种共享着相同的语言、传统及共同记忆的文化有机体。赫尔德相信，自然的共同体乃是由深植于语言并被气候、土壤等自然条件所滋养的民族

参见：孟德斯鸠 110~111页；朱赛佩·马志尼 172~173页；卡尔·马克思 188~193页；弗雷德里希·尼采 196~199页；西奥多·赫茨尔 208~209页；马库斯·加维 252页；阿道夫·希特勒 337页。

> **自然教导人们：最自然的国家即是由一个民族形成的共同体，这个共同体就是一个拥有着相同民族性格的大家庭。**
>
> ——约翰·戈特弗雷德·赫尔德

精神（德文叫“Volksgeist”）所塑造。因此，地理环境和自然条件不仅养育着共同体中的每一个人，而且使生长于斯的人们与其民族性格紧紧相连。

赫尔德坚持认为，人类只有在自然生成的民族有机体中才能找寻到幸福。如果人们脱离了民族共同体，就会像失去重心的球，再也无法找到这种自然的幸福。赫尔德不仅担忧脱离了共同体的人群，而且对新加入共同体中的移民也深感忧虑。他认为，这两个群体搅乱了作为一个有机体的民族文化，动摇了基于民族文化而建构政府的基础。“显然，没有什么比非自然的国土扩张、多种族和多民族人群混居在同一主权下更违背政治统治的目的的了。”尽管赫尔德在论证他的民族主义理论时，常常论及殖民主义和帝国扩张的危害，但是实际上他的理论与现代的文化多元主义关系更紧密。

民族主义的兴起

赫尔德的思想鼓舞了19世纪席卷整个欧洲的浪漫民族主义浪潮。但与此同时，赫尔德对民族文化的强调忽略了其他因素对民族的影响，例如经济、政治、同其他民族的社会联系等，这使他的思想在现代全球化的世界中看起来不那么有说服力。除此以外，赫尔德的民族主义高估了民族性在人们心中的重要程度，因为个人同样还会受到家庭、宗教信仰等因素的影响，而这一点也使得赫尔德思想更加富有争议性。■

赫尔德所捍卫的**民族主义**后来成为纳粹党意识形态的一个重要部分。图中这本1938年的旅游手册描绘了一对雅利安人夫妇欢快地跳着传统民间舞蹈的情形。

约翰·戈特弗雷德·赫尔德

赫尔德1744年出生于东普鲁士的莫伦根（即现在波兰莫拉格）。17岁时，赫尔德进入柯尼斯堡大学读书，在那里他成为康德和约翰·哈曼的门生。大学毕业以后，赫尔德在里加教书，1769年离开里加之后，他先后游历了巴黎和斯特拉斯堡。在斯特拉斯堡，赫尔德会见了年轻的歌德，并在艺术与文学上对歌德产生了深远的影响。赫尔德宣称诗人是民族的创造者，这一观点启发了歌德，并对歌德引领的德国浪漫主义文学运动产生了影响。在歌德的帮助下，赫尔德在魏玛宫廷中谋得了一职。期间，赫尔德关于语言、民族及人类对世界的认知的思想得到了进一步的发展。此外，他还曾获得巴伐利亚王子授予的贵族身份，并因此获赐象征贵族身份的“冯（von）·赫尔德”的称号。1803年，赫尔德在魏玛去世。

主要作品

1772年 《论语言的起源》

1773年 《歌中的民族之声》

政府只是在诸恶之中做选择

杰里米·边沁（1748—1832年）

背景介绍

思想流派
功利主义

聚焦
公共政策

此前
1748年 孟德斯鸠在其《论法的精神》中认为，社会各个组成部分之间的权力制衡，维系着英国社会的基本自由。

1748年 大卫·休谟提出，事物的好坏可以根据其有用性来衡量。

1762年 让-雅克·卢梭在《社会契约论》中主张，任何没有得到人民认可的法律，都称不上真正的法律。

此后
1861年 约翰·斯图亚特·密尔警告了“多数人的暴政”的危害。他同时指出，只有当个人自由对他人造成伤害的时候，政府才能对其进行干涉。

在英国哲学家杰里米·边沁的思想历程中，他始终相信，政府只是在诸恶之中做选择。不论是1769年做实习律师之时，还是50年后成为英国以及欧洲大陆政治思想界的重要人物之际，他都受着这一观念的影响。

边沁曾回忆说，1769年是“最有意思的一年”。那年的他正沉浸于孟德斯鸠、贝卡里亚以及伏尔泰等欧洲大陆启蒙运动进步思想家的著作之中。但是真正点燃青年边沁心中灵感火花的，却是大卫·休谟和约瑟夫·普里斯特利这两位英国学者的著作。

其中，休谟在《人类理解研究》中提出，一个事物的好坏可以根据其是否有用来判断：一项优良的品质只有在其能够有好的用处之时，才称得上“优良”。然而，在边沁这位尖锐、直率的律师看来，休谟的观点仍然不够直接。为何不把有用性或者“效用”当作道德的唯一品质呢？为何不在判断一项行动好坏之时，全然聚焦于有用性上呢？那样，我们就可以只观察它能否产生好的效果，尤其是看它能否为人们增添快乐。

按照这种方式来看，一切道德归根到底就只关系行为能否制造快乐、规避痛苦了；任何其他的概念则都成了一种多余的苦心经营，或对于真理的刻意遮掩。边沁认为，宗教就常常给道德的真相制造混淆；同样，那些好高骛远的政治理想主义者们，也因为过分强调人们的权利，而忽视了真正的重点——能否带来快乐。所以，这些人都要为这种误导负责。

边沁认为，他这种快乐的道德观不仅在个人道德层面上是正确的，在公共政治层面上也同样毋庸置疑。倘若私人道德与公共政策都能简化为这一个简单的公式，那么就能让心怀美好愿望的人一起来为目标共同奋斗了。

那么什么才叫快乐和有用的结果呢？边沁很现实，他承认即使

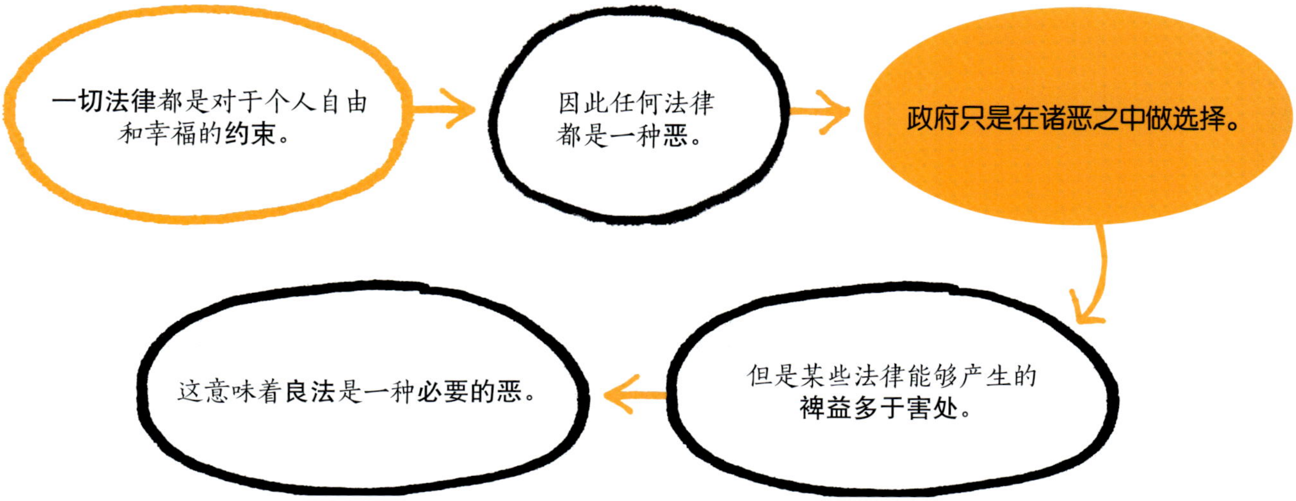

参见：让-雅克·卢梭 118~125页，伊曼纽尔·康德 126~129页 约翰·斯图亚特·密尔 174~181页，弗雷德里希·哈耶克 270~275页，约翰·罗尔斯 298~303页。

是最好的行动选择，都可能在产生好的结果时伴随着一些负面效应。举例说，有三个小孩，第一个小孩有两块糖果，第二个有一块，而第三个则没有糖果；此时，对孩子们的父母而言，从第一个小孩那里拿走一块糖果分给第三个小孩无疑是最公正的做法。但是这样做仍旧会给第一个小孩带来失去一块糖果的不快。把这运用到政府行为中来看，政府的任何行动也都会有利于一些人，而给另外一些人带来不利。因此，边沁主张，应当用这一标准来评判一项行为：如果这项行为产生的快乐多于痛苦，那么它就是好的。

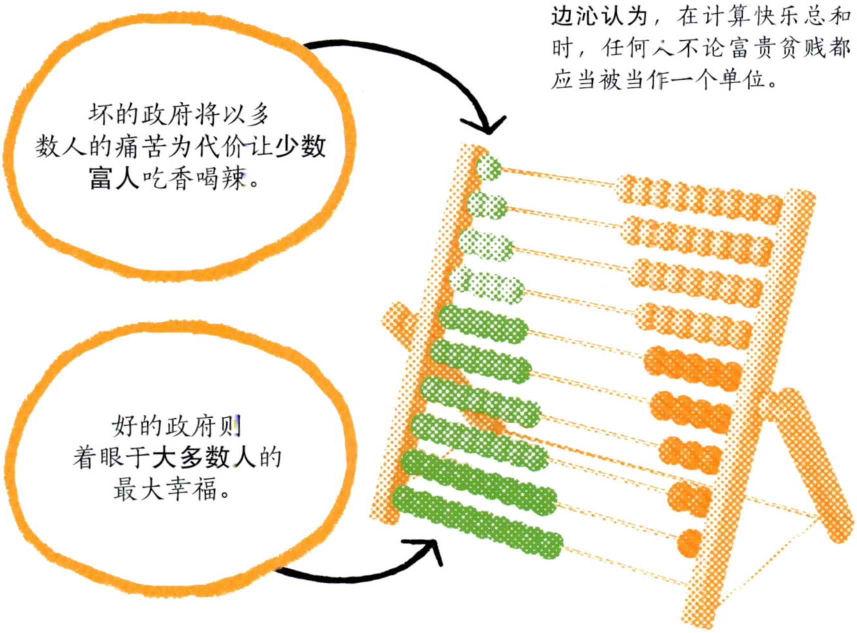

最大的善

而边沁在阅读普里斯特利的《论政府的首要原则》一书时再一次得到重大的启示。他从普里斯特利那里借鉴了这一观念：所谓好的行动，就是能为最多人带来最大幸福的行动。换言之，道德就是个计算问题。这样一来，政治也可以被简化为这样一个单纯的问题：一个行为是否能使因此感到快乐的人多于感到痛苦的人？为了准确计算政府某一行动所产生的快乐量，边沁还提出了一种命名为“幸福计算”的数学方法。

到这里，“政府只是在诸恶之中做选择”的观念出场了。边沁认为，任何法律都是对人类自由的限制，是对人们完全按照自己的意愿来行动的自由的干涉。因此，任何一项法律都必然是一种恶。不过，反过来，不制定法律也同样可能是一种恶。所以此时，就应让效用计算来决定是否需要设定法律。一项新的法律，当且仅当其带来的裨益胜过损害时，它才是正当的。为此，边沁把政府比作医生，因为医生只有在确定其治疗带来的好处要大于副作用时，才会采取行动。再举个例子，在决定对罪犯采取何种惩罚时，立法者不仅应当考量罪行造成的直接影响，还要纳入其间接的影响；比如，一起抢劫案不仅会给受害者造成伤害，还可能对社区的其他居民带来了恐慌。因此，对罪犯的惩罚，必须要超过他通过犯罪而获得的所有好处的总和才行。

放任的政府

边沁还将其观念拓展到经济领域。他赞同苏格兰经济学家亚当·斯密的观点，也认为市场在没有政府干预的情况下运行得最好。而在边沁之后，很多人都曾利用边

> 大多数人的最大幸福就是判断是非的标准。
> ——杰里米·边沁

> **所谓善，就是快乐或免于苦痛；所谓恶，就是苦痛或失去快乐。**
>
> ——杰里米·边沁

沁对立法者们的叮嘱来为“放任”的政府辩护，为精简官僚体制与解除管制的政策站台。甚至，还有人用他的观点来为保守主义辩护，以拒绝设立新法，尤其是试图改变人们行为习惯的新法。然而，边沁的主张却蕴含着更为激进的意味。他认为，只有当每个人都获得百分百的幸福时，政府才能站得稳脚跟，但这种情况却永远也不可能发生，这就意味着总是有事情等着政府去改善。就像大多数人终其一生追寻幸福一样，政府也必须不懈地努力，来为更多人带来幸福。

社会中的不平等意味着社会中同时有少数富人与多数穷人。对于边沁而言，这种状况在道德上是无法接受的，而且他相信政府的职责就是确保实现社会的均衡。

边沁的道德计算不仅关注幸福的好处，也注意到了其可能的代价。这一公式很明显地说明，为了让一些人快乐，另一些人就必须付出代价。比方说，一个社会里，通常是极少数富人过着安逸的生活，而其他大多数人都过得不大快乐；而边沁对人类幸福的加总计算，每个个体都只能算作一个单位，具有相同的分量；所以，这就意味着快乐的总和少于痛苦的总和，因此这种贫富差距便不合道德，需要政府责无旁贷地对此进行纠正。

实用民主

那么怎样才能说服统治者们更平等地分配财富呢？要知道，这么做似乎会减少统治者们的快乐呢。边沁认为，答案是实行更广泛的民主，也就是进一步拓展公民权。民主制度中，能够提升多数人的幸福的人能够胜选；反之则会落选。不过，从卢梭到潘恩等其他思想家都将民主当作一种值得追求的自然权利，并且认为离开它，人就失去了作为人的尊严；但边沁却完全从一种实用主义的出发点来宣扬民主，认为民主将是实现某种目标的必要手段。而所谓的自然法与自然权利的观念则纯属“站在高跷上的胡言乱语”。

狄更斯在小说《艰难时世》中，用辛辣的笔调讽刺了边沁的主张。书中主人公葛擂硬先生始终秉承“脚踏实地”的主张，不讲情义、乏味至极，这正是功利主义者的典型形象。

也许，再多的理想主义和天赋人权的抽象说辞，都不能像边沁的拓展选举权的主张及对损益得失的计算方法那样，极大地吸引着在英国工业革命中崛起的新兴力量——讲求实际的工业家和商人们。他务实的功利主义，极大地促进了19世纪30年代英国的议会改革和自由主义思想。如今，边沁的公式已成为一种衡量公共决策的常用方法，它使得政府在权衡每一项政策之时，都得将多数人的利益当作重要的考量。

替罪羊难题

然而，边沁的观念也饱受多方面的质疑。比如，英国作家狄更斯就十分反感功利主义者，在小说《艰难时世》中，他辛辣地批评道，这群人将多彩的生活化约成了一堆无趣的数字，真是对人类想象力的践踏。而对边沁的另一种批评，则是质疑追求最大多数快乐的原则有可能给某个个体造成巨大的伤害，这叫作“替罪羊难题”。例如，在发生恐怖袭击之后，公众会陷入恐慌之中，此时，倘若警方瞒过公众而随意拘捕一个人来冒充罪犯，便能够平息恐慌。

在爱尔兰共和军制造的一起爆炸案之后，英国警察诬陷图中这位格里·康伦为共犯。若按**功利主义者**的意思，如果拘捕无辜的康伦能让公众心安，那这么做也是正义的。

若遵照边沁的意思，某种行为只要给公众增加的幸福总和大于替罪羊的痛苦，那么拘捕替罪羊也是符合道德的。对于这一诘难，边沁的支持者回应道，若公众知道自己所处的社会可能将无辜者作为替罪羊，那么他们也很难感到快乐。可是，如果公众始终被蒙在鼓里，就不会为无辜者的不幸而不快。而这样推导的结果就是，只要能掩盖住事实真相，那么寻找替罪羊就是可以接受的。请问边沁先生，这样真的符合道德吗？■

杰里米·边沁

杰里米·边沁在1748年出生于伦敦猎犬沟渠街道的一个富裕家庭，家人都期望他将来成为一名律师。边沁在年仅12岁时就进入了牛津大学，15岁毕业后便在伦敦接受出庭律师的培训。然而，他对法学和哲学却更感兴趣。

辞去职务之后，边沁定居伦敦威斯敏斯特区，并开始从事写作；在接下来的40年里，他完成了若干有关法律和道德事务的著作。他先是对英国法律界权威威廉·布莱克斯通提出批评，后来他逐渐发展出了自己关于道德和公共政策的完整的理论体系，为功利主义奠定了基础。在边沁1832年去世之时，这一学说已经成为英国政治生活的主流。

主要作品

1776年 《政府片论》
1780年 《道德和立法原理概述》
1787年 “圆形监狱”或“全景敞视主义”（Panopticon）

人民有权持有和携带武器

詹姆斯·麦迪逊（1751—1836年）

背景介绍

思想流派

联邦主义

聚焦

市民持枪权

此前

公元前44—前43年 西塞罗在《腓力比克》中指出，人类必须要像自然界的野兽一样具备自卫的能力。

1651年 霍布斯在《利维坦》中认为，人们有权运用武力进行自我防卫。

此后

1968年 罗伯特·肯尼迪和马丁·路德·金遇刺之后，美国开始在联邦范围内实施对于枪支持有权的管制。

2008年 美国最高法院判定，宪法第二修正案保护个人为自卫而在家持有枪支的权利。

1788年，当美国宪法之议论即将尘埃落定之时，舆论对于增加一项专门的《权利法案》的要求日益强烈起来。结果，人民有权持有和携带武器的观念被转化成为这一法案的第二修正案，具体表述为“人民持有和携带武器的权利不得侵犯”。殊不知，这句话的措辞细节在日后关于美国公民的持枪、携枪权及枪支管制的长期争论中成为关键。

《权利法案》的缔造者是出生于弗吉尼亚州的詹姆斯·麦迪逊，他同时也是宪法的主要起草者

参见： 西塞罗 49页，托马斯·霍布斯 96~103页，约翰·洛克 104~109页，孟德斯鸠 110~111页，皮埃尔-约瑟夫·蒲鲁东 183页，简·亚当斯 211页，莫罕达斯·甘地 220~225页，罗伯特·诺齐克 326~327页。

联邦政府可能被多数人的权力所左右。

联邦政府为强行贯彻意志，有可能会在多数人的驱使下动用正规军。

各州的人民都必须组建各自的军队，以抵抗联邦军队对人民的压迫。

人民持有和携带武器的权利不可侵犯。

之一。这些身份和经历使得麦迪逊显得与众不同，因为很少有思想家能够像他一样如此充分地将自己的理念直接付诸实践，并在往后的整整两个世纪里成为这个星球上最强大国家的政治生活的基石。后来，麦迪逊还成功当选了美国总统，这又意味着他最终登上了自己亲手缔造的政治大厦的顶端。

在一些人看来，这部《权利法案》充分体现了自然权利的启蒙思想，这一思想发端于约翰·洛克，并通过托马斯·潘恩对人权的普及而发扬光大。不过，潘恩对民主（普选权）的宣扬接近于一种对理念的追寻，而在麦迪逊那里，这些自然权利却更像是一种实用主义的工具——这种态度很像英国的实用主义传统：因为英国议会的主要诉求是限制君主的权力扩张，而并不是要真正保护公民的基本权利。

防范多数人的暴政

麦迪逊在写给托马斯·杰斐逊的信中就承认过，他提出《权利法案》的唯一原因就是为了让其他人满意而已。其实，他本人相信，依靠宪法以及合理安排的政府已经足以保障人民的基本权利了。事实上他还承认，若另增一项《权利法案》，就等于暗示宪法本身还不够完善，并意味着单靠宪法本身无法保护这些权利。此外，《权利法案》对某些特定权利进行了界定，还可能不利于对其他没有得到明确界定的权利的保障。他还进一步承认，在过往的历史中，制定一项专门的《权利法案》的做法从来没有什么好的结果。

不过，也存在强有力的理由来支持《权利法案》的制定。就像其他美国国父一样，麦迪逊同样也对多数人的权力心存顾虑。其中，托马斯·杰斐逊就曾写道："民主制，无非就是暴民统治，在这种统治中，49%的人的权利有可能被51%的人所夺走。"所以在这种情况下，增加一项《权利法案》便有助于少数人防止多数人的侵害。

麦迪逊写道："我们政府真正的权力掌握在多数人手中，所以

1786—1787年美国爆发的"谢司起义"中，一批叛乱民兵占领了马萨诸塞州的法院大楼。起义最终被政府武装平定，但这起事件依然提醒美国国父们建立一个强大的联邦政府的必要性。

尽管麦迪逊相信宪法本身就能够确保联邦政府保护公民的基本权利，但他还是另外制定了《权利法案》，以对民主制度中多数人的权力形成制衡。

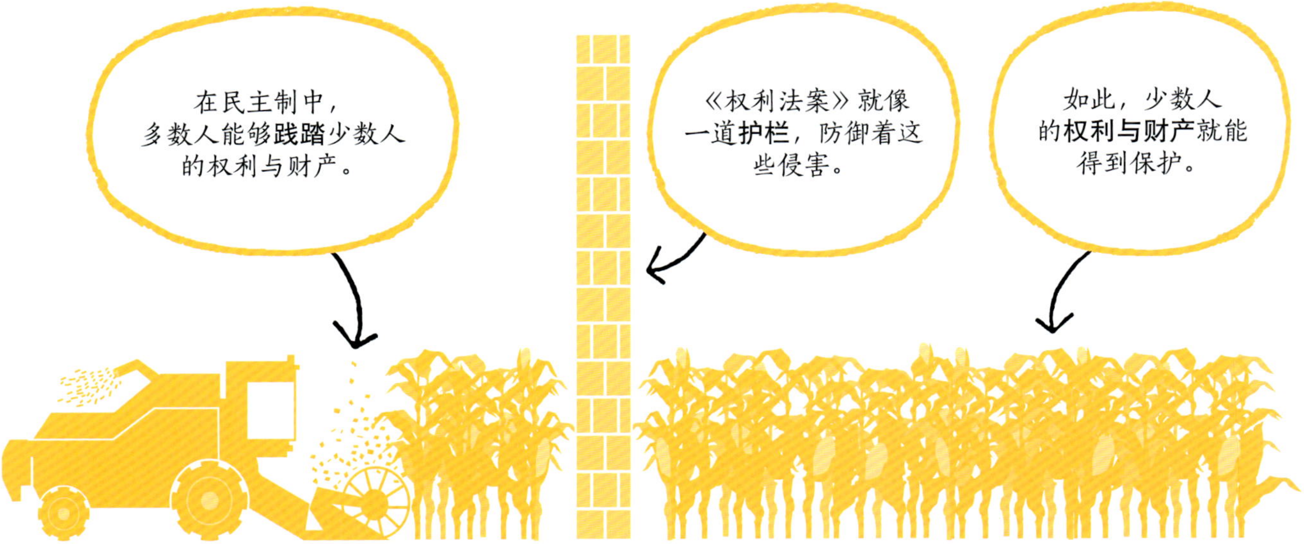

关于保护个人权利的问题，我们最为担忧的不应是政府违背其选民意愿的倾向，而应当防备政府沦为仅仅执行给它投票的那部分选民的意愿的工具。”换言之，《权利法案》的真正目的，是保护财产所有者们免受多数人民主权力的侵害。

民兵合法化

麦迪逊创立《权利法案》其实还有一个更直白的政治原因：那就是他知道如果不制定《权利法案》，就无法换来某些州代表对他倡导的宪法的支持。因此，所谓的权利，并非什么对自然法的追寻，而是对于各州（以及财产所有者）免受联邦政府侵害的一种保障。

> **首要的权力只能归于人民。**
>
> ——詹姆斯·麦迪逊

第二修正案就在这样的背景产生了。麦迪逊保留了各州及公民建立民兵的权利，从而确保了他们像当初反对英国王室一样防范中央政府专横压迫的能力。他知道，每次面对这样的压迫时，每个共同体的全体公民就都会众志成城，同仇敌忾。所以，第二修正案的最终版就这样写道：“一支规范严整的民兵乃确保自由国家之安全所必需，人民持有及携带武器的权利不可侵犯。”看到了吗，这个修正案实质上谈的是民兵以及人民（换言之，也就是共同体）保护各州的权利，而不是现代人们理解的保障个体公民的持枪权利。

自卫

麦迪逊在第二修正案中的言论并不涉及公民个人为防止犯罪行为而有携带武器的权利，但是却被今天的人们理解成了这个意思。如今，许多美国人就宣称，是宪法赋予了他们神圣不可侵犯的携带武器的权利，而任何实行枪支管制的举动都是违背宪法的。

虽然法院曾试图扭转这种人们的误解，但却一再无功而返。更有甚者还有人认为，不论麦迪逊本人的真实目的如何，拥有并且携带枪支都应当是公民的一种基本自由。例如，在麦迪逊提出这一法案的一百年前，英国哲学家约翰·洛克就从人类进入文明世界之前的自然状态假设中得到启示，认为自卫权就是人们的一项自然权利。另外还有一些评论家进一步追溯历史，对《权利法案》做出了一种洛克式的解释，他们引经据典，要证明以武力方式进行自卫就是公民的一种天赋的不可剥夺的权利。

但事实上，麦迪逊以及其他美国国父们的观念似乎与苏格兰哲学家大卫·休谟更加契合。他们都不愿考虑洛克们设想的所谓的自然状态或者权利来源的观念，而是更加讲究实际：人们之所以要建立政府，就是觉得这样做符合逻辑；而权利什么的也就是人们协商和妥协的产物而已。因此，个人绝没有什么固有的、天赋的持枪权利，它不过是一个商议的结果而已。根据休谟的观点，那些自由与权利，无非是人们一致同意的一些规则罢了；而人们之所以共同决定将其写入法律，也许完全就是需要个文件来确保每个人都能遵守这些规则而已。依此观之，关于携带武器的权利根本就不存在什么固有的原则，或者更确切地说，它就是一种共识，而且，还是一种不必然需要多数人通过民主过程来达成的共识。

持续的争论

在美国，枪支管制始终是一个热点话题，有许多类似于美国全国步枪协会这样强大的游说集团长期致力于反对对枪支所有权的任何限制。当前，美国绝大多数州允许人们拥有枪支，而且反对对枪支进行管制的势力也占据着上风。不过，对枪支所有权毫无限制的州非常稀少，而且应当对枪支如何限制、限制到什么程度的话题始终在持续。

不过，麦迪逊的《权利法案》如今依然矗立在美国政治体制的心脏地带，只有极少变动，不得不让人感叹和敬佩。虽然包括麦迪逊本人在内都相信即使没有一项专门的法案，单靠良善的政府同样也能保障人们的权利。但无论如何，美国《权利法案》也称得上是有史以来政治领域理论与实践之间最有力的融合了。■

自然法的学者借由野生动物抵御攻击的自卫天性，来替个人采取一切手段进行自卫的权利做辩护。

詹姆斯·麦迪逊

詹姆斯·麦迪逊出生于弗吉尼亚州康维港。他的父亲在橘子郡经营了当地最大的烟草农场，这座农场曾蓄有多达100人的农奴。1769年，麦迪逊考入了现在普林斯顿大学的前身——新泽西学院。在美国独立战争期间，麦迪逊供职于弗吉尼亚州的立法机关，并成为托马斯·杰斐逊的追随者。1780年，29岁的他成为大陆会议最年轻的参会代表，并展现出了起草法律文件和拉拢盟友的才华，赢得时人赞许；而他起草的《弗吉尼亚计划》，也为美国的宪法奠定了基础。麦迪逊曾参与写作了85篇《联邦党人文集》的文章，这些文章为解释新宪法的原理和推动宪法通过做出了重要贡献。另外，麦迪逊还是当时的民主共和党的领袖之一。1809年，他接替杰斐逊成为美国第四任总统，并完成两届任期。

主要作品

1787年 《美利坚合众国宪法》
1788年 《联邦党人文集》
1789年 《权利法案》

最值得尊敬的妇女所受的压迫最深

玛丽·沃斯通克拉夫特（1759—1797年）

妇女在**经济上**依附男人。

人们**教导**妇女只需为取悦男人而存在。

妇女通过提升对男人的**性吸引力**来赢得生活的保障。

值得尊敬的女人**不愿出卖**自己的性吸引力，因而也**很难获得男人提供的生活保障**，她们也就没有平等的教育机会来改变自身境遇。

最值得尊敬的妇女所受的压迫最深。

背景介绍

思想流派

女性主义

聚焦

妇女解放

此前

1589年　英国小说家简·安格在《她保护着女人》中严厉批评了那些将女人仅仅视为性欲对象的男人。

1791年　法国剧作家奥兰普·德古热在《女性与女性公民权宣言》中写道："妇女生而自由，拥有同男人一样的平等权利。"

此后

19世纪40年代　在美国和英国，妇女的财产权相继得到法律保护，妇女拥有独立的财产地位，不再受丈夫的任意支配。

1869年　约翰·斯图亚特·密尔在《女性的屈从地位》中指出，妇女应该拥有选举权。

1792年，玛丽·沃斯通克拉夫特发表了《女权辩护》一书。那个年代，启蒙运动正光芒万丈：知识文化蓬勃发展，政治变革蠢蠢欲动；当时的政治思潮倡导以人权为核心，主张"天赋人权"思想。这一浪潮在反对绝对君主制和封建制度的法国大革命中达到顶峰。《女权辩护》正是在这一背景下写成的。尽管"天赋人权"的主张在启蒙运动中得到传播，但是女性的社会地位却很少得到运动参与者的关注，例如卢梭就曾教导女性做贤妻良母，以便更好

参见：约翰·斯图亚特·密尔 174~181页，埃米琳·潘克赫斯特 207页，西蒙娜·德·波伏娃 284~289页。

> **同一个打扮得极端美丽的女人相比，通过履行自己的一切责任来为自己谋生的女人是多么值得尊敬！**
>
> ——玛丽·沃斯通克拉夫特

地取悦男人。

工作的自由

沃斯通克拉夫特在《女权辩护》中用大量的篇幅对卢梭关于女性地位的观点进行了反驳。她主张，只有当女人能够活得像男人一样幸福时，世界才会恢复生机。但现实中，女性总体上处于男性的依附地位，因此会不自觉地陷入一张社会预设之网：她们只有利用肉体和外表去吸引男人，才有望改变自身的境遇，但也因此会沦为男人的附庸。而有一些值得尊敬的女性不愿为了获得生活保障而去取悦男人，却因此给自己的人生带来困境。

沃斯通克拉夫特认为，女性只有提升自己自力更生的能力，才能摆脱男人的支配，实现意志的自由；而通过教育，便有望改善女性的工作能力。她否定女性在智力上天生低贱于男性的观点，并指出两性之所以存在差距，就是源自女性没能获得足够的教育。沃斯通克拉夫特相信，当女性能得到适当的教育和平等的机会，就完全能够胜任多项工作："有多少妇女就是这样忧郁地虚度了一生？这些人本来可以成为医生，或是管理田庄、经营店铺，本就能靠她们的劳动来独立谋生。"沃斯通克拉夫特还提出了一系列教育改革方案，其中包括将家庭教育与公共教育相结合，建立一种更加民主的国民教育模式。

在沃斯通克拉夫特有生之年，她对国民教育方案和妇女解放的倡导并没有获得人们太多的关注。反而是她另类的生活方式比她的作品更加吸引人。然而，她的思想却对众多后继者产生了影响。

1948年，剑桥大学终于承认妇女享有完全平等的大学教育权利，并同意为女性授予学位，此时距《女权辩护》一书面世已超过150多年。社会变革的进程虽然缓慢，但终于实现。■

在18世纪的欧洲社会，女性魅力是女人获得男人垂青的必不可少的条件。然而，沃斯通克拉夫特对女人必须通过性来吸引男性以得到个人保障的现实十分厌恶。

玛丽·沃斯通克拉夫

1759年，沃斯通克拉夫特出生于伦敦。为了维持生计，20岁出头的她在伦敦建立了一所学校。学校倒闭以后，她前往爱尔兰，给金斯伯勒夫人的女儿们担任家庭教师。这段生活经历，尤其是金斯伯勒夫人展现出的虚荣和孤傲，深刻地影响了沃斯通克拉夫特对女性的看法。

在辞去担任了一年的家庭教师工作后，1787年，她回到伦敦，并开始为一份崇尚开明思想的杂志《分析评论》写评论及小说。1797年，沃斯通克拉夫特生下了她的第二个女儿玛丽。虽然最初的分娩过程看起来十分顺利，但是沃斯通克拉夫特却在生产后因败血症而失去了生命。她的女儿玛丽·戈德温由父亲抚养成人，并嫁给英国著名浪漫主义诗人及哲学家雪莱。

主要作品

1787年 《女教论》
1790年 《男权辩护》
1792年 《女权辩护》
1796年 《玛丽亚：女人的受罪》

奴隶会觉得自为存在只是外在的东西

格奥尔格·黑格尔（1770—1831年）

背景介绍

思想流派

唯心主义

聚焦

人类意识

此前

公元前350年　亚里士多德认为奴隶制是符合自然的，因为有些人天生适合当领导者，而另一些人生来便是当奴隶。

1649年　勒内·笛卡儿认为意识的存在是不证自明的，你无法否认意识的存在，因为当你做出这种否定时实际上你就正在运用它了。

此后

19世纪40年代　卡尔·马克思在对阶级斗争的分析中，运用了黑格尔的辩证法。

1883年　弗雷德里希·尼采提出"超人"的概念——一种完全信任自己对于善恶的直觉的存在。

德国哲学家格奥尔格·黑格尔的伟大著作《精神现象学》乍看上去与政治无甚关联，因为它探究的是关于人类意识本质这样艰深而抽象的话题。不过，此书对于人们如何到达一种自我意识状态的回答，却对社会的组织方式产生了深远影响，并且引发了涉及人类关系本质的难题。

能思之心如何看待这个世界？这是黑格尔的核心关怀。他希望探析，每一个人的意识将如何

参见： 亚里士多德 40～43页，胡果·格劳秀斯 94～95页，让-雅克·卢梭 118～125页，卡尔·马克思 188～193页，弗雷德里希·尼采 196～199页。

当两个精神或意识相遇，它们就会为了**获得承认而战**。

↓

其中，**将自由置于生死之上**的精神就成为**主人**，
而**较之自由更看重性命**的精神则成为**奴隶**。

↓

主人意识的存在要通过奴隶才能得到**确认**。

↓

奴隶通过在有形的外部世界中为主人工作而**发现自己的意识**。

↓

奴隶会觉得自为存在只是外在的东西。

形成自己的世界观。其中，他尤其强调自我意识的重要性。在黑格尔看来，人类意识或精神需要得到承认，并通过这种承认来实现自我意识。这也解释了，为什么黑格尔认为人类意识是一种社会的、交互性的过程了。黑格尔虽然明白，个人因孤立的生活而无法获得完全自我认识的情况是可能存在的；然而，意识若想要完全存在，即实现其自由，就必须通过另一个意识对它的回应来使自己成为自我意识。

主人与奴隶

根据黑格尔的观点，当两个意识相遇之时，两者都需要得到承认，即通过对方来确认自身的存在。不过由于二者的心灵中只能容下一个世界观，因此一场关于谁承认谁、谁的世界观将会获胜的斗争便随之而来。接下来，黑格尔详细描述了两个意识消灭对方的过程。然而问题是，假如一方消灭了另一方，那么失败者因为死亡而无法为胜利者提供“承认”。因此，要解

格奥尔格·黑格尔

格奥尔格·黑格尔出生于德国符腾堡公国的首府斯图加特。黑格尔一生的大部分时间都在盛行新教的德国南部平静度过，但始终能感受到法国大革命的辐射和余波：黑格尔正在图宾根大学求学之际，正值大革命的高潮阶段，而在他撰写《精神现象学》的时期，也曾有幸在当地目睹了拿破仑的英姿。

在纽伦堡新教文理中学担任了8年校长之后，黑格尔迎娶了妻子玛丽·冯·图赫尔，并开始撰写关于逻辑学的著作。1816年，黑格尔移居海德堡，并在此地开设哲学课程，他当时的授课笔记记录下了他的大量思想。1831年，黑格尔在柏林死于霍乱。据说他的临终遗言是“他不懂我”，对于一位思想如此复杂的哲人来说，这句话或许也恰如其分吧。

主要作品

1807年 《精神现象学》
1812—1816年 《逻辑学》
1821年 《法哲学原理》

决这一悖论，就必须建立一套一方屈服于另一方的“主奴关系”：其中，把自由置于生死之上的人成为主人，而相比自由更看重性命的人则成为奴隶。这种关系不仅出现在现实的主、奴之间，在两个意识相遇时也会建立起这种关系。

黑格尔的意思应该是指，奴隶之所以成为奴隶，是因为畏惧死亡而选择了臣服，并且还甘心成全他们的主人。黑格尔认为，“唯有冒上生命危险才能获得自由”，古往今来的一切压迫形式都是源自一方对死亡的恐惧，也正是它造成了主奴关系以及其他形式的阶级对立。也正因如此，黑格尔非常景仰拿破仑，并赞美后者为了实现目标而将生死置之度外。按照黑格尔的逻辑，所谓奴隶制，它首先是一种精神的关系。举个例子，美国废奴运动领袖弗雷德里克·道格拉斯曾经化妆逃出奴隶主的魔掌，但后来还是被主人抓回，此时，他冒着死亡的危险毅然决定反抗。他的这一举动也正如他后来所言：“不管我今后还会做多久的奴隶，至少我精神上已不再是个奴隶了。”

根据黑格尔的观点，**拿破仑·波拿巴**建立新秩序的宏图大略及其在战场上的英勇神威都让所有人肃然起敬。对于黑格尔而言，拿破仑身上所具备的就是一种“主人”意识。

辩证关系

在现代社会，黑格尔所说的非死即奴的选择有些让人难以接受。不过，他主奴关系的理论可能并非仅指字面上的主人与奴隶，而是有着更加微妙和复杂的含义。他提出，相对于主人而言，奴隶可能更能从主奴关系中获益。黑格尔将主人奴隶之间的关系演变过程描述为一种辩证法——它是一种独特的论辩形式，一开始是一个正题（若干个意识）及其反题（意识之间相互遭遇），最后两者将共同产生一个合题（意识之间建立主奴关系）。而黑格尔在此提辩证法，不一定就是为描述主奴之间斗争的真实情形；他在此所讨论的乃是意

黑格尔相信，奴隶在从事具体劳作的时候，将会以一种主人无法做到的方式体验到对于自身存在的自我实现（并因此变得“自由”）。

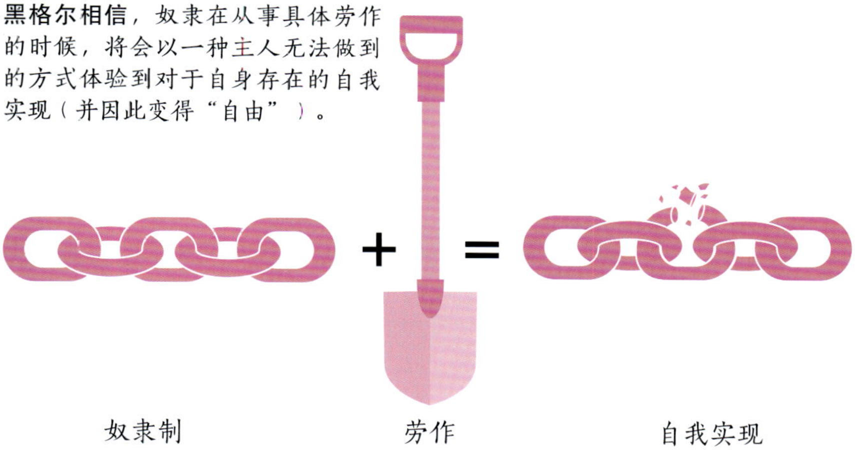

识之间争夺统治权的斗争：两种意识没有任何妥协的余地，孰主孰奴的问题必须做个了断。他进一步解释，合题就是对主人意识存在的确认。起初，一切事物都以主人为中心，主人通过奴隶证实了他的自由与自我意识；而奴隶独立的自我意识则完全被消解了。不过，这时，另一种辩证关系又出现了。

由于主人从不劳动，所以他需要奴隶来证明其存在与自由。事实上，在这一关系之中，主人反而处于对奴隶的依赖地位，也就意味着他并不自由。相反，奴隶却始终在进行着改造现实之物（自然）的行动。这就使他以一种其主人无法仿效的有形的、外部的方式重新确认了自己的存在，即“在主人面前，奴隶感觉到自为存在只是外在的东西或者与自己不相干的东西”。而在改变事物的劳动过程中，奴隶“自为存在成为他自己固有之物，并且开始意识到他本身是自在自为地存在着的”。所以，现在他们的情况被翻转过来——先前作为独立意识的主人消失了，被奴隶取而代之。所以在黑格尔看来，这种主奴辩证法最终可能对主人而非奴隶造成更多危害。

奴隶意识

既然奴隶不需要死战便能完成这种自我实现，那么他们便会编织出一套“奴隶意识”，来为自己因畏死而被奴役的现状提供说辞。以下这些都是奴隶意识的范围：斯多葛主义（为了精神自由而拒斥外部自由），怀疑主义（怀疑外部自由的价值）以及苦恼意识（借助宗教，遁入彼岸世界）。

黑格尔发现，在很多场合都存在这种主奴关系，例如强国与弱国的战争期间，以及社会不同阶级和群体的冲突之时。在黑格尔看来，人类的存在就是一场为了获得承认的永无止境的殊死战斗，而且这场战斗永无和解的可能。

黑格尔的影响

马克思深受黑格尔辩证法的影响，但同时他也认为黑格尔的意识概念太过抽象和神秘。于是，马克思的辩证法便采取了唯物主义路径。虽有人认为黑格尔的“因为畏惧而被奴役”观念非常具有启发性，但同时，另有一些人却认为，黑格尔所认为的“屈从乃是自我的选择”一说，是在批评主奴关系中的受害者，这与权力关系十分复杂的现实世界已明显不相符了。■

> **某人成为奴隶乃是出于他自己的意志……所以，不仅使人成为奴隶和奴役他人的人是不法的，而且奴隶和被奴役者本身也是不法的。**
>
> ——格奥尔格·黑格尔

按照黑格尔的逻辑，这位即将遭受主人鞭笞的奴隶，应当为他此时的境遇负责。而黑格尔的批评者们则争论道，主人对奴隶的鞭笞本身就是非正义的。

战争是政治通过另一种手段的延续

卡尔·冯·克劳塞维茨（1780—1831年）

背景介绍

思想流派

现实主义

聚焦

外交和战争

此前

公元前5世纪 孙子提出：兵者，国之大事，死生之地，存亡之道，不可不察也。

1513年 尼科洛·马基雅维利指出，君主应存不忘亡，安必虑危，随时做好战争的准备。

1807年 格奥尔格·黑格尔提出，历史是一场为获得承认的斗争，主奴关系也由此产生。

此后

1935年 德国将军埃里希·冯·鲁登道夫发展了"整体战"理论，主张动员国家全部的物质和精神力量投入战争。

1945年 希特勒在其遗嘱中将本页主人公称为"伟大的克劳塞维茨"。

1832年，普鲁士军事理论家卡尔·冯·克劳塞维茨的《战争论》出版，尽管此时克氏已经去世，但书中的名句"战争是政治通过另一种手段的延续"却熠熠生辉，影响极其深远，鲜有其他与军事相关的句子能与之媲美。实际上，克劳塞维茨提出了许多通俗易懂的真理，将战争放在更大的语境中来考察战争的哲学基础。

奥托·冯·俾斯麦通过挑起普法战争，完成了建立德意志帝国的伟业。图为1871年普鲁士国王威廉一世即位德意志帝国皇帝。

战争带来政治

克劳塞维茨在书中宣称"战争不过是决斗的扩大化"，同时"战争是迫使敌人服从我们的意志的一种暴力手段"。战争的目的就是卸除敌人的武装，使其无力抵抗，让自己成为"主人"。但战争绝非唯一决定性因素，因为战败国还能用政治来修复战争的创伤。克劳塞维茨强调，战争更重要的在于（政治）目的而并非打斗：战争永远是政治行动，因为每一个国家都想将自己的意愿强加于人，但同时也必然冒着被人强加意志的风险。

实现政治目的的有许多手段，而战争仅仅是其中的一种。克劳塞维茨的论述并不是想强调战争是一些政治家的投机和功利行为，而是想警示人们，任何战争背后都必定有一个高于一切的政治目的。■

参见：孙子 28~31页，尼科洛·马基雅维利 74~81页，托马斯·霍布斯 96~103页，格奥尔格·黑格尔 156~159页，史沫特莱·D. 巴特勒 247页。

废奴与联邦，不共戴天

约翰·C.卡尔霍恩（1794—1850年）

背景介绍

思想流派

国家权限问题

聚焦

奴隶制

此前

公元前5世纪 亚里士多德曾说，有些人天生就是奴隶；而且采用奴隶制有益于技艺的革新和城邦的美德。

公元426年 奥古斯丁提出，罪恶是形成奴隶制的首要原因；上帝通过将一些人置于另一些人的奴役之下来施以惩罚。

1690年 约翰·洛克反对天生奴隶说，并明确反对奴役战俘的做法。

此后

1854年 亚伯拉罕·林肯在伊利诺伊州的一次演讲中，概述了他在道德、经济、政治和法律上反对奴隶制的基本观点。

1865年 美国废除奴隶制。

1837年，美国参议员约翰·C.卡尔霍恩就奴隶制问题发表了一场慷慨激昂的演讲。19世纪30年代，废止奴隶制的呼吁形成声势，这使得美国南部的奴隶主们倍感困扰。作为回击，奴隶主们宣扬奴隶制乃是上帝的旨意，世上一部分就是为了指挥号令另一些人进行劳动而生。除此之外，他们还宣称奴隶制能够避免劳资冲突，而如今这些废奴运动则正在通过破坏这种劳资关系而一步步蚕食着国家的利益。

奴隶制对黑白两种族都有益

随着参议院对废奴展开讨论，支持奴隶制的参议员卡尔霍恩开始站出来向国会施压，要求国会重视宪法赋予奴隶主的基本权益。若纵容废奴之路继续走下去，那将意味着蓄奴州和非蓄奴州将使用两套不同的政治体制，“不可调和的冲突会将联邦化为齑粉，其巨大的能量正如当年缔结联邦时一样强烈，所以废奴与联邦，不共戴天”。

卡尔霍恩不仅不把奴隶制视为一种必要的恶，还声称奴隶制可使得黑白两个种族都从中受益。他说：“你看，中非地区的黑人们从没有像今天一样文明和进步，他们在生理、道德和智能等方面获得了全面的提升。”■

> 现在蓄奴州仍存在奴隶生产关系，这是一种积极的现象。
>
> ——约翰·C.卡尔霍恩

参见： 亚里士多德 40~43页，托马斯·杰斐逊 140~41页，亚伯拉罕·林肯 182页，亨利·戴维·梭罗 186~187页，马库斯·加维 252页，纳尔逊·曼德拉 294~295页。

穷兵黩武的国家必将走向衰败

西蒙·玻利瓦尔（1783—1830年）

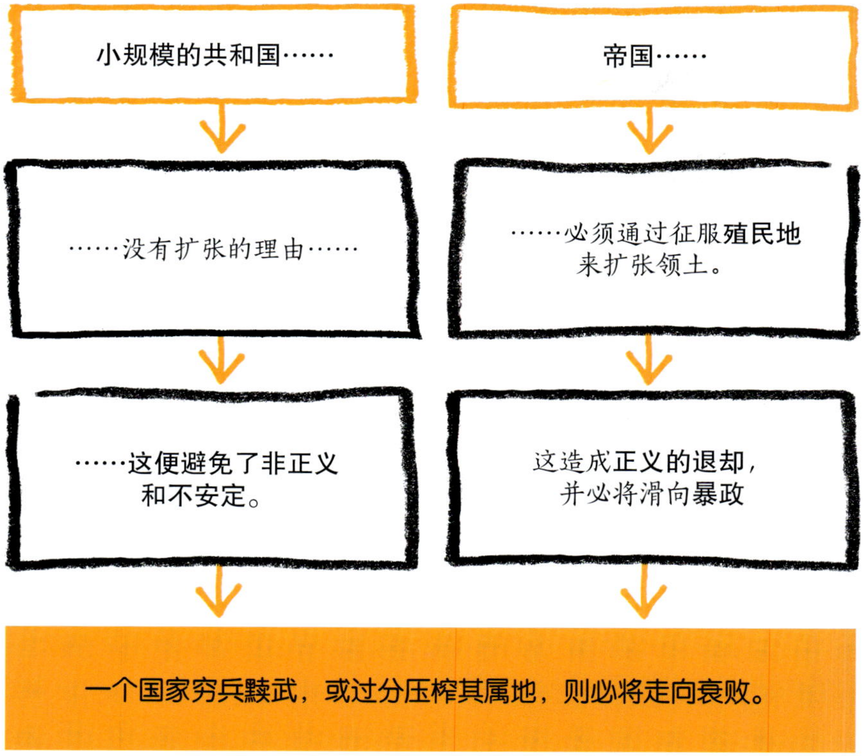

背景介绍

思想流派

自由的共和主义

聚焦

革命战争

此前

1494年 西班牙和葡萄牙签署《托尔德西里亚斯条约》，瓜分了两国在美洲的势力范围。

1762年 让-雅克·卢梭驳斥了君权神授的思想。

此后

1918年 第一次世界大战后，美国总统伍德罗·威尔逊根据民族自决原则提出了重建欧洲的计划。

1964年 切·格瓦拉在联合国大会上表示，拉丁美洲还未实现真正的独立。

1999年 乌戈·查韦斯当选委内瑞拉总统，推行玻利瓦尔主义的政治意识形态。

1492年，克里斯托弗·哥伦布发现新大陆，宣布西班牙对这片土地的统治权，从此揭开了各帝国在五个大洲开疆拓土的序幕。在此期间，西班牙占领的广阔殖民地都需要依靠与当地精英的合作来管理。而委内瑞拉革命家西蒙·玻利瓦尔就认为，这一现象既是帝国动力的源泉，同时也是大型帝国的隐患。

参见：尼科洛·马基雅维利 74～81页，让-雅克·卢梭 118～125页，杰里米·边沁 144～149页，切·格瓦拉 312～313页。

> 长治久安是小型共和国的重要特征。
> ——西蒙·玻利瓦尔

形小而力强的共和国

1808年拿破仑入侵后，西班牙实力一落千丈。玻利瓦尔将此视为美洲的西班牙殖民地挣脱殖民统治的天赐良机，并参与到了这场长达18年的独立战争之中。在此期间，玻利瓦尔曾逃亡到牙买加，在那里他对未来进行了谋划，并对"怎样规模的国家才既适合统治又能给人民谋福祉"的问题进行了思考。

在《牙买加之信》中，玻利瓦尔否定了君主制：原因是君主国会受到其持续不断的征服欲望的驱使，本质上是扩张主义者。而共和国则会"专注于自身的长治久安、繁荣昌盛和国家荣耀"，因此更加稳定。

玻利瓦尔坚信，西班牙的美洲属地应当建立17个独立共和国：每个国家必须控制扩张的野心；必须教育其国民对国家的规模保有一颗平常心，并且必须专注于保卫所有公民的权利。每个国家没有理由去扩张领土，因为这定将劳民伤财且得不偿失。也就是说，一个"国家若穷兵黩武，或者对其属国的过分压榨，则必将走向衰败"。玻利瓦尔说，小规模的共和国能够长治久安；而大型国家容易形成帝国，并难以获得长久的安宁。

美洲的共和国

西班牙美洲殖民地在民族解放之后建立了众多的独立共和国，这正体现了玻利瓦尔关于国家控制规模的思想，但是其对自由的坚持则遭到背弃：这些国家的政治权力都最终遭到了少数权贵的垄断。

玻利瓦尔被拉美人民奉为"解放者"，他的革命思想在拉丁美洲获得了极高的敬仰。■

委内瑞拉的一场拥护乌戈·查韦斯的游行中，玻利瓦尔的画像被高高举起。查韦斯将自己的政治行为称为玻利瓦尔革命，彰显自己反帝主义的立场。

西蒙·玻利瓦尔

西蒙·玻利瓦尔出生于委内瑞拉的一个贵族家庭，师从著名学者西蒙·罗德里格斯学习欧洲启蒙运动的思想。玻利瓦尔16岁完成军事培训之后，先后去了墨西哥、法国和西班牙。他在西班牙结婚，但8个月之后妻子不幸去世。

1804年，玻利瓦尔目睹了拿破仑的加冕仪式。他受到在欧洲接触到的民族主义思想影响，并且发誓如果祖国不从西班牙统治下获得解放，他就要奋斗到底。之后，玻利瓦尔领导了今天厄瓜多尔、哥伦比亚、委内瑞拉、巴拿马、秘鲁北部和巴西西北部地区的解放斗争。后来，他放弃了早年的理想主义，在1828年"被迫"宣誓成为当时大哥伦比亚共和国的独裁者。两年之后，玻利瓦尔在弥留之际，对他领导的革命的结果已倍感失望。

主要作品

1812年 《卡塔赫纳宣言》
1815年 《牙买加之信》

英明的政府必须认识到其社会向前发展的需求

何塞·马利亚·路易斯·莫拉（1780—1850年）

背景介绍

思想流派

自由主义

聚焦

现代化

此前

1776年 美国独立运动的领袖们宣称，他们将重新构建一套政治制度来改善人们的生活水平。

1788年 伊曼努尔·康德认为，人类社会的进步不是自生自发的，而必须通过教育来酝酿和推动。

此后

1848年 奥古斯特·孔德提出，社会进化将经历三个阶段，最终将进化到启蒙而理性的第三阶段——科学时代。

1971年 秘鲁神学家古斯塔沃·古铁雷斯发表《解放神学》，书中论述道，基督徒应该带领人类从经济、政治和社会不公之中解放出来。

19世纪30年代，墨西哥社会动荡不安。尽管墨西哥在1821年便已摆脱西班牙殖民统治并获得独立，但在之后55年里竟经历了75次总统更迭，并且国内的地主、军阀和教会的势力依然稳固如旧。在18世纪启蒙思想家和美国、法国两次革命的影响下，拉丁美洲的自由主义者们提出，是盘根错节的权贵集团阻挠了社会的进步和发展。年轻的墨西哥自由主义者莫拉在此时勇敢地站出来，向国家中腐朽的保守势力发起挑战。他提出，一个社会若不能向前发展，就只有死路一条。正如孩童的成长需要父母的哺育，“一个英明的政府必须认识到其社会向前发展的需求”。

然而，墨西哥当局对于莫拉推进现代化的诉求充耳不闻。更糟的是，莫拉因为反对马西米连诺一世登基称帝而被囚禁，并且尔后又因惹恼继任总统桑塔·安纳而被驱逐到了巴黎。在独立之后的50年里，墨西哥一直积贫积弱，国民的生活下降至历史最低水平。■

1864年，**马西米连诺一世**成为墨西哥皇帝。他长期与莫拉这样的自由主义者水火不相容。三年之后，马西米连诺的统治被推翻，随即遭到处决。

参见： 柏拉图 34~39页，伊曼努尔·康德 126~129页，奥古斯特·孔德 165页，卡尔·马克思 188~193页，安东尼奥·葛兰西 259页。

一个社会出现“废除家庭”的声音是社会病态的征兆

奥古斯特·孔德（1798—1857年）

背景介绍

思想流派

实证主义

聚焦

家庭单位

此前

14世纪 伊本·赫勒敦在著作《历史绪论》中采用了科学推理的方法考察了社会凝聚力和社会冲突的现象。

1821年 法国早期社会主义者圣西门认为，关于人的科学将孕育出新型的政治，新工业时代将会诞生一个新的乌托邦。

1835年 比利时哲学家阿道夫·凯特勒提出致力于研究“平均人”的社会科学思想。

此后

1848年 卡尔·马克思在《共产党宣言》中提出，“家庭”这个社会组织应该被废除。

在其《实证主义教程》中，法国哲学家奥古斯特·孔德为“家庭”这个社会组织进行了辩护。这不仅是由于家庭乃是一种情感寄托的纽带，还因为它符合孔德所持有的“实证主义”哲学立场。这一立场相信，要想正确认识社会，感知经验材料将是唯一有效的数据来源，只有通过对这些数据进行逻辑分析，人们才能正确地认识社会。他认为，正如物体运动要遵循物理世界中的科学定律一样，人类社会的运转也有自己的规律。而社会学家的职责，便是去研究和梳理这些规律。

家庭是社会基本单位

孔德相信，鼓吹“废除家庭”的声音，将使社会走向瓦解。他认为，家庭是构成社会的基础；而如果社会科学仅以个人需求作为出发点，那么必将遭到失败。因为，在家庭之中，个人的一些虚妄想法将会得到约束，从而有利于社会的运作。由于人类同时受到个人的和社会的共同驱动，所以“正是在家庭中，个人本能和社会本能才能相互融合调解；服从和相互协作的精神也将在家庭中得到最好的体现”。■

> 无数家庭形成了宗族，无数宗族形成了国家
>
> ——奥古斯特·孔德

参见：伊本·赫勒敦 72~73页，卡尔·马克思 188~193页，马克斯·韦伯 214~215页，迈克尔·欧克肖特 276~277页，安·兰德 280~281页。

THE RISE OF THE MASSES 1848–1910

大众的崛起

1848年—1910年

1848年 马克思和恩格斯发表《共产党宣言》；同年，**革命风暴席卷全欧。**

1864年 **太平天国**运动覆灭。这场运动之中有近2000万人死亡。

1865年 在美国内战中，北方取得内战胜利，**奴隶制**在全国范围废除。

1868年 明治维新运动宣告了**封建**的幕府时代走向**终结**。

1871年 **巴黎公社**建立，成为历史上首个工人阶级政权。

1871年 **德国完成统一**，德皇威廉成为这个民族国家的统治者。

1872年 **尼采**的《悲剧的诞生》问世。

1873年 欧洲和美国遭遇了严重的**经济萧条**。

18世纪末和19世纪初期爆发的几次大的革命和战争，为欧洲留下了众多的未知与影响。1815年签署的《巴黎条约》终结了拿破仑战争，而在接下来的一个世纪里，欧洲列强之间的冲突相对缓和。在工业革命的驱动下，铁路运输和通信技术飞速发展，世界经济也得以持续增长。这使得一些人相信，19世纪上半叶的政治模式将为人类的进步发展提供一套稳定的机制。其中，德国哲学家黑格尔就认为，19世纪30年代的普鲁士已经出现了完美国家的形式，随着欧洲殖民者为世界其他地方带来文明，加之以政治和公民权利的不断巩固，那个正义的社会终将会到来。

共产主义思想

而马克思和恩格斯却对黑格尔的论断表达了强烈的质疑。他们明确指出，随着工业化的进展，由无产者组成的工人阶级已然形成；他们虽然享有一定的政治自由，但却在经济上遭受着奴役和剥削。他们俩把黑格尔提供的辩证法作为分析工具，向工人阶级宣告，他们在政治领域的权利同样应当扩展到经济上面去。

1848年，革命之火在欧洲点燃；马克思和恩格斯也在这年发表了《共产党宣言》，他们要让工人群众领导政治变为现实。在其影响下，德国社会民主党等工人政党陆续出现，并多以《共产党宣言》作为其行动纲领，他们踌躇满志，要让工人群众真正掌握政治和经济的权力。在这一时期，在选举权不断普及的大背景下，数百万人加入了各种各样的政治组织；这也使得人们过去对精英的顾虑开始转移到了大众身上来。

旧秩序的衰落

在美国，因新并入的领土是否采取奴隶制而引发的争议不断扩大，并最终引爆了内战。北方取得胜利后，奴隶制在全国范围内被废除。这激发了美国的经济活力，为其成为政治和经济强国奠定了基础。而在美国之南，拉丁美洲地区出现了众多的共和国，其国民为实

1876年
英国女皇维多利亚加冕**印度女皇**。

1889年
汇聚诸多社会主义先驱和工人政党的**第二国际**成立。

1890年
伤膝河大屠杀标志着印第安战争的终结，美国西进运动走向尾声。

1895年
西奥多·赫茨尔撰写《犹太国》，并发起**犹太复国运动**。

1905年
马克斯·韦伯的《新教伦理与资本主义精神》问世。

1905年
俄国爆发革命，虽然革命最终失败，但依旧从沙皇那里争取到一些权益。

1908年
索雷尔在《暴力的幻象》中宣扬**暴力革命**。

1909年
韦伯夫人等提交的“少数派报告”建议英国建立**福利国家**。

现政治稳定而不断斗争，但实权却始终在几个权贵帮派之间互相交替徘徊。这使得该地区社会发展停滞，最后终于在人民对改革的渴求下促成了1910年始的墨西哥革命。

亚洲不但出现了早期的反帝国主义运动，日本还涌现了部分进步的封建领主，他们发动明治维新，结束了封建统治，为现代化腾飞铺平了道路。纵观全球，这一时期，旧的体制在许多地方都走向了衰落。

但是，有人对马克思推崇的大众社会的前景并不看好。弗雷德里希·尼采就对人民大众主导社会改革的能力表达了严重的质疑。后来，马克斯·韦伯接续尼采的批评；他同时还认为社会并不是阶级斗争的场所，而是不同信仰体系之间对抗的空间。

改革运动

在这个改革的时代，自由主义者和保守主义者通过各自建立党派，从而找到了属于自己的位置，并开始对左翼的福利与公平诉求做出回应。其中，英国思想家约翰·斯图亚特·密尔为自由主义哲学提供了新的哲学基础；他认为，社会的基石是个人的权利，而不是什么阶级斗争。

与此同时，有一部分社会主义者开始探索在资本主义制度下，通过渐进改革来实现社会主义公有制的可能。德国在统一之后实现了（男性）普选制，这促使爱德华·伯恩施坦决定通过合法选举的方式来推动他希望的改革。而在英国，韦伯夫妇等渐进派社会主义者，也开始主张通过建立普惠式的福利体系来为穷人提供保障。

这一阶段，欧洲旧体制下的精英阶层之间的矛盾也日益尖锐起来。这为接下来那个时代风卷残云一般的社会变革准备好了所有的土壤。■

美国是民主制度的典范

阿历克西·德·托克维尔（1805—1859年）

美国社会私人企业欣欣向荣。

穷人由教会救济保护。

能保障平等与自由。

↓

美国是民主制度的典范。

背景介绍

思想流派

自由主义

聚焦

无阶级社会

此前

公元前380年　柏拉图认为民主是一种比其他制度更低劣的政府形式。

1789年　法国大革命爆发，并在革命中成立了法兰西第一共和国。

1817年　社会主义思想家昂立·圣西门主张建立一个完全符合社会主义原则的新社会。

此后

1922年　苏联成立，成为欧洲东部大部分地区的统治者。

1989年　柏林墙倒塌，随后东欧社会主义国家的制度发生剧变，多数建立起了资本主义和民主政治制度。

1848年，法国爆发二月革命，推翻了国王路易·菲利普统治，成立了第二共和国，并选出了立宪会议。同年9月，在立宪会议中，托克维尔进行了一次慷慨激昂的演讲。他在演讲中提出，建立民主国家乃是1789年法国大革命的理想；同时，他还对社会主义进行了批评。

托克维尔认为，社会主义有以下三个缺点：过于注重激发人的物质欲望，而忽视了美德；侵犯了个人的财产权，触及了个人自由的核心；并且该制度下的个人的积极性将受国家机器的扼杀。

无阶级社会

托克维尔认为，法国大革命开始之后，其最初的追求逐渐遭到背弃。1789年革命爆发之时，它曾是一场打破等级制度、为所有人争取自由的革命。但自那之后，上层阶级却拥有了更多的特权，变得日渐腐朽。而底层人民则更加边缘化，对社会更加不满。所以他们也变得更容易受到社会主义思想的诱惑。

托克维尔指出，社会主义无法为此提供出路，相反，真正的办法应当是重新回到革命最初的理想，去追求一个自由和无阶级的社

参见： 柏拉图 34～39页，亚里士多德 40～43页，孟德斯鸠 110～111页，让-雅克·卢梭 118～125页，约翰·斯图亚特·密尔 174～181页，马克斯·韦伯 214～215页。

> “民主在自由之中寻求平等，而社会主义则在约束之中寻求平等。”
>
> ——阿历克西·德·托克维尔

会。由于社会主义鼓吹有产者和无产者之间的矛盾，因此它最终必然会偏离理想，并重新制造出等级制度来。也就是说，随着社会主义制度的建立，革命之前的君主专制体制又将卷土重来。所以，托克维尔看来，在傲慢而狂热的社会主义政权下，自由和竞争的价值必将难以生存。

托克维尔赞成民主制度，在这样的社会里私人企业欣欣向荣，而穷人则可由基督教会来救济和保护。他认为美国就是这样一个典范社会，它让最先进的民主模式得以实现。不过，他也指出了美国民主的问题，包括物质主义、个人主义和多数人的暴政。

在托克维尔看来，民主意味着自由，而社会主义则意味着束缚，而正是这一尖锐矛盾在19世纪和20世纪引发了经久不息的争论。文中提及的托克维尔这场演讲，发生于欧洲革命风起云涌的年代，当时，社会主义思想对这些革命起到了煽动的作用。但是1848年之后，这场革命便以失败告终。■

托克维尔认为，**社会主义制度下**，劳动者就是庞大的国家机器中的一个小小齿轮。

阿历克西·德·托克维尔

托克维尔出生于巴黎的一个贵族家庭。1830年，奥尔良公爵路易·菲利普登上王位，托克维尔也在其政府中谋得一职。但是之后的政局变动威胁到他职位的稳定，于是托克维尔前往美国，并把他在美国的经历写成了他的传世之作《论美国的民主》。他在书中提出，民主和平等在美国得到了最完整地实现。不过，他同时也警告了民主制度的潜在危险——物质主义和极端个人主义。

1848年革命之后，托克维尔成为为共和国起草宪法的立宪会议中的一员。1851年路易-拿破仑·波拿巴发动政变，托克维尔遭受了牢狱之灾，并随后淡出政坛。他一生饱受病痛的折磨，并在53岁时因肺结核去世。

主要作品

1835年，1840年 《论美国的民主》第一卷、第二卷

1856年 《旧制度与大革命》

不要用“我”字，要用“我们”

朱塞佩·马志尼（1805—1872年）

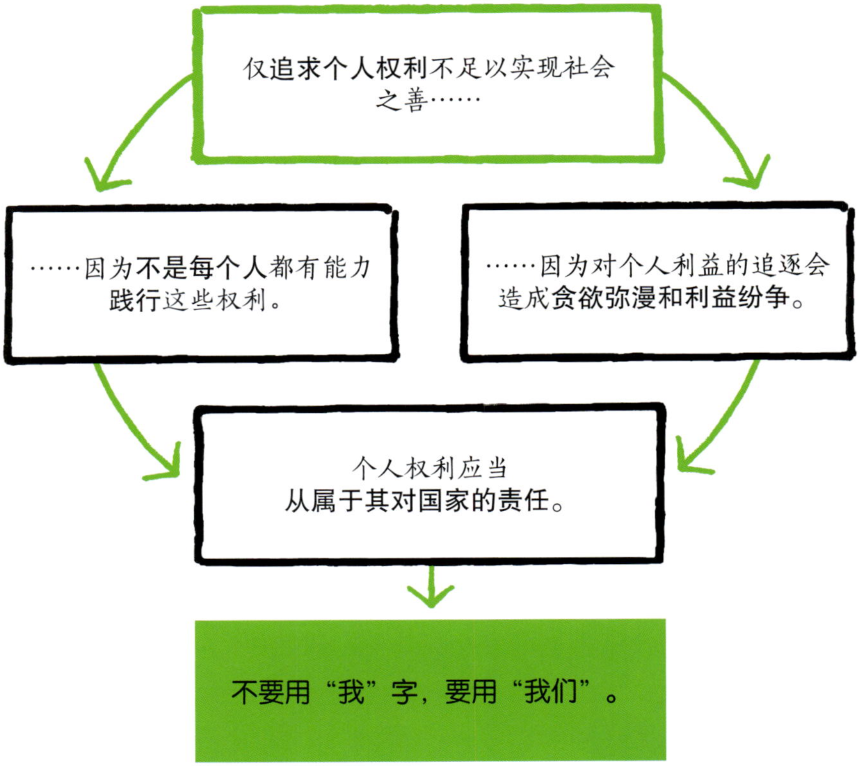

背景介绍

思想流派

民族主义

聚焦

权利与责任

此前

1789年 法国大革命期间颁布的《人权宣言》罗列了公民所拥有的神圣权利。

1793年 德国哲学家约翰·戈特弗雷德·赫尔德论证了民族的重要性。

此后

1859年 约翰·斯图亚特·密尔在《论自由》中为个人的权利进行了辩护。

1861年 意大利基本统一。

20世纪50年代 民族解放运动席卷全球，众多殖民地实现独立。

1957年 欧洲6个国家签署《罗马条约》，欧洲经济共同体成立。

朱塞佩·马志尼是意大利的思想家、革命家，他的核心思想是号召人民围绕自己的民族国家而团结起来。在《论人的责任：致意大利工人阶级》一文中，马志尼就曾呼吁，人们应把自己对国家的责任置于个人的利益之上。同时，马志尼的民族主义思想也是对一个世纪以来欧洲政治思潮变革的批判。欧洲这场剧变背后的核心思想

参见： 约翰·文特弗雷德·赫尔德 142~143页，西蒙·玻利瓦尔 162~163页，约翰·斯图亚特·密尔 174~181页，西奥多·赫茨尔 208~209页，吉安弗朗科·米利奥 296页。

> 当我们以正当的原则为国家而奋斗时，我们就是在为整个人类而奋斗。
> ——朱塞佩·马志尼

是“自由”，主张通过追逐个人的权利来实现自由。而当时的工人群众也都希望通过实现个人权利，来改善个人的物质生活。

马志尼坚信，虽然自由的提升确实造就了财富的积累和商业的扩张，但工人的生活条件却未能同步改善。经济的发展只对部分权贵有利，对于大多数人却并非如此。马志尼认为，狭隘地追求个人权利会造成两个问题：第一，自由对于多数人而言只是一个“虚幻和痛苦的笑话”，因为他们没有时间和资本去行使类似于教育之类的权利，因此这种自由毫无意义；第二，对个人物质利益的追求将会引导人们互相谗害，将会伤及人类的共同纽带。

责任先于权利

马志尼论称，一个人对于人类的责任是至高无上的，而对权利的追求则居其次位。这一责任要求人们相互合作，从而追逐共同的目标。但是，马志尼认为，任何个人独自为人类的事业而行动都孤掌难鸣，所以上帝创造了国家并将人们分配到各个国度之中。因此，国家就可以理解为个人为人类奉献的“厂房”。而且，人们对国家的责任能够将每个人与博大的人类集体连接起来，让大家都站在“我们”而不是“我”的立场进行思考。对马志尼而言，国家不仅仅是同居一片热土的人们的群组，她更是这些以手足之情团结在一起的人的集合。马志尼的这一思想鼓舞了1848年欧洲的革命运动，也在一定程度上加快了意大利的统一。而在20世纪，他的思想还唤起了全球各地抗击殖民统治的民族解放运动。此外，马志尼的欧洲国家一体之梦，也通过1957年的欧洲经济共同体的成立而得以实现。■

1861年，王国军队在都灵街道上的行进，标志着意大利统一基本完成。马志尼被视为这个现代国家的国父。

朱塞佩·马志尼

马志尼出生于意大利热那亚，是一名医生的儿子。马志尼在20多岁时就积极参加地下政治活动；1831年，他因为激进的行动而遭到监禁和流放。之后，他建立了“青年意大利党”，力图通过煽动民众举行起义来实现意大利的统一。这一做法激励欧洲多个国家的激进分子争相效仿，建立起了多个类似的青年组织。

1848年欧洲革命期间，马志尼回到意大利，成为新成立的罗马共和国的政府首脑。但共和国很快瓦解，马志尼再次流亡。19世纪60年代早期，完成北部统一的意大利王国成立，马志尼再次回到意大利。但是这个政权并不符合马志尼的共和设想，他也因此拒绝在新议会中任职。1870年，王国军队占领罗马，意大利完成统一，两年之后，马志尼在比萨去世。

主要作品

1852年 《论国家》
1860年 《论人的责任》

今天敢于标新立异的人实在太少，这已然是这个时代最主要的危机

约翰·斯图亚特·密尔（1806—1873年）

背景介绍

思想流派
自由主义

聚焦
个人自由

此前
1690年 反对专制政府的思想家约翰·洛克开启了自由主义思想的先河。

1776年 美国《独立宣言》宣称，人生而平等，并拥有自由、生命安全以及追求幸福的权利。

此后
20世纪40年代 大萧条之后，自由主义者们对自由市场失去信心，转而呼吁建立福利国家的体制。

1958年 英国学者以赛亚·伯林对“消极自由”（Negative Liberty）和“积极自由”（Positive Liberty）做出了区分。

1974年 美国哲学家罗伯特·诺齐克提出，个人自由神圣不可侵犯。

约翰·斯图亚特·密尔在《论自由》（*On Liberty*）中，对“百花齐放的个性是一个健全社会的基石”这条自由主义的重要信条进行了辩护。密尔一直在追问如何实现个人自由与社会干预之间的平衡，正是对这一政治基本问题的探寻，驱使着他的学术求索。

密尔认为，19世纪中期政治环境的剧变，使得人们不得不重新审视这一问题。在过去专制君主掌权的历史时期，由于缺乏民主选举制度的约束，统治者总是权势熏天、作威作福。正因如此，那时的国家利益被认为与个人利益水火不容，人们总是带着怀疑的眼光来警惕政府的干预。

普遍认为，19世纪民主政治的扩张消解了这一紧张局面。定期的选举使得大众成为真正的统治者，这样一来，国家利益与个人利益便实现了统一。人们相信在这样的安排之下，政府的干预将不会给它的选民们造成危害。

多数人的暴政

密尔对这种自以为得计的乐观想法发出了警告。他认为，民选政府只知唯多数人的观点是从，但这些多数人很可能对少数人造成压迫。这种“多数人的暴政”意味着，即使政府是民主选举产生的，它的干预也可能带来有害的影响。密尔认为，此种源自多数意见的暴政的危害不亚于政治的暴政，反而可能更为恶劣，因为它经常只是为了维护一己私利与个人偏好的说辞，并且容易使得人们听信欠缺考虑的观点。因此，人们所公认的所谓常识无非只代表着社会中最具统治力的群体的利益罢了。

当时的英国仍然处于向现代民主体制转型的阶段，在密尔看来，人们尚未意识到多数人暴政的危险性。当前人们对于政府的普遍不信任态度，乃是遗留自过去那个

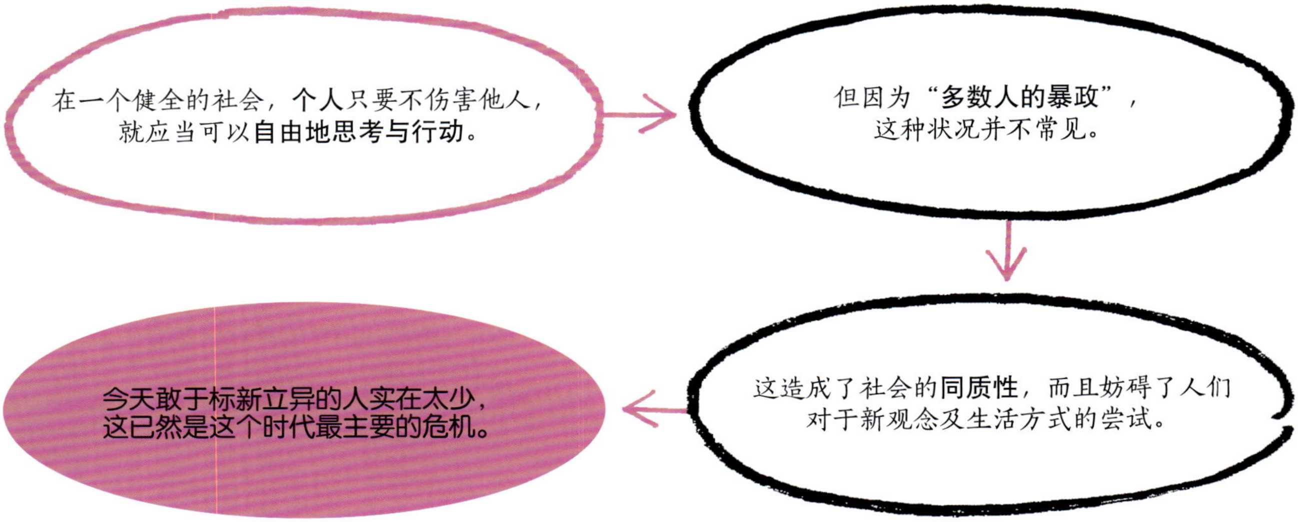

参见：托马斯·霍布斯 96~103页，约翰·洛克 104~109页，杰里米·边沁 144~149页，阿历克西·德·托克维尔 170~171页，罗伯特·诺齐克 236~237页，约翰·罗尔斯 298~303页。

在这场同志骄傲大游行中，人们所行使的集会权是一种行动的自由，它与思想和意见的自由一道，组成了密尔个人自由思想的核心。

政府被视作个人威胁的年代；而在一个民主体制中产生多数人暴政的可能性还未得到广泛的认知。这就可能造成，人们对政府行为提出不必要的要求，又对其做出不恰当的批评。同时，这种多数意见的暴政日益增多，也使得密尔对这种普遍蔓延的对个人加强控制的趋势感到担忧。

正当的干预

因此，社会必须筑起一座道德堤坝来阻止这一趋势。为此，密尔提出一个明确的准则，用以划定个人自主与政府干预之间的合理界限。他认为，唯有在为了阻止个人行为危及他人的情况下，社会才能正当地干涉其自由。为了行为者自身利益着想，社会或许可以试着说服他采纳另外的行动选择，但是绝对不能强迫他这么做。所以密尔说道："对于自己，对于自己的身体与思想，个人才是主人。"他的这条个人自由的准则，既适用于思想，也适用于意见表达和行动。

> 在我们最早熟悉的历史中，"自由"与"权威"之间的斗争是最显著的特征。
>
> ——约翰·斯图亚特·密尔

在密尔看来，如果这条准则遭到破坏，那么整个社会都将蒙受损失。例如，没有思想自由，人类的知识与创造力将会被束缚。为了证明这一点，密尔为人类如何获得真理提出了一种独特的解释。由于人类思想有易错性，所以想要确认一个观念正确与否，唯一的途径就是将其放入各种对立观念交锋的熔炉中进行检验。而一个扼制观念自由表达的社会，则可能会错失一个真理性的观念；同时，它还可能因为扼杀了一个错误观念，从而错过了通过这个错误观念来检验和揭示其他观念的真理性的机会。有人主张，世上有一些观念不论其真理性如何，都必然比其他观念对社会更有益；这遭到了密尔的拒斥，他认为，提出这一论断的人，存在着"人们在判断信念优劣之时不会出错"的错误预设。尽管这个时代，人们已不至于再将异端捆在火刑柱上活活烧死了，但密尔依旧相信，社会对于异端观点的不宽容，仍将钝化人类的思想并钳制社会的进步。

观念的丰富性

密尔主张，就算社会的常识是正确的，保持观念的丰富性依然十分重要，因为一项真理想要维持其生机与力量，就需要不断地接受

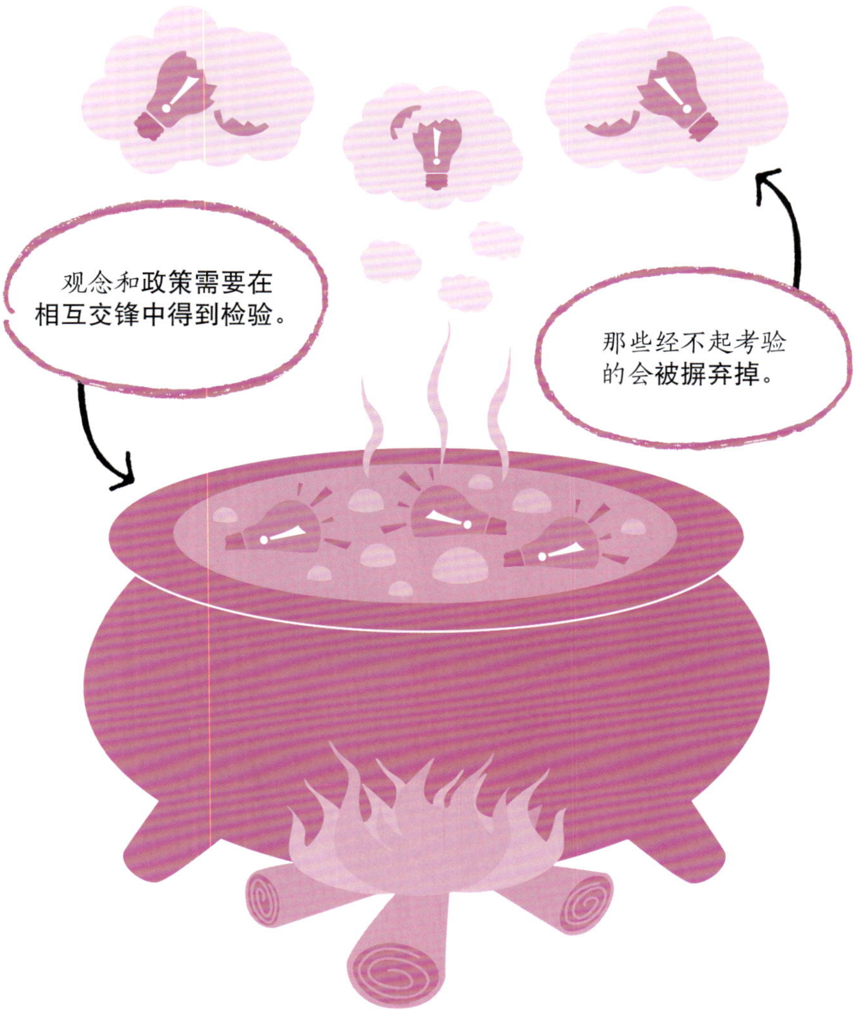

在密尔的这口“观念的熔炉”中，每一个观念都必须不断地经受其他观念的检验。这个熔炉就像一个蒸馏器，其中，虚假的、不完整的观念会像蒸发掉一样被淘汰，而真理性观念则留在容器中，并越发坚韧。

挑战和探查。这尤其适用于有关社会与政治的观念，因为它们永远无法达到数学公理那样的精确性。检验观念最好的方法是听取持相反意见的人的看法。就算没有异议者，我们也还要亲自构想出不同的意见。因为，离开了讨论和争辩，人们将会无法领会真理性观念的根基；而一旦如此，它们就沦为僵化的教条，只会在根本没有被真正领悟的情况下被人们机械地重复。就算是正确的行为与道德准则，如果成了死板的口号，它们也再也不能激发起真诚的行动。

密尔运用他的这种自由原则替个人的行动自由做了辩护。不过他也承认，行动自由必然需要比思想自由受到更多限制，因为比起思想，一项行动更有可能对他人造成伤害。就像观念自由一样，个性也能够提升社会的创造力，用密尔话讲，“不同生活方式的价值应当由实践来检验”。尽管人们可以利用传统来有效地引导自己的生活，但他们也应该根据自己所处的环境和独特偏好来有创造性地接受传统的训导。密尔相信，人们机械地循规蹈矩所带来的后果，会像不经思考的遵循成见一样，使生活方式变得贫瘠，让个人的道德能力遭到削弱。

> “多数人的暴政”如今已被列入社会最需要警惕的祸害之列。
>
> ——约翰·斯图亚特·密尔

对整个社会都有益的试验

就像自由的观念表达一样，行动上标新立异之人不仅会给社会带来裨益，甚至还会给墨守传统的人也带来好处。那些由另类分子率先发现的新方式，说不定很快就会被其他人采用。不过，想要真正兑现这些好处，必须让社会中的创新者们自由地进行试验。

在多数人意见盛行的社会中，多一些的精神和标新立异之人都将有助于激发人们去尝试新鲜事物的勇气。密尔写作《论自由》之时，工业革命已经促使英国一跃成为全球经济最发达的国家。密尔相信，正是西欧社会中思想的相对多元性和行动的自由度孕育出了这一成就。他将当时生机勃勃的欧洲与止步不前的中国做了对比，认为中国之所以走向衰落，是因为其习俗和传统抑制并麻木了其个性。在英国，经济大发展带来了教育的普及和便捷的交通，并且为之前的社会边缘阶级提供了更多上升的机遇。但是，这一进步同时也造成了社会品味上的同质性以及随之而来的多元个性的衰弱。他相信，如果这一趋势继续发展，英图将会重蹈中国的覆辙。在密尔看来，英国社会已经变得过于同质化，并且不再崇尚个性与原创性的价值。人们只会根据其所处社会阶层的规矩行事，不再随心所欲。这也就是解释了，为什么在密尔眼中缺乏异类是一种如此严重的社会危机。

伤害原则

在这个政府与人民的关系剧烈变化的年代里，密尔提出了一条划定国家与个人之间合理界线的"伤害原则"，内容简单而易行。

以20世纪各国针对吸烟的政策为例，我们可以一览，人们如何运用这一准则来衡量政府对于个人行为的干预。尽管烟草有害健康早已为人所知，但还没有一个社会实行过全面禁烟；他们的做法是，向人们传播相关的健康知识并劝告人们戒烟。于是到了20世纪末期，美国和许多欧洲国家的吸烟现象日渐减少。

这种做法与密尔的伤害原则相符：即使抽烟有害于人们的健康，但他们依然可以自由地吸烟，因为这么做并没有伤害到别人。不过随后新发现的医学信息表明，被动吸烟也是有害的。这就意味着在公共场所吸烟也违背了伤害原则。因而，还是根据这条原则，在新的科学知识的影响下，政府颁布了在公共场所的禁烟令。随着吸烟的群体急剧减少，吸烟行为也在一定意义上被视为一种另类的举动；不过，尽管有关其危害健康的证据有增无减，实行全面禁烟令的主张依然并不多见。

> 在某个阶级占绝对优势的国家里，该国的大部分道德必定是由该阶级的利益和阶级优越感演变出来的。
>
> ——约翰•斯图亚特•密尔

伤害VS幸福

然而，伤害原则可能并非总是能得出自由主义者所预想的结果。例如，如果人们觉得同性恋违背道德并且令人厌恶，那么他们也可能宣称，单单让他们知道有人在进行同性恋行为也是对他们的伤害。因此，他们可能要求政府采取干预行动，以维护正常的性道德。这种情况迫使人们去思考潜藏在密尔为个人自由所做的辩护背后的

图中，新纳粹分子组织了一场示威游行集会。密尔认为，如果这种集会造成的伤害多于快乐，那么人们就可以对其集会自由加以限制。

伦理学根基。《论自由》一书是以密尔信奉的功利主义哲学为基础写作的。密尔是英国哲学家杰里米·边沁的追随者，边沁主张行为的道德行要根据其为人类总体幸福所做的贡献来判断。拿“说谎”来说，边沁主张，人们不应就说谎行为本身的错误性来进行批判，而应当指控它所造成的不幸的总和要大于幸福的总和。密尔进一步完善并发展了边沁的理论，他区分了“高级”与“低级”的快乐，认为做一个不幸的苏格拉底可能要好于当一只幸福的猪。因为只有像苏格拉底这样的人才有机会体验高级的快乐。

我们或许已经察觉到了，功利主义与《论自由》所采用的思想路径之间存在矛盾，因为密尔为个人自由所做的辩护会与功利主义思想路径中最为重要的快乐原则相冲突。比方说，如果同性恋让多数人不快，那么功利主义就很可能会建议禁止这种行为；可是这种做法明显是对个人自由的侵犯。尽管存在着这样明显的冲突，密尔依旧坚持认为“效用”是他的理论体系中最为根本和首要的准则。

一位传教士正在伦敦海德公园的“演讲者之角”给旁观者做演说。密尔反对审查制度，并主张不论一个人发表何种观点，其言论自由都必须得到保护。

事实上，密尔并不是在为个人自由做一种绝对主义的论证。我们可以这样看待他的论证，将其视为快乐原则在国家与个人行为关系上的具体运用：密尔认为个人自由能够促进社会创新与知识增长，而这些最终都会提升社会整体的幸福。不过，密尔总以为他的快乐准则必将通向个人自由，但这一信念显然过于乐观了。而且除了行动准则，他还过于乐观地估计了意见表达自由的价值。例如，在当今德国公开宣称自己支持希特勒会遭到禁止，这一禁令确实干预了言论的自由，但是由于它减免了更多其他人的不快，因此功利主义会认为这一禁令是正当的。

> **个人自由必须限制在一个界限内；他绝不能使自己成为他人的妨碍。**
>
> ——约翰·斯图亚特·密尔

消极自由

另一种针对密尔的批判，是针对他“真理能从相异的观念的熔炉中提炼出来”的信念。他认为，当社会完全不去干涉个人思想和行动时，这个熔炉就会沸腾得最为旺盛。这种自由观念后来被英国政治学家、哲学家以赛亚·伯林命名为“消极的自由”，也就是行动免于干涉的自由。

在左派批评者看来，对于人们来说，只有消极自由是不够的。他们指出，像社会中的赤贫阶层和没有政治权利的妇女这些受压迫的群体，可能根本就没有表达他们独特观点的渠道：这意味着这些边缘群体几乎没有接触到借以表达他们立场的传媒和机构的机会。正因如此，左派人士相信，如果没有“积极自由”为边缘群体赋权，并帮助他们表达意见并影响公共政策，那么所谓消极自由将毫无作用。如果密尔能目睹女性主义在20世纪取得的巨大成就，他可能会争辩道，正是女性的意见得到充分表达的机会，才使得她们最终能够成功争取到政治上的平等权利。但是，左派人士可能会再一次反驳道，如果没有为女性提供薪酬平等以及受保障的就业权等积极自由，那么拘于条文的政治自由就毫无意义。

实用自由主义

密尔的政治哲学（即功利主义以及他对自由的辩护）对于自由民主制度在全世界的发展产生了深远的影响。他追求具体的集体福祉而非抽象的、不可分隔的权利，这是一种实用自由主义，而密尔的思想也许是最为著名的实用自由主义了。

从性道德、吸烟，到自由市场在经济中的角色地位，这些在以英美两国为首的现代民主国家中最常见的争论，都往往是围绕着近两个世纪前密尔所提出的框架在展开。然而就算是在这些自由民主国家里，也存在着对于个人行为的大量限制，而且这些限制也并不仅仅将消极自由作为标准原则。例如政府禁止消遣性毒品，就是基于一种家长式的原则；而且即使在实行自由市场的国家里，政府也会调节商业贸易并对经济成果进行更为平等的分配。也许在人们看来，所有这些行动都超出了密尔认为的政府应当插手干预的范畴，不过由于对社会干预的合理边界的争论依然没有终结，那些呼吁扩大自由的人们仍然会不时诉诸密尔的观点来作为自己的理论支撑。■

密尔的三种基本自由

思想和观念的自由——个人意见的绝对自由，以及通过演说或写作来发表意见的自由。

追求个人**爱好和志趣**的自由——只要不伤害社会其他成员，我们就可以按照自己认为适合的方式来生活。

个人联合的自由——只要未出现胁迫，我们就拥有出于任何无害的目标而与他人联合的权利。

约翰·斯图亚特·密尔

约翰·斯图亚特·密尔1806年出生于伦敦，他是19世纪最有影响力的哲学家之一。其父詹姆斯·密尔与功利主义哲学大师杰里米·边沁私交甚笃。老密尔一开始就决定要将其长子培养成一位伟大的思想家，于是在小密尔还是孩子的时候就开始学习拉丁文、古希腊文、数学以及经济学。但是到了20岁那年，小密尔意识到这些单纯智力上的训练麻痹了他的感情生活，于是他陷入了重度抑郁的痛苦之中。

从1830年开始，密尔与哈莉特·泰勒关系渐密；1851年哈莉特的丈夫去世后他们喜结连理。哈莉特帮助密尔扩展了对人类生活的理解，使他从禁欲主义伦理中摆脱出来，成为一个重感情、有个性的人。这对密尔的功利主义和个人自由的思想产生了一定的影响。

主要作品

1859年 《论自由》
1861年 《功利主义》
1869年 《女性的屈从地位》

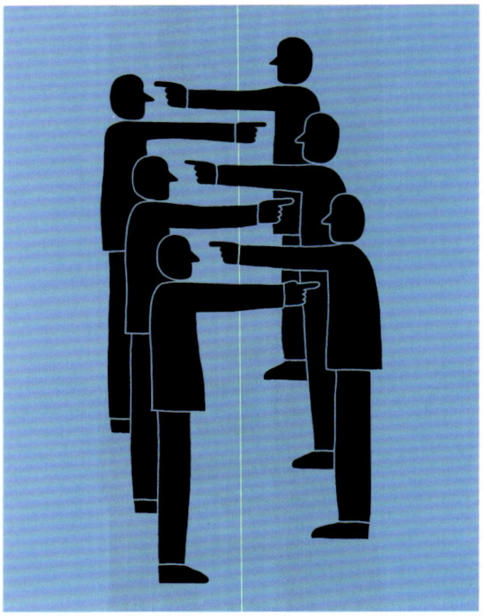

若不能得到他人的同意，一个人无论多优秀都不足以统治另一个人

亚伯拉罕·林肯（1809—1865年）

背景介绍

思想流派

废奴主义

聚焦

权利平等

此前

1776年 美国实现独立，一个全新的共和国就此诞生。

1789年 法国大革命的《人权宣言》宣称，"在权利方面，人人与生俱来而且始终自由与平等"。

此后

1860年 林肯当选美国第16任总统，南方诸州以维护保留奴隶制的权利为由决议脱离联邦。

1865年 美国南部邦联的罗伯特·李将军投降，南北战争以联邦军的胜利告终。

1964年 美国通过《公民权利法案》，明令禁止职场中的种族、肤色、宗教和民族歧视。

美国取得独立战争胜利之后，一个关乎国家根基的问题始终悬而未决。尽管1776年的《独立宣言》中明确宣示了所有人的平等，但是由于奴隶制尚存，黑奴贸易商仍将数百万的非洲裔人口输送到了大洋彼岸的美国南方庄园。1820年的《密苏里妥协案》虽禁止北方诸州的奴隶制，但南方诸州却依然继续允许奴隶制存在。

"若不能得到他人的同意，一个人无论多优秀都不足以统治另一个人"，这句名言出自亚伯拉罕·林肯1854年进行的一次演讲。他对各州独立制定法律的权利提出质疑，认为这一所谓的"自治权"践踏了美国的核心价值，也就是个人自由的权利。合众国的立国之基乃是自由和平等，绝不是为了统治便利或是维护各州自我权威的政治妥协。林肯最开始只是温和地反对奴隶制，主要反对蓄奴州扩张，而并不主张废除。然而，他在这次演讲中对共和党人崇尚的美德进行了辩护，这些价值观也成为1861年内战爆发时北方诸州的集结号角。此次演讲后，林肯转为激进派，于1863年颁布《解放奴隶宣言》，又于1865年在全国范围内废除了奴隶制。■

> 在我国，一些人认为奴隶制是正确的，应当推广，而另一些人则认为这是错误的，应加以限制。
>
> ——亚伯拉罕·林肯

参见：胡果·格劳秀斯 94～95页，让-雅克·卢梭 118～125页，托马斯·杰斐逊 140～141页，约翰·C.卡尔霍恩 161页。

财产就是盗窃

皮埃尔-约瑟夫·蒲鲁东（1809—1865年）

背景介绍

思想流派

社会主义、互助主义

聚焦

私有制

此前

公元前362年 柏拉图认为，财产的集体所有制将有助于人们对共同目标的追求。

1689年 约翰·洛克宣称，个人拥有对自己财产的自由权利。

此后

1848年 卡尔·马克思和弗雷德里希·恩格斯在《共产党宣言》中描绘了一个消除了私有制的社会。

1974年 美国哲学家罗伯特·诺齐克宣称，产权私有制在道德上具有优先性。

2000年 秘鲁经济学家埃尔南多·德·索托提出，加强对私有财产权的保护，将是让发展中国家摆脱贫困的关键手段。

当法国人民正为一轮又一轮的革命所带来的成果感到沮丧之时，法国政治家、思想家皮埃尔-约瑟夫·蒲鲁东掷出了他惊世骇俗的论断：财产就是盗窃。蒲鲁东的这本《什么是财产》发表于“1830年革命”结束的十年之后。当时的人们曾经期望，取代了波旁王朝统治的七月王朝能够最终给人民带来1789年法国大革命时所追求的平等与自由。但是如今到了1840年，人们却发现，法国社会阶级矛盾依旧尖锐，权贵更加富有，而群众则变得越发贫穷。因此，许多人开始认为，政治斗争无法带来自由与平等，只会让社会更加腐朽和不公。

蒲鲁东宣称，人的自由权、平等权和安全权是天生、绝对而且不可侵犯的，它们构成了社会的基础。但是财产权却不在这些权利之列。事实上，蒲鲁东还认为，私有制会对这些基本权利造成损害。他说，富人和穷人的自由权确实可以共存，但富人对财产的占有权却只会造就其他人的贫穷，因此私有制在本质上就是反社会的。私有制问题可以说是19世纪欧洲兴起的工人阶级和社会主义运动的首要问题，因此蒲鲁东的激烈言辞可以视作是当时革命运动的一个典型体现。■

> 社会的堕落衰败，乃是由私有财产导致的权力积累所造成的。
>
> ——皮埃尔-约瑟夫·蒲鲁东

参见：胡果·格劳秀斯 94~95页，托马斯·潘恩 134~139页，米哈伊尔·巴枯宁 184~185页，卡尔·马克思 188~193页，列夫·托洛茨基 242~245页。

权贵都是没有思想和心灵的人

米哈伊尔·巴枯宁（1814—1876年）

背景介绍

思想流派

无政府主义

聚焦

权力的腐化

此前

1793年 英国政治哲学家威廉·葛德文提出一套无政府主义的哲学，他认为政治权力将对社会造成腐化。

1840年 皮埃尔-约瑟夫·蒲鲁东构想出了一套消灭权威的正义社会的组织形式。

此后

1892年 彼得·克鲁泡特金提出无政府共产主义思想，提倡集体合作下的生产和分配。

1936年 西班牙的无政府主义组织全国劳工同盟（CNT）发展了超过100万拥护者。

1999年 在美国西雅图发生的反资本主义游行之中，无政府主义重新回到人们的视野。

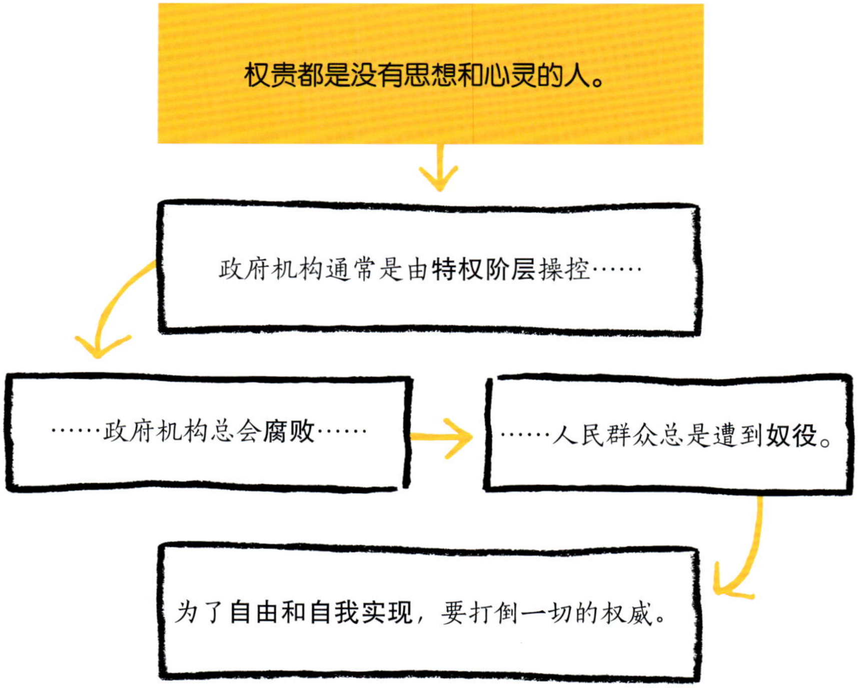

19世纪，随着民主的传播，人们开始重新反思个人与权威之间的关系。在当时的俄国，贵族和教会把持着国家权威，个体则在这种统治之下过着浑浑噩噩的人生。

此时，俄国早期无产阶级革命家、著名无政府主义者米哈伊尔·巴枯宁在其《上帝与国家》一书中，对社会中的神造与人造的权威提出了振聋发聩的指控。他先是对宗教进行了辛辣攻击，认为宗教只是幻觉，根本无法给人类带来自由和解放；相反，它只会限制人类运

参见： 格奥尔格·黑格尔 156~159页，皮埃尔-约瑟夫·蒲鲁东 183页，卡尔·马克思 188~193页，彼得·克鲁泡特金 206页。

用自己理性独立思考的能力；而权贵则会利用宗教使平民保持蒙昧、安于困难的生活，从而更好地服从统治。巴枯宁说，诚如伏尔泰所言，过去的人们“即使没有上帝也要创造一位上帝”，而这也迎合银行家、教士、政客们的心意。但现在，人们若想实现真正的解放和自我实现，就必须废除上帝的观念。

接着，巴枯宁对人造的权威进一步发起责难。他感怀伤时，对时人对奴役性政权的沉默而愤慨不已。他坚信，一个社会并不需要任何的权威机构来管辖谋划；相反，通过遵守自然法，人们就会懂得如何生活。巴枯宁说，自然法则是世上最真切的道理，只要人们能真正领悟，他们就会自觉地去遵守，因此根本不需要任何人造的权威机构来统治人们的生活。

特权必腐化

巴枯宁认为，把持社会权威地位的人不论多么博学和自律，都无法摆脱腐化堕落的命运。因为一旦登上权力宝座，人们就会放弃对真理的追求，而竭尽全力争权夺利。所以，巴枯宁总结道，特权这东西，将会对任何一个人的心灵和思想带来毁灭。

因此，巴枯宁高呼打倒一切的权威，而这正是他无政府主义学说的基石。他说，只有这样才能照亮人类通往自由的道路。19世纪以来的革命和无政府主义运动，在很大程度上都受到了巴枯宁的启发和影响。■

图为莫斯科瓦西里升天大教堂。在巴枯宁眼里，大教堂是社会权威的象征，因此人们必须将其推翻，才可能获得自由。

“有神论必然造成理性和正义的退场。

——米哈伊尔·巴枯宁”

米哈伊尔·巴枯宁

巴枯宁的叛逆个性在他青年时期逃离俄国军队时便初见端倪。此后他在莫斯科和柏林活动，对德国哲学尤其是黑格尔思想十分沉迷。由于撰写了宣扬革命的文字，巴枯宁受到了俄国当局的敌视，结果在他打算发动起义之时被当局逮捕。

他在俄国被关押8年时间，出狱之后，巴枯宁来到伦敦和意大利继续推广他的革命主张。1868年，他加入了左翼革命组织的联盟“第一国际”，但是由于同卡尔·马克思思想的不同而遭到驱逐。尽管两人都相信革命必然发生，但是巴枯宁认为马克思所推崇的社会主义国家也是一种权威的形式，因此必须拒绝。巴枯宁煽动了一辈子的革命，最后在瑞士去世。

主要作品

1865—1866年 《革命问答》
1871年 《上帝与国家》
1873年 《国家制度和无政府状态》

最好的政府是根本不进行治理的政府

亨利·戴维·梭罗（1817—1862年）

背景介绍

思想流派

个人主义

聚焦

直接行动

此前

公元前380年　柏拉图在《克力同》中记述，苏格拉底拒绝越狱逃跑，因为他认为自己作为雅典公民，有义务遵守法律的规定。

1819年　英国诗人雪莱在《暴政的假面游行》中描绘了人们如何运用非暴力形式来反抗非正义的统治。

此后

20世纪初期　英国的妇女参政权运动参与者（suffragettes）在争取妇女选举权利时不断出现违法行为。

20世纪20年代　莫罕达斯·甘地在印度独立运动中，提出自己的公民抗命理论，即非暴力不合作（satyagraha）。

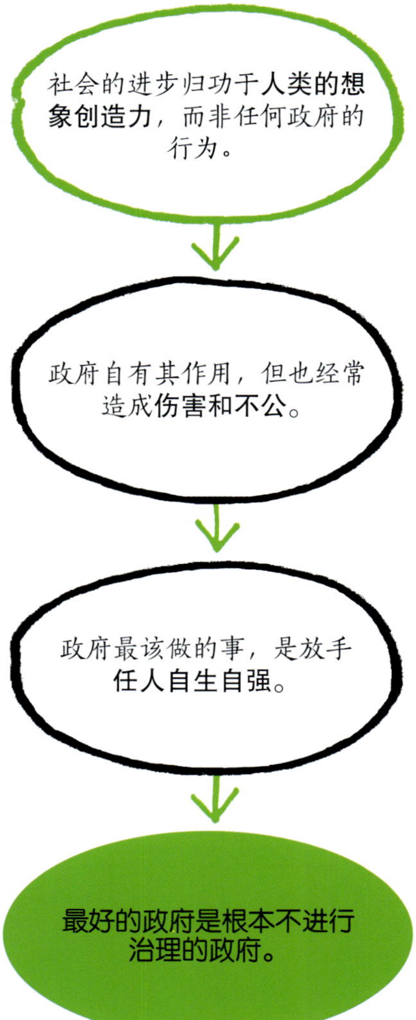

在1849年的《论公民的不服从》中，美国作家亨利·戴维·梭罗谈到，一个人不应盲从于法律认定的正当，而应倾听自己道德良知的声音。若非如此，统辖他的政府就会很容易蜕变为一个无道的机构。梭罗从南北战争之前的美国政府身上，为自己的论点找到了证据，其中最典型的莫过于南方的奴隶制。梭罗此文写就于为美国带来大片领土的美墨战争之后。他对这场战争进行了猛烈抨击，并哀叹美国的胜利必将导致奴隶制向更广阔的地域蔓延。

梭罗认为，奴隶制的存在足以体现美国政府的非正当性。他绝对不会承认任何一个统治着奴隶的政府。梭罗说，如果公民总是对此无动于衷，则此行为无异于助纣为虐，放纵政府行就非正义之事。梭罗认为，奴隶制得以存在，不单单是奴隶主一方的道德问题。例如，马萨诸塞州的公民们看似与南方的奴隶制无甚关联，但是由于他们对

参加：彼得·克鲁泡特金 206页，埃米琳·潘克赫斯特 207页，莫罕达斯·甘地 220~225页，马丁·路德·金 316~321页，罗伯特·诺齐克 326~327页。

梭罗认为，奴隶制能在像南卡罗来纳这样的南方州存在，并不单单是奴隶主的罪过。所有默许这种现象存在的公民都在道德上脱不开关系。

这个允许奴隶制存在的政府保持默从，因此这也是对这种丑恶行为的一种纵容。

根据梭罗的推断得出的结论是，最好的政府是根本不进行治理的政府。在他看来，美国社会所取得的任何进步都不是政府的功劳，而应归功于人类的想象创造力，因此政府最该做的事就是不要给人们挡道，要放开手任人自生自强。

梭罗说，投票只是政治过程的一个部分，而个人的道德良知本身就外在于这些政治制度，并且高于制度。因此对政府不满的人们不仅要在选举期间表达自己的不赞同态度，他还劝说道："你要投的那个'票'，不单单是一张选票纸，而是你的全部影响力。"那么，人天生的正义感就会促使他不受政治机器的束缚，不受多数人意志的绑架，而去采取直接的行动。在梭罗那里，直接行动是指：拒绝承认这个政府、拒绝同官僚合作，并且拒绝纳税。1846年，梭罗就曾以反对奴隶制为由而拒交马萨诸塞州的人头税，也因此短暂入狱。

梭罗的思想对后世的思想家和活动家都产生了影响，例如马丁·路德·金就将梭罗视作自己的榜样。20世纪60年代，美国民权运动风起云涌，梭罗的思想又在当时激进分子的公民不服从（公民抗命）行动中重获新生。■

亨利·戴维·梭罗

1817年，梭罗出生于马萨诸塞州康科德，其父是一名铅笔制造工。他在哈佛大学攻读了修辞学、古典文学、哲学和科学。毕业后他与兄长约翰·梭罗一起开了一所学校，但随着1842年约翰的逝世而停办。

28岁时，梭罗借用了拉尔夫·瓦尔多·爱默生在瓦尔登湖畔的一块荒地，在那里搭建了一座小屋，并独居了两年。他记录下这种自给自足的人生探索，赞颂了闲云野鹤的生活，亲身体验着自然的美好，也成就了《瓦尔登湖》一书。梭罗成为爱默生那样的超验主义者，他们主张信赖人类最天然的美好。1862年，梭罗死于肺结核。相传他死前嘴里吐出的两个词是"麋鹿"和"印第安"——或许这也正体现了他对这种自然生活最真挚的热爱。

主要作品

1849年 《抵制国民政府》，后改名为《论公民的不服从》

1854年 《瓦尔登湖》

1863年 《没有原则的生活》

共产主义是历史之谜的解答

卡尔·马克思（1818—1883年）

背景介绍

思想流派

共产主义

聚焦

异化劳动

此前

公元前380年 柏拉图提出，应当对私有财产进行严格限制。

1807年 格奥尔格·黑格尔阐释了他历史哲学的观点。

1819年 法国作家昂立·圣西门向人们传播他的空想社会主义主张。

此后

1917年 弗拉基米尔·列宁在马克思主义思想的指导下，领导布尔什维克取得革命胜利。

20世纪40年代 共产主义席卷世界多个地区，世界进入了冷战时期。

1991年 随着苏联解体、东欧剧变，许多国家开始实行资本主义经济体制。

卡尔·马克思是著名的哲学家、史学家，是革命的象征。

在19世纪中叶的几十年里，他对资本主义制度进行了人类史上最有雄心的一次宏大剖析。他要探索劳动性质的异化之谜，以及异化对人的自由发展的影响，并力图在其中发掘出经济基础与社会变迁之间的历史规律。

马克思的研究主题直击那个时代的核心问题：工业化和资本主义的兴起将对人类生活和道德状况产生何种影响？人类是否还会探索出更优越的经济和政治制度，又将如何付诸实践？

1848年欧洲革命时期，新的革命思潮如雨后春笋一般涌现，此时的马克思也十分活跃。

在《1844经济学手稿》中，马克思勾勒出了他经济思想的基本要素，讨论了资本主义制度对工人生活的摧残。他指出，资本主义一直受到如何处理生产关系难题的困扰，而共产主义制度则将化解这一

> **私有财产是异化劳动的产物。**
>
> ——卡尔·马克思

难题。在这批手稿中，马克思提出了“异化劳动”的概念，这是指人们与其真正本质和自我实现的潜力相疏离的现象。他发现，资本主义制度中存有多种异化的形式，异化将不可避免。

人通过劳动自我实现

马克思相信，劳动是与人的自我实现最契合的人类行为。劳动过程中，劳动者付出精力和创造力，能将原料转化为产品，这样一

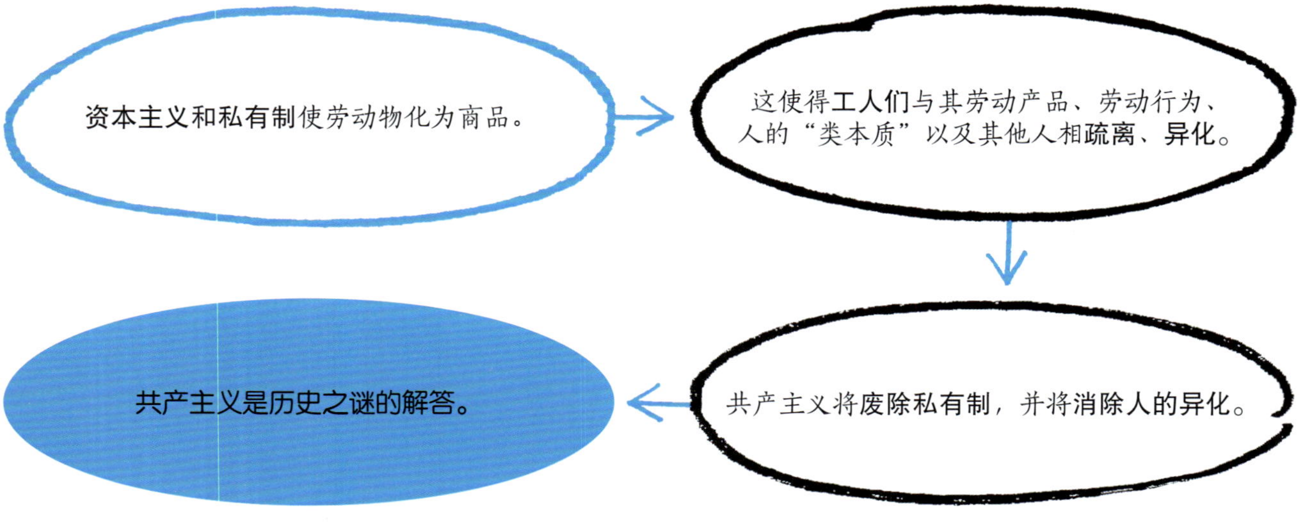

参见： 弗朗西斯科·德·维多利亚 86~87页，格奥尔格·黑格尔 156~159页，皮埃尔-约瑟夫·蒲鲁东 183页，弗拉基米尔·列宁 226~233页，罗莎·卢森堡 234~235页，约瑟夫·斯大林 240~241页，乔默·肯雅塔 258页。

马克思认为，在**资本主义制度下**，从工人把自己生产的产品交到雇主手中那一刻起，他们就与其产品分离了。这将使工人失去自我认同。

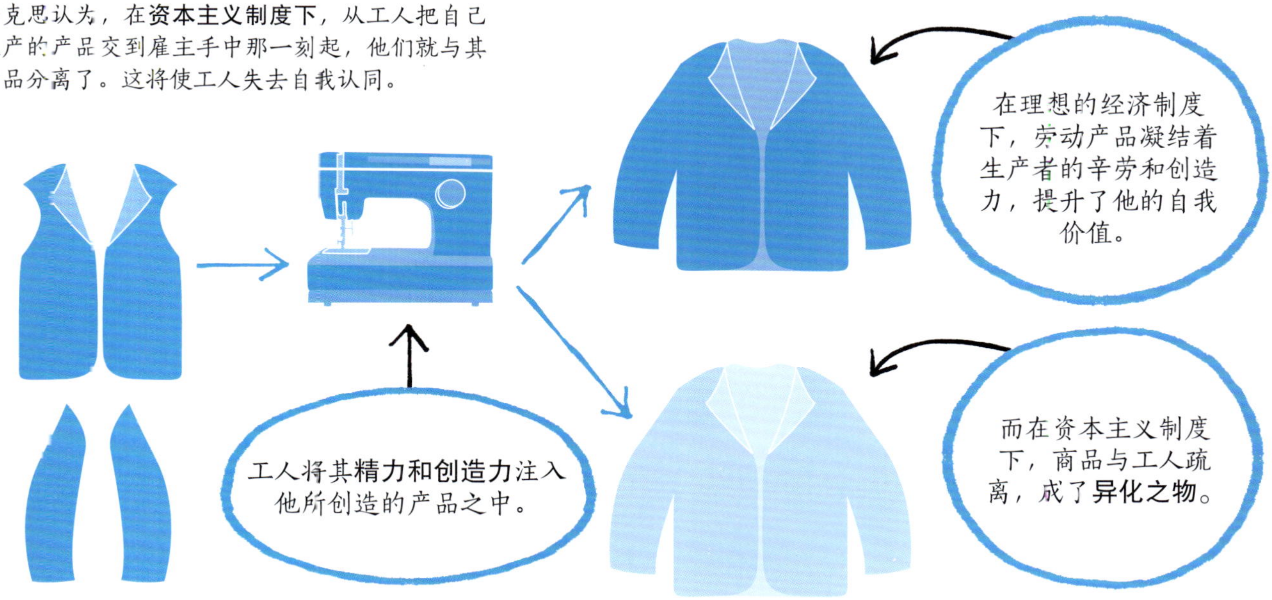

来这一产品就凝结了他的汗水与智慧。在资本主义制度下，私有财产将社会分成两大阶级，即掌握着工厂、机器这些生产资料的资产阶级和除了劳动一无所有的无产阶级。资本家雇用工人生产商品，并通过销售而获得利润，如此一来，"劳动"就变成一种可供买卖的物品。马克思认为，这就抹杀了劳动的自我实现的本质，将会给人造成异化和内心的不满。

其中，第一种异化的形式是，劳动者所生产的产品，他既不能拥有，也无法享用。例如，在服装厂房中，一套西服是由裁缝所裁剪的，但它却是资本家的财产，因为劳动者制作了衣服之后，必须要把产品交给厂房的主人。如此，对劳动者而言，他所制造的商品成了与自己没有太多关联的异己之物。而他生产越多产品，就会为那个与他无关的世界创造越多的财富；但他自己的精神生活却日渐萎缩，其自我实现之路也越发阻塞。劳动者创造的好东西，只能供他人享用；而属于自己的，就只剩下处处受限的压抑人生。

脱离人类本质的劳动者

马克思认为，劳动者还承受着与劳动行为相异化的痛苦。在资本主义体制下，工人们的劳动行为并非源自其主动性和创造性，而是出自其谋生的被迫性。工人们并不喜欢这种劳动，因为这会使自己的脑力和体力经受折磨，感到难受。所以劳动行为成为一种不得已而为之的包袱，如果让工人们选择，他们绝不会愿意参与这样的劳动。于是，劳动行为本身，也与劳动者生产的物品一样，成为外在的异己力量，"工人只有在劳动之外才感到自在，而在劳动中则感到不自在"。劳动者好似成了他人的奴隶：劳动成果是他人的，劳动行为也不再源自自愿和主动，所有这一切都已属于那个将他当作生产工具的资本家了。劳动者与自己的劳动成果以及

> 共产主义……是私有财产即人的自我异化的积极扬弃。
>
> ——卡尔·马克思

马克思预言，为了掌握生产资料，工人们将发动一场世界性革命。在俄国革命之后，中国也出现了共产主义革命，共产主义价值得到了大力弘扬。

劳动行为的异化，进一步加剧了自己与人的本质的疏离。马克思将人的本质称为“类本质”，认为人将原材料转化为产品的劳动能力，是人的本质的根基。但是在资本主义制度下，劳动者失去了这一基本属性。因为，在谋生的压力之下，“劳动生产”已不再是劳动者凝结和展示人类本质的过程，而已沦为了为实现某个目的的手段。劳动行为本来是构建美好生活的元素，但当劳动者与其相疏离，他便丧失了其作为人的自我。

问罪私有制

上述三种形式的异化，即与产品的异化，与劳动行为的异化，和与人类本质的异化，造就了第四种异化形式，即人与人之间关系的异化。

> 消灭人对人的剥削，是共产主义对我们而言唯一有效的定义。
>
> ——切·格瓦拉

在劳动力市场体制下，随着工人同自身本质的异化，他也将与他人发生异化，即会与资本家形成一种对立的关系。因为资本家发家致富了，却占有了劳动者的成果，主宰了劳动者的行动。

马克思坚信，私有制是劳动异化的根源。财产的多寡，正是一个社会分化资本家和工人阶级的标准，也是制造劳动异化的祸首。反过来，异化现象本身又会进一步巩固私有制度，并增强这种分化。分工和交换是私有制的重要内容；通过分工，劳动过程逐渐专业化：例如，一个工人制作大头针的头，另一个工人制作大头针的针，还有一个负责把头和针组装起来；而资本家则在不同的领域进行分工，并互通有无。如此一来，劳动者就沦为整个经济系统中的一个个小齿轮。

马克思认为，劳动的异化和私有制的强化是资本主义制度的基本规律，但随着劳动者与人类本质的日益疏离，社会也将逐渐遍布矛盾和斗争。这样一来，即使给工人们涨工资也于事无补，因为在这个体制下，劳动者始终摆脱不了被剥削奴役的命运。但是，异化劳动与私有制总是相生相随，因此若“一方衰亡，另一方也必然衰亡”。

共产主义将是解决之道

马克思认为，共产主义通过消灭私有制并最终推翻资本主义制度，便能够消解异化所带来的社会矛盾，并对“历史之谜”做出解答。因为，共产主义能够化解人与自然、人与他人之间的冲突，从而让人实现对自身的回归。劳动的异化使得劳动行为和人际关系沦为促进经济增长的手段，而不再是人们追寻的目的；而在共产主义制度下，劳动和人际活动将恢复其作为目的的地位，让人类尽情展示自身的本质和价值。工人间的关系不再是一种生硬的被动关联，而会因为发自内心的手足情谊而自然地确立。因此，在共产主义制度下，作为社会存在物的自我将会实现回归。

“共产主义是历史之谜的解答”，马克思这句宣言蕴含着贯穿于他晚期作品中的一种历史观。他相信，历史的发展由“物质经济”因素，即生产力水平所决定。由于人类存在着对物质的需求，也拥有生产物品来满足需求的能力。而物质生产有多种组织形式，每一种形式都配备着不同社会和政治安排，并会形成相应的社会信念和意识形态。马克思相信，物质生产是历史发展的决定因素，是推动历史发展的重要动力。

推翻资本主义制度

资本主义就是一种组织生产的制度，是解决人类物质需求的一种方式，它随着封建生产关系的解体而发展起来。但随着资本主义制度下生产力的不断发展，工人们受到的剥削越发严重。因此一场革命将在所难免，资本主义必将被共产主义所取代。

马克思的遗产

对于马克思的影响力，也许怎么夸张都不会过分。受他著作的影响，包括经济学、政治学、历史学、文化研究、人类学、哲学在内的许多领域都衍生出了新的思想流派。

马克思的思想对人类世界进行了体系宏大的诠释，传递出了改变世界和解放人类的力量。而马克思和恩格斯1848年在《共产党宣言》中所做的“共产主义必将通过革命取代资本主义”的预言，对20世纪的政治也产生了不可磨灭的影响。

共产主义制度在欧亚多个国家建立起来，共产主义思想也对大量的政权和革命运动产生了深远影响。■

弗雷德里希·恩格斯是一位德国工厂主的儿子。他在1844年结识了马克思。一开始，恩格斯并不喜欢马克思，但是随后俩人成为挚交，并一起完成人类史上影响最为深远的一部宣言。

卡尔·马克思

马克思出生于普鲁士一个自由派的犹太家庭。青年时期，马克思投身报业，并在政治和经济问题上逐渐转向激进。1843年，马克思来到巴黎，一年后，他在这里结识了恩格斯。1848年，两人共同发表了《共产党宣言》。

在1848年革命之后，马克思先后被逐出普鲁士、比利时和巴黎，最后落脚伦敦，着力开展对经济学和史学问题的研究，为后来的传世之作《资本论》打好了基础。马克思一度生活十分困难，只能居住在伦敦苏豪区的贫民区里，靠恩格斯的资助来过活。马克思和妻子都长期饱受病痛折磨，他们的孩子也都因此不幸去世，而《资本论》的后两卷也都是在马克思去世之后才得以出版。

主要作品

1844年 《1844年经济学哲学手稿》
1848年 《共产党宣言》
1867年 《资本论（第一卷）》（第二卷和第三卷在马克思离世后的1886年、1894年先后出版）

谁赞成共和制，谁就是在诛杀自由

亚历山大·赫尔岑（1812—1870年）

背景介绍

思想流派

社会主义

聚焦

革命与批判现实主义

此前

1748年 孟德斯鸠对不同的政府形式进行了分析，指出了共和制与君主制、僭主制之间的不同。

1789年 法国大革命爆发，激发了法国以及世界其他地方的革命行动。

此后

1861年 在自由派和极端分子的持续压力下，俄国沙皇亚历山大二世废除农奴制度。

1890年 德国社会民主党解禁，开始逐渐转型为一个改良派社会主义政党。

1917年 俄国爆发了两次革命，废除了沙皇统治，布尔什维克获得政权。

俄国革命家亚历山大·赫尔岑的文集《彼岸书》始写于欧洲革命失败的1848年。在书中，赫尔岑描绘了这样一幅画面，一艘航船乘风破浪，驶向新的彼岸，这画面真可谓是那个希望和未知并存的年代的真实体现。但从该文集1850年之后的文章可以看出，赫尔岑思想发生改变，认为真正的革命热忱已被浇灭，一群走保守路线的改良（共和）派背叛了革命。

赫尔岑在他文章中讽刺了共和派在1848年9月举行的庆典。他说，在这片浮华景象和响亮口号的背后，旧式的“天主教会-封建秩序”依旧完好无损。这必将阻碍真正革命理想，即所有人的自由的实现。那些宣称支持革命的所谓自由派，实质上对革命的后果非常恐惧，生怕旧的秩序被革命彻底消灭。赫尔岑说，这群人希望保护的只是自己所在群体的自由。某种意义上，这些共和国的建筑师们就算打破了身上的“锁链”，但是监狱的高墙仍未倒塌，这无异于诛杀了自由。赫尔岑相信，如今出现的种种矛盾侵蚀了这个社会的生命力和创造力。当时许多人都同赫尔岑一样，对1848年的革命结果感到失望，因此他的著作对此后兴起的众多群众运动一直有着深远的影响。■

19世纪，坐落于法属圭亚那的罪犯流放地进一步扩大。虽然1789年爆发了法国大革命，但是这种封建时代的惩罚制度依旧被保留下来。

参见： 让-雅克·卢梭 118~125页，格奥尔格·黑格尔 156~159页，弗拉基米尔·列宁 226~233页，切·格瓦拉 312~313页。

必须寻求我国的基轴

伊藤博文（1841—1909年）

背景介绍

思想流派
君主立宪

聚焦
现代化

此前
1603年 德川家康建立德川幕府，并随后终结了日本近两个世纪的战国时代。

1688年 英国发生光荣革命，进入君主立宪制时代。

1791年 法国实行君主立宪制，国王路易十六与制宪会议共享权力，但这一制度很快走向失败。

1871—1919年 德国成为联邦制国家，每一个邦国均有自己的君主。

此后
1901年 成为独立国家的澳大利亚实行了（英联邦下的）君主立宪制度。

2008年 不丹成为君主立宪制国家。

17世纪到19世纪，日本实行锁国政策，与世界相隔绝。终于到了1853年，美国海军准将马修·培里“黑船来航”，迫使日本签署条约，也叩开了日本国门。日本民族危机就此爆发，幕府制度下部分旧式藩主开始谋划激进改革，欲仿建西方社会体制以维系日本的独立，伊藤博文正是这群人中的佼佼者。但是日本社会结构特殊，转型为西方模式绝非易事。于是，包括伊藤博文在内的改革派，打着尊王攘夷、大政奉还的名号，于1867年推翻了幕府制度，开始推行新的君主制度，并先后推行了武士“废刀”、土地制度改革、废除身份制度等一系列措施。

> 政府需谋一国之管理，难以时时满足每一臣民的利益。
>
> ——伊藤博文

明治宪法

倒幕运动的志士们希望将西方的先进性与传统的日本之道结合起来。1890年，伊藤博文起草了《明治宪法》，规定天皇依旧为国家的元首和民族的聚点，而政事则交予内阁官吏来操持。这一君主立宪制与其他相同制度的国家一样，希望君主成为国家的基轴，以使社会围绕其周围同舟共济。事实证明，这部宪法为日本后面60年的经济发展和军事扩张奠定了基础。■

参见：约翰王时期的封建贵族 60～61页，约翰·洛克 104～109页，德川家康 333页。

权力意志

弗雷德里希·尼采（1844—1900年）

背景介绍

思想流派
虚无主义

聚焦
道德

此前
1781年 在《纯粹理性批判》中，康德对人类认识的世界与外部自在世界进行了区分。

1818年 叔本华在《作为意志和表象的世界》中认同康德的上述观点，并认为两者不可能连通。

此后
1937年 巴塔耶认为，世人对尼采的所有政治性解读都是偏颇的。

1990年 在《历史的终结及最后之人》中，弗朗西斯·福山借用尼采"最后之人"的比喻，宣布了自由市场资本主义的胜利。

时至今日，许多人依然对"弗雷德里希·尼采"这个名字充满敌意。尼采的著作包罗万象，又总让人捉摸不透；他对道德的抨击豪气冲天，又显得十分粗野。法国哲学家保罗·利柯说过，尼采同马克思、弗洛伊德一样，都是怀疑一切的先锋，他们不顾一切，要将蒙在人们固有观念和信仰之上的面纱无情地撕破。尼采的哲学是虚无主义的，因为他相信，不可能在存在之中寻找到任何意义。

尽管尼采十分反感传统的哲学体系，但他依旧在政治哲学领

参见： 伊曼纽尔·康德 126~129页，杰里米·边沁 144~149页，格奥尔格·黑格尔 156~159页，卡尔·马克思 188~193页。

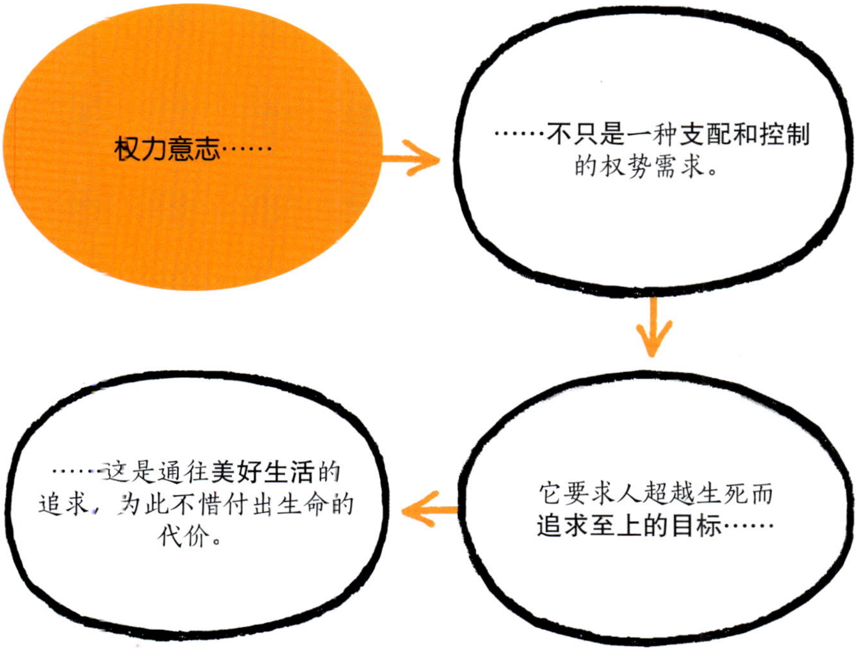

域留下了大量语义模糊的论述。不过，他这些政治观点与民间流传甚广的“尼采有纳粹倾向”之说无关。事实上，尼采本人既非民族主义者，也不认同反犹主义。他反倒认为，反犹主义之类的东西，不过是失意之人将自己的失败归咎于他人的自我安慰而已。而且，他与好友理查德·瓦格纳的决裂，也与后者傲慢的种族主义和民族主义姿态有很大关系。但糟糕的是，在尼采晚年遭受病魔折磨之时，他的妹妹垄断了其著述的版权。这个女人本身就与日耳曼民族主义和反犹主义分子打得火热，为讨好同道中人，她将尼采手稿进行选择性摘录出版，从而造就了世人对尼采的严重误解。

权力意志

尼采的“权力意志”一说最早出现在《查拉图斯特拉如是说》这本书中。他将此书视为自己最为得意之作。查拉图斯特拉是古老的波斯宗教琐罗亚斯德教的创始人，“查拉图斯特拉”即“琐罗亚斯德”的德语化名字。书中，主人公查拉图斯特拉重新出山，回归堕落的尘世，要向人类传达一种全新的思考和生存的方式。该书并不是一部标准的哲学或政治学学术著作；它别出心裁，极富文学色彩，风格类似史诗，运用了大量的修辞比喻来侧面传达其核心观点。不过该书的主旨精神十分清晰。

在尼采看来，权力意志并不只是像支配和控制那样的权势欲

弗雷德里希·尼采

尼采出生于普鲁士一个宗教氛围十分浓烈的家庭。学生时代，尼采主攻神学和语言学，而在求学末期，他彻底拒绝了宗教信仰。尼采在年仅24岁时即被聘为巴塞尔大学古典语言学教授，在这里，他结识了音乐大师理查德·瓦格纳，他许多早期著作都曾受到瓦格纳的影响。随后，尼采的学术兴趣从语言学转移到了哲学领域。他主张虚无主义，相信一切存在毫无意义；但他也提出，古希腊的悲剧通过对这种“无意义性”的确认，能够战胜虚无主义。这一思想一直贯穿于尼采后期的作品之中。

尼采长期遭受病痛折磨。1879年，尼采辞去教职，开始在欧洲各国漂泊，期间笔耕不辍，然而应者寥寥。1889年，尼采精神彻底崩溃，11年后与世长辞。

主要作品

1872年 《悲剧的诞生》
1883—1885年 《查拉图斯特拉如是说》
1886年 《善恶的彼岸》

求，也不完全是凌驾于他人的统治权力。相反，权力意志是一种本能欲望，激励人类对人生目标以及终极成就展开不在乎结果的追求。尼采权力意志的思想深受德国哲学家亚瑟·叔本华著作的影响。叔本华的哲学极其阴暗而悲观，他认为现实世界已丧失意义，只有那份“生存意志”，也就是宇宙万物在面临死亡命运时所做的绝望挣扎，才能带来些许光明。不过，尼采对叔本华思想做了改进，并给生存意志赋予了积极的内涵：它不再是绝望的挣扎，而是对生命不懈的追求。

尼采认为，权力意志比生存意志更加强烈。一个人不论多么尊贵，只要对终极目标展开追求，都必将冒着失去生命的危险。所以，人们应该追求比赤裸裸的生存更为崇高的价值，而这种追求的本能欲望正是美好生活的根本所在。

> **教士是最凶恶的敌人……（其从无能中）生长出来的仇恨既暴烈又可怕，既最富才智又最为阴毒。**
>
> ——尼采

对贪图安逸者的抨击

权力意志是对当时盛行的功利主义哲学的回击。功利主义只要求人们追求个人的幸福，认为人生最重要的价值就是安逸和满足。尼采认为这一功利主义思潮及其衍生的哲学，是已然贬值的英国资产阶级思想的经典呈现：他们只知安逸，一身充满俗气。

《查拉图斯特拉如是说》中包含了对功利主义的批评：他们庸庸碌碌地活着，温顺而满足。这些人被尼采称为“最后之人”，他们负责向人们宣告人类一切重大的追求和抗争已经完成，历史的终结即将到来。

但是，如果人们认为这个世界还不够完善，还需要追求更高的价值，那么这个应该被追求的目标究竟是什么呢？尼采首先讨论了哪些价值不值得追求的价值。例如世人所信奉的道德体系，因为它已然贬值；而人类崇拜的上帝，如今也只不过是不完美的人类的一种寄托。于是尼采写道，“上帝死了”。正如当初创立了道德体系的查拉图斯特拉如今亲自前来摧毁这个体系一样，深受传统道德羁绊的世人，如今必须亲自从中挣脱出来，重估一切价值。

摈弃旧道德

尼采在其后期的著作《善恶的彼岸》和《道德的谱系》中论证，人类应该与传统道德相决裂。在这两部作品中，尼采对西方的道德演化史进行了梳理，并对其中善恶对立的观念展开了批判。尼采认为，西方道德史是一种“主人-奴隶”的道德观，它源自古典时期的精英秩序。在古希腊时期，主人道德观开始出现，成为当时道德思

尼采将功利主义者视为猪圈里的牲畜——驯服而庸俗，只贪恋自我安逸。

欧洲历史上，“肯定生命”的品质被“否定生命”的品质所取代，这一思想转折遭到了尼采的咒骂。尼采指责道，是古典宗教向一神论的发展，促成了这一历史转折。

想的主流体系。它将世界上价值分为“善”与“恶”，前一种“肯定生命”，后一种则“否定生命”。其中，贵族身上具备的健硕、雄壮和富庶的品质是为“善”；相对应的，奴隶身上病弱、阴柔和贫穷的品质是为“恶”。

奴隶们为了应付主人的道德观，也发展出了一套自己的道德体系。它将奴隶自身的品质描绘为“善”，与主人道德观针锋相对。比如主人崇尚强健，奴隶则歌颂柔弱，诸如此类。这样一来，奴隶们就能够心安理得地包容自身的不足，不至于因此而过于自怨自艾。尼采认为，基督教和犹太教就是这种奴隶道德的典范，这些宗教的作用，就是在信徒们遭遇人生苦难时呈上一副虚幻的解药。

对此，尼采呼吁人们抛弃宗教体系里这些支离破碎的虚妄神性，取而代之的，是他在《查拉图斯特拉如是说》中倡导的“超人”概念。超人并不是一个完善的个体，其在文明程度和生物进化水平上还不如人类完整；但是，超人是完全主宰自我的个体，他们对自我的真理保持着不懈的追求和超越，不理会任何“超乎尘世的真理”，始终坚守着对尘间大地的信仰。

反政治

一些人认为，尼采强势的个人主义是一种反政治的思想。尼采的这种否定道德的虚无主义，的确与公共领域如何运作之类的学术命题毫无关联。他的著述只谈个人，从未论及任何社会组织和集体行动。用法国哲学家乔治·巴塔耶的话来说，在这个意义上，尼采“超越了左与右”。但是，尼采的思想却对左翼和右翼的政治思想家都产生了深远影响。法国哲学家吉尔·德勒兹在《尼采与哲学》中着重提及了尼采对权力意志的关怀。德勒兹将权力意志视为一种渴求制造差异、让一切与众不同的欲望，以及一种对一切形而上的或超乎尘世的学说的经验性否定。在德勒兹笔下，尼采的思想变成追求差异和挣脱束缚的哲学，而其批判的传统道德则只是“诋毁生命”的“悲伤情感”。此外，尼采还备受后结构主义者推崇，他们认为，正是尼采开启了解构一切支配性权威的先河。■

神话本身就具有独一无二的重要性

乔治·索雷尔（1847—1922年）

背景介绍

思想流派

工团主义

聚焦

英雄史诗式的神话

此前

1848年　在革命席卷欧洲之年，卡尔·马克思和弗雷德里希·恩格斯发表了《共产党宣言》。

1864年　国际工人联合会即“第一国际”在伦敦成立，聚集了众多社会主义者和无政府主义者。

1872年　由于无政府主义者和社会主义者分裂，“第一国际”走向瓦解。

此后

1911年　索雷尔的追随者成立蒲鲁东圈子小组，传播反民主的思想。

1919年　小说家恩里科·科拉迪尼宣称意大利是一个“无产阶级国家”，并力图将意大利的民族主义与工团主义结合起来。

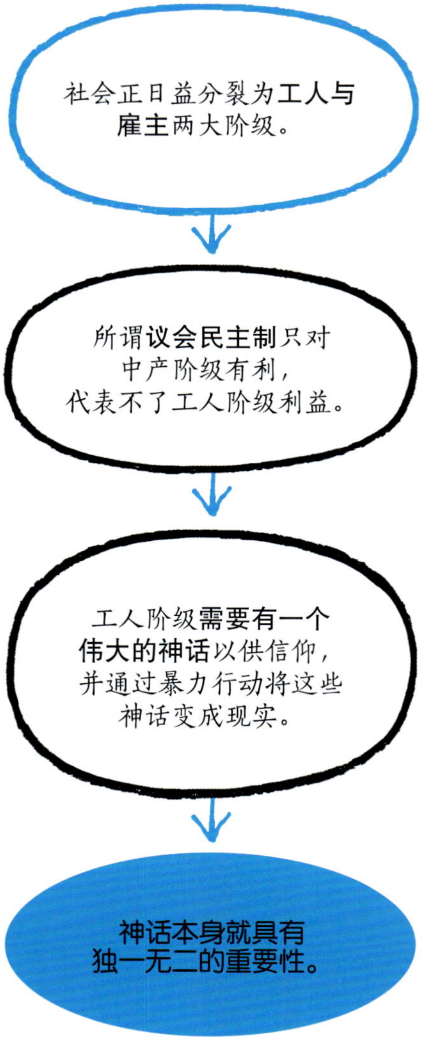

在步入20世纪之际，欧洲已经出现多个发育良好的资本主义社会。这期间，工业领域受到空前重视，资本主义创造巨大财富，而同时，还有一股新生的社会势力随之出现，那就是工业无产阶级。一批自称代表工人利益的政党相继成立，并逐步成长为在选举时期有一定影响力的稳定组织。但是，随着这些政党陷入议会政治的纠缠，并且只求在资本主义之下保住勉强争取到的一丁点权益，于是一些激进分子开始认为，这些工人政党也沦为了维护现行体制的力量。

对于这种工人政党妥协化、官僚化的现实，深受马克思、尼采和柏格森思想影响的法国思想家乔治·索雷尔提出了自己的批评。在《论暴力》一书中，索雷尔指出，工人政党之所以陷入官僚化，是因为他们对社会领域中的所谓“客观科学规律”太过迷信。他认为，自然世界本已混沌而难以理解，人类社会则更是充满不确定性，因此不可能通过一套所谓的科学系统

参见：卡尔·马克思 188~193页，弗雷德里希·尼采 196~199页，爱德华·伯恩施坦 202~203页，弗拉基米尔·列宁 226~233页，罗莎·卢森堡 234~235页。

> **暴力行动带给了社会主义崇高的伦理价值，因为它能够给现代世界带来解放。**
>
> ——乔治·索雷尔

便能对人类社会做出理性的解释。他说，那些政党深信社会历史存在发展规律，因此当他们发现当前现状能套入科学公式时，便陷入了妥协。

神话的魔力

索雷尔在对那些企图用客观科学理论理解和改造社会的观点进行训斥之后，拿出了自己的方案。他指出，要推动实质性的社会变革，人们就必须运用好“神话”。索雷尔解释道，当群众感到自己正在创造和改造历史，当他们感受到有一个史诗般的神话庇护着自己，那么他们便将众志成城，推翻现行体制，打造出一个全新的世界。而当下那些妥协的工人政党们则意识不到这一点，他们把希望寄托在议会民主制之上，并愿意让庸俗的中产阶级来统治社会，这样一来，“自由与行动”只好让位于“理性与秩序”，这必然会遭到失败。

因此，要破除资产阶级式理性的统治，就必须打造信仰神话，并将神话带入行动。索雷尔将暴力视作将神话变为现实的核心手段。他认为，早期基督教会的激进行动、法国大革命以及如今的革命工团主义与工联主义，都是这种从神话信仰走向行动的经典范例。工团主义是各种形式工会行动中最激进的一支，他们对一切侵蚀工人利益的权术操纵都严加拒斥。索雷尔看来，动员一切劳动者进罢工的行为，将是工团主义行动策略的极致手段，是通向新社会的一个现代神话；而“史诗式的暴力”则是建立这个新世界的必然手段。■

20世纪80年代英国矿工的罢工行动，正是一个在英雄史诗般的力量的鼓舞下进行抗议行动的经典例子。这与索雷尔的思路不谋而合。

乔治·索雷尔

乔治·索雷尔出生于法国瑟堡，早年研究土木工程，50多岁退休之后才开始投身社会领域。他自学成才，并作为社会理论家崭露头角。初期，索雷尔曾认可爱德华·伯恩施坦的“修正主义”，后来则转变为反对议会道路的激进思想。当时，索雷尔支持革命工团主义，并参与成立了法国总工会，反对议会政治。但后来，他幻想磨灭，转向了极右翼的“法兰西运动”，并相信贵族和工人的联盟能够推翻法国这个由中产阶级统治的社会。他复杂多变；他对第一次世界大战持批评态度，又支持过俄国的布尔什维克。在他人生的尾声，索雷尔又在布尔什维克和法西斯主义之间摇摆不定。

主要作品

1908年 《论暴力》
1908年 《进步的幻象》
1919年 《无产阶级理论材料》

我们必须根据工人的现实状况来帮助他们

爱德华·伯恩施坦（1850—1932年）

背景介绍

思想流派

社会主义

聚焦

修正主义

此前

1848年 卡尔·马克思和弗雷德里希·恩格斯发表《共产党宣言》。

1871年 德国社会民主党决定以马克思主义为指导，并投票通过了激进的社会主义宣言《哥达纲领》。

此后

1917年 俄国爆发十月革命，推翻了资产阶级政权。

1919年 德国的共产主义革命遭到镇压。

1945年 英国工党许诺进行福利改革、建立混合经济，后成功胜选上台。

1959年 德国社会民主党通过《哥德斯堡纲领》，从而抛弃了马克思主义。

在19世纪90年代初期，德国的左翼政党社会民主党前景光明。在1878年被当局视为非法政党之后，该党在十余年时间里反而赢得了更多支持者。作为欧洲最顶尖的社会主义政党，它在1890年得到解禁后开始参与政治权力角逐。

不过，党组领导成员爱德华·伯恩施坦指出了该党的一个矛盾：虽然社会民主党依然以社会制度变革为口号，但它却开始呈现出一种渐进改良的倾向，主张走议会道路，通过立法来一点点改变社会。

于是，伯恩施坦直面这一矛盾的挑战。从19世纪90年代起，他不断地论证马克思许多预言的落

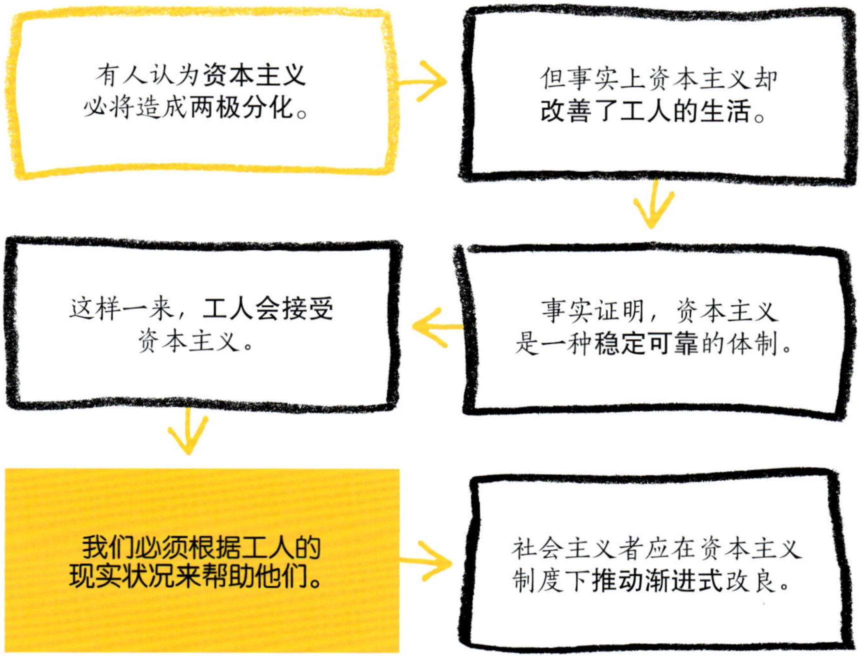

参见：卡尔·马克思 188~193页，弗拉基米尔·列宁 226~233页，
罗莎·卢森堡 234~235页。

空：例如马克思曾预言，工人阶级在资本主义社会里将越发贫穷，并最终被迫发动革命；而事实上，资本主义却逐渐发展成了一个稳定的体制。因此，人们可以在资本主义制度下，通过改良而和平进入社会主义。

渐进改革

1899年，伯恩施坦发表的《进化社会主义》激发了社会民主党党内的争论，他所提出的问题也成为20世纪社会主义者们争论不休的论题：对于资本主义，我们是应当推翻它，还是接受它，并在其制度下步步为营？这一争论的关键之处，就在于工人自己究竟如何看待这一问题。马克思认为，工人阶级在意识到有机会取代资本主义时就会发动革命。然而事实上，所谓的“阶级意识”并未给工人带来革命的共识，反而让更多的工人愿意在资本主义制度下通过投票来选出一个能改善他们生活的政党。

德国工人拥有通过罢工来要求提升工资、改善工作条件的合法权利。伯恩施坦认为，在资本主义制度下，工人阶级也能够如此从资本家那里争取到权益。

> **我们看到，在发达国家，资产阶级的特权正一步步地转移到了民主性机构的手中。**
>
> ——爱德华·伯恩施坦

伯恩施坦因此提出，社会主义者应当抛弃“工人阶级想闹革命”的预设，而应当对工人心理的真实想法进行研究，并以此展开工作。这段话正是对改良，或叫进化的社会主义思想所进行的首次正式的理论阐述。

伯恩施坦的观点遭到了正统马克思主义者的攻击；在其有生之年，他的这一思想也从未被社会民主党正式接纳过；直到1959年的哥德斯堡会议，该党才正式宣布抛弃马克思主义。不过不论该党曾更换过多少不同的政策纲领口号，但它事实上所开展的运动一直都是按照伯恩施坦所倡导的方式进行的。■

爱德华·伯恩施坦

伯恩施坦年仅22岁就成为社会主义者，并加入了德国社会主义运动中的马克思主义派别。1878年，德国颁布《反社会党人法》禁止了社会主义组织，伯恩施坦被迫逃亡伦敦。他在那里结识了其他被驱逐出境的同仁，并与恩格斯建立了密切的工作友谊。

此后伯恩施坦回到苏黎世，担任社会民主党机关报的主编。1890年，该党获得解禁，而伯恩施坦则开始通过报纸逐渐勾勒出一个相对温和的修正主义路线。1901年，他回到德国，一年后当选帝国议会的议员。由于反对第一次世界大战，伯恩施坦在1915年同该党决裂，不过，他在1920年到1928年间，又重新以社会民主党的身份成为议会成员。

主要作品

1896—1898年 “社会主义的问题”系列文章

1899年 《社会主义的前提和社会民主的任务》

我们虎视眈眈的强大邻居是拉丁美洲最大的威胁

何塞·马蒂（1853—1895年）

背景介绍

思想流派

反帝主义

聚焦

美国干预问题

此前

1492年　在西班牙皇室的资助下，克里斯托弗·哥伦布发现新大陆。

1803年　委内瑞拉成为拉丁美洲第一个反抗西班牙殖民统治的国家。

此后

1902年　古巴正式获得独立，但是关塔那摩湾依然掌握在美国手中。

1959年　古巴独裁者巴蒂斯塔将军被菲德尔·卡斯特罗发动的7·26起义所推翻。

1973年　智利民选领袖萨尔瓦多·阿连德被CIA扶持的军阀所发动的智利政变所推翻。80年代，独裁军阀占据了拉丁美洲大多数国家的政权。

拉丁美洲是殖民地的集合，各国拥有共同的祖先和政治遗产。

→ 欧洲的殖民主义已被推翻……

→ ……但是来自美国的新型殖民主义随时可能到来。

→ 为了维护国家主权和人民民主……

→ ……拉丁美洲国家必须互相扶持以一致对外。

到19世纪时，西班牙和葡萄牙统治其殖民地的能力已大幅削弱。同时，法国大革命和美国独立运动的成功，也激励和促进了拉丁美洲殖民地反抗其欧洲宗主国的运动。到19世纪30年代时，绝大多数的拉美殖民地都已赢得民族独立，只有波多黎各和古巴还处于宗主国的直接统辖之下。

何塞·马蒂是古巴独立斗争的先驱。19世纪下半叶，古巴人民对西班牙统治展开的一系列起义和战争时，马蒂开始敏锐地意识到，还有一股更大的力量威胁着拉丁美

参见： 西蒙·玻利瓦尔 162~163页，埃米利阿诺·萨帕塔 246页，史沫特莱·D.巴特勒 247页，切·格瓦拉 312~313页，菲德尔·卡斯特罗 339页。

> **权利不能靠请求，而要靠争夺；它不能靠乞讨，而要靠攫取。**
>
> ——何塞·马蒂

洲国家的主权。

那就是横于拉丁美洲北边的美国。1776年，北美洲十三个殖民地宣告从英国独立，并通过战争于1783年完成了独立。到1865年南北战争结束之时，美国已经控制了这块大陆北部的广袤领土，并继续对其他地方虎视眈眈。

1823年，美国总统詹姆斯·门罗发表了后来演变为“门罗主义”的演说，他表示美国将反对欧洲列强的殖民主义，并将把“旧世界”对美洲的任何扩张和建立殖民地的举动视为敌意行为。事实上，在这套门罗主义下，美国把整个美洲都被收入到了自己的保护之下。

新的殖民势力

最初阶段，拉丁美洲革命运动对门罗主义是持欢迎态度的。委内瑞拉的独立领袖西蒙·玻利瓦尔最开始也认为，拉美的独立斗争又有了强有力的同盟者。但是，随着美国实力的不断增强，门罗主义已成为美国宣告对其“势力范围”控制权威的说辞。

马蒂在其人生的晚期开始研究拉丁美洲如何应对这种威胁，从而守护其来之不易的独立。他认为，北方的美国很可能成为新的殖民势力，对拉丁美洲的人民民主造成威胁。他为拉丁美洲在接下来的一个甚至几个世纪里共同的帝国主义威胁的本质进行了阐释：那就是美国必将独自追求自己的经济和政治利益，不论对拉丁美洲产生何种影响都在所不惜。

马蒂死于1895年，三年后美国从西班牙手中获得了古巴的控制权。第二次世界大战后，美国长期在拉丁美洲扶持军阀发动政变，受到世人诟病，马蒂的预言成为现实。■

1973年智利政变，智利总统府遇袭，亲社会主义的总统萨尔瓦多·阿连德遇害。在美国扶持下，军阀在多个拉丁美洲国家发动政变，这是其中一例。

何塞·马蒂

何塞·马蒂出生于哈瓦那，是古巴著名的思想家、诗人、散文家和革命家。马蒂积极参加了1868年爆发的反抗西班牙殖民者的十年战争。1869年，马蒂因反叛罪被判处6年监禁和苦役。两年后，马蒂因患病被流放到西班牙，并在那里开始求学。

马蒂在欧洲获得法学学位之后回到美洲，开始鼓吹拉丁美洲国家的团结和独立。1892年，马蒂成立了古巴革命党。1895年5月19日，马蒂在多斯里奥斯的一场反对西班牙殖民者的暴动中战死沙场。1898年，美西战争爆发，在美国的插手之下，古巴终于摆脱了西班牙的统治。

主要作品

1891年 《我们的美洲》（散文）
1891年 《纯朴的诗》（古巴著名的爱国主义民谣《关塔纳梅拉》收录其中）
1892年 《祖国》日报

有必要为了成功而冒险

彼得·克鲁泡特金(1842—1921年)

背景介绍

思想流派

无政府共产主义

聚焦

政治行动

此前

1762年 让-雅克·卢梭在《社会契约论》的开篇写道,“人生而自由却无往不在枷锁之中”。

1840年 在《什么是财产》中,蒲鲁东把自己称为无政府主义者。

1881年 俄国沙皇亚历山大二世在圣彼得堡遇刺身亡。

此后

1917年 布尔什维克夺取俄国政权。

20世纪60年代 欧美地区兴起反文化运动,有一些参与者占领空房并组建起了社群。

2011年 全球经济危机中,美国爆发抗议贫富差距的占领华尔街运动。

19世纪末期,沙皇统治下的俄国可谓是各种思潮和运动的温床。从法西斯主义到共产主义,一应俱全。彼得·克鲁泡特金正是这个时代的产物。他本是一位亲王的儿子,却一脚踹开了自己的贵族生活,并呼吁人们去摧毁一切的权威。在1892年的《夺取面包》中,他提出,合作是人类最杰出的才能,它能让人们摆脱一切压制性社会结构的束缚。从当时渐入佳境的劳工运动中,克鲁泡特金看见了推翻教会僧侣和资本家的剥削统治并建立起相互尊重和共同合作的社会的可能性。于是,他写下无政府共产主义的原则,即倡导“合作信念”“社会平等”和“自由国度”。

为行动而呐喊

克鲁泡特金呼吁无政府主义者要不断地行动。虽然他同情十月革命,但是却鄙视布尔什维克的权威主义姿态。他认为,在新世界里不需要太多新的思想指引,无政府主义者必须革除一切钩心斗角和妥协退让的想法,用行动去反抗一切的压迫,让这个腐朽的世界感受他们道德的烈火。克鲁泡特金深化了无政府主义“行动的政治”内涵,并在20世纪里,使这一信念在极端的意识形态中不断出现。■

> 不要再怯懦地“遵纪守法”了,让我们高喊“反对一切法律”!
>
> ——彼得·克鲁泡特金

参见: 皮埃尔-约瑟夫·蒲鲁东 183页,米哈伊尔·巴枯宁 184~185页,亨利·戴维·梭罗 186~187页,卡尔·马克思 188~193页,弗拉基米尔·列宁 226~233页。

要么让女人死，要么让女人投票

埃米琳·潘克赫斯特（1858—1928年）

背景介绍

思想流派
女性主义

聚焦
公民抗命

此前
1792年 玛丽·沃斯通克拉夫特发表《女权辩护》，发出妇女争取平等权利的先声。

1865年 自由主义哲学家约翰·斯图亚特·密尔当选议员，并在任期内为女性的政治权利而积极努力。

1893年 新西兰成为首个授予女性选举权的国家。

此后
1990年 瑞士内阿彭策尔州被迫同意赋予女性投票权（瑞士的其他州最晚已在1971年实现）。

2005年 科威特妇女获得投票和参选议会的权利。

20世纪初叶，世界上多个国家普及了选举权，但是女性的相关权利没能跟上步伐。1893年，新西兰成为世界上首个赋予女性选举权的国家，但是在欧洲和北美，进展却极其缓慢，思想顽固的政客、总体保守的舆论和不怀好意的新闻报道每每从中作梗。

1903年，激进的活动家埃米琳·潘克赫斯特与其同僚一起建立了妇女社会政治同盟（WSPU）。这群被称为“妇女参政权运动者”的妇女们展开了激进的社会行动和公民抗命，其手段粗暴，时常打碎窗户、袭击路人甚至纵火。1913年，在德比赛马会上，激进妇女埃米莉·戴维森突然冲向国王乔治五世的赛马，并让赛马活活踩死；同一年，被捕入狱的妇女们在绝食抗争时，遭遇了狱方的强制灌食。

1914年5月，**埃米琳·潘克赫斯特**在白金汉宫门外被逮捕。当时，妇女社会政治同盟（WSPU）在追求目标的过程中采取了大量激烈的直接行动。

这些事件之后，潘克赫斯特喊出了“要么让女人死，要么让女人投票”的声音，向世人宣告了她们矢志不渝的必胜决心。不过，随着第一次世界大战的爆发，妇女社会政治同盟将重心转移到对第一次世界大战的支持上，社会活动遭到削弱。但第一次世界大战结束时，政府同意赋予30岁以上的女性选举权；而到了1928年，选举权终于扩展到了所有的成年女性。■

参见：玛丽·沃斯通克拉夫特 154~155页，约翰·斯图亚特·密尔 174~181页，西蒙娜·德·波伏娃 284~289页，希尔琳·艾芭迪 328页。

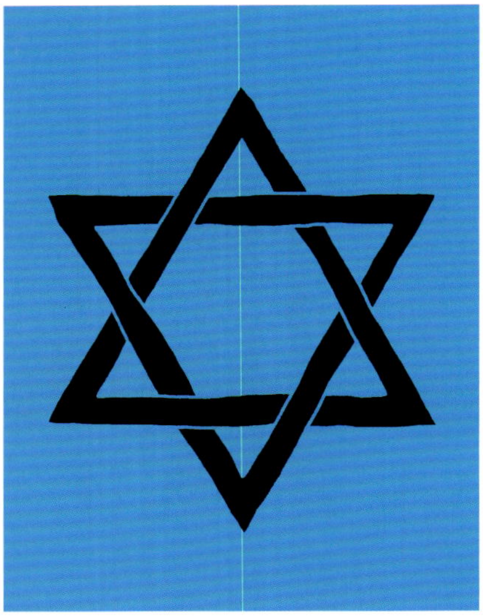

那些反对建立犹太国的人简直不可理喻

西奥多·赫茨尔（1860—1904年）

背景介绍

思想流派

犹太复国主义（锡安主义）

聚焦

犹太国

此前

1783年 德国哲学家摩西·门德尔松在《耶路撒冷：论宗教权利与犹太教》中提倡，世俗国度也应施行宗教宽容。

1843年 德国哲学家布鲁诺·鲍威尔在《犹太人问题》中提出，犹太人若想获得政治权利，就必须摆脱宗教信仰。

此后

1933年 阿道夫·希特勒上台，在德国推行民族主义和反犹主义。

1942年 纳粹高层们在万湖会议上讨论了对犹太人问题的“最后解决”方案。

1948年 以色列国成立。

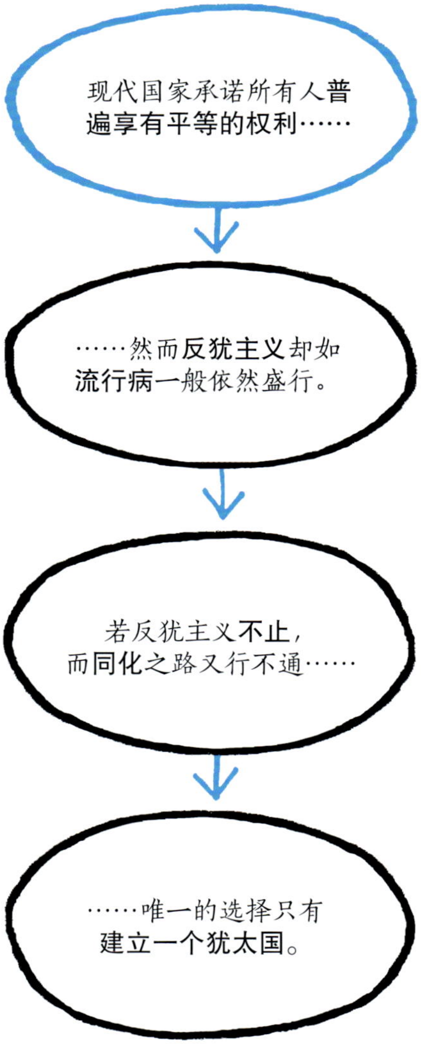

法兰西第三共和国在成立时，向所有公民许下承诺，法律面前人人平等。然而，这一平等的承诺却遭遇了现实的严重挑战。1894年12月，法国炮兵、犹太人阿尔弗雷德·德雷福斯被指控里通德国，并被判处终身监禁。虽然有明显的证据表明出卖情报的是另一个人，而且那些构陷德雷福斯的“证据”已证实纯属捏造，但是判决结果却得不到更改。当时，供职于一家奥地利报纸的犹太青年西奥多·赫茨尔作为记者参与了这个事件的报道。

这一案件造成了法国社会的一次激烈的分化。德雷福斯的支持者们被称为德雷福斯派，他们认为诬陷这位无辜炮兵的主要原因是弥漫于社会的反犹情绪。他们掀起一场要求释放德雷福斯的运动，参与者既有许多政客和工会，又有像爱弥儿·左拉这样的知识分子。

但是，反德雷福斯派认为，虽然自由、平等和博爱确实是法国人的价值追求，但是并非所有居住在

参见：约翰·戈特弗雷德·赫尔德 142~143页，马库斯·加维 252页，汉娜·阿伦特 282~283页，阿道夫·希特勒 337页。

这个国家的人都能被视为同胞。于是，每当德雷福斯派为案件举行抗议示威时，总会有另一群人吼着“犹太人该死”来与他们针锋相对。

欧洲曾有一段丑陋而漫长的反犹主义历史：教会不时颁布歧视犹太人的法令，而民间则始终弥漫着各种类似的偏见，种族清洗的呼声不时泛起。许多国家拒绝犹太人入境，而且绝大部分国家都不愿给犹太人完整的政治权利。不过，到了19世纪末期，在启蒙运动的理性精神影响下，许多现代民族国家开始废除那些宗教歧视法令，法国也在其列。同时，越来越多的人开始相信，把犹太人完全整合成当地人的“种族同化”，也是一种对待犹太人的可行方案。

反抗同化

虽然在政府层面上有了如此改变，但是德雷福斯案还是让赫茨尔相信，社会中的反犹主义根深蒂固，不论是彻底消灭反犹主义，还

赫茨尔认为，为自己建造一个家园的信念已经渗入犹太人的骨髓。让犹太人团结地生活在一起，是让犹太人躲避外界的反犹主义情绪的唯一办法。

> **我们每到一个地方定居，都会真诚地去融入当地的民族和社群，只期能够接续我们先父们的信仰，但是这却得不到任何人的通融。**
>
> ——西奥多·赫茨尔

是让犹太人积极同化的打算，都注定会失败。因此，犹太人应该选择民族主义。赫茨尔说，犹太人是“一个民族”，所以散落飘零在世界各地的犹太人应当团结在一个犹太国里，来维护犹太人在世界中的权利。于是他开始为建立犹太国四处奔走，积极游说欧洲列国帮他寻找一块土地，并呼吁全球各地的犹太人为此项行动筹款募捐。

赫茨尔的思想迅速传播，但也遭到部分更希望同化的犹太人社群的激烈抵制。在赫茨尔去世十几年之后，他的犹太复国运动才取得实质性进展。1917年，英国政府表示愿意为犹太人重返巴勒斯坦建立家园而提供帮助，这一表态也为该项事业奠定了基础。纳粹在第二次世界大战中对犹太人进行了大屠杀。战后，以色列国终于于1948年成立。■

西奥多·赫茨尔

西奥多·赫茨尔出生于奥匈帝国布达佩斯的一个十分世俗化的犹太人家庭。18岁时，赫茨尔移居维也纳，并在那里学习法律。最开始，赫茨尔加入一个叫阿比亚的德国民族主义学生兄弟会，并参加该组织的政治活动，但后来由于这一组织的反犹主义而决定退出。

赫茨尔在短暂担任律师之后转行做记者，为《新自由报》担任驻外记者，并在巴黎报道了德雷福斯事件。这起案件中反映出的恶劣的敌意和种族主义，促使赫茨尔放弃了最初的同化主义立场。他从此开始为犹太复国运动的事业不断组织活动，争取支持，并在1896年发表了引发较大争议的《犹太国》一书。一年之后，在瑞士巴塞尔举行的第一次犹太人代表大会上，他当选为主席，并将这次大会称为犹太国的国家议会。赫茨尔44岁时因心脏病去世。

主要作品

1896年 《犹太国》
1902年 《新故土》

若让工人过得穷困潦倒，那这个国家已经无可救药

比阿特丽丝·韦伯（1858—1943年）

背景介绍

思想流派

（费边）社会主义

聚焦

社会福利

此前

1848年 法国哲学家奥古斯特·孔德发表《实证主义总论》，主张对社会进行科学的研究分析。

1869年 英国慈善组织会社成立，旨在加强对“值得帮助的穷人”（deserving poor）的慈善救济。

1889年 英国改革家查尔斯·布思发现，伦敦有三分之一的人口生活在贫困之中。

此后

1911年 英国推出《国民保险法》，将社会保险扩展到了失业和医疗领域。

1942年 经济学家威廉·贝弗里奇的《社会保险及相关服务》为英国的福利制度奠定了基础。

19世纪末期，随着资本主义制度在英国的逐渐巩固，这一制度所造成的失业和贫困问题开始成为公众关注的重点。

1905年，英国皇家专门调查委员会对这一问题展开全面调查。社会调查的先驱比阿特丽丝·韦伯也是这个委员会的成员，她当时曾提出一份激进的报告，建议通过建立福利国家制度，为受困于失业和病痛的人们提供社会保障，但她只获得了少数人的支持。西德尼·韦伯是比阿特丽丝的丈夫和合作伙伴。他们提出，让一位为所有人谋利的仁慈领袖来对社会进行规划，就将解决当前的社会问题。

> 我们迫切需要对社会的基底进行整顿。
>
> ——比阿特丽丝·韦伯

合理规划的社会

韦伯夫妇不认同自由放任市场经济的优越性，也不认可仅仅依靠慈善组织和自我救助的济贫方式。他们提倡的，是一种经过合理规划的社会组织形式。但同时，他们也与那个时代的多数人一样，对优生人种论推崇备至，并且相信经过合理的规划，人类的血统也可以逐渐得到优化。所以，在比阿特丽丝·韦伯看来，穷人本人的想法以及自我改善的努力并不重要。重要的是，让高明的规划者来管理这个社会，并相信大多数人会愿意接受这种社会管理形式。■

参见： 爱德华·伯恩施坦 202~203页，简·亚当斯 211页，约翰·罗尔斯 298~303页，米歇尔·福柯 310~311页。

美国在保障性立法方面的缺失让人失望

简·亚当斯（1860—1935年）

背景介绍

思想流派

社会改良运动

聚焦

社会改革

此前

19世纪80年代 德国首相奥托·冯·俾斯麦推出了历史上第一部社会保险法规。

1884年 坐落于伦敦东部怀特查帕尔的汤因比馆开馆，专为穷人提供舒适的福利生活设施。1887年，简·亚当斯曾前来参观。

此后

1912年 美国政府成立儿童局，负责管理并提供与儿童相关的社会福利。

1931年 简·亚当斯成为美国第一位获得诺贝尔和平奖的女性。

1935年 美国首次建立社会保障制度。

美国政府发布的1890年人口普查报告中写道，西进运动已踏遍该国的所有疆域，宣告着这一拓荒行动走向尾声。但是，这一筚路蓝缕的拓荒精神，已经成为美国的标签，在社会中生根发芽。而社会的改革家们在继续向无限的机会和经济增长进发的同时，也开始探索本国穷人以及工人阶级所面临的贫穷和缺乏机遇等社会问题。

1889年，社会学先驱、女性投票权运动倡导者简·亚当斯在芝加哥开设赫尔宫，成为第一家社会服务机构。该组织旨在为城市中的穷人，尤其是贫困的妇女和儿童提供福利生活设施和相关服务。这个机构资金源自支持慈善事业的富人的捐助，并依靠志愿者进行日常运作。亚当斯希望，赫尔宫的实践能让人们了解到，不同的阶级相互协作能够使大家共同获益。她相信，这一实践能将年轻人的充沛精力转化为有价值的行动，并让他们自小养成良好的习惯，避免由于贫穷而遭遇病痛的折磨，或走向犯罪的道路。

亚当斯坚信，教育是每个人获得平等机会的关键因素。她为孩子设立了幼儿园和俱乐部，并向成年人开设夜校课程。

亚当斯写道，在工业化的大背景下，相较于其他国家，美国为妇女和儿童提供保障性生活的法律十分匮乏和落后。她认为，单靠个别人的慈善救济并不能产生很好的效果，只有通过调动公众的参与，并辅以法律的支持，才能解决这些问题。■

参见： 比阿特丽丝·韦伯 210页，马克斯·韦伯 214~215页，约翰·罗尔斯 298~303页。

耕者有其田

孙中山（1866—1925年）

背景介绍

思想流派
民族主义

聚焦
平均地权

此前

1842年 中英签署《南京条约》，香港岛被割让给了英国。

1901年 八国联军攻占北京，针对洋人的义和团运动被扑灭。

此后

1924—1927年 第一次国民革命失败，共产党撤向农村。

1931年 日本入侵中国，中华民族在国共两党的带领下展开了抗日斗争。

1945年 日本投降之后，中国很快爆发了国内战争。最终共产党赢得了这场胜利。

公元前221年秦朝成立，自此中国成为一个大一统的国家。但19世纪中叶以来，西方列强开始通过各种不平等条约，把魔爪伸向中国，欲行瓜分之事。在列强船坚炮利的胁迫之下，清朝皇帝被迫割地赔款，这些条约打断了中国独立发展之路，使人民的生活更加困难。清朝政府割地丧权又压榨百姓，引发了一场长期的社会危机。内忧外患之下，人们开始对清朝统治逐渐丧失信心，民间起义风起云涌，社会持续遭到严重冲击和破坏。

清朝统治者腐败无能、积贫积弱，又丧权辱国。

但中华民族历史悠久……

……若能辅以西方的民主制度……

……加上发展经济和平均地权的政策……

……定使中华民族实现现代化，并走向共和。

参见: 伊藤博文 195页, 何塞·马蒂 204~205页, 埃米利阿诺·萨帕塔 246页, 穆斯塔法·凯末尔·阿塔图尔克 248~249页。

在孙中山三民主义的构想中，**广大农民群众都能获得耕地。**他相信，只要平均地权能够实现，社会经济就会得到发展。

中国对西方列强和日本的连续失败，引发了全社会对民族前途的争论，在这种大背景下，一种独特的民族主义登上了历史舞台。这一股思潮主张革除旧制，突破旧式农民起义的局限，通过学习西方来使中国实现现代化。孙中山从19世纪80年代起，就活跃于这些救亡图存的社会团体之中，酝酿通过起义来反抗清朝的统治。同时，孙中山又与那个时代的大多数人不同，他十分重视中华文化，希望把西方的价值融入中华民族的历史传统中来。

三民主义

孙中山把他的核心思想总结为三民主义：民族主义、民权主义和民生主义。其中，民生主义就是要让社会从贫弱走向富强。同时，孙中山特别看重社会资源的公平分配，尤其是将地权分配给农民，即所谓的“耕者有其田”。为此目的，人民必须要革了旧式土地制度的命，并推翻维系这种土地制度的专制皇权统治，为建立一个民主共和的现代中国扫清道路。

孙中山在中国革命运动中扮演着一个独一无二的动员者角色。1911年辛亥革命之后的混乱时期，是他所建立的国民党在大部分时间里统治了中国；在1922年，国民党又提出同中国共产党展开合作，不过由于时处军阀混战时期，统一的中央政府始终没能建立起来。1926年起，国民党连续发动政变，导致了国共合作的破裂。1949年，共产党获得国内战争胜利，国民党败退台湾。

近年来，中国共产党开始更加重视孙中山的思想遗产，在发展社会主义市场经济的道路中，孙中山也被视为其事业的先驱和榜样。■

> 国家之本，在于人民。
>
> ——孙中山

孙中山

孙中山出生在广东省香山县翠亨村，13岁时迁居夏威夷檀香山，接受了系统的西式教育。他学习英文，涉猎广泛，后来在香港求学期间皈依了基督教。他起先是一名医生，但后来放弃行医，全身心地投身于革命事业之中。

孙中山逐渐成为中国现代化事业中的一名职业革命家。在最初几次起义失败之后，孙中山被迫逃亡海外。1911年十月，武昌起义爆发，并迅速获得南方各省响应。孙中山随后被选为临时大总统，但在南北议和之后辞职。1912年，孙中山参与改组国民党，并继续为建立统一国家而展开革命，但也是从那时起，军阀割据混战的时期开始了。

主要作品

1917—1920年 《建国方略》
1922年 《实业计划》，又名《国际共同发展实业计划》
1927年 《三民主义》

人不过是这台不断运转的机器中的小小齿轮

马克斯·韦伯（1864—1920年）

背景介绍

思想流派

自由主义

聚焦

社会

此前

1705年 荷兰哲学家伯纳德·曼德维尔在《蜜蜂的寓言》中指出，个人的自利行为能够孕育出符合公共利益的社会机制。

1884年 马克思的《资本论》最后一卷未能完成，但是在其去世后依然顺利出版。

此后

1937年 美国社会学家塔尔科特·帕森斯发表《社会行动的结构》，让全世界更多地方的学者了解到了韦伯的思想。

1976年 英国社会学家安东尼·吉登斯发表《资本主义和现代社会理论》，对韦伯的社会学思想提出批评，他主张，在社会行为中居首要地位的是结构（而非个人）。

19世纪资本主义兴起，人们开始运用新的方式来认识这个日新月异的世界。随着科学技术的不断进步，人们开始试着像研究自然那样科学地研究社会。马克斯·韦伯就为当时还是一门全新学科的社会学提供了一条研究社会的路径。在其未能完成的著作《经济与社会》中，韦伯提出运用“理想类型”这样的抽象概念来研究社会。“理想类型”就像画一幅肖像漫画，它会把描述对象的关键特征进行夸大，同时削弱次等因素，从而把深层的内涵突现出来。这一方法是韦伯研究的关键，他运用此法，将复杂的社会构成进行简化处

个人的行为受到自己对**世界的认识**的影响。

个人进行**集体行为的方式**相当复杂。

个人的观点聚合成为**集体的认识**，比如宗教。

然而由这些集体的认识构造而成的**社会结构**会反过来**限制个人的自由**。

人不过是这台不断运转的机器中的小小齿轮。

参见：米哈伊尔·巴枯宁 184~185页，卡尔·马克思 188~193页，乔治·索雷尔 200~201页，比阿特丽丝·韦伯 210页。

红火蚁的群居方式十分复杂，而其中任何一只红火蚁都是蚁巢整体繁荣的关键因素。无独有偶，韦伯认为，个人的行为乃是社会的重要组成部分。

理，从而帮助人们理解社会。在他看来，社会学家的任务就是通过对现实进行观察，从而构建起理想类型并在此基础上做分析。这就与马克思分析社会现象的方法不同了。马克思并不主张直接的外部观察，而是选择对现象的内在深层逻辑做出分析，从而推演出社会的运行方式。

集体的认识

韦伯认为，要理解社会，就要先对社会成分进行研究，而首要的成分是个人。个人进行集体行为的方式十分复杂，但是社会学家通过研究便能够理解：个人拥有一种行为的能力，这种行为能力又会受到个人对世界认识的影响。这些认识会整合成为集体的认识，例如宗教、社会经济系统和资本主义，都是这种集体认识的范例。韦伯在其早期著作《新教伦理与资本主义精神》中指出，为资本主义原始积累和市场经济的形成奠定基础的，正是新教的个人主义的逐利精神（这种集体认识）。《经济与社会》一书对这一观点进行了进一步的拓展，对不同的宗教做出了区分，并对人们在一个更广义的信念系统中进行社会行为的方式做出了研究。

被束缚的行为

韦伯谈到，当社会的集体结构稳定下来后，这些结构并不能成为扩展个人自由的能动因素，它们反而会限制个人自由。所以韦伯说，人不过是这台“机器”中的“齿轮”而已。人们创造出的这个结构，最终却对人自己的行为造成了束缚。当然这种现象或许能形成一些额外的深远影响：例如，是新教伦理指引了人们去勤奋工作，而新教的禁欲主义也限制了人们的消费，但正是这种节俭才为资本的积累创造了条件。■

> 世上并不存在一种能作为行为主体的集体性格。
>
> ——马克斯·韦伯

马克斯·韦伯

马克斯·韦伯出生于德国埃尔福特，早年在海德堡大学攻读法律。在“社会学”成为一门学科之前，韦伯的领域主要涉及法理学、历史学和经济学。之后，他成为弗赖堡大学的经济学教授。韦伯早年热衷于现实政治活动，他潜心于19世纪90年代波兰移民问题的系列研究，这也为他在社会政策领域奠定了名声。此外，他还参加过德国福音派社会代表大会（Evangelical Social Congress）的社会改革运动。第一次世界大战之后，他加入了自由派的德国民主党。

韦伯同父亲之间长期争吵，这间接造成了1897年父亲的去世。之后韦伯精神一度崩溃，并且再也没有完全恢复。那以后，他没能再获得终身教职，并一直遭受着失眠症和抑郁的折磨。

主要作品

1905年 《新教伦理与资本主义精神》
1922年 《经济与社会》
1927年 《世界经济通史》

THE CLASH OF IDEOLOGIES

1910–1945

意识形态的碰撞

1910年—1945年

1910年
埃米利阿诺·萨帕塔建立**南方解放军**，参加墨西哥资产阶级革命。

1912年
辛亥革命推翻清朝统治之后，孙中山成为**中华民国**临时大总统。

1914年
斐迪南大公在萨拉热窝被**暗杀**，第一次世界大战爆发。

1917年
继**二月革命**推翻沙皇尼古拉二世统治之后，列宁通过**十月革命**建立起布尔什维克政权。

1918年
第一次世界大战交战国签署停战协议；不过一年之后的**《凡尔赛合约》**才标志着第一次世界大战正式结束。

1922年
约瑟夫·斯大林成为**苏联共产党**总书记。

1922年
贝尼托·墨索里尼**向罗马进军**，并随后成为意大利总理。

1923年
穆斯塔法·凯末尔·阿塔图尔克领导土耳其独立战争取得胜利之后当选**土耳其共和国**总统。

20世纪上半叶，老牌帝国主义国家日渐衰落，共和制国家则不断涌现。但是，这种此消彼长也造成了广泛的政治动荡，在欧洲引爆的两次世界大战成为这段时期的主题。在这个新老秩序交替的过程中，一批带有极端民族主义和威权主义色彩的政党先后成立。同时，1917年的十月革命也为布尔什维克后来的社会主义统治铺设了道路。1930年前后的大萧条，则对美国迅速增长的经济和自由主义予以了沉重一击。

世界革命浪潮

但是，掀起意识形态对抗的革命浪潮并非自欧洲开始。1910年，历时十年的墨西哥革命爆发，波费里奥·迪亚斯政权倒台。1911年，中国爆发辛亥革命，推翻了清朝统治，建立了孙中山领导的中华民国。不过这一时段影响最为深远的革命发生在俄国。1905年，俄国爆发一系列革命，但没有取得成功；1917年，革命之火再次点燃，二月革命推翻了尼古拉二世统治；十月革命更是建立起了布尔什维克政权。而第一次世界大战之后，人们的乐观情绪也没能持续多久。当时人们曾对国联寄予厚望，希望它能为人类带来长久的和平，但是在弥漫于欧洲的紧张情绪面前，国联却束手无策。此外，一些国家沉重的战争赔款以及战后经济的崩溃，也刺激了激进主义的觉醒。

独裁与抵抗

于是，德国和意大利诞生了极端主义政党：阿道夫·希特勒的纳粹党和贝尼托·墨索里尼的法西斯党。而在西班牙，还有弗朗西斯科·佛朗哥煽动着民族主义者来反对西班牙共和国的政权。在苏联，在1924年列宁去世之后，斯大林变得愈发专制，他一边铲除异己，一边则着力把苏联建成一个工业和军事强国。

在欧洲大陆国家出现多个极

1926年

阿道夫·希特勒在《我的奋斗》中陈述了自己的政治理念。

1930年

为反对英国在印度的统治政策，圣雄甘地发动了**非暴力不合作**的食盐进军运动。

1933年

美国总统富兰克林·罗斯福推行新政，推出了一系列政府**干预经济**的政策。

1936年

弗朗西斯科·佛朗哥发动反西班牙共和国的军事政变，西班牙内战打响。

1937—1945年

在抗日战争期间，毛泽东领导**共产党**参加抗战。

1939年

德国**入侵波兰**，第二次世界大战爆发。

1941年

日本偷袭**珍珠港**，美国从此卷入第二次世界大战。

1945年

盟军攻克柏林，**欧洲战场结束**；而**日本**也在原子弹爆炸之后**投降**。

权主义政权之时，海峡对岸的英国却迎来了日不落帝国的夕阳余晖。英国统治下的多个殖民地陆续掀起了民族解放运动：在亚洲，印度在圣雄甘地的非暴力不合作运动下争取独立；而非洲也出现了由乔默·肯雅塔所领导的肯尼亚民族起义。

战火点燃

1929年，纽约证券交易市场股市暴跌，20年代的繁荣增长盛极而衰，世界迎来了大萧条。1933年，总统富兰克林·罗斯福推行新政，为美国政治带来了新自由主义。美国虽然在第二次世界大战前期一直对欧洲战事保持中立，但绝非毫无关联。纳粹德国的反犹政策迫使许多知识分子从欧洲移民到了美国，西方马克思主义的法兰克福学派便在其列。这些移民同时也把思想带到了美国，其中一些还对罗斯福政策提出了质疑。

亚洲地区同样战火纷飞。1937年，日本军国主义者发动侵华战争，这期间，毛泽东率领中国共产党进行了抗日战争。

在欧洲，英国一开始也不想卷入任何战事。虽然眼下法西斯正日益猖獗；但即使在1936年爆发的西班牙内战中，德国和苏联都各支持一方，英国也依然保持隔岸观火的姿态。但是，英美两国国内对遏制希特勒的呼声和压力也日益多了起来。1939年第二次世界大战爆发，随后盟军势力开始壮大；而1941年在日军突袭珍珠港后，美国也被卷入了战争。

尽管在第二次世界大战中，美国、英国和苏联曾通力合作，但是在战争结束之后，却又形成了东方共产主义与西方资本主义之间的两极格局，而欧洲其他国家则夹在中间伺机而动。冷战铁幕落下，这将成为后面半个世纪世界的主旋律。■

非暴力是我的第一信念

莫罕达斯·甘地（1869—1948年）

背景介绍

思想流派

反殖民民族主义

聚焦

非暴力抗争

此前

公元前6—公元前5世纪 强调非暴力和自律的耆那教在印度广为传播。

1849年 亨利·戴维·梭罗在《论公民的不服从》中，捍卫了公民出于良知而反对不公正法律的行为道德。

此后

1963年 民权运动领袖马丁·路德·金在华盛顿特区发表“我有一个梦想”的著名演讲，这篇演说描绘了他对黑人与白人和谐共处的美好愿望。

2011年 埃及民众在首都开罗解放广场的和平抗议最终导致了总统穆巴拉克的下台。

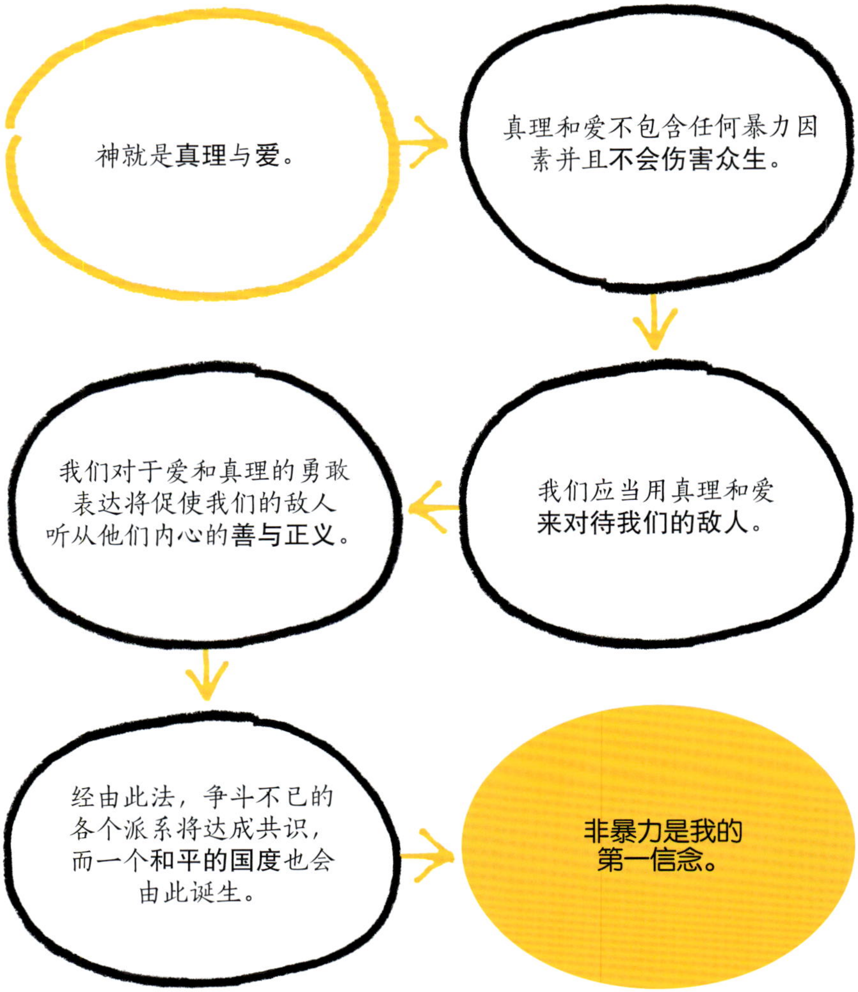

16世纪以来，欧洲列强中先后诞生了多个世界性的殖民帝国。这些帝国主义国家在殖民过程中将其民族认同感展现得淋漓尽致，不曾想这竟引发了被殖民者的效仿，间接地刺激了当地人的民族解放运动。欧洲殖民者的认同感以民族国家意识和地理疆界之内的主权意识为基础；而殖民地人民在目睹了这种民族认同感的魅力之后在心中也开始燃起对于国家独立和民族自决的强烈追求。然而，由于经济和军事力量的匮乏，众多反殖民主义运动不得不发展出一套不同于欧洲的民族主义模式。

精神武器

20世纪上半叶，为从英国统治下获得独立，印度人民进行了英勇抗争，这一过程充满了其精神领袖莫罕达斯·甘地的政治和道德哲学的印记。甘地有一个更加知名的荣誉称号“圣雄”，意为“伟大的灵魂”。尽管甘地对强大的民主国家心驰神往，但他坚信，单靠暴力的方式既不可能打败，也不可能缔造或者维持一个民主国家。相反，他所崇尚的方式，是一种被自己称为“追求真理”的非暴力不合作的伦理观，这种伦理观重视德行与良知，并以此为出发点来看待正在改变20世纪政治图景的反殖民主义浪潮。甘地称，这种方式是一种“纯粹的精神武器”。

甘地相信整个宇宙都受“真理”这一最高原则统治。在他看

参见：伊曼纽尔·康德 126~129页，亨利·戴维·梭罗 186~187页，彼得·克鲁泡特金 195页，阿伦·奈斯 290~293页，弗朗茨·法农 304~305页，马丁·路德·金 316~321页。

来，“真理”是神的另一个名字；这里所称的神是爱之神，他认为，爱之神是世间一切伟大宗教的基础。甘地相信，因为所有人都是此神的造物，所以“爱”是人类一切关系中唯一的准则。爱意味关怀、尊重和无私，并且终身奉献于“为一切眼睛擦去泪水”的伟大事业。甘地补充道，想要实现这一点，必须要靠一种非暴力的政治。尽管甘地本人是一名印度教徒，但他在发展自己的道德哲学过程中还汲取了众多不同宗教传统的养分，其中就包括宣扬不伤害众生的耆那教教义和俄国小说家列夫·托尔斯泰的和平主义基督教学说。

政治目标

甘地的理念是在生活中的每个领域都实现爱的统治。他坚持认为，在面对个人或国家的残忍伤害时，不可进行暴力抵抗或肆意报复，而应当忍受痛苦甚至“转过另一边脸去让人打”，因为只有这样，才能真正地实现自己的政治及精神追求。这种心甘情愿的自我牺牲将会像真理之神的律令一样引导着人类的本性，从而感化敌人，化干戈为玉帛。甘地坚信，无论是政敌还是朋友，都会把这样的行径视为效仿的典范。如果人民革命能够遵循这样的和平主义的先验行为准则，那么印度自治必将实现。

在南非的民权运动

甘地第一次反抗英国殖民统治的经历是在南非而不是印度。在伦敦取得律师资格之后，他在当时英国的另一块殖民地南非工作了21年之久，专注于维护当地印度移民的权利。正是在此期间，他心中的“印度人”身份认同被培育起来。他相信，这一身份能够跨越一切种族、宗教和种姓的界限；

甘地深受耆那教影响，这一宗教的核心宗旨是绝不为害众生。耆那教和尚常常面戴口罩，以防止无意中吸入昆虫而造成杀生。

莫罕达斯·甘地

莫罕达斯·卡拉姆昌德·甘地在1869年10月2日出生于英属印度殖民地孟买省波尔班达市的一个显赫的印度教家庭。其父为一名高级政府官员，母亲是一位虔诚的耆那教教徒。

甘地年仅13岁就已经成婚。5年之后，他的父亲将他送到伦敦学习法律。1891年他取得了律师资格，并随后到南非开展律师业务，以维护当地的印度移民的公民权利。在南非期间，甘地开始严格遵照印度教禁欲思想而生活，并坚守终生。1915年，他返回印度，立誓只过贫穷的生活，并为此还建立了一所静修院。4年之后他成为印度国民大会党的领袖。后来他在前往一个祈祷会的途中，遭到一名印度教极端分子枪击身亡。

主要作品

1909年 《印度自治》
1929年 《我体验真理的故事》

这也为甘地建立一个统一的印度民族国家的宏图大志奠定了基础。在南非，他目睹了社会不公、种族暴力以及政府当局严苛的殖民统治。对此，甘地把自己的和平主义理念发展成一套切实可行的反抗形式。1906年，他领导数千贫苦的印度移民举行游行示威，反对当局新近推行的要求他们到政府登记的酷法；在这一行动中，甘地的领导才华得以充分展现。七年里，反抗斗争与暴力镇压针锋相对，此消彼长；最后他们迫使南非领袖简·克里斯蒂安·斯穆茨同意与抗议者达成妥协，非暴力抗争的力量可见一斑。

在随后的几年里，甘地成功地将其“非暴力抗争是最有效的抗争”的理念进行了传播和推广。1915年，他带着印度民族主义者的国际声誉回到印度，并迅速成为印度民族主义运动主要力量——印度国民大会党的核心人物。为了降低对国外经济的依赖并且发展本土经济，甘地呼吁抵制英国商品；

数千民众加入甘地反对英国在印度征收盐税的**食盐**进军行动。图中，他们步行至古吉拉特邦的丹地海岸，然后收集海水并亲手制作海盐。

甘地相信他用来实现目标的非暴力手段与目标同等重要。他用“如何获得他人的手表”的例子来阐发自己的观点。

他鼓励所有印度人编织和穿着土布制成的衣物，以抵制英国的纺织物。在他看来，这种抵制活动是非暴力不合作的必然要求。他敦促人们拒绝接触英式学校和法庭，辞去政府职务，并抛弃英国授予的称号和荣誉。甘地在鼓动民情和扩大影响的过程中，感触到了媒体对公共舆论的强大影响力，从而也逐渐磨炼出一套老辣的作秀才华。

公然反抗当局

1930年，甘地提出议会决案要求印度自治，但却遭到英国政府的无视；面对这一情况，印度国民大会党毅然单方面宣布，该党将从此追求彻底的民族独立。不久之后，甘地发动了一场非暴力抗争，以反对英国的盐税法：他带领信徒徒步走到遥远的海边煮盐，并在漫长的游行过程中号召成千上万的民众加入他的行列；游行队伍抵达海边之后，在全世界的瞩目之下，甘地从海滩上一张巨大的白色篷布上捧起一把海盐；同时，他的这一行为促使殖民当局立即将他逮捕。甘地锒铛入狱，但他的抗争行动却向全世界的批判者们公然昭示了英国

> 不关心实际事务，又不能帮人们解决实际问题的宗教不是真正的宗教。
>
> ——莫罕达斯·甘地

在印度的殖民统治的非正义本质。这一精心安排的非暴力不合作行动，也在很大程度上动摇了英帝国在印度的统治。

有关甘地游行及被捕入狱的报道出现在世界各地的报纸上。德国物理学家爱因斯坦这样评价他：“他为被奴役国家的民族解放运动开创了一条新颖和人道的路径。他对文明世界一切有良知的人所产生的道德影响将会极其持久而深远，这种影响力将远远超出那些高估了野蛮武力之威力的人的预想。”

严格的和平主义

然而，当甘地将其非暴力信条运用到其他各种冲突中时，他对于这些信条的绝对信心未免有些夸张；而这也为他招致了来自各方的批评。他那“自我忍受痛苦”的信条很可能导致“自取灭亡”的后果，例如第二次世界大战期间，他曾苦苦哀求英国的印度总督，让英国人民放下武器而仅用“精神力量”来抵抗纳粹分子。后来他又批评那些试图逃避大屠杀或者反抗德国迫害的犹太人，并且声称：“犹太人本应该把他们自己送向屠刀，本应将自己从悬崖抛入大海。因为唯有这样才能让世界和德国人看清希特勒的暴行。”左派分子也对他提出了批评，例如信奉马克思主义的英国记者拉贾尼·帕姆·杜特就指责他“运用具有宗教色彩的人性和爱的原则，来掩饰他对有产阶级的支持”。同时，英国前任首相温斯顿·丘吉尔则讽刺他只不过是一个“半裸的苦行僧”。

但是，无论甘地的方法在其他领域运用时将面临怎样的局限，毋庸置疑的是，这些方法还是成功地帮助印度最终在1947年赢得了独立。不过，尽管甘地曾痛心疾首地反对，但独立之后的印度最后依然根据宗教界限分裂成了两个国家——信奉印度教的印度以及信奉伊斯兰教的巴基斯坦，迫使数百万民众不得不背井离乡。在国家分裂之后不久，一名狂热的印度教民族主义者，出于对甘地对穆斯林的软弱态度的不满而将他刺杀。

如今，飞速工业化的现代印度已与甘地田园牧歌和苦行主义的政治理想大不相同。同时，与邻国巴基斯坦的持续紧张关系也表明，甘地那跨越宗教界限的大印度身份认同并未最终形成。而甘地曾经坚定反对的种姓制度，在当代印度依然根深蒂固。不过，印度自建国之后始终是一个世俗的民主国家，仍然遵循着甘地的根本信念：唯有通过和平方式才能建立起一个公正的国家。他的事迹和方法也已经被世界各地的民权运动者奉为圭臬。■

> **基督指引我们奋斗的目标，而甘地则教会我们实现目标的方法。**
>
> ——马丁·路德·金

在当今政治世界中，从占领道路到抵制商品，**各种形式的非暴力抵抗**已经成为流行且有力的公民抗命方式。

有群众的地方才有政治

弗拉基米尔·列宁（1870—1924年）

背景介绍

思想流派

共产主义

聚焦

人民革命

此前

1793年 法国大革命时期曾执行恐怖政策，数以千计的人因被视为“革命的敌人”而遭到处决。

19世纪30年代 法国活动家布朗基宣称，靠少数革命家进行密谋活动便能获取政权。

1848年 卡尔·马克思和弗雷德里希·恩格斯发表《共产党宣言》。

此后

1921年 中国共产党成立；她是一个列宁式的先锋党。

1927年 斯大林背离列宁的新经济政策，强制推行集体农庄。

> **学习，学习，再学习！学，然后知不足。**
>
> ——弗拉基米尔·列宁

在历史来到20世纪之际，俄国仍是个庞大而落后的农业国家，在经济上被迅速工业化的西欧国家远远甩到了身后。俄国民族众多，包括有俄罗斯人、乌克兰人、波兰人、白俄罗斯人、犹太人、芬兰人和日耳曼人，而这其中仅有40%的人口讲俄语。专制沙皇尼古拉二世统治之下的俄国社会等级十分森严；言论、出版、结社的权利缺乏，少数人种权利得不到保障，而人民微薄的政治权利也聊胜于无。

毫无疑问，在这种压抑的气氛之下，革命有了成熟的土壤，这股积蓄已久的力量终于通过1917年的十月革命推翻了旧的体制，而这场革命的领导人便是弗拉基米尔·列宁。

历史的规律

工业革命时代，工人阶级的劳动和生存环境十分艰苦，在这个

> **必须有勇气正视无情的真理。**
>
> ——弗拉基米尔·列宁

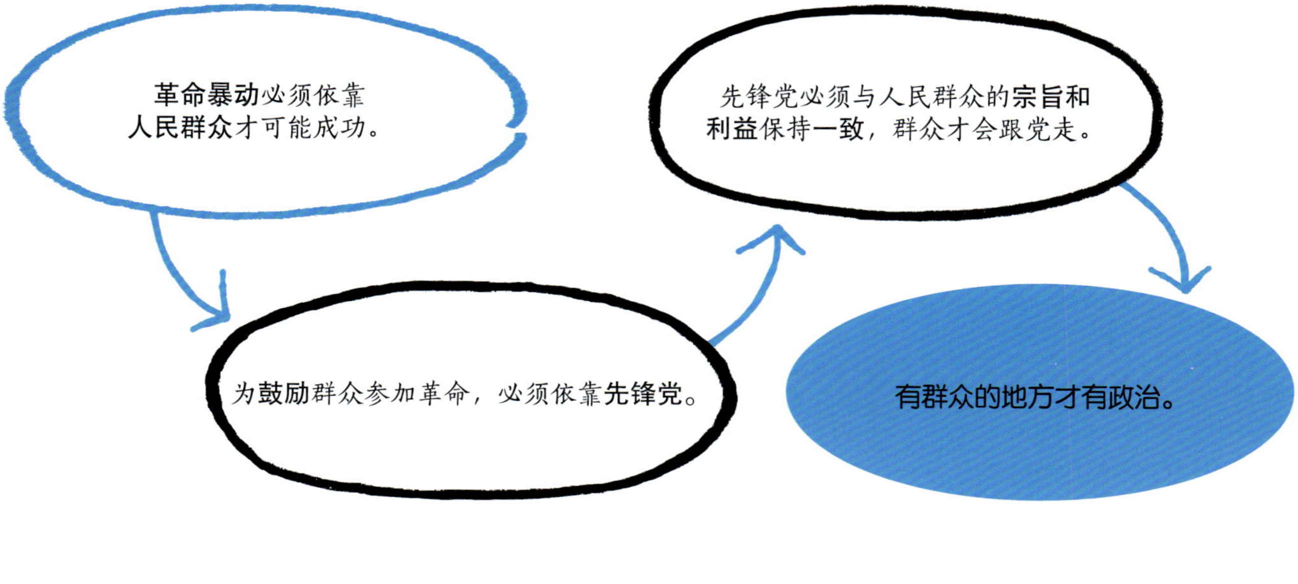

参见：卡尔·马克思 188~193页，约瑟夫·斯大林 240~241页，列夫·托洛茨基 242~245页。

> 我们根据自由通过的决议联合在一起，正是为了要同敌人展开斗争。
>
> ——弗拉基米尔·列宁

背景下，社会主义思想在19世纪登上了历史舞台。那时候，社会制度无法给工人提供基本保障，而类似于工会那样的组织又尚未成熟，因此工人遭受着雇主的严重剥削。在此意义上，马克思和恩格斯指出，阶级斗争将成为历史变革的动力，一场全球性的推翻资本主义的革命将在所难免；于是，他俩在《共产党宣言》中高呼：全世界无产者联合起来。

但是，马克思和恩格斯显然没有预见到，在西欧发达的工业社会中，工人的生计逐渐获得了保障，生活水平也开始得到改善，他们并不希望发动暴力革命，而更愿意成为小资产阶级的一分子。于是，在社会主义者中出现了越来越多提倡走合法和议会道路的人，他们希望通过民主选举，来逐步推动社会的变革。因此，在社会主义内部，主张选举和改良路线的人，同倡导革命道路人之间的观念分歧日渐严重起来。

俄国大背景

俄国的工业化进程较晚，所以到了19世纪的末期，工人阶级的生活水平依旧没能赢得实质性的改善。因此，绝大多数俄国人并未像

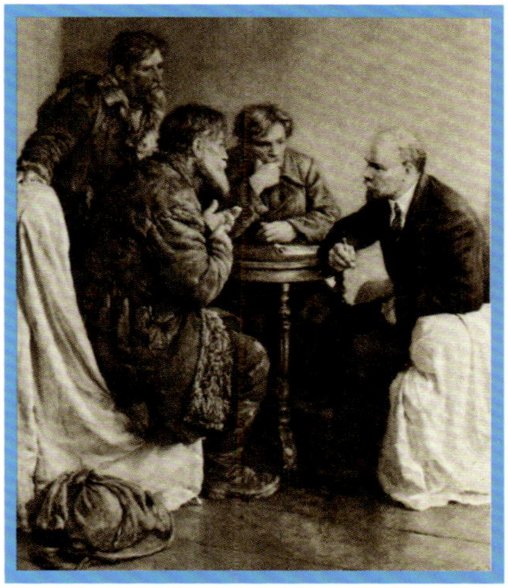

开始时，列宁曾想鼓动农民支持革命。后来他总结道，农民不能成为革命阶级，因为他们最大的诉求就只是获得土地。

西欧工人那样从工业化中获得任何物质上的好处。

到了19世纪90年代，俄国的政治激进派迅速涌现，他们为反对政府和秘密警察的高压政治而不断密谋暴动，其中，年轻的法律系学

弗拉基米尔·列宁

列宁原名弗拉基米尔·伊里奇·乌里扬诺夫，他出生于俄国辛比尔斯克；此地如今已更名为乌里扬诺夫斯克。他从小接受的是古典文化的教育，并展现出拉丁语和希腊语的天赋。1887年，他的兄长亚历山大·乌里扬诺夫因为计划暗杀亚历山大三世而遭到处决；同年，列宁进入喀山大学研读法律，但由于参加学生运动而被学校开除。列宁随后逃到祖父的住地躲藏，并开始沉迷于马克思的著作。他在获得法学学位后，开始了自己职业革命家的生涯。这期间，他再次被拘捕、关押，并流放到西伯利亚，随后又逃到欧洲，为革命展开宣传和组织工作。十月革命胜利后，列宁成为俄国的统治者。1918年，列宁曾遭遇暗杀，虽然保住了性命，但他的身体也从此开始恶化了。

主要作品

1902年 《怎么办？》
1917年 《帝国主义是资本主义的最高阶段》
1917年 《国家与革命》

生列宁也曾参与其中。

1905年，暴动的浪潮席卷全国，虽然未能推翻沙皇统治，但也赢得了当局一些民主化的承诺。但是，由于俄国劳动者依旧遭受着艰难环境的折磨，因此俄国社会中彻底推翻沙皇统治的革命浪潮始终没有终结。

列宁在其一生中，一直致力于将马克思主义的理论转换为政治实践。

列宁在用马克思主义的视角分析俄国问题后发现，这个国家正在经历从封建社会转向资本主义社会的剧变。他认为，农业生产是资本主义社会中的另一个剥削场所，如果农民暴动起来，那整个资本主义经济都会崩溃。但是，列宁逐渐发现，农民最大的诉求只是得到土地，而这却是一种私有制的观念；所以这么一来，农民就不可能成为社会主义革命所依靠的力量。

列宁明白，这场革命的依靠力量，还得是日益壮大的工人阶级。

先锋党

根据马克思的分析，资产阶级乃是有产阶级，他们掌握着像工厂那样的生产资料；而无产阶级则别无选择，只能靠出卖劳动来勉强维持生计。

但是，在资产阶级中，也存在像列宁这样的受过良好教育的志士，他们会为剥削的不公现状拍案而起，从而要求社会进行变革。

历史上，资产阶级中的革命分子曾在历次革命中扮演过重要的角色，法国大革命便是一例。但问题是，在俄国快速的工业化进程中，外来资本占据着重要的地位，这就造成了俄国的资产阶级规模的局限性。而在这为数不多的资产阶级中，有革命精神的人就更是稀缺了。

列宁知道，一场革命需要高效的组织和领导。于是他追溯恩格斯和马克思的思想，提出了先锋党

银行家们仓皇逃窜，工人阶级高歌猛进，“国际社会主义革命万岁”的旗帜在战斗中飘扬。这句口号来自列宁，他呼吁全世界的劳动者能超越国界共同闹革命。

旧的政权在第一次世界大战中陷入严重信任危机，战争巨大伤亡让军人感到不安，他们在十月革命时发生哗变，从而推动了革命的成功。

的理念：由一群主要源自工人阶级的、具有较高政治觉悟的人形成组织，他们将充当革命的先锋队。他们要鼓动无产者形成一个“自为阶级”，从而推翻资产阶级的特权，建立起民主的“无产阶级专政”。于是，列宁以布尔什维克的名义召集了自己的先锋党；这也成为后来苏联共产党的前身。

世界革命

同马克思一样，列宁也坚信，无产者联合起来会带来一场世界性的革命浪潮。它会把剥削压迫的阶级排除在外，让“穷人的民主”走向全世界。列宁认为，无产阶级专政将是共产主义之前的一个至关重要的过渡阶段，在这之后，马克思所构想的共产主义社会将最终到来。在这个社会里，私有制将被废除，阶级将会消亡。

> **只有相信人民的人，只有投入生气勃勃的人民创造力泉源中去的人，才能获得胜利并保持政权。**
>
> ——弗拉基米尔·列宁

列宁宣称，他的政治理念不只要“扎根于有数以千计群众的地方”，还要扎根于“有数以百万级群众的地方，因为那里才有严格意义上的政治”。他说，万千劳动人民都必须参与到这场抗争中来，形成群众的汪洋大海，并得到职业革命家的正确领导，才可能推翻装备完善又资金充足的资本主义政权。过去，在沙皇统治时期，工人和农民以为，要想勉强维系自身利益，就得依附于地主和资本家；而如今，列宁等马克思主义者则劝导他们，自己的权利与幸福要托付给自己的阶级！过去，人民群众因为一起受苦而被外人视为一个整体；而如今，靠着列宁和他布尔什维克的同志们的宣传和鼓动，人民群众主动凝结在了一起。在列宁看来，只有人民群众，才是唯一有力的革命力量。

在1918年3月6日的俄国共产党（布）第七次特别代表大会上，列宁做了发言，他回顾了革命，认为革命中的一切决议都是将马克思主义的思想具体化。经过一场几乎不流血的政变，布尔什维克便从临时政府手里获得了政权，完成了历史上第一次成功的共产主义革命。

尽管当时俄国是一个存在资本主义经济体系的穷国，工人阶级力量并不强大，但即便如此，临时资产阶级政府更是软弱，城市的工人阶级一经动员便轻松地推翻了资产阶级政权。

当然，俄国在第一次世界大战中离心离德的表现也是这场革命胜利的一个重要原因。战争进行到1917年时，俄国人民承受的痛苦已难以忍受，连敢死队都出现了渎职和哗变。

随后，战场又转入了国内，布尔什维克的红军和反动白军之间又继续开战。

列宁写道：“在这场内战中，绝大多数的人民群众都站在我们这边，而这也是胜利来得如此容易的原因。”他发现，无产者已逐渐认识到，他们不可能同资产阶级政权合作，那样只会给自己带来痛苦。他说，这也印证了马克思的判断：人民群众的革命“果实”会自然而然地“瓜熟蒂落”。

不过事实上，还有许多其他因素也起着重要的作用。

随着1917年革命的爆发，地方行政部门、军队和教会等旧体制的机构丧失了权威。同时，城市和农村经济迅速崩溃；当时俄国退出第一次世界大战的决定就是在严重经济短缺的背景下做出的，而后的国内战争更是使经济雪上加霜。

于是，列宁意识到，此时，只有靠一个强制性和支配性的武装力量，才有可能挽救混乱的社会，创造新的秩序。布尔什维克虽然是先锋党，但却不是革命的本质力量。

所以，列宁回归到马克思主义关于群众以及工人、农民的论述，提出了建立由工农兵代表苏维埃（代表会议）的无产阶级民主，并指出这才是全新的“公社”国家的本质所在。在“一切权力归苏维埃”的呼声中，组织机构权力归一，在1917年的10月，世界上第一个社会主义政权俄罗斯苏维埃联邦社会主义共和国诞生了。

战时共产主义

革命之后的三年时间里，布尔什维克在经济上采取了战时共产主义的措施，但由于其中的“余粮收集制”要将农村生产的粮食充公并运往城市支援前线作战，因此也导致大量俄国农民的饥荒致死。过去列宁曾经依靠的群众，如今却开始大规模地抗议他的政权；布尔什维克面临着极为困难的局面。正如历史学家大卫·克里斯蒂安所言，战时共产主义是对列宁理想的一次考验，因为“他们自称是代表工人阶级利益的政权，如今却可能遭到工人阶级的颠覆。”

不过，战时共产主义只是在革命之后的特殊时期的临时策略。内战结束之后，它由列宁提出的另一项政策所取代：这就是新经济政策。

它是一种国家资本主义制度，允许小规模私人贸易存在，例如农民可以将余粮送往市场进行交换。不过，掌控国家经济命脉的大型工业和银行仍掌握在国家手中。

> **这场斗争必须由……以革命活动为职业的人来组织。**
>
> ——弗拉基米尔·列宁

图中，在十月革命后的**国内战争期间**，布尔什维克正同反革命的“白军”作战。布尔什维克采取了一系列强制手段，人民的支持有所动摇。

列宁相信，革命要依靠人民群众，这对中国的共产主义革命也产生了影响。

由于新经济政策吸纳了资本主义的成分，因而遭到了一些布尔什维克成员的强烈反对，但是由于它能激发农民生产的积极性，所以事实上促成了农业产量的提升。而在列宁去世之后，斯大林强制推行了集体农庄来取代新经济政策，造成了30年代大范围的饥荒，也从反面证明了新经济政策的意义。

> 列宁能凭一己之力让俄国人民掉入泥潭；他也能凭一己之力将国家拉回堤岸。
>
> ——温斯顿·丘吉尔

工人贵族

许多批评者认为，布尔什维克自称本党的统治就等于工人的统治，但事实上，他们却在很多时候表现得像是工人的支配者。

其实，列宁本人也的确持有精英主义的立场，他认为：若没有职业革命家的行动，工人光靠自己是不能产生超出“工会意识”的思想觉悟的。也就是说，他认为工人的眼界局限于身边的同事，而不可能站在一个更高的阶级联合的格局来看问题。

列宁认为，西欧国家工人阶级所获得的生活改善，并不能在整体上给工人阶级带来提升。相反，工人们获得一点甜头之后，反而容易沦为“工人贵族”。这群在生活上获得显著改善的工人，在成为“工人贵族”之后，也就脱离了真正工人阶级的属性。

列宁认为，要防止该现象，就需要培养工人的“社会主义革命意识”，从而掌握马克思关于阶级联合的基本原理。而要培养工人革命意识就要靠先锋党，而布尔什维克就扮演的这一角色。■

> 一个阶级如果不从政治上正确地看问题，就不能维持它的统治，因而也就不能完成它的生产任务。
>
> ——弗拉基米尔·列宁

工人运动是一定社会条件下不可避免的必然结果

罗莎·卢森堡（1871—1919年）

背景介绍

思想流派

革命社会主义

聚焦

工人运动

此前

1826年 英国矿工为抗议降薪而举行了大规模罢工运动。

1848年 卡尔·马克思在《共产党宣言》中声称，统治阶级和被统治阶级之间的阶级斗争将引发革命，并带来历史性的大变革。

此后

1937—1938年 斯大林强制推行的苏联工业化演变成了大清洗运动，成千上万人惨遭处决。

1989年 莱赫·瓦文萨领导的波兰团结工会战胜了共产主义政党并上台执政。

资本主义社会中存在着剥削和不平等。

↓

但被剥削的工人并不需要一个来自**其他阶级的领袖**……

↓

……他们会**自发地**觉醒和抗争，并将最终推翻剥削者的统治。

↓

工人运动是一定社会条件下不可避免的必然结果。

马克思主义思想家罗莎·卢森堡的著述尤为看重罢工运动的自发性特质。她指出，以政治为诉求和以经济为诉求的罢工运动都是工人争取权力的斗争中最重要的武器。

1905年俄国圣彼得堡爆发了大规模工人罢工，引发“流血星期日”惨案，并催生了1905年俄国革命。卢森堡的思想正是在对这场罢工运动和惨案的反思中形成的。

社会革命

马克思和恩格斯曾设想过，无产阶级的群众罢工运动应当由外在于工人阶级的一群专业的先锋党来领导；而无政府主义思想家们则主张，应当通过精心策划的宣传和破坏行动来点燃革命的火种。而卢森堡则认为，一场社会革命还要受许多不同的动机所影响。

在《自发性与组织的辩证法》中，卢森堡提到，工人们一开始会为涨薪而抗议，而后还会为争

参见：卡尔·马克思 188~193页，爱德华·伯恩施坦 202~203页，弗拉基米尔·列宁 226~233页，约瑟夫·斯大林 240~241页，列夫·托洛茨基 242~245页。

莱赫·瓦文萨在1980年建立了团结工会。这个独立工会通过罢工游行的方式争取改善工人生活，其罢工运动也催化了后来的政治变革。

取政治权利而展开罢工；通过不断参加这些斗争活动，工人自己的领导组织就会自然而然地从阶级内部演变出来。她坚信，所谓运动领袖，无非是一个反映群众在斗争中的奉献和决心的符号象征而已；在这种群众运动的反复磨炼下，社会主义的轮廓也会逐渐清晰起来。1905年俄国的罢工事件告诉了卢森堡，发动一场大罢工并不需要什么政党领导的英明决议，也不用依赖任何基层草根团体的煽动；相反，群众参与罢工只是无产阶级意识的一种自然流露，是社会剥削现实造成的必然结果。何况，在中欧和俄国这些新兴工业地区，工人阶级的劳动环境更加恶劣，因此这种运动的自发性就会更为显著。

工人会不断自我进步

卢森堡相信，在一次次成功与失败的工人运动中，无产阶级对剥削者的军事镇压和经济控制的不满情绪会持续积累，从而爆发大规模的群众抗议行动。在针对资产阶级的革命运动中，工人们会逐渐达成一致的目标，并衍生出政党来进行组织领导。在这个过程中，工人会不断在思想上取得进步。卢森堡的“革命自发性”一说遭到了列宁的否定，他认为革命若是不能得到一个由进步分子组成的政党来指挥，运动就将缺乏纪律性和计划性。而卢森堡则认为，列宁那样的做法必将形成专制，必然会造成“公共生活的野蛮化”。没过多久，列宁的红色暴动和斯大林的大清洗运动都使卢森堡的预言得到了印证。■

> 工人运动乃是特定时刻下的一种革命斗争形式。
>
> ——罗莎·卢森堡

罗莎·卢森堡

罗莎·卢森堡出生在波兰的扎莫什奇，从小就展现出卓越的学习能力和语言天分。她在16岁时就受到社会主义思想的吸引。1898年，卢森堡获得德国公民资格，并迁居柏林。在那里，她参与到了国际劳工运动之中，并加入了德国社会民主党。她的理论贡献遍及社会主义、妇女选举权和经济等领域，实践中，她也亲自组织了多场工人运动。在1907年伦敦举行的俄国社会民主劳工党代表会议上，卢森堡认识了列宁。

她在1916年被关入布雷斯劳的监狱，在那之后她成立了地下组织斯巴达克同盟。1919年1月，卢森堡在柏林开展革命活动的过程中遭到当局杀害。

主要作品

1904年 《俄国社会民主党的组织问题》
1906年 《群众罢工、党和工会》
1913年 《资本积累论》
1916年 《社会民主党的危机》，又名《尤乌斯提纲草案》

绥靖主义者喂鳄鱼，只是祈望自己能成为最后一个被吃掉的人

温斯顿·丘吉尔（1874—1965年）

背景介绍

思想流派
保守主义

聚焦
反对绥靖主义

此前
约公元前350年　著名政治家、雄辩家德摩斯梯尼严厉斥责其雅典同僚没有对马其顿国王腓力的扩张野心产生足够警惕。

1813年　拿破仑拒绝接受欧洲列强的停战协议，重新组织军队开战。这催化了第六次反法同盟的形成，同盟在莱比锡会战中击败拿破仑。

此后
1982年　当有人劝英国首相撒切尔夫人在福克兰岛（马尔维纳斯群岛）问题上同阿根廷妥协时，她提到了张伯伦的典故。

2003年　在发动伊拉克战争之前，美国总统小布什和英国首相布莱尔均谈及了绥靖主义的危险性。

在20世纪30年代之前，“绥靖主义”这个词还没有被赋予懦弱和屈辱的含义。第一次世界大战之后，和平主义避战政策成为欧洲大国关系的常态，各国都力图淡化丘吉尔所说的那种“弥漫于列强间的仇恨与敌意”。但很快，大萧条对全球经济造成了重创，阿道夫·希特勒也在德国渐渐得势，此时也只有丘吉尔和其他极少数的人看出了这种和平状态下潜藏的危机。

在经济衰退的冲击下，英国的军费开支受到了极大的限制。而当英国有必要加强战备之时，恰恰又遇上了经济危机最严重的时期；大英帝国不仅深受第一次世界大战的创伤，恢复步伐十分缓慢，还得对遍及全球的殖民地进行全盘部署。因此，来自保守党的首相斯坦利·鲍德温以及其继任者内维尔·张伯伦都对抗衡希特勒的战略予以拒绝。对他们而言，避开希特勒的锋芒并缓和关系才是最稳妥、最实用的策略。

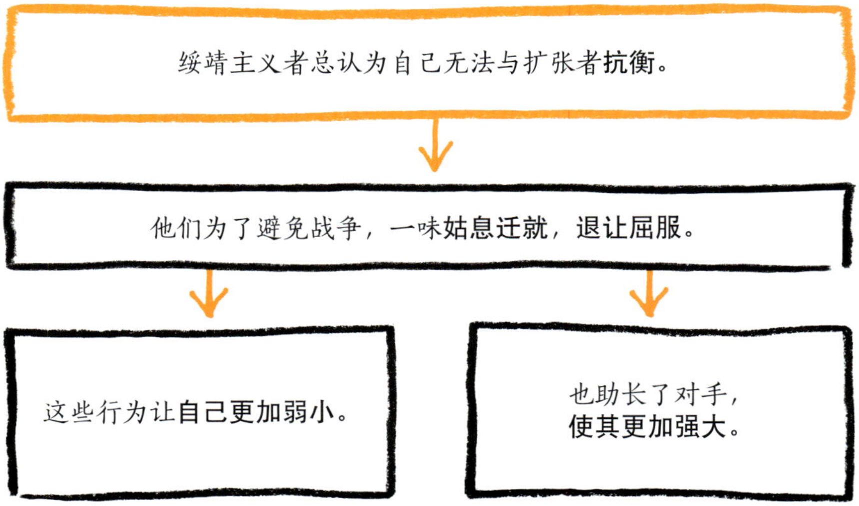

参见：莫罕达斯·甘地 220~225页，拿破仑·波拿巴 335页，阿道夫·希特勒 337页。

张伯伦和希特勒达成的慕尼黑协议，被丘吉尔斥责为一场彻头彻尾的失败。

由于丘吉尔在军方以及情报部门人脉颇广，因此他对纳粹的野心和动向，以及英军毫无防备的状态都了如指掌。丘吉尔在1933年便曾提醒议会要注意希特勒的狼子野心。后来，他又在这些“自鸣得意”的议员面前进行了一次澎湃激昂的著名演讲，再次提出英国必须对希特勒提高警惕。但议员们总是笑称丘吉尔不过是一个战争贩子，并在议会中对他进行排挤孤立。

慕尼黑协定

英国政界中弥漫的避战情绪根深蒂固。当希特勒有条不紊地对第一次世界大战后《凡尔赛和约》秩序进行破坏时，英国都始终无动于衷。这让希特勒壮大了胆子，1938年，他先是吞并了奥地利，又在慕尼黑胁迫张伯伦，以所谓的和平承诺换来了捷克斯洛伐克的苏台德地区。

胜利兵不血刃，连希特勒自己都很困惑和诧异。他本想以闪电战的方式，通过突袭布拉格来拿下捷克斯洛伐克，却没想到这个国家竟被“自己的盟友们放在盘子中献上了祭台”。

丘吉尔严厉斥责了慕尼黑协定。他说，一味妥协退让喂饱了纳粹这头怪兽，只会让它胃口更大。但是其他的高层依然对希特勒抱有幻想，使得丘吉尔始终孤立无援；至少在保守党内，不仅没人支持他，反而都对他恶语相向。丘吉尔自始至终都拒绝同希特勒进行任何对话，因为与恶魔之间毫无谈判余地。丘吉尔的这种怪癖态度虽然偏激但却自有其道理，也正是他的这种信念，最终支撑着他粉碎了纳粹的疯狂扩张。■

> **当你在战争与耻辱之间做选择时，你选择了耻辱；但到头来，你还是逃不掉战争。**
>
> ——温斯顿·丘吉尔

温斯顿·丘吉尔

温斯顿·伦纳德·斯宾塞·丘吉尔爵士是伦道夫·丘吉尔勋爵和美国大亨继承人珍妮·杰罗姆的儿子，这种贵族出身使他自视甚高，曾自称为“英语世界的代言人”。他曾就读于哈罗公学和桑赫斯特皇家军事学院，之后随第四骠骑兵团赴印度驻防。在19世纪90年代，他作为一名战地记者，先后对古巴独立战争、英国在印度和苏丹统治以及南非的英布战争进行了报道。他的议员生涯长达60年，先后为自由党和保守党担任过下议院议员。他在第二次世界大战时被任命为战时首相，又在1951年第二次上台执政。此外他还是一个高产作家，曾获得过1953年的诺贝尔文学奖，其中他的六卷《第二次世界大战回忆录》最负盛名。

主要作品

1953年 《第二次世界大战回忆录》
1958年 《英国民族史》
1974年 《丘吉尔演讲集》

法西斯主义就是由国家包揽一切

乔万尼·秦梯利（1875—1944年）

背景介绍

思想流派

法西斯主义

聚焦

国家的哲学

此前

公元前27—公元476年 罗马帝国不断向亚非地区扩张。

1770—1831年 格奥尔格·黑格尔提出其国家观念和绝对唯心主义，后来被秦梯利用来为包揽一切的国家进行辩护。

此后

1943—1945年 第二次世界大战后期，盟军进军意大利，法西斯政权战败投降。

20世纪40年代—60年代 新法西斯主义运动在拉丁美洲不断赢得大量民众的支持。

20世纪60年代起 新法西斯主义的哲学与许多盛行的民族主义运动互相结合起来。

1918年第一次世界大战结束之时，意大利的社会和政治陷入动荡。意大利的部分领土被划给南斯拉夫，同时，战争带来的巨大创伤又使国家举步维艰。在此期间，随着经济萎缩，失业问题也逐渐严重起来。面对这样的情形，主流的政客们始终拿不出解决的方案，于是，左翼和右翼的组织开始不断赢得包括工人和农民在内更多的民众支持。此时，由贝尼托·墨索里尼领导，并有乔万尼·秦梯利哲学保驾护航的右翼政党国家法西斯党，开始运用民族主义的辞藻，不断网罗大量民众的拥护。他们主张围绕法西斯主义国家，运用新型的极端主义形式来重新构造和组织社会。

1932年，墨索里尼莅临米兰的法西斯革命展览馆。这一盛大的宣传攻势由一些力图引领新潮流的艺术家和知识分子所谋划，秦梯利也参与其中。

集体主义的团结

这个全新的意大利政权的指导纲领主要呈现于《法西斯主义的教条》一书中，外界普遍认为这本书正是秦梯利替墨索里尼的捉刀之作。秦梯利拒绝个人主义的思想，并宣称只有集体主义才能够既满足个人的使命追求，又能让国家维持生命力和凝聚力。

秦梯利将法西斯主义的国家概念做了如此描述：这是一种将个人乃至一代人粘在一起的生活态度，他们共同尊崇一个至上的法律

参见: 格奥尔格•黑格尔 156~159页，卡尔•马克思 188~193页，弗雷德里希•尼采 196~199页，弗拉基米尔•列宁 226~233页，约瑟夫•斯大林 240~241页，贝尼托•墨索里尼 337页。

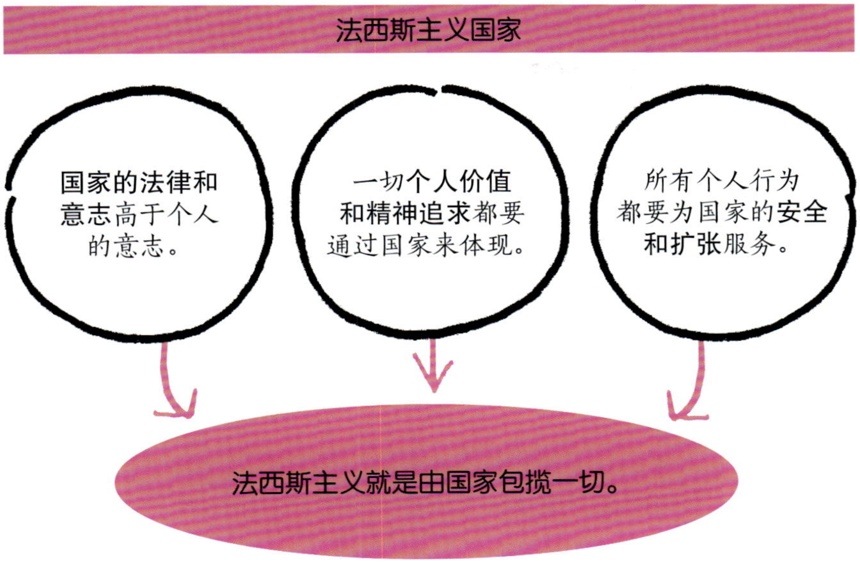

和意志，其中国家的法律和意志更是重中之重。它同共产主义相似，强调超越物质主义的价值追求；秦梯利也同马克思一样，希望自己的哲学能成为一种全新国家形式的建国指南。但是，秦梯利不同意马克思的观点，不认为社会应当划分为不同阶级，也不认同是阶级斗争推动了历史的前进。他还反对多数人统治的民主思想，因为他认为这一思想会使多数人的意志凌驾于国家意志之上。秦梯利还认为，所谓永久和平的愿望荒谬至极，因为不同国家的利益纠葛无法调解，冲突将永远难以避免。

这种对国家的全新诠释，就像是为遗传自罗马帝国时代的自信好胜的“意大利精神”所量身定做一样。根据法西斯国家的定义，意大利将在领袖墨索里尼的带领下重新成为世界版图中的统治力量。而要创造一个法西斯国家，就需要将国家下的每个个体的意志磨平，并修剪为一个统一的意志。于是，外在于政治领域的市民社会遭到了压制，经济、社会、文化和宗教等生活的一切层面均成为国家的附庸。法西斯国家还力争通过殖民扩张来壮大实力，当时意大利就通过对北非地区的征服实现了这一目标。

秦梯利是法西斯主义的头牌哲学家。他曾担任墨索里尼政权的教育部长，并且是其政治宣传工作的首席策划师。当然，他最重要的角色，自然是在这个包揽一切的意大利法西斯政权的构建中扮演的核心力量。■

乔万尼•秦梯利

乔万尼•秦梯利出生于西西里岛西部的卡斯特尔维特拉诺。他在特拉帕尼读完高中之后，获得了著名的比萨高等师范学院的奖学金，师从多纳托•贾贾，研究意大利的唯心主义哲学传统。后来秦梯利在巴勒莫、比萨、罗马、米兰和那不勒斯的大学教授哲学。在那不勒斯时期，他同自由派哲学家贝奈戴托•克罗齐共同创办了极富影响力的《批评》杂志。不过，后来两人分道扬镳：秦梯利成为墨索里尼的宫廷学者，而克罗齐则成为墨索里尼政府的主要批评者。

秦梯利在担任墨索里尼政权教育部长期间，推行所谓的“秦梯利改革”：要求在中学教育中，将历史和哲学作为最重要的科目。他还担任了妄图重写意大利历史的《意大利百科全书》的主要编撰工作。后来，他成为法西斯政权的桂冠理论家，1943年又当选意大利科学院的主席。该年，盟军登陆意大利后，意大利王国倒戈，于是墨索里尼又建立起萨罗共和国的傀儡政权，而秦梯利依然是其支持者。一年之后，秦梯利被共产主义的游击队组织暗杀身亡。

主要作品

1897年 《历史唯物主义批判》
1920年 《教育改革》
1928年 《法西斯主义的教条》

必须剥夺富农的生产资料

约瑟夫·斯大林（1878—1953年）

1917年十月革命之后，列宁领导的布尔什维克通过一系列国有化手段，把私人企业财产收归政府所有，建立了社会主义体制。作为列宁的继任者，约瑟夫·斯大林从1929年起加速了社会主义进程，在五年的时间内通过中央指令迅速实现了工业化和农业集体化。

斯大林以推行农业现代化的名义将农庄进行合并，使其成为由国家控制的公有财产。条件相对优越的富农必须放弃自己的土地，被迫加入集体农庄。斯大林命令警察系统将私人的粮食充公，并运送到城市中支援工业建设；对此，许多农民只能通过焚烧谷物、屠宰牲畜来发泄不满。如此一来，一场大规模的饥荒接踵而至，其中，在拥有大片肥沃农田的“东欧粮仓”乌克

背景介绍

思想流派

国家社会主义

聚焦

农业集体化

此前

1566年　俄国沙皇的伊凡雷帝建立中央集权的国家，其统治造成粮食严重减产，农奴大量逃亡。

1793—1794年　法国大革命中，雅各宾派实行了恐怖政策。

此后

1956年　赫鲁晓夫揭露了斯大林在大清洗中处决了大量忠诚党员的事实。

1962年　亚历山大·索尔仁尼琴的小说《伊凡·杰尼索维奇的一天》讲述了苏联劳改营的生活，成为享誉全球的畅销作品。

1989年　米哈伊尔·戈尔巴乔夫在推动“公开化”改革时说：“我憎恨谎言。”

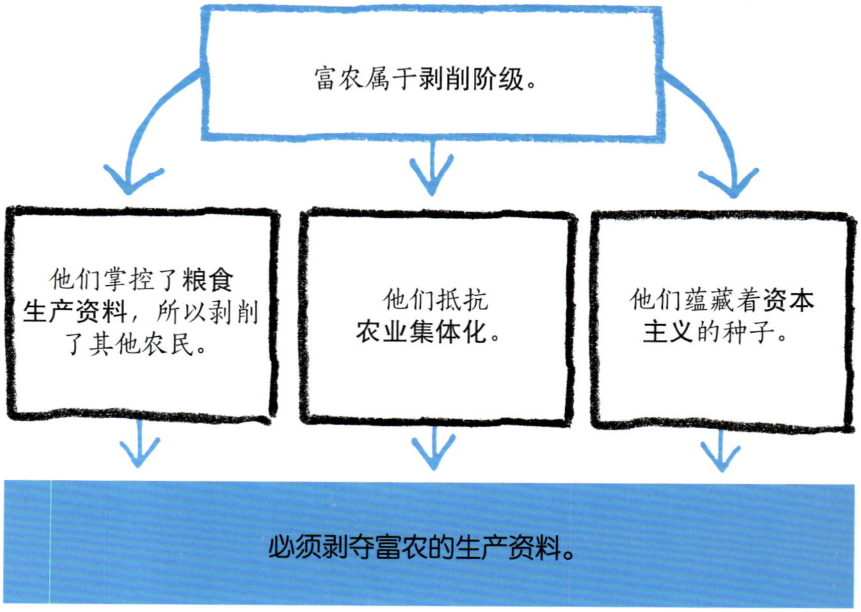

参见：卡尔·马克思 188~193页，弗拉基米尔·列宁 226~233页，列夫·托洛茨基 242~245页。

兰，有超过五百万人遭受饥荒、枪决和流放的悲惨命运。到1934年，苏联已“消灭”了七百万富农，而有幸活命的人则只能继续在政府官员经营的集体农庄里过活。

自上而下的革命

斯大林把集体化视为阶级斗争的重要形式，是一场“自上而下的”“革命”。斯大林通过这样的概念拼凑，为自己的决策提供了正当理由，从而违背了列宁提出的通过示范和帮助来吸收农民加入合作社的计划：斯大林先是“限制富农的反抗情绪”，接着把他们“驱逐”出农村，最后再把整个阶级“消灭”掉。由于列宁曾说过，只要苏联周边还存在资本主义国家，那么阶级斗争就还得继续。而斯大林在进一步推行集体化的过程中时常援引这句话来为自己辩护。他说，个体农业经济“蕴含着资本主义的种子”，而只要它们依旧存在，那么苏联经济就始终没能把资本主义的毒草消灭干净。

农业集体化时期，官方宣传海报鼓励农民把每一寸土地都进行开垦。但是这种强制推行的集体化最终给农业带来了灾难性减产。

斯大林通过“剥夺富农生产资料”，对这一阶级进行了大规模的清洗。但是，在消灭农业私有化的步骤基本完成之后，他并没有停止自己的恐怖统治，并称“富农思想”依旧阴魂不散，仍然威胁着共产主义的政权。

随着斯大林“大清洗运动”的扩大化，遭到迫害的群体早已超出富农的范围；凡是事实上或臆想中反对斯大林的人都遭到了处决，列宁时期政治局的每一名委员都无一幸免。斯大林的这一暴行令人无法容忍。斯大林领导了卫国战争，并取得了全国的胜利。从1924年至1953年，生产资料公有制在国民经济中占绝对支配地位，整个国家发生了根本变化，从农业国变为工业国。■

约瑟夫·斯大林

斯大林原名叫约瑟夫·维萨里奥诺维奇·朱加什维里，出生于格鲁吉亚哥里市的农村。他先是在当地教会学校读书，后进入梯弗里斯东正教中学，在那里他成为一名马克思主义者，后来因交不起学费而被学校开除。年轻时，斯大林还是一名小有名气的诗人。

1907年，斯大林追随列宁，在伦敦参加了俄国社会民主工党第五次代表大会，开始了自己的政治生涯。他积极参与地下党活动，也因此多次被流放到西伯利亚。1913年，他取俄语中“钢铁之人”之意改名为斯大林。1917年十月革命时期，他已成为布尔什维克党的高层人物。他是苏联执政时间最长（1924—1953年）的最高领导人，对20世纪苏联和世界影响深远。

主要作品

1924年 《追悼列宁》
1938年 《论辩证唯物主义和历史唯物主义》

只要目的正当就可不择手段的话，那么怎样才能确保目的的正当性呢？

列夫·托洛茨基（1879—1940年）

背景介绍

思想流派
共产主义

聚焦
不断革命

此前
公元前360年 柏拉图在《理想国》中描绘了一个理想的城邦。

1794年 法国作家格拉古·巴贝夫勾勒了一幅没有私有制并且确保所有人幸福的共产主义蓝图。

此后
1932年 罗斯福总统推出新政，开启了政府大规模干预和管制经济的时代。

2007年 委内瑞拉总统乌戈·查韦斯宣称自己是一个托派分子。

2012年 俄罗斯朋克乐队造反猫咪（Pussy Riot）抨击普京，称其政府是一个是极权主义政权。

俄国革命家列夫·托洛茨基一生都在为实现他眼中真正意义上的马克思主义而奋斗。1917年，他与列宁一道，将马克思主义的理论付诸实践，共同领导十月革命取得了胜利。根据马克思的说法，革命胜利之后将进入工人阶级掌握生产资料的“无产阶级专政”时期。但是，1924年列宁去世之后，斯大林的专制统治使苏联沦为一言堂的官僚主义体制。

托洛茨基认为，要捍卫十月革命的胜利果实，并实现无产阶级专政，就需要在全世界工人阶级的

参见：卡尔·马克思 188~193页，弗拉基米尔·列宁 226~233页，约瑟夫·斯大林 240~241页。

只要目的正当就可不择手段的话，那么怎样才能确保目的的正当性呢？

目的本身也可能是实现另一个目的的手段。

最崇高的目的是增强人类征服自然的能力并终结人压迫人的社会，任何目的若能成为这一崇高目的的手段，那这个目的就是正当的。

只有能够最终促进这个目的的行动才符合真正的“道德”。

支持下不断开展革命。正如马克思说的那样，一个没有得到全世界无产者支持的地区想要搞社会主义革命是很难成功的；因此革命必须不断地进行，“直到无产者的联合不仅在一个国家内，而且在世界一切举足轻重的国家……把一切大大小小的有产阶级的统治全都消灭”。对于这个问题，列宁的看法是，只要俄国的革命能得到少数几个经济发达国家工人运动的支持，便有机会取得胜利。而托洛茨基及其追随者则认为，苏联之所以会落入斯大林的魔掌，关键原因便是革命放弃了争取全世界工人的广泛支持的努力。

斯大林式的共产主义

在列宁去世后的四年里，当时世界上主要的共产主义政党中，党内民主的传统和苏维埃的民主制度都悄然消失了。而苏联自己也在斯大林“一国建成社会主义”思想的影响下，逐渐丧失了对国际工人运动的领导能力。

在苏共党内，凡是与斯大林意见相左者都被打成托洛茨基派，并被开除党籍。而托洛茨基本人也被开除出党，并逐出国境。到1937年时，几乎所有左翼反对派的托派分子都遭到了逮捕和处决，而托洛茨基也为躲避暗杀而亡命于墨西哥。

反对道德说教

由于斯大林的残暴统治，许多曾经的左派知识分子开始向右转，宣布放弃马克思主义的革命观，宣扬所谓“普世价值”。他们认为，是列宁和托洛茨基所打造的布尔什维克中央集权体制促成了斯大林的暴行。

对此，托洛茨基在《他们的道德与我们的道德》一文中进行了回应。他说，上述这种观点，不过是站在道德的制高点上对阶级斗争进行污蔑。在当时人们对布尔什维克的批评中，许多人直接批判了列

斯大林、列宁和托洛茨基共同领导了十月革命。列宁去世后，斯大林独揽大权，托洛茨基成为他的眼中钉。

第二次世界大战尾声阶段，**盟军**对德国德累斯顿实施了**大轰炸**。托洛茨基曾论断，资本主义政权会在战争期间违反他们道德的原则，而上图的事件即可证明此言非虚。

宁“只要目的正当就可不择手段”的信条，认为正是在这种理念指导下，布尔什维克才犯下了大量的寡义、野蛮和残忍的不道德行径。他们还认为，若能筑起道德的堤坝，便能化解这样的暴行。对此，托洛茨基回答说，不论是否是有意为之，道德家们的这些说辞都不过是在为资本主义进行辩护；因为资本主义不可能“光靠暴力维持统治，还需要道德‘黏合剂’的帮助”。

他认为，这些人所称为“道德”的东西，既不来源于人的感知，也没有现实事物的实例；它们只是一系列抽象的“永恒”价值，事实上却是子虚乌有的。相反，只有当一个行为是为改变社会现状或者开展阶级斗争时，它才是真切而正当的；而任何缺乏经验证据的道德概念，都不过是统治阶级防范阶级斗争的工具而已。他们为社会成员赋予了强制性的“道德”义务，欺骗和引导人们去自觉地维护体制。

托洛茨基举了一个战争的例子：“那些在平时最‘痛恨’战争的‘人道的’政府，到了打仗时，便会宣布他们军队最高的责任，就在于尽可能杀死更多的人。”此外，他还说，宗教和哲学对人之行为所做的一切规定，也都是这种阶级压迫的工具。因此，对托洛茨基而言，革命的第一个使命，就是揭穿这些伪善的骗局。

> **我们必须一次性彻底摆脱贵格会教徒所宣扬的那种生命圣洁不可侵犯的陈词滥调。**
>
> ——列夫·托洛茨基

新贵族

托洛茨基一直希望向人们解释，布尔什维克主义的中央集权，并不是造成斯大林主义的原因。之所以要中央集权，是因为只有靠这样的手段，布尔什维克才能击败敌人，才能实现建立非中央集权的无产阶级专政的“目的”。而斯大林主义是“官僚对无产阶级专政的一场浩大的反动”，它重新唤醒了专制主义，“恢复了对权力崇拜”，拥有了以前的沙皇做梦都不敢染指的超级权力。托洛茨基认为，斯大林主义制造出了一批新权贵，他们利用人民群众登上权力宝座，最后却与人民群众搞斗争，这简直是所有斗争形式中最野蛮残酷的斗争，正是它助推了斯大林的一切罪恶。

> **要毫不留情地肃清反革命分子；把可疑之人通通关入集中营。任何人不管有多大功劳，只要渎职就可处死。**
>
> ——列夫·托洛茨基

许多批评家认为，激进革命分子信奉“只要目的正当就可不择手段”的观念，并经常以此来为谋杀、暴掠和欺骗大众的行径进行辩护。而托洛茨基则认为，这是一种误解。他说，“目的正当就可不择手段”只是说明人们的行为要有合理的目的。这就像说，既然鱼可以吃，那么捕鱼、煮鱼这些行为都是正当的一样。换句话说，在为任何一个行为做道德辩护时，都要与做这件事的目的联系起来。你看，杀死一条正在攻击小孩子的疯狗是正义的行为，而无缘无故毫无“目的”地杀一条疯狗，那就是一种罪行。

最高目的

那么，什么才是正当的目的呢？对于托洛茨基来说，增强人类征服自然的能力并终结人压迫人的社会是最高的目的，因此，任何目的只要能成为最高目的的手段，那这个目的就是正当的。即目的本身可以成为实现这个最高目的的手段。那么，我们要质问，托洛茨基是不是认为只要能使工人阶级获得解放，那么任何破坏性的行为都可以被允许呢？或许，在他眼里，只要能实现那个目的，那么这些破坏性行为就是阶级斗争的体现，而对这些行为的批评就都是抽象的道德说教了。

许多知名的马克思主义者都认为托洛茨基的观点既危险又荒谬，甚至反革命。曾在20世纪二三十年代同苏联有过接触的非裔美国马列主义者哈利·海伍德就认为："托洛茨基注定会失败，因为他的想法既不符合客观实际，也不符合苏联人民的利益和需求。"在俄国内战期间，托洛茨基通过运作战时共产主义，构建了一个中央集权的行政指令系统，在这个机制下，高层领导人盲目相信自己分析的绝对正确性，并封杀一切不同意见，这让许多托洛茨基曾经的追随者大失所望。同时，这样的组织形式不但将一切权力封锁于一个领导集体手中，它还对人民群众提出极高的要求，消耗大量的时间和精力也很难维持和运转。此外，1940年，美国的马克思主义者保罗·马蒂克指出，俄国革命的成果已经彻底变成斯大林主义式的极权主义统治。而布尔什维克主义、列宁主义和托洛茨基主义所留下的遗产，也已沦为"一种意识形态的旗号，被那些集权的统治者用作给自己的国家资本主义政体做辩护的工具了"。■

俄国内战期间，托洛茨基的苏联红军出现过屠杀行径。这些史实促使人们将布尔什维克此时的行为与后来斯大林的大清洗相提并论。

列夫·托洛茨基

托洛茨基本名列夫·达维多维奇·布隆施泰因，1879年出生于今天乌克兰扬诺夫卡的一座小村子。他曾在敖德萨求学，之后便参与了革命活动成为马克思主义者。他在年仅18岁时便被逮捕入狱，并流放到了西伯利亚。

"托洛茨基"其实是西伯利亚监狱一个狱守的名字；他改名托洛茨基后逃到了伦敦，并在那里结识列宁，两人共同为革命刊物《火星报》撰稿。1905年，托洛茨基回国后又遭到逮捕，并再次被流放到西伯利亚。托洛茨基再度成功逃跑，并在1917年和列宁共同领导了十月革命。但是在列宁去世后，托洛茨基在同斯大林的斗争中失势，并最终被驱逐出境。1940年，托洛茨基在墨西哥城，被斯大林指使的拉蒙·梅尔卡德尔暗杀身亡。

主要作品

1937年 《斯大林的伪造学派》
1938年 《他们的道德与我们的道德》

我们将给农民和商人提供担保，从而团结全体墨西哥人

埃米利阿诺·萨帕塔（1879—1919年）

背景介绍

思想流派

无政府主义

聚焦

土地改革

此前

1876年 波费里奥·迪亚斯成为墨西哥统治者，促使土地所有权矛盾更加尖锐，社会不平等加剧恶化。

1878年 俄国一个革命党派将“土地与自由”作为自己的名称。20世纪90年代，萨帕塔的追随者们亦使用了这一称号。

此后

1920年 革命走向尾声之际，墨西哥南部部分土地改革得以实现。

1994年 萨帕塔主义的国家自由武装开始在墨西哥恰帕斯州南部进行武装起义，以反抗墨西哥政府对土著人的不平等待遇。

为土地和社会地位而战是1910年到1920年爆发的墨西哥革命的核心旋律。农民出身的埃米利阿诺·萨帕塔成为这场革命的关键人物，他志在通过重新分配权力、担保和领导武装抗争来解决社会积压已久的矛盾和冲突。

萨帕塔的主要观点与大多数墨西哥历史上的无政府主义者相似，它的核心原则是建立在本土传统基础上的公共土地所有权。为了墨西哥政治和经济的发展，萨帕塔渴望摧毁农牧场主的垄断经营，并且在政府改革的议程之外，将以农商为重点的整个国家统合起来，牢牢地掌控国家的劳动力资源和商品，这也从一个方面保证了国家主权在国际舞台上的独立自主。

1911年的阿亚拉计划使萨帕塔的愿景终于得以具体化。这一改革的宏伟蓝图包括实现自由选举、结束农牧场主的控制权及实现物权在个人间的自由流转，等等。

在墨西哥革命中，为萨帕塔战斗的军队中绝大多数是土生土长的农民，甚至包括若干个“全女师”。

萨帕塔在革命结束前惨遭杀害。尽管在20世纪20年代，土地改革确实在墨西哥的大地上得以展开，但巨大的不平等仍给国家和社会留下了持久的隐患。

萨帕塔的思想成为墨西哥的恒久遗产，激励着在恰帕斯州南部的土著农民进行萨帕塔式革命运动，他们成功地在墨西哥南部建立了半自治非政府组织。■

参见：皮埃尔-约瑟夫·蒲鲁东 183页，彼得·克鲁泡特金 206页，安东尼奥·葛兰西 259页，何塞·卡洛斯·马里亚特吉 338页。

战争就是一门大发横财的生意

史沫特莱·D.巴特勒(1881—1940年)

背景介绍

思想流派
不干涉主义

聚焦
发战争财

此前

1898—1934年 中美洲和加勒比地区爆发“香蕉战争”。这场战争的目的是维护美国的商业利益，尤其是美国联合果品公司的利益。

1904年 美国政府出资建设巴拿马运河，并且声称享有巴拿马运河区域的主权。

此后

1934年 美国总统富兰克林·罗斯福制定睦邻政策。此后美国在拉丁美洲地区的渗透有所收敛。

1981年 美国政府出资扶持尼加拉瓜反对势力，以对抗执政的桑蒂诺民族解放阵线政权。

2003年 美国政府发动了伊拉克战争，并允许美国商人借此获利。

西方的工业化彻底改变了原有的贸易与战争本质。外交与经济利益之间的关系日益密切，使人们开始对军事行动的动机产生怀疑，包括史沫特莱·D.巴特勒在内的许多人开始关注一国外交中，军事行动究竟扮演怎样的角色。

巴特勒是一位功勋卓越的美国海军陆战队将军，在他34年的服役期间曾参与和指挥大量的海外战役，并曾多次征战于中美洲战场。

> 战争就是牺牲多数人并使少数人得利的把戏。
>
> ——史沫特莱·D.巴特勒

在回顾自己的作战生涯尤其是“香蕉战争”后，巴特勒发现，自己的半生戎马不过是在扮演资本家打手和帮凶的角色，军队成了大商人保护其海外商业利益的马前卒。

重新界定“正义战争”

巴特勒担心战争将沦为资本家开拓海外贸易并大发横财的工具；他提出，战争的正当性需要重新界定，应当把发动战争的条件局限在自卫和保护公民权的范围之内。

巴特勒退役后，开始通过一系列的公开演讲对外宣传他的经历和担忧，并且在他1935年的著作《战争就是门大发横财的生意》中，提出要减少靠战争发财的现象，并限制政府发动对外掠夺性战争能力。

尽管在当时，巴特勒的呼吁并未产生多大的影响，但是他提出的这个观点，却对美国后来的外交政策产生了深远影响。■

参见：何塞·马蒂 204~205页，汉娜·阿伦特 282~283页，诺姆·乔姆斯基 314~315页。

主权不能靠施舍，而要靠夺取

穆斯塔法·凯末尔·阿塔图尔克

（1881—1938年）

背景介绍

思想流派

民族主义

聚焦

代议制民主

此前

1453年 穆罕默德二世攻打君士坦丁堡，克城之后将此城定为日益强大的奥斯曼帝国的都城。

1908年 青年土耳其党人发动革命，重新恢复了1878年以来被苏丹禁止的国会。

1918年 奥斯曼帝国在第一次世界大战中战败。

此后

1952年 土耳其加入北约，在冷战时期选择了西方阵营。

1987年 土耳其申请欧洲经济共同体的成员国资格。

2011年 土耳其军方高层辞职，首次将政治控制权交给总理。

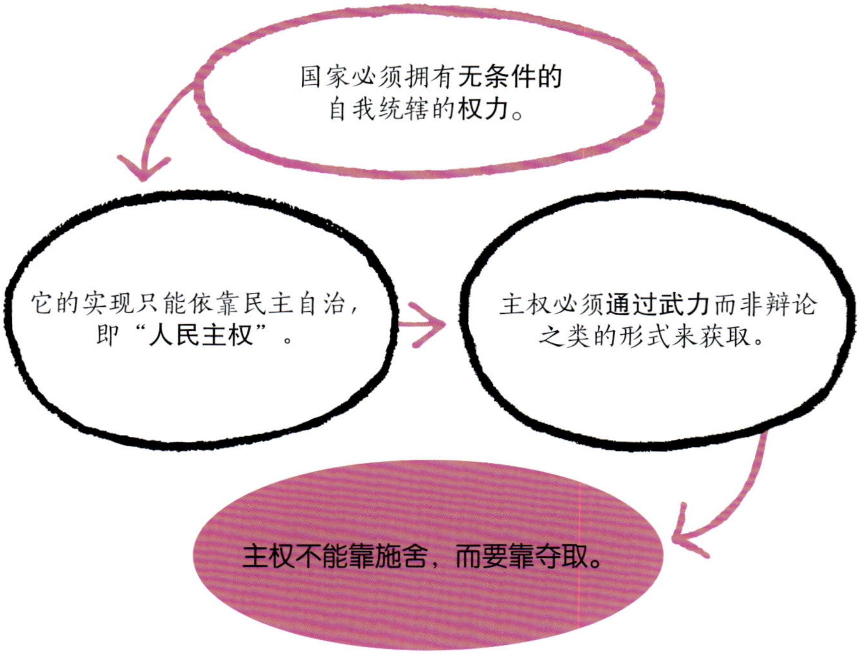

奥斯曼帝国在第一次世界大战中沦为战败国，被迫于1920年签订了丧权辱国的《色佛尔条约》，昔日属地被严重瓜分：阿拉伯诸省份割让与西方，亚美尼亚获得独立，库尔德获准自治，西部地区则由希腊控制。在此背景下，穆斯塔法·凯末尔·阿塔图尔克领导的起义军，对哈里发军队以及扶植奥斯曼苏丹的外国势力发起进攻，土耳其独立战争就此打响。

在俄国布尔什维克提供武器和资金的帮助下，凯末尔击败了外国侵略者，还迫使苏丹乘英国潜艇仓皇亡命马耳他。在《色佛尔条约》签订仅三年之后，《洛桑条

参见：让-雅克·卢梭 118～125页，伊藤博文 195页，孙中山 212～213页。

约》即取而代之，土耳其赢得了独立主权，凯末尔也成功当选首任总统。

人民的主权意志

凯末尔决定，要在奥斯曼帝国这片封建腐朽、基本没有工业基础的废墟上建立一个现代民族国家。他坚信，要想建立一个能保障每个人自由和正义的平等社会，

根据凯末尔坚定的世俗化构想，在土耳其的包括大学在类的社会机构之中，穆斯林将被禁止佩戴面纱和头巾。这一政策也引发了后来持续不断的争议。

这个国家就必须拥有无条件的自我管辖权力，即“人民主权”。他坚称，主权不可能靠施舍，不能靠协商，只能靠武装斗争来争取。

主权的第一层含义就是人民的民主自治，它不受其他权威（包括苏丹-哈里发）的干预，不受宗教势力的左右，不遭到外国力量的操纵。依照凯末尔的民族主义构想，土耳其乃是这片管辖区域的主权所有者，土耳其的人民应当享有其他民族国家人们同等的独立权利；诚然，同其他国家合作或许将有利于这个新兴国家的起步，但是土耳其本国依然必须进行一场颠覆性的自我变革，才能在政治上、文化上和经济上立于世界之林。

凯末尔的这套自我变革的民族主权概念，对于当时的多数民众而言十分陌生。在农村贫困地区的人看来，凯末尔的现代化政策，不过是将世俗化的城市精英的意志强加于文化程度低、宗教传统深厚的农村文化之上。不过，掌控着军事武装的凯末尔，终究把新兴的土耳其共和国塑造成了一个西化的世俗民族国家。但是，在广大的农村地区，伊斯兰教的传统与世俗军队、城市精英之间的紧张关系依然延续到了今日。■

> **世上只有一种权力，那就是国家主权。世上只有一种权威，那就是民族气质、民族良知和民族之心。**
>
> ——穆斯塔法·凯末尔·阿塔图尔克

穆斯塔法·凯末尔·阿塔图尔克

凯末尔1881年生于希腊萨洛尼卡。他在军校时期是一名优秀学生，数学和文学尤其出色，后在君士坦丁堡军官学校完成学业。之后他迅速晋升，在第一次世界大战中成为第二军团的司令。但是他在1919年辞去军职，开始着手领导反抗外国侵略者的起义行动。

凯末尔从一开始参与地下反对组织，到1923年让土耳其获得独立地位，其功绩使他成为这个国家的首任总统。1934年，土耳其国会授予他“阿塔图尔克”的名字，意为“土耳其人的国父”。1938年，长年酗酒的凯末尔患肝硬化去世。

主要作品

1918年 《与总司令的谈话》

1927年 《伟大演说》（在土耳其国民议会上的演讲）

欧洲的传统道德秩序已荡然无存

何塞·奥尔特加·伊·加塞特（1883—1955年）

背景介绍

思想流派
自由主义

聚焦
亲理智主义

此前
公元前380年 柏拉图认为城邦应由哲学王进行统治。

1917年 俄国革命的胜利，逐渐诱发了西班牙人民对后来通过镇压人民大众来巩固独裁统治的普里莫·德里维拉将军的不满。

此后
1936—1939年 西班牙发生内战，造成超过20万人的死亡。

1979年 法国哲学家皮埃尔·布迪厄研究发现，人们的审美品位将受到其社会和政治的阶级地位的影响。

2002年 美国史学家约翰·卢卡奇发表《时代的终结》，宣称这个资产阶级文化的时代行将走向结束。

哲学家何塞·奥尔特加·伊·加塞特成名于20世纪20年代，此时正值西班牙国内社会的震荡时期。由于西属摩洛哥发生暴乱，西班牙王室权威大为衰落，米格尔·普里莫·德里维拉将军上台施行独裁统治，又进一步加深了国内左右两翼的分化，这些问题逐渐累积，造成了1936年西班牙内战的爆发。

此前，在第一次世界大战时期，西班牙作为中立国，为战争的双方提供补给物资，造就了当时西班牙经济和工业化的迅速发展，也使得迅速壮大的工人群体势力不断提升，工人的众多诉求得到满足。1919年，巴塞罗那爆发工人罢工，随后西班牙成为第一个为所有工人制定八小时工作制的国家。

大众的反叛

随着工人势力的壮大，阶级冲突成为当时欧洲哲学和社会学的主要论题。然而，奥尔特加认为，纯粹通过经济因素来划分社会阶级的思想有所不妥；相反，他主张将人们对传统道德准则的尊崇程度作为划分基础，区分出“大众人”和“高贵精英”。在其《大众的反叛》一书中，他指出“随心所欲是粗鄙庶民的生活方式；而高贵的人则崇尚秩序与法则”；是自律和奉献的精神，让一个人高贵。在他看来，大众正不断触及社会最高权力，并且利用罢工等暴动形式的反叛倾向正在不断提升，这必将造成巨大的社会问题。用他的话讲，

> 欧洲已茕茕孑立，不再有神灵环绕。
>
> ——何塞·奥尔特加·伊·加塞特

参见: 柏拉图 34~39页, 伊曼纽尔·康德 126~129页, 弗雷德里希·尼采 196~199页, 迈克尔·欧克肖特 276~277页。

在欧洲，**工业化时代的大众**开始掌握最高的社会权力……

……这造成了**真知识贵族**的衰落和**伪知识分子**的崛起。

伪知识分子缺乏基本的**传统感、目的感和道德感**。

欧洲的传统道德秩序已荡然无存。

“这是一场巨大的危机，可能造成生灵涂炭，国运衰微，乃至文明没落”。

奥尔特加认为，大众所制造的这种危机，与逐渐失去方向感的欧洲在战后广泛蔓延的民主化潮流有关。虽然欧洲依然有着强大的工业实力，但是由于君权衰落和战乱摧残，欧洲已产生了严重的自我怀疑，兀自茫然彷徨。

伪知识分子

奥尔特加认为，伴随大众的崛起而生的，还有知识贵族的衰微；而一群对传统和道德准则缺乏认识又自视甚高的粗鄙之人却获得了胜利，他们就是伪知识分子。他们代表着一种新的力量：一种让历史迷失方向感的力量。大众对文明的规则缺乏认知，也对公共意志的重要意义无甚挂念。因此，奥尔特加认为，大众具有严重的暴力倾向。他感叹，当真正的知识分子走向绝迹，而空留一群冷漠的大众来统治社会，那么欧洲必将丧失其在世界中的地位和使命。

奥尔特加的哲学思想对今天仍然很有影响。他的追随者们依然强调，经济阶级和文化之间存在着既定的关联。■

第一次世界大战之后，像图中这些正在罢工的法国冶金工人争取到了大量权益，并开始着手巩固他们获得的政治权力。

何塞·奥尔特加·伊·加塞特

奥尔特加·伊·加塞特出生于马德里的一个颇有自由人文传统的家庭。他的母亲是《公正报》的掌控者，父亲则是该报的撰稿人。奥尔特加先是在西班牙学习哲学，后又在德国的莱比锡、纽伦堡、科隆、柏林和马尔堡继续深造，深受新康德主义影响。

1910年，奥尔特加在马德里成为一名哲学教授。此后，他创建了《西方评论》杂志，曾吸引当时最著名的一些哲学大腕儿来发表文章。在君主制度和德里维拉独裁统治倒台之后，西班牙于1931年成立共和国，奥尔特加被选为议员，不过一年之后即从政坛隐退。他在西班牙内战期间离开祖国，流亡阿根廷布宜诺斯艾利斯，1942年重回欧洲。

主要作品

1930年 《大众的反叛》
1937年 《无骨气的西班牙》
1969年 《形而上学选讲》

吾等四亿人，齐声唤自由

马库斯·加维（1887—1940年）

背景介绍

思想流派
黑人民族主义

聚焦
社会激进主义

此前
16世纪 跨大西洋黑奴贸易兴起。

1865年 美国宪法第十三条修正案宣布奴隶制为非法。

1917年 东圣路易斯发生美国历史上最严重的种族骚乱。

此后
20世纪60年代 “黑色很美”运动突飞猛进。

1963年 马丁·路德·金在华府一场盛大的民权游行中发表了《我有一个梦想》的演讲。

1965年 美国国会通过了《选举权法案》，禁止歧视或阻碍非裔美国人履行其投票权。

在20世纪早期，美国黑人反对白人至上主义的行动得到牙买加社会激进主义者马库斯·加维的积极响应。加维在1914年成立了世界黑人促进协会，号召全世界的四亿黑人团结起来，战胜种族压迫，从而解放非洲大陆，并同时解放黑人自己。两年后，他来到美国开办公司，专门雇用非裔美国黑人。

加维相信无论文化、政治还是知识领域，只要黑人有意愿，他们就都可以获得巨大成就。基于这种自信，他将种族因素放在第一位，个人自主放在其次，而把黑人的国籍放在最后。他构想着建立一个能够捍卫全体黑人利益的“非洲合众国”，并为他镀上了一层宗教式民族救赎的光辉。他说，“新黑人”的思潮要借鉴现存的知识传统，但更要缔造出它对种族主义的更独到的见解。加维创造了“非洲原教旨主义”的概念，希望以此提升黑人的自我意识——相信非洲业已衰落的文明将会获得重生。

> **我与任何一个白种人都是平等的，愿你们也能做此想。**
>
> ——马库斯·加维

加维的激进言论，连同他那些管理不善的专供黑人的生意，引起了美国政府和敌对的黑人领袖的不满。但无论如何，加维都称得上是强调黑人权力的第一人，也是清晰地提出黑种人利益诉求的第一人。因此，他的言行至今仍然激励着非洲的黑人民族主义者们。■

参见： 约翰·C.卡尔霍恩 161页，乔莫·肯雅塔 258页，纳尔逊·曼德拉 294~295页，马尔科姆·X 308~309页，马丁·路德·金 316~321页。

印度脱离大英帝国殖民之日才是印度真正独立之时

罗易（1887—1954年）

背景介绍

思想流派

民族主义

聚焦

不断革命

此前

1617年 莫卧儿王朝皇帝决定允许英国东印度公司到印度开展贸易。

1776年 美国《独立宣言》肯定了人民自治的权利。

1858年 印度爆发民族大起义，导致英国直接接管印度殖民地的管辖权。

1921年 甘地成为印度国民大会党领导人，进一步推动非暴力不合作运动。

此后

1947年 《印度独立法案》宣告英国的印度殖民统治终结。

1961年 弗朗茨·法农在《全世界受苦的人》中分析了殖民主义的暴力，论证了武装斗争的必要性。

1931年，印度革命家、政治理论家罗易在结束世界多个共产主义政权的奔波后回到故土，但当他刚刚踏足印度就遭到英国殖民当局的逮捕。当局援引臭名昭著的刑法第121A条为他冠上了“谋权篡位”的罪名，并跳过应有的辩护陈词、证人陈述和陪审裁决等法庭审判程序，直接将罗易打入大牢，判处12年徒刑。悲惨的铁窗生活严重影响了罗易的健康。

但讽刺的是，罗易过去在讨论英国在印度的主权问题时，总是基于源自英国的正义原则来展开讨论。但当他因煽动暴力而遭到当局指控时，罗易陈述道，那些被逼走投无路的印度贫民在反抗压迫统治时使用暴力，是在替天行道；而殖民当局镇压民众时使用暴力，则是可耻之举。300多年来，英国人从衰落的莫卧儿帝国手中“和平”地获得这块“宝贵的殖民地”，但其背后依靠的，却是大英帝国的船坚炮利。

罗易认为，英国殖民政府在推动印度人民福祉上没有任何作为，他们仅仅考虑的是如何为“专制财阀”榨取利益。因此，罗易说，只有从英国人那里夺回我们的主权，印度人民的权利才能有保障，如有必要，我们还要考虑用武力来实现。■

> **当我们有意识地走向正确的道路，我们将不可阻挡。**
>
> ——罗易

参见： 莫罕达斯·甘地 220~225页，保罗·弗莱雷 297页，弗朗茨·法农 304~307页。

主权者就是决断什么是例外情况的那个人

卡尔·施米特（1888—1985年）

背景介绍

思想流派
保守主义

聚焦
法之外的权力

此前

1532年 尼科洛·马基雅维利在《君主论》中探讨了主权的原则。

1651年 托马斯·霍布斯在《利维坦》中，用社会契约的概念为主权者的权力进行辩护。

1933年 阿道夫·希特勒在德国上台。

此后

2001年 约翰·米尔斯海默借鉴施米特的理论，为他的“进攻性现实主义”背书，他主张国家应总是保持战备状态。

2001年 美国通过《爱国者法案》，将许多戒严和紧急状态下的权力常态化。

卡尔·施米特是德国政治思想家、法学家，他在20世纪早期对自由主义和议会民主制的批评使其跻身这一领域的顶尖人物行列。在施米特眼里，无法预计的突发情形，也就是“例外情况”是“政治”这个词最本质的含义。出于这一理由，他对自由主义的“法律最能保障个人自由”的观念提出了驳斥。他说，诚然，在国家的常规状态下，法律能为日常事务提供一套可行的框架；但是，在面对像政变、革命和战争这样的例外情况时，法律却总是鞭长莫及。施米特

参见：尼科洛·马基雅维利 74~81页，托马斯·霍布斯 96~103页，乔万尼·秦梯利 238~239页，何塞·奥尔特加·伊·加塞特 250~251页，阿道夫·希特勒 337页。

一个国家的**政治生活**中总是存在例外的状况。

法院的**判决**遵循先例，因此只在“**常规**”**情形**下适用。

↓

而当**例外情况**发生时……

↓

……必须**有人**能够凌驾于法律之上，并悬置法律，采取一切手段**拯救国家**。

↓

唯有主权者才有能力这样做。所以，主权者就是决断什么是例外情况的那个人。

认为，当下所谓的法学理论，已经脱离了法律实践和时时变动的社会实际；在处理那些随时可能威胁到国家切身安危的重要历史时刻，这些法学理论都是如此的苍白无力。他认为，比起司法部门，总统才是国家宪法真正的捍卫者，在必要的时刻，他完全应该凌驾于法律之上；也就是说，在例外情况下，统治者必须成为最高的立法者。

无穷尽的对抗

施米特对于何为“政治”的诠释可谓剑走偏锋。他认为，政治就是朋友和敌人之间无穷尽的斗争；他对自由主义的批判也基于这一理论。他指出，国与国之间、人与人之间都总是处在斗争或准备斗争的状态。当然，施米特并不完全同意霍布斯的“自然状态是一切人反对一切人的战争”之说，因为他认为人们在法律之下能够共同生活。但是，他还是认为，自由主义者所提出的永久和平的浪漫畅想，把人类尤其是民族国家带入了歧途。施米特说，在很大程度上，自由主义者对政治的天真和对仇恨的无知要为第一次世界大战的爆发负

卡尔·施米特

施米特出生于德国普莱腾伯格的一个虔诚的天主教家庭。他本人后来放弃了天主教信仰，但是神学对他思想的影响始终贯穿于他的作品之中。施米特主攻法律，曾在多所大学任教。1933年，施米特加入纳粹党，随后成为普鲁士参议院议员。但是，1936年他遭到理念不合的党卫军指责，并被驱逐出党。

此后，施米特继续在柏林担任教授，在第二次世界大战结束时，他因为同纳粹党的联系而被拘押过两年时间。1946年，由于国际社会普遍回避与他的交流，施米特便回到了故乡研究法律，直至去世，享年95岁。

主要作品

1922年 《政治的神学：主权学说四论》

1928年 《政治的概念》

1932年 《合法性与正当性》

> 例外比规则有意思得多。规则下什么都验证不了；而例外之时则能够验证一切。

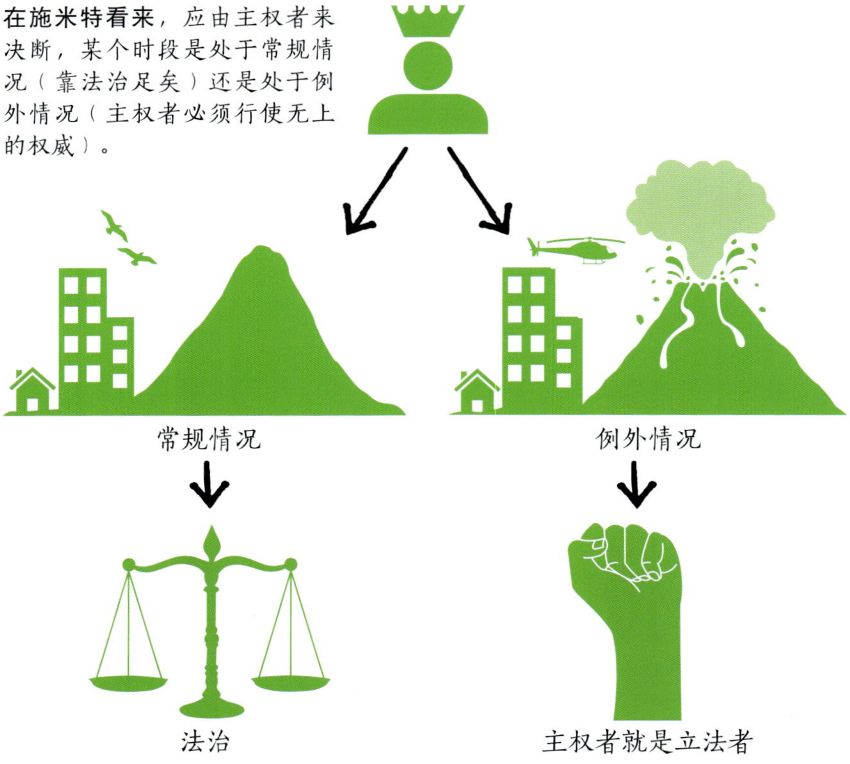

在施米特看来，应由主权者来决断，某个时段是处于常规情况（靠法治足矣）还是处于例外情况（主权者必须行使无上的权威）。

责；他们不仅误解了政治的斗争本质，而且在政治实践中也表现得极其虚伪。他们总报有永久和平和睦邻友好的妄想，教导国家疏忽对例外状况的准备，其结果便是葬送了大量公民的生命。

施米特认为，政治之中虽然存在着合作和中立的现象，但是始终蕴藏着敌意爆发的可能性。在他的设想中，每个人都可能对我方形成威胁，并成为我政治上的敌人，因此战争的可能性始终存在。施米特指出，主权者要有“威胁无处不在”的忧患意识，因此必须居安思危，枕戈待旦。政治这个领域，不仅与公民社会或市场等人际互动的领域截然不同，它还必然是一个对抗性的空间。在日常情形中，通过司法机构的运作，依靠法律足矣；但是在政治中，例外乃至失控的状况随时可能爆发；一旦发生，司法机构很难做出迅速而正确的应急反应。所以此时此刻，必须有人拥有悬置法律的权力。施米特说，这就是主权者应当具备的职能：决断什么时候属常规状态，什么时候又是例外情况；这样一来，他还需要决断，哪些法律依然适用，哪些则必须暂停。

施米特把生命置于自由之上，按他的意思，主权者的正当性将不再依赖于法律，而在于他保护政权和公民的能力。施米特认为，主权者真正有多大权威，只有在例外情形下才能显现出来。因为在危机时刻，平时做判断的依据已然失效；主权者将挣脱法律保护者的身份并践行真正意义上的立法者的职能，才能动员人民去对抗共同的敌人。施米特最后总结道，主权者真正行使完整的权力时，总是免不了要动用暴力，此时就算有违法律也当在所不惜。

鼓吹希特勒

历史上，施米特曾为希特勒的崛起和政治路线做辩护，这毫无疑问暴露了他理论的缺陷。当希特勒在“长刀之夜”铲除他的85位异己分子之时，施米特立刻将此行动描述为“执政正义的最高形式”。在施米特眼中，希特勒就是一位真正的主权者，在每一个威胁到国家的例外时刻，他都会把一切纳入自己掌控之中。在他看来，不论是纳粹党内的左翼力量，还是犹太人，都是威胁国家安危的敌人，因此对他们施以任何暴力都完全正当。

从施米特对纳粹政权的态度可以看出，对他而言，国家的存亡比个人的自由更加重要——有时候甚至比个人的生命还重要。但是，他这种国家优先的思想明显没认识到，其实国家就像人一样，它并非铁板一块也不可能一直完美无瑕，在很多时候国家也是会犯错的。

当下的“例外情形”

施米特刻意回避自己那套思想可能造成的极端后果，他甚至还能够容忍种族灭绝的行径，这让大多数学者和知识分子唯恐避之不及。但是到了20世纪末期，一些学

> 例外状态并不是一种独裁形式，而是一种法律缺位的状态。
>
> ——吉奥乔·阿甘本

者重新发掘了施米特，认为他虽然存在理论缺陷，但依然对法学和政治哲学做出了重要贡献。这些学者将他的"例外理论"和"政治是划分敌我"的观念加以借鉴，为理解现代国家的运作和领导人的决议过程提供了新视角。

同时，美国哲学家列奥·施特劳斯继承施米特对自由主义的批评，指出这个时代存在着极端相对主义和虚无主义的思想倾向，完全漠视"在场的"现实——也就是不关注实然问题，而只关注应然问题。施特劳斯罗列了两种虚无主义的形式：一种是"野蛮"的虚无主义，例如纳粹政权，他们力图摧毁一切传统、历史和道德标准；另一种则是"温和"的虚无主义，例如西方的自由民主制度，他们力图建造的平等主义社会既无涉价值，又缺乏目标。施特劳斯认为，这两种思潮都可能摧毁人类卓越的特质，都是十分危险的政治取向。

而施米特的批评者、意大利政治哲学家吉奥乔·阿甘本指出，施米特的例外状态并不是一种法律悬置的状态，也就是说，它并不是在例外状态时暂停法律，结束之后又恢复法律；相反，它是一种法律彻底缺位的状态，促使主权者能够全权地掌控公民的生命。阿甘本以第二次世界大战中纳粹集中营为例，营中的囚犯被剥离人的一切特质，成为"赤裸的生命"——虽然他们依然活着，但是已然失去人之为人的一切天生的和法律赋予的权利。他认为，要做进入例外状态的决定必须慎之又慎，因为它将带来无法预知的后果。例如，主权者所谓的"临时"悬置了法律，但是却产生了非临时的结果：因为在法律恢复职权之后，例外状态也必将遗留下不可磨灭的印记。

"9·11"事件爆发之后的时期，上演了例外状态最典型的范例。当时，美国采取了一些特殊措施，并颁布了《爱国者法案》，对此，保守主义者和左翼思想家就在例外状态的概念框架下表达了自己对这些措施法令的态度。保守主义者强调此刻的"例外性"，因此政府无论是监视个人，还是延长审判前的拘留期限，都是完全正当的。而左翼学者则反对这些行动，指出这些侵犯个人权利的行为将贻害无穷。

举着例外状况的旗号，进行非法律形态的例外举措，其危险性或许还可以从关塔那摩监狱的问题中展现出来。你可以看到，在失去制衡和司法审查之后，权力的执行者恣意修改规则会造成怎样的后果。而"9·11"事件十年已过，当时的"例外情况"及其带来的后果却在今天的许多角落清晰可见，没有消散的迹象。■

第二次世界大战结束后，**纳粹头目**在纽伦堡受审。由于施米特曾是纳粹政权的桂冠学者，因而也接受了调查审讯，但所幸未被判刑。

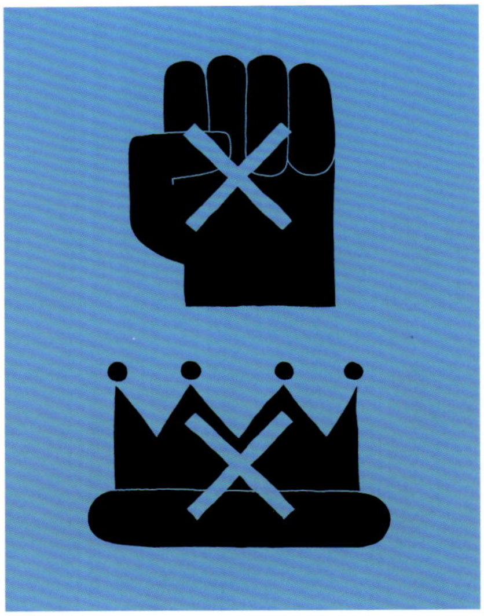

后殖民时代非洲国家仍面临外部势力剥削的威胁

乔默·肯雅塔（1894—1978年）

背景介绍

思想流派

后殖民主义

聚焦

保守主义、泛非洲主义

此前

1895年 英国在东非地区长期进行贸易，并建立起英国东非保护地。

1952—1959年 肯尼亚发生具有独立运动性质的茅茅起义，该地区进入了长期的动乱状态。

1961年 在今属塞尔维亚的贝尔格莱德，多个希望摆脱超级大国支配的国家发起了不结盟运动。

此后

1963年 非洲统一组织（OAU）成立，力图反对在非洲地区的殖民主义。

1968年 英国在非洲的最后一块殖民地获得独立。

在肯尼亚脱离英国殖民统治并赢得民族独立的运动中，乔默·肯雅塔居功至伟，成为后殖民时代肯尼亚的首任总统。他是一名政见温和的政治家，主张渐进改良，反对激进的革命。

外部威胁

肯雅塔的思想融合了反殖民主义和反共产主义的理念。他激烈反对非洲的白人统治，并通过建立肯尼亚非洲民族联盟来宣传肯尼亚的独立思想。肯雅塔主张建立混合制的市场经济，对外国投资保持开放态度，同时，他还实施亲西方、反共产主义的外交策略。

肯雅塔相信，由于传统豪强希望维持现状，因此后殖民时代的非洲国家依然面临着外部势力剥削的威胁。同时，对于苏联共产主义，非洲国家也不可容许它们的插手干预，否则就不能实现真正意义的独立。■

坦桑尼亚的朱利叶斯·尼雷尔和乌干达的弥尔顿·奥伯特与肯雅塔一样，都是新晋独立的东非国家的领导人。1964年三人齐聚内罗毕，一起探讨后殖民时期非洲的前景。

参见：罗易 253页，纳尔逊·曼德拉 294~295页，弗朗茨·法农 304~307页，切·格瓦拉 312~313页。

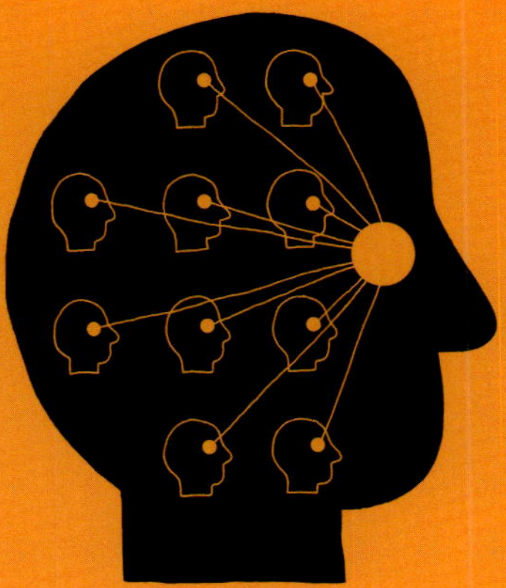

政权必须要承担“教育者”的角色

安东尼奥·葛兰西（1891—1937年）

背景介绍

思想流派

马克思主义

聚焦

文化领导权（文化霸权）

此前

1867年 卡尔·马克思完成《资本论》第一卷，对资本主义体系进行了分析，并对资本家剥削劳动人民的方式做出了解读。

1929年 何塞·奥尔特加·伊·加塞特为工人阶级势力膨胀之后知识分子的没落而感到叹息。

此后

1980年 米歇尔·福柯描述了权力是如何分散于社会各个机制之中的，包括学校和家庭之中均有权力的身影。

1991年 意大利北方联盟党成立，要为意大利北方工业地区争取更多的自主权。

安东尼奥·葛兰西是意大利的马克思主义思想家，他指出，推翻统治阶级的斗争，并非只是一场革命斗争，它还是一场文化的斗争。

葛兰西提出了“文化领导权”的理念，指的是工人阶级对意识形态和文化进行的控制。这种文化领导并不实施强制的思想灌输，而是通过争取人民的认可，来巩固本阶级的统治。

> 人民群众若不能组织起来，那他们就辨识不出自己的阶级特质，也实现不了自我的独立……而每一个组织群体都应有专属自己的知识分子。
>
> ——葛兰西

知识分子的角色

在葛兰西看来，不管一个政府多么强大，它都不能光靠暴力和压制来维持统治，它还需要获得统治的正当性和群众的认可。葛兰西把政权视作一种通过教化和思想渗透来使人民群众服从的统治工具，他的这一思想对马克思主义做出了颠覆和发展。他认为，想要掌控社会中的文化统治权，教育最为关键。葛兰西对知识分子的角色也有其独到的见解。他认为新型知识分子并非只局限于传统的精英阶层，在社会的各个层级都可以有知识分子存在的空间，因此工人阶级想要夺取统治阶级的统治权，就有必要培养出专属自己阶级的知识分子。■

参见：卡尔·马克思 188~193页，弗拉基米尔·列宁 226~233页，罗莎·卢森堡 234~235页，米歇尔·福柯 310~311页。

枪杆子里出政权

毛泽东（1893—1976年）

背景介绍

思想流派

马列主义

聚焦

中国民主革命和社会主义建设

此前

1912年 中华民国成立，结束了中国两千多年的封建专制统治。

1919年 五四运动爆发，为1921年中国共产党的建立准备了良好条件。

此后

1949—1976年 中国在毛泽东领导下进行现代化建设，成就与问题并存。

1978年 邓小平推行改革开放政策，带来经济的高速发展。

20世纪初，欧洲的社会主义思想传到了中国。中国的学生和知识分子希望将这一思想应用到本国的实践中来，青年时代的毛泽东正是其中的一员。一开始，中国青年们接触到的更多是米哈伊尔·巴枯宁的无政府主义和其他一些空想社会主义思想；而马克思主义还不那么时兴。究其原因，很可能是因为马克思判定爆发社会主义革命必须以高度发达的资本主义为基础，而当时中国却还只是一个半封建的小农社会，现代工业尚不发达，城市工人阶级未成规模。

十月革命的鼓舞

1917年俄国十月革命之前，对于马克思“社会主义必将替代资本主义”的论断，由于缺乏现实的例子，还没有得到多少中国知识分子的接受。而后来毛泽东则回忆道，十月革命的一声炮响对中国的知识分子产生了极大的激励。由于中俄两国当时同处落后大国的地位，这种相似性也吸引了人们对俄国产生浓厚的兴趣。毛泽东此时来到了北京，在李大钊主管的北京大学图书馆谋得了一份图书管理员的职务，也成为李大钊的拥护者。李大钊是中国共产主义的先驱，他组织了马克思学说研究会，并且发表了多篇文章对俄国革命思想进行传播。

毛泽东从此接受了马克思主义的思想，并打算把它用在这个社会中，去解决无产阶级革命的问题。而列宁提出的要在落后国家传播共产主义并最终实现社会主义的理论，也对毛泽东产生了深远的影响。而这一过程，正需要一个拥有“阶级意识”的先锋队，来为广大农民群众注入革命思想和无产阶级意识。

人民走向政治舞台

俄国革命胜利对中国的影响

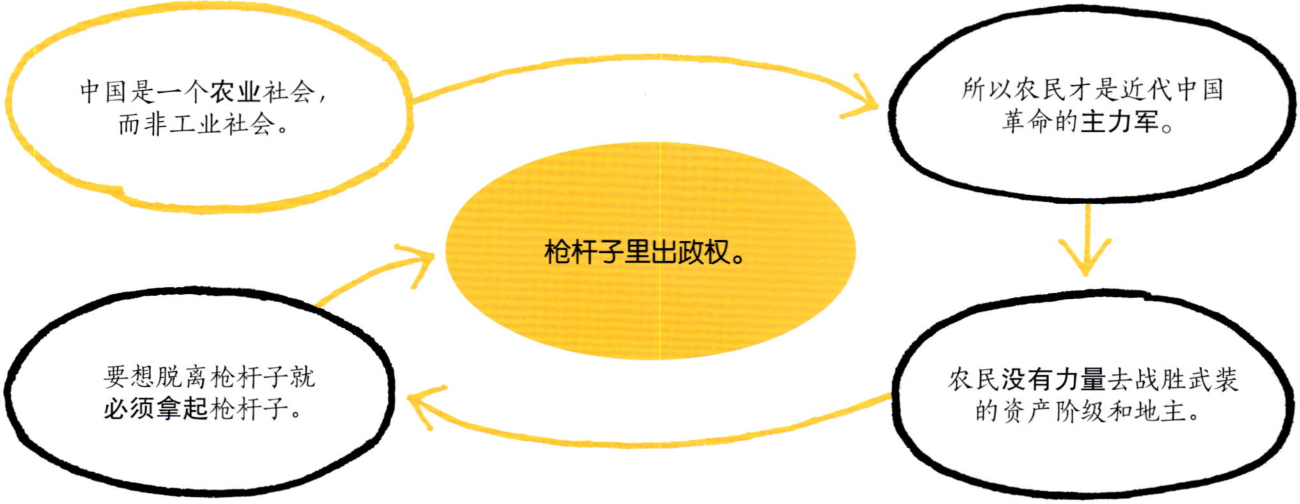

参见：卡尔·马克思 188~193页，孙中山 212~213页，弗拉基米尔·列宁 226~233页，约瑟夫·斯大林 240~241页，列夫·托洛茨基 242~245页，切·格瓦拉 312~313页，胡志明 337页。

在人民公社化运动中，农民要将土地交给合作社。这是毛泽东对中国农业制度进行改造的一个举措。

最开始仅限于高校的学术探讨，但是第一次世界大战之后，西方列强出卖中国利益，从侧面促进了十月革命在中国的传播。第一次世界大战中，北洋政府曾派出超过14万中国劳动工人赶赴法国支援协约国的战事；作为战胜国的中国也由此提出归还德国在山东的权益的要求。但是在1919年的巴黎和会上，西方列强却决议把山东的权益转交给日本。

北洋政府的外交软弱引发了各地学生的抗议。很快，上海的工人及部分商界人士也响应广大学生，他们团结了不同的社会群体，共同要求政府同意他们的爱国请愿。结果，中国的外交代表拒绝在合约上签字，这也没能动摇西方列强的决定。但是，这场五四运动对中国社会造成了深远的影响，让更多的人认识到帝国主义的侵略本质和北洋政府的软弱无能，激发更多仁人志士去关心中华民族的危亡和中国的道路选择。同时，五四运动也是中国政治思潮的一大转折点，西式的自由民主路径失去了大量拥护者，而马列主义则得到了广泛的传播。

此时，毛泽东开始在组织工农运动中崭露头角。作为弱国的中国在山东问题上的外交失败让他刻骨铭心，这使他认识到，军事实力才是政治中最重要的武器。由此，毛泽东坚定了掌握和运用武装力量的决心。

1921年，毛泽东参加了创立中国共产党的中共一大，1923年被选为中共中央执行委员。在20年代，他研究和传播马列主义，并组织了多次工人罢工。在这段时间里，他关于农村包围城市的思想也日渐明晰起来。

> 劳动人民……很不容易觉悟到自己掌握枪杆子的重要性。
>
> ——毛泽东

在绝境中成长的中国共产党

20世纪20年代，由于国民党提出要走马列主义的联俄联共道路，而且实现国家统一也是两党的共同追求，于是，国共两党展开了合作。但很快，由于国民党错误地认为共产党组织的工农群众运动太过冒进，于是在1927年，国民党发动了一系列的清党和政变行动，镇压了共产党在城市中的组织力量，导致了国共首次合作的破裂。在这样的困难情况之下，毛泽东思想中农村包围城市的游击战略逐渐形成，随后，中共便在江西边区成立中华苏维埃共和国。1934年，由于反围剿斗争的失败，中共被迫进行战略大转移。其中，红一方面军在长达一年的时间里，翻越18座大山，跨过24条大河，在艰苦卓绝的环境下行进了约9600公里，一开始从江西出发的8万工农红军，最后到达陕甘宁地区时只剩下不到十分之一。在这个过程中，毛泽东确立起了自己革命领袖的地位和威望。而在抗日战争胜利之后，国内战争迅速爆发，共产党最终战胜了国民党，并在毛泽东的领导下于1949年成立了中华人民共和国。

大海航行靠舵手

在1938年中共第六届中央委员会第六次全体扩大会议上，毛泽东对他的革命理论进行了阐释。他指出，由于中国依然是半封建社会，广大农民群众才是真正革命的阶级，要想取得革命的胜利，单单靠组织罢工请愿、游行示威是永远不够的，还必须要展开武装斗争。诚如其言，掌握了工农武装和政治权力的毛泽东成为人民的“伟大舵手”，也确实为人民谋了幸福。毛泽东通过一系列的措施，禁止了包办婚姻，提升了妇女地位，大幅度地提高了广大人民的入学率和识字率，并建立起了普惠性的住房保障体系。

> 政治是不流血的战争，战争是流血的政治。
>
> ——毛泽东

1953年，第一个五年计划开始执行，国民生产总量显著提升，紧接着，1958年就开展了“大跃进”运动。为了使中国经济迅速“超英赶美”，领导层在工农业和基础设施建设上大搞指标运动，结果造成了三年困难时期。

此外，对国内矛盾的判断出现偏差，致使他先后发动了“反右倾”斗争和“文化大革命”，对中国的许多传统文化和社会机制也造成了破坏。

而他在晚年对知识分子的政策，以及知识青年上山下乡的主张，至今仍对中国社会具有一定的影响。

当代中国语境下的毛泽东

在毛泽东去世之后，中国走向改革开放，并对毛泽东晚年的思想进行了深刻反思。虽然当下中国的路线已与毛泽东时代大为不同，但是毛泽东的思想中的众多精髓依然指导着中国的改革道路。例如毛泽东提出的“实事求是、群众路线、独立自主”，至今仍是中国共产党最为珍视的准则之一。

> 没有一个人民的军队，便没有人民的一切。
>
> ——毛泽东

当下中国依然可以在许多领域看到毛泽东的影响。在众多高校中，都能看到毛泽东的雕像，而印有毛泽东头像的挂饰，还一度在司机群体中十分流行，据说能保佑“出入平安”。而在当下中国的日常生活中，还能不时听到一些毛泽东的经典语录。

在每年的12月26日，也就是毛泽东诞辰的纪念日，在他的家乡

> 马克思主义必须和我国的具体特点相结合并通过一定的民族形式才能实现。
>
> ——毛泽东

都会有众多人前来缅怀。而在如今一些中国人心中，毛泽东仍是民族独立、社会公平的象征。

此外，毛泽东本人也是一名多才多艺的领导人。他大气磅礴的诗词和晚年畅游长江的举动，至今依然引人津津乐道。■

> **中国的命运一经操在人民自己的手里，中国就将如太阳升起在东方那样，以自己的辉煌的火焰普照大地。**
>
> ——毛泽东

中国制造的拖拉机产量大幅提升，这也被视为毛泽东“独立自主、自力更生”思想的一个范例。

毛泽东

毛泽东1893年出生在湖南韶山的一个农民家庭。毛泽东读完师范学校后来到北京，担任北京大学图书馆管理员。他开始学习马克思主义，并在1921年成为中国共产党的创始成员。1949年，在毛泽东的领导下，中国共产党结束了常年的战事，建立了中华人民共和国。

新中国成立初期，百废待兴。毛泽东先后发表了《论十大关系》和《关于正确处理人民内部矛盾的问题》，把马克思主义同中国的具体特点相结合，在探索契合新中国国情的社会主义现代化道路上，付出了艰辛的努力，促进了新中国的安定团结和恢复发展。

主要作品

1938年 《论持久战》
1940年 《新民主主义论》
1945年 《论联合政府》
1949年 《论人民民主专政》
1956年 《论十大关系》
1957年 《关于正确处理人民内部矛盾的问题》

POST–WAR POLITICS
1945–PRESENT

战后

1945年—2013年

1945年
德国日本相继投降，第二次世界大战宣告结束。欧洲开始分成东、西两个阵营。

1945年
英国工党胜选上台，开始一系列改革措施，塑造了现代福利国家的模型。

1949年
中华人民共和国成立。

1950—1953年
朝鲜战争爆发，西方势力同社会主义阵营的朝鲜和中国展开鏖战。

1962年
古巴导弹危机爆发，苏联同美国的关系接近冰点。

1963年
肯尼亚跟随众多前欧洲殖民地的步伐宣布独立。

1963年
美国总统约翰·肯尼迪遇刺身亡。

1963年
马丁·路德·金领导了（为工作和自由）向华盛顿进军的行动。

第二次世界大战结束后，工业和社会的面貌发生了巨大的变化。战争规模和军事工业化程度不断加剧、帝国殖民主义日益衰落、共产主义与自由资本主义之间形成意识形态冲突，这些都对政治思想产生了深远的影响。同时，人类正从世界大战的阴霾中恢复元气，新的技术和组织形式不断出现，也需要新的思想体系来对此进行解读和诠释。

整个西欧在政治路线上达成一致，而经济上，一种混合了私人和公共经济的模式也迅速发展。与此同时，全球范围内掀起了争取公民权和人权的浪潮，殖民地的独立运动更是风起云涌。

国家与战争

在冲突全球化的大背景下，一些全新的问题诞生了。第二次世界大战前所未有地提升了国家的军事实力，并对大国的工业基础产生了深远的影响。在这样的背景下，东西方思想之间的碰撞更加直接，在朝鲜、越南以及其他地方的战争冲突也反映了苏联和美国两个超级大国背后的博弈。

核武器终结了第二次世界大战，但也开启了一段战争科技对人类形成毁灭性威胁的时代。这种变化激发了许多思想家重新思考战争的伦理。迈克尔·沃尔泽就对战争的伦理问题进行了探讨，对希波的奥古斯丁和托马斯·阿奎那提出的正义战争问题进行了现代化改进。

而诺姆·乔姆斯基和史沫特莱·D. 巴特勒则向人们揭示了在军事工业化背后的国家和权贵所扮演的角色。而近年来，全球性的恐怖主义，以及针对性的阿富汗和伊拉克战争都使得相关的争论更加深入。

第二次世界大战之后，政府应扮演何种角色成为一个重要问题。这一时期，西欧国家建立起了福利国家体制，而东欧地区则采用了共产主义的制度。在这个背景

1968年

马丁·路德·金遇刺身亡。之后美国通过**《民权法案》**。

1973年

在公众的不满和抗议中，美国**从越南撤离**地面部队。

1979年

中国改革开放启动。

1989年

柏林墙倒塌成为东欧剧变的标志性事件。

1990年

纳尔逊·曼德拉**获释**，加速了南非种族隔离制度的废除。

2001年

“9·11”事件爆发，世贸中心和五角大楼遇袭，美国**全球性反恐战争**打响。

2003年

由美国主导的武装力量**入侵伊拉克**。

2005年

罗伯特·佩普发表《为胜利而死》，对**自杀式恐怖袭击**进行了分析，认为这是一种“被（反侵略）诉求所驱动的现象”。

下，职权扩大的政府将对个人权利产生何种影响引发了思想家的关注。弗雷德里希·哈耶克、约翰·罗尔斯和罗伯特·诺齐克，都各自对自由和正义问题提出了新的见解。此外，个人在国家中的角色和位置同样引发了思想界的反思。

女性主义与民权运动

20世纪60年代以来，女性主义成为政治思想领域一股强劲力量，其中，西蒙娜·德·波伏娃在十多年前对妇女在政治与社会中的地位进行的质疑，极大启发了这一运动浪潮。与此同时，争取民权的斗争进入高潮，而非洲反殖民主义和美国反种族歧视运动则相互声援响应，这其中，思想家弗朗茨·法农和活动家纳尔逊·曼德拉、马丁·路德·金均是重要的推动人物。这样一来，政治思想家们对统治权威，以及公民权利、政治权利等领域，又进行了新一轮的思索。

全球性关注的问题

20世纪70年代，在阿伦·奈斯的深层环境学和其他环境保护运动的影响下，人们对环境问题的担忧演变成了政治行动。全球气候变化和石油危机等话题进入主流政治领域，而相关的政治思想家的影响力也日益增加。

同时，伊斯兰教在政治中应当处于何种地位成为伊斯兰世界政治家和思想家们聚焦的话题。从毛杜迪的伊斯兰国思想到希尔琳·艾芭迪对穆斯林妇女地位的关切，从基地组织的猖獗到“阿拉伯之春”的迷惘，伊斯兰话题已成为这个时代一种重要的政治元素和挑战。

随着工业、文化和通信技术跨越国界，日渐全球化的地球面临着全新的挑战。2007年，全球金融危机爆发，再一次引发政治思想家们对过去几十年的思想展开反思，新的问题亟待新的答案。■

无限政府
乃是诸恶之首

弗雷德里希·哈耶克（1899—1992年）

背景介绍

思想流派

新自由主义

聚焦

自由市场经济

此前

1840 皮埃尔-约瑟夫·蒲鲁东提出了一个消除权威、实行自然社会秩序的方案；其中，他认为“大资本”也是一种权威。

1922年 奥地利经济学家路德维希·冯·米塞斯对中央指导的计划经济发起了猛烈批评。

1939年 约翰·梅纳德·凯恩斯认为，扩大政府财政支出乃是摆脱经济萧条的关键手段。

此后

1962年 美国经济学家米尔顿·弗里德曼认为，竞争性资本主义是实现政治自由的关键。

1975年 英国政治家撒切尔夫人将哈耶克视为自己的思想导师。

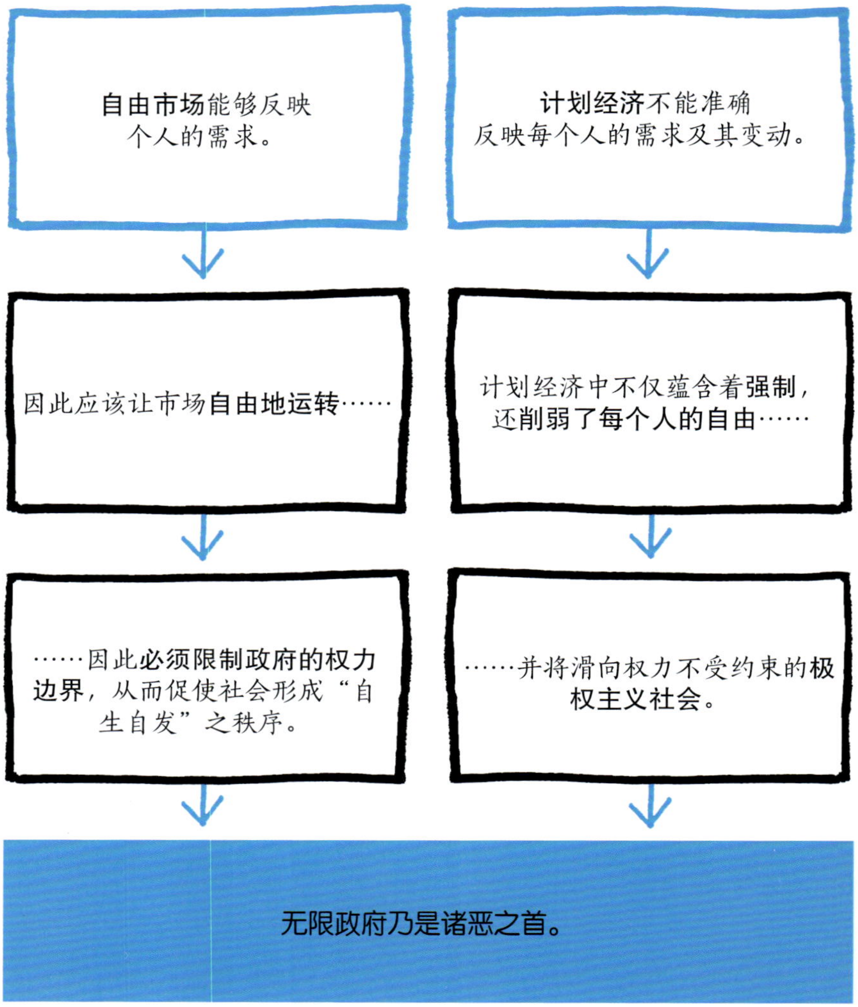

弗雷德里希·哈耶克是奥地利裔的英国经济学家。在他1960年的著作《自由宪章》的一篇附录文章里，哈耶克指出了无限政府的危害，这篇文章名叫《我为何不是一个保守主义者》。而在1975年，刚刚当选英国保守党党魁的撒切尔夫人在一次党内会议中，把《自由宪章》这本书“啪”一下扔到桌上，向同僚们斩钉截铁地说“这里头讲的才是我们该有的信念”。

推崇哈耶克学说的保守派政治家可不止撒切尔夫人一个，有相当多的右派政治家都把哈耶克视作他们的大英雄。但这和哈耶克如此坚决地声明自己“不是一个保守主义者”，就好像有些矛盾了。确实，对于哈耶克所持的观点立场，一直以来说法并不统一，例如有许多的评论家喜欢用“新自由主义者”来形容哈耶克；而像撒切尔夫人和美国总统罗纳德·里根等人则是哈耶克自由市场立场的捍卫者。

哈耶克与凯恩斯的论战

“无限政府乃是诸恶之首”理念的核心乃是自由市场原则。在同英国经济学家约翰·梅纳德·凯恩斯的论战之中，哈耶克走入公众的视野。对于如何摆脱大萧条，凯恩斯认为，要让宏观经济走出失业和消费低迷的恶性螺旋，就需要扩大政府干预，并大规模开展公共工程的建设。而哈耶克则坚称，这种政策只会增加通货膨胀，而且这样一来，阶段性的经济衰退将成为经

参见： 伊曼纽尔·康德 126~129页，约翰·斯图亚特·密尔 174~181页，皮埃尔-约瑟夫·蒲鲁东 183页，安·兰德 280~281页，米哈伊尔·戈尔巴乔夫 322页，罗伯特·诺齐克 326~327页。

在哈耶克看来，自由市场通过供需机制，能自生自发地反映消费者对某项物品的需求度。任何个人都不可能通过这些信息来进行人为的调控。

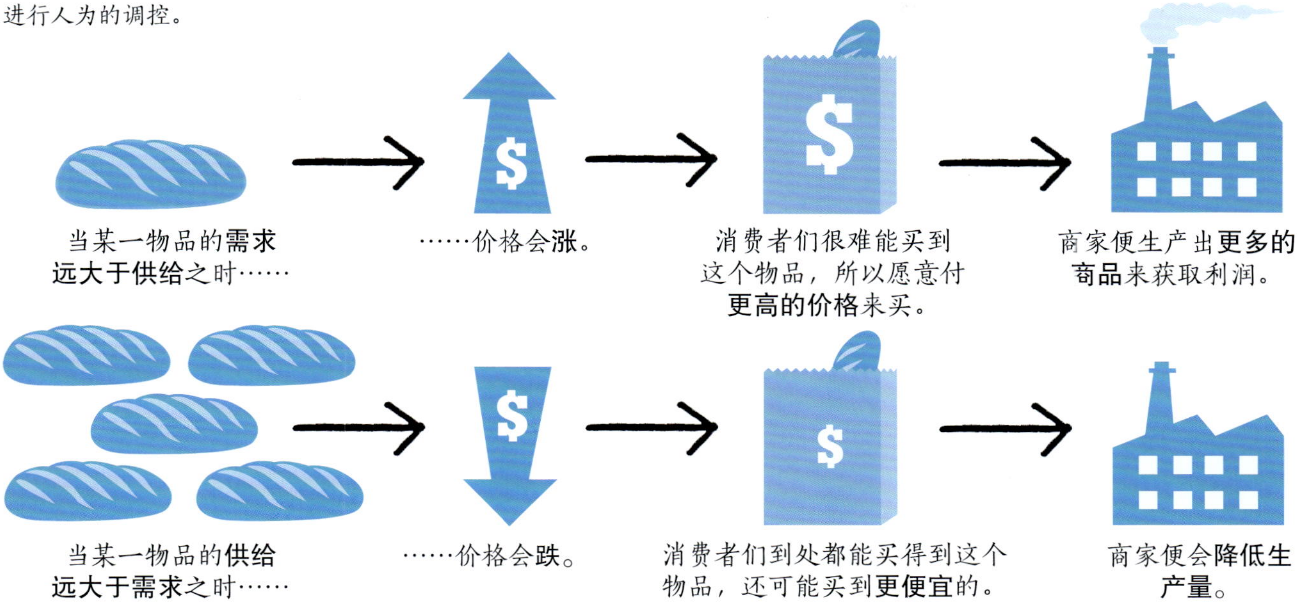

济周期不可避免的宿命。当时，凯恩斯的理论获得了掌权者的青睐，而哈耶克则只能继续钻研自己的思想。他的观点是，由于每个人的需求和偏好总处在变化之中，不可能有一个统一的计划者能够及时拥有完全信息，因此计划经济注定会遭到失败。在他看来，妄图通过一个“全知”的计划者来满足人们千差万别的偏好需求，无异于痴人说梦。

中央指导计划的致命缺陷在于难以获取偏好信息，这正好是自由市场的优势所在。哈耶克认为，只有自由市场才能够持续不断地完美地呈现出这些信息来。市场可以通过价格机制来反映供给与需求。而且，市场还引导着人们去遵循这些信号而行动，例如，在物资短缺时，厂商若能扩大生产来满足需求，就能获得更高的利润。在哈耶克看来，这样的价格机制不是靠任何人为的精心设计而成的，而是一种自生自发而成的秩序。

丧失自由的危险

哈耶克感到，这种自由市场与计划经济之间的差异不仅仅是个经济问题，还是一个关乎政治自由的根本性问题。他提出，计划经济意味着对人们生活的一种控制。于是在1944年，在第二次世界大战最激烈的时期，他写下了著名的《通往奴役之路》一书，向他的英国同胞陈述了社会主义的危害，并告诫他们要远离社会主义的诱惑。

哈耶克认为，政府对于经济的控制必将演变为极权主义，会把每个人带向奴役。在他看来，社会主义对经济进行集中控制所造成的

> **所谓物质的平等，只能靠极权主义政府来实现。**
>
> ——哈耶克

> 所谓经济控制，不仅是对人类生活中某一独立领域的控制，它也是对满足人们各自目标的手段的控制。
>
> ——哈耶克

结果，同纳粹法西斯主义没有本质上的区别，即使有所差异，也不过是两种政策背后的目的不同罢了。哈耶克说，就算你的宏观经济计划的目的是让每个人都获益，但这样的指导计划一旦赋予实施，中间许多关键性的政策环节都被托付给那些非民选的技术官僚来处理，因此这就注定了这种宏大计划的非民主本质。此外，这种全盘性的经济计划，还将吞没个人对其人生不同层面进行自由选择的空间。

政府需要限制

在《自由宪章》一书里，哈耶克完整地阐释了他关于市场经济和政治自由的观点。他并非是彻底地否定政府，他只是断言，塑造社会秩序的首要机制必须是自由市场；而政府的中心角色则是，在尽量少地干预个人生活的前提下维护好社会的法治。此外，“公民团体”应当是为人们提供合作机制，使其能实现计划的适当框架。

在政府形成之前，法律就有了社会基础，它是由社会之中的一些共同的行为规则自生自发地塑造而成的。“‘法官’这个角色，不过是自生自发秩序中的一种制度罢了。”而哈耶克也就是在这个意义上宣称自己“不是一个保守主义者”的。他认为，那些保守主义者恐惧变化，总是害怕民主，并把时代的一些弊端归罪于民主的兴起之上。而哈耶克则并不拒斥民主和社会变迁，他认为社会问题主要是由不受限制的政府所造成的。他指出，“没人有资格行使无限制的权力”，他还补充说，就算所谓的“人民”也没那个资格。但是相较起来，“现代民主政府所拥有的这些权力，若只被掌握在少数精英手中，则是更糟糕的结果”。

那些为弥补某些社会缺陷而制定的法律也遭到了哈耶克批评，因为他坚信，政府对社会运用的强制应当被限定在最小的范围之内。他甚至还批判了“社会正义”这个概念。他说，在市场这种秩序里“评判结果的‘正义’与否是毫无意义的”。他由此总结道，“‘社会正义’不过是一个空洞无物的说辞罢了”。而像通过提高税赋来增加社会福利支出这类的财富再分配举动，也是对自由的威胁。他认为，一个社会只需要设置一个基本的安全网，为那些“遭受极端贫困和饥饿的人”兜底就够了。

在很长一段时间里，哈耶克的思想信徒寥寥无几，而凯恩斯派则成为战后西方经济政策的垄断性思想。当时许多国家都无视哈耶克所指出的危害，先后建立起福利国家的制度。但70年代的石油危机和经济滞涨，开始促使一些人重新审视哈耶克的思想。就在1974年，哈

在第二次世界大战后的欧洲国家，凯恩斯的经济思想大行其道，像铁路之类的核心工程均由国有企业兴建而成。

罗纳德·里根总统和撒切尔夫人都是哈耶克思想的狂热信徒，他们均提倡缩减政府规模，降低税赋，并精简由政府提供的公共服务。

耶克出人意料地获得了诺贝尔经济学奖。自此刻起，倡导通过自由市场和减少政府管制来实现经济繁荣和个人自由的人们，开始以哈耶克的思想为轴心而聚集起来。80年代，里根总统和撒切尔夫人都各自推行政策，摆脱福利国家负担，并削减税赋，取消大量管制。而许多东欧国家的反共产主义运动，也多少受到了哈耶克思想的启发。

“休克疗法”

哈耶克所谓的“自由主义者”身份遭到了许多人的质疑。例如前英国自由党党魁大卫·斯蒂尔就指出，个人自由“必须在社会正义和对权力与财富进行公正分配”的前提下才可能实现，“而这就必然免不了一定程度的政府干预”。而加拿大作家娜奥米·克莱恩则把哈耶克的学说形容为“休克主义”。她认为，这种观点鼓励人们去接受一系列私有化的政策：从运动式地去除管制，到变卖国有企业，再到失业率的高涨；又因为它拥有“个人最高利益”的道德形象，所以即使为此付出政府强制推行、经济陷入瘫痪和国家遭遇“休克”的境地，它们也在所不惜。

哈耶克的自由市场思想还影响了当时南美洲的一些军事独裁者，比如智利独裁者奥古斯托·皮诺切特将军。虽然这种极权体制是哈耶克极力反对的，而他也一直辩称自己只为他们提供经济方面的政策建议，然而他依旧与这些独裁政府藕断丝连。

哈耶克一直是一个争议性的人物。在那些自由市场的信徒和右派的政治家眼里，他是自由的护卫者；而在左派的口中，是他的思想怂恿了资本主义的强势化转变，而这种转变让许多资本主义地区的贫富差距急剧扩大，给当地带来了各种痛苦与不幸。■

> **一个强大到能给你一切的政府，同样也强大到了能够轻易地拿走你的一切。**
>
> ——杰拉德·福特

弗雷德里希·哈耶克

弗雷德里希·哈耶克1899年出生于奥地利维也纳。在第一次世界大战结束之际，他进入了维也纳大学。虽然哈耶克最开始学的是法学，但他对经济学和心理学最感兴趣。那时的他在目睹了战后维也纳的萧条之后，曾一度倾心于社会主义的道路，但1922年，哈耶克阅读了路德维希·冯·米塞斯的名著《社会主义》，这本书对中央指导的计划经济提出了猛烈的批评，也吸引哈耶克去听了米塞斯的经济学课程。1931年，哈耶克远赴伦敦政治经济学院，去讲授米塞斯的经济周期理论，并开始了同凯恩斯之间关于大萧条的大论战。1947年，他同米塞斯一道，成立了推崇自由至上主义的朝圣山学社。3年之后，他加入米尔顿·弗里德曼的行列，成为芝加哥学派自由市场经济学的旗手。

主要作品

1944年 《通往奴役之路》

1960年 《自由宪章》（又译作《自由秩序原理》）

议会政体与理性主义政治隶属不同的传统

迈克尔·欧克肖特（1901—1990年）

背景介绍

思想流派
保守主义

聚焦
实践经验

此前
1532年 马基雅维利在《君主论》中，对人们在夺取权力、维持权力和失去权力时常用的暴力手段进行了分析。

1689年 英国颁布《权利法案》。

1848年 马克思和恩格斯发表《共产党宣言》。许多政治家都曾将此书用作其政治活动的“行动指南”。

此后
1975年 柬埔寨共产党（红色高棉）领导人波尔布特“扫灭历史”，宣布“元年”开始。他的政府在三年里杀害了超过两百万人。

1997年 中国实行“一国两制”制度，允许香港在回归中国之后继续实行市场经济制度。

议会制度是从行政的实践技艺之中逐渐发展演变而成的。

↓

这些制度代代相传，以历史和传统经验作为运行的基础。

↓

理性主义政治的基础是意识形态信条和抽象的理念。

↓

它是要通过打破旧秩序，从而建立新秩序。

↓

议会政体与理性主义政治隶属不同的传统。

20世纪，以德国希特勒、苏联斯大林为代表的政治极端激进主义来势汹汹，一度席卷全球，而这一现象也引发了迈克尔·欧克肖特的思考。他穷其一生，对政治意识形态及其对国家命运的影响进行了深入的考察。他认为，那些马克思主义和法西斯主义的元首都像着了魔一样，迷信于所谓的理论思想武器，结果却给成千上万的人带来灾难。这种“理论传染病”被欧克肖特称为理性主义。

欧克肖特发现英国议会政体较为成熟，它发源于中世纪，而

参见：尼科洛·马基雅维利 74~81页，托马斯·霍布斯 96~103页，埃德蒙·伯克 130~133页，格奥尔格·黑格尔 156~159页，卡尔·马克思 188~193页。

那恰恰是受理性主义影响最小的年代。他解释说，英国的议会制度，既不是由某个理性主义者操盘，也没有参照任何意识形态化的设计。相反，它恰恰是在当时限制王权和遏制暴政的紧迫现实需求下应运而生，方使英国能免疫于蔓延在欧洲大陆的理性主义君主专制之害。

死守信条的危害

各个政党、各个政治家每天都要处理摆在面前的一件又一件现实的问题，而在欧克肖特看来，理性主义只会对这些日常事务造成干扰，使其变得迷糊而抽象。因为，理性主义者的每个行动，都只是在完成其所坚持的理论的条条框框，而不是根据实在的事物或实践经验而行动。他们只能在抽象理论的意识形态迷雾之中，与真切实践越行越远。欧克肖特感叹，“人们像是在一片无边无际、深不见底的海洋上航行”，只因为这个世界太过纷繁复杂，所以那些去妄图“参破”社会规律的举动，将不可避免地会把现实给过分简化和扭曲。理性主义者因为讨厌现实中的不确定性，于是总会把各种复杂情形削足适履地套入简化的公式之中。他们会自觉地听从自己“理性权威”的指挥。他们的举手投足之间，总会显出一副以为自己已通晓这个世界变化之道的样子。欧克肖特认为，在现实中放弃政治的真实体验，而单纯听命于人为设计的意识形态教条将是非常危险的事：因为意识形态只是虚假的知识，实践的知识才是行动最好的指南。

欧克肖特被认为是一位保守主义思想家，他的观点也被当世的保守主义者珍视为重要的思想元素。不过由于“保守主义”也是一个意识形态标签，因此欧克肖特自己并不认同。在现实之中，他也从未公开表达过对保守党的支持。■

欧克肖特把政治生活比作一条在汹涌大海上航行的航船。他说，人们不可能精准地预测海浪的涌动，但可以通过经验来躲避风暴。

> 政治活动中，人们就像是在一片无边无际、深不见底的海洋上航行。
>
> ——迈克尔·欧克肖特

迈克尔·欧克肖特

1901年迈克尔·欧克肖特出生于伦敦，父亲是公务员，母亲是护士。他在剑桥大学学习历史，于1925年毕业。在接下来约半个世纪的学术生涯里，欧克肖特曾有过一段投笔从戎的经历：第二次世界大战期间，他曾转战于比利时和法国，担任英国情报部门下的侦察编队成员。

欧克肖特先后任教于牛津和剑桥两所大学，之后又转到伦敦政治经济学院做政治学教授。他在历史哲学、宗教学、美学、法学和政治学等领域著述颇丰。他的思想还影响了撒切尔夫人时期的英国保守党；时任首相的撒切尔夫人曾希望授予欧克肖特骑士勋位，但欧克肖特考虑到自己的著作并非服务于政党，因此婉拒这一荣誉。他1968年退休，于1990年辞世。

主要作品

1933年 《经验及其模式》
1962年 《政治中的理性主义（和其他论文）》

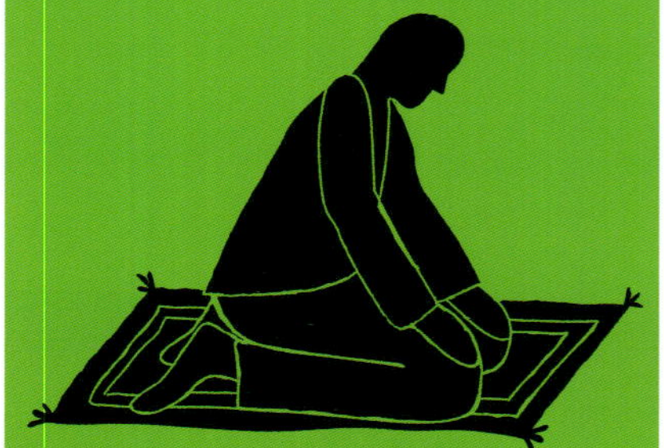

伊斯兰圣战的目标是消灭非伊斯兰制度的统治

赛义德·毛杜迪（1903—1979年）

伊斯兰教不仅仅是一个宗教，而且是对人生的一种**革命性规划**。

↓

穆斯林必须参与**执行**这套革命性规划。

↓

圣战是伊斯兰教政党为实现目标所展开的**革命斗争**。

↓

伊斯兰教的目标是建立一个伊斯兰政权，并摧毁一切反对这项使命的政权。

背景介绍

思想流派

伊斯兰原教旨主义

聚焦

圣战

此前

622—632年　穆罕默德在麦地那建立第一个穆斯林共同体，在信仰的庇护下团结起了各个氏族部落。

1906年　阿迦汗三世建立了全印穆斯林联盟。

此后

1979年　巴基斯坦领导人齐亚·哈克将军借鉴了毛杜迪的思想，将出自伊斯兰教法（沙里亚法，Sharia）的禁令和惩罚写入了法律。

1988年　奥萨马·本·拉登建立基地组织，号召进行全球性圣战，让全世界都贯彻伊斯兰教法。

1990年　《开罗伊斯兰世界人权宣言》发布，伊斯兰教法是其内容的唯一引述来源。

随着20世纪伊斯兰国家展开反抗欧洲殖民侵略的斗争，西方在非洲和亚洲统治的日渐衰落，伊斯兰世界实现了全球性复兴。这场复兴涉及面广泛，既包括政教关系、穆斯林文化认同，也包括在多种族、多元信仰社会中的权力纷争，还包括印度的民族斗争问题。1941年，大毛拉赛义德·毛杜迪成立伊斯兰大会党，建立起代表印度迅速觉醒的穆斯林势力的先锋党革命武装。毛杜迪发现，英国殖民统治结束后，印度穆斯林弥漫着深度的思想迷茫和政治焦虑，于

参见: 穆罕默德 56~57页, 卡尔•马克思 188~193页, 西奥多•赫茨尔 208~209页, 莫罕达斯•甘地 220~225页, 阿里•沙里亚蒂 323页, 希尔琳•艾芭迪 328页。

是，他构建了一个全新的思考伊斯兰教的理论视角，力图通过锻造普天穆斯林皆兄弟的思想意识，以扭转穆斯林在政治权力上的颓势。

伊斯兰国

其实，毛杜迪的主要身份是学者和改革家，而不是政治家；他始终同具体的政治操作和社会问题保持着一定的距离，并将更多的精力放在了对他的伊斯兰国理想的传播上。他所倡导的伊斯兰国拒绝参照西方世俗化的民主管理原则，该国的每一个特质都由宗教律法自上而下地做出规定。他坚信，由于伊斯兰国直接体现了真主安拉的旨意，因此它是天然的民主政体。

毛杜迪认为，只有当世人走出无知和谬误，并接受由毫不妥协的、纯粹的伊斯兰教义来对人生进行引导，他理想中的神圣国度才可能实现。他认为，只要在思想意识上保持团结，穆斯林就能与世俗化的民族国家割裂关系，并形成不可分割的政治集体。他还提出，伊斯兰圣战不仅是一种宗教斗争，它还是一种政治斗争，以便强制推行包揽一切的伊斯兰意识形态。只有当伊斯兰政权主宰了国家的一切资源，真主的王国才能最终降临尘世。

1947年，英国殖民统治终结，印度和巴基斯坦根据宗教界限进行了分治。当时，尽管毛杜迪的伊斯兰大会党并不赞成分治，并且批评国家领导人的政策不够伊斯兰化，但他还是迁往巴基斯坦，并决定要将那里打造成一个伊斯兰国家。

对毛杜迪的批评

由于伊斯兰文明将其自身历史视为一个从最初的盛世时代逐渐衰落的过程，因此西方世界的批评者认为，毛杜迪的世界秩序伊斯兰化的主张与文明和理性的历史进化过程背道而驰。而毛杜迪及其伊斯兰原教旨主义追随者则针锋相对，他们将西方国家对中东地区持续不断的政治干涉，视为过去殖民统治的一种延续。他们还相信，只有推行伊斯兰教法的伊斯兰国才有资格统治全人类。■

阿亚图拉•鲁霍拉•霍梅尼1979年领导伊朗伊斯兰革命取得胜利，建立了世界上第一个伊斯兰教共和国。建立这种以伊斯兰宗教为根基的国家，正是毛杜迪终其一生的目标。

赛义德•毛杜迪

著名的改革家、政治哲学家和神学家大毛拉赛义德•阿布•阿拉•毛杜迪出生于印度奥兰加巴德，信奉伊斯兰神秘主义教派苏菲派的契斯提教团。成年后，毛杜迪成为一名记者。1928年，他发表《认识伊斯兰教》，使他跻身知名伊斯兰思想家和作家行列。他曾是圣雄甘地的印度民族独立运动的支持者，但后来他思想出现转变，致力于挖掘印度穆斯林身上的伊斯兰教特质。

1941年，毛杜迪移居巴基斯坦，并在那里传播他的伊斯兰国的理想。1953年，他因为煽动暴乱被拘捕，并判处死刑，但后来获得减刑。1979年，毛杜迪在纽约去世。

主要作品

1928年 《认识伊斯兰教》
1948年 《伊斯兰式生活》
1972年 《古兰经注疏》

> 伊斯兰教的目标不局限于统治一个或几个国家。它的目标乃是实现全球性的革命。
>
> ——赛义德•毛杜迪

除了他人的强制，没有任何东西会剥夺一个人的自由

安·兰德（1905—1982年）

背景介绍

思想流派

客观主义

聚焦

个体自由

此前

1917年　年少的安·兰德亲身经历了俄国的十月革命。

20世纪30年代　法西斯主义在欧洲蔓延，许多威权主义政权成功将国家权力集于一身。

此后

20世纪80年代　以英国的撒切尔夫人和美国的里根总统为代表，一系列推崇自由市场的保守主义政治家获得了选举胜利。

2009年　美国茶党发起抗议行动，提出了右翼性质和保守主义的减税要求。

21世纪初期　随着全球金融危机爆发，人们又重新对兰德的作品产生了兴趣。

受法西斯主义和共产主义两股力量的影响，20世纪中叶有许多西方人针对国家对个人生活的干涉提出了道德性质疑。

安·兰德是俄裔的美国哲学家和小说家，她笃信一种伦理学形式的个人主义，并相信人类对个人利益的追求在道德上是正确的。对兰德而言，任何通过管制手段来对个人进行控制的行为，都是对社会成员独立行为能力的一种亵渎。换句话说，她认为保护个人自由免遭他人干涉是至关重要的。兰德尤其认为，国家对暴力的合法垄断也是不道德的，因为这必将会对个人运用自我理性的行动造成破坏。也正

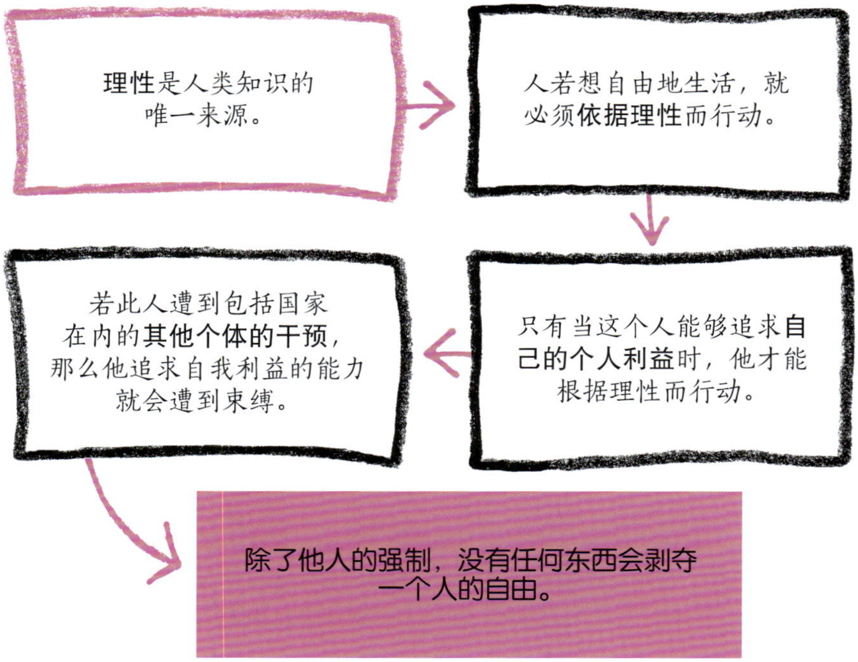

参见：亚里士多德 40~43页，弗雷德里希·尼采 196~199页，弗雷德里希·哈耶克 270~275页，罗伯特·诺齐克 326~327页。

> 每一个人都是自己的目的，而不是他人的手段。
>
> ——安·兰德

这是纽约洛克菲勒中心门口的著名铜像：**阿特拉斯把世界扛在自己的肩上。**在兰德看来，商人们也正是如此，把民族和国家扛在了肩头上。

因如此，包括税收在内，多项由国家运用手段对商业和公共生活进行管制的行为都遭到了兰德的谴责。

客观主义

兰德对政治思想的主要贡献，是她提出的“客观主义”思想。她希望这个理论能成为一种实用的“生存哲学”，能在像政治、经济、艺术和人际等诸多生活领域提供一套自我管理的原则。客观主义的基本观点是，只有理性与情理才是人类生活的绝对实质，而其他那些建立于“正好知道”之上的信念与直觉，则无法为人的存在提供基础，例如宗教信仰就是如此。对兰德而言，只有自由放任的资本主义才能与人类的理性特质相吻合，而集体性质的国家行为则只会对人的能力造成束缚。

在自己最具影响力的著作《阿特拉斯耸耸肩》里，兰德对客观主义做出了明确的阐释。这本小说里，美国社会在政府的干预和大商人的败坏之下走向崩溃，而最后是由实业家和创业者们用自己的创造力撑起了社会，靠他们的企业保卫了“文明”。

今天，提倡小政府的自由至上主义和保守主义思潮都与兰德的思想不谋而合。而另外的一些思想家则指出了兰德思想的缺点，例如，依据兰德的思想，遭受强权压迫的弱者无法得到任何保护。■

安·兰德

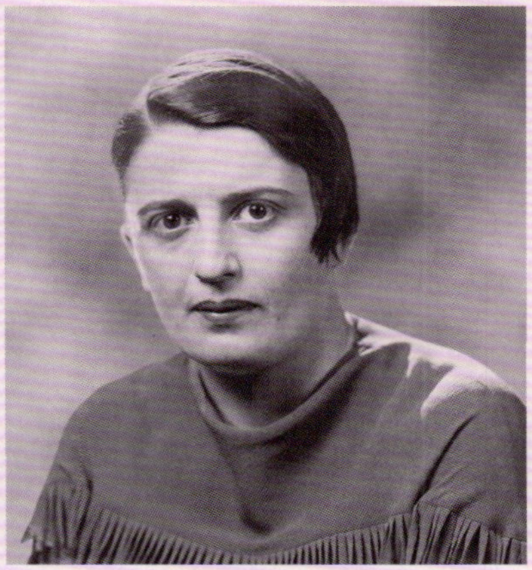

安·兰德出生于俄罗斯圣彼得堡，本名为阿丽萨·济诺维耶芙娜·罗森鲍姆。1917年十月革命后，年少的兰德亲眼看见自己家的资产遭到充公，而她的家庭也在当时经历了一段极端贫困的时期。

在成为作家之前，兰德曾在20世纪30年代的好莱坞做过编剧。她的小说《源泉》1943年面世，让她名声大噪，而她的最后一部小说《阿特拉斯耸耸肩》则成了她的传世之作。不过，兰德的著述更多是非小说类的作品，她还曾进行过多场哲学演讲，推广她希望运用于现代生活之中的客观主义哲学。兰德去世之后，她的作品影响力进一步攀升，现代的右翼自由至上主义和保守主义政治思想家将她的思想视作其立场的哲学基础，对她作品进行着一次又一次的引用。

主要作品

1943年 《源泉》
1957年 《阿特拉斯耸耸肩》
1964年 《自私的德行》

每一个已知的、确认的事实都可能遭到篡改

汉娜·阿伦特（1906—1975年）

背景介绍

思想流派
反极权主义

聚焦
真理与谎言

此前
1882年 史学家欧内斯特·勒南指出，民族认同是对过往事件进行选择和歪曲加工而成的共同记忆。

1960年 汉斯-格奥尔格·伽达默尔发表《真理与方法》，强调了创造集体真理的重要性。

此后
1992年 英国历史学家艾瑞克·霍布斯鲍姆提出，“任何一个严谨的历史学家都不可能是一名虔诚的政治民族主义者”。

1995年 英国哲学家戴维·米勒提出，虚构神话尽管并不真实，但却具有社会整合的功能价值，

1998年 于尔根·哈贝马斯在《真理与论证》中，批评了阿伦特的立场。

汉娜·阿伦特是德国的犹太裔政治哲学家，她的一生目睹了纳粹政权的兴与衰，见证了越南战争和巴黎的学生运动，经历了美国总统约翰·肯尼迪和民权领袖马丁·路德·金的暗杀事件。阿伦特一开始居于德国，逃亡法国之后又再次逃亡到美国，这些经历让她接触了大量历史事件的一手资料，也对她的政治哲学产生了影响。此外，这些历史事件出现在公众面前时被塑造成了何种形象，也引起了阿伦特的深切关注。

在阿伦特1967年的《真理与政治》一文中，她着重分析了历史事实因为政治需要而遭到歪曲的现象——政府如何将事实真相玩弄于手掌之中，使其成为给某个政治决定做辩护的工具。事实上，历史事实遭到歪曲并不是政治领域的新课题，“谎言”一直就是外交和军事上的常见手法。但与过去不同的是，从20世纪60年代起，政治谎言开始在其他更多领域中扮演起重要的角色。阿伦特注意到，这一手法并非只是从众多事实中隐藏部分国家机密，也不仅仅是缓慢地对事实进行选择性公开；它还试图重新书写一版“历史真相”，来取代真实的历史。

为了给美军介入**越南战争**赋予正义的形象，美国政府如阿伦特所描述的那样，故意歪曲事实，传达片面信息，误导了公众视听。

阿伦特指出，操纵事实并主宰思想的手法，已不再是极权主义国家的专利，像美国这样的所谓的自由民主国家，也逐渐深谙此道，不时篡改真相、进行有目的的误导，从而为其霸道的干预赋予政治正确的形象。她指出，在自由国家

参见：伊本·赫勒敦 72~73页，卡尔·马克思 188~193页，何塞·奥尔特加·伊·加塞特 250~251页，米歇尔·福柯 310~311页，诺姆·乔姆斯基 314~315页。

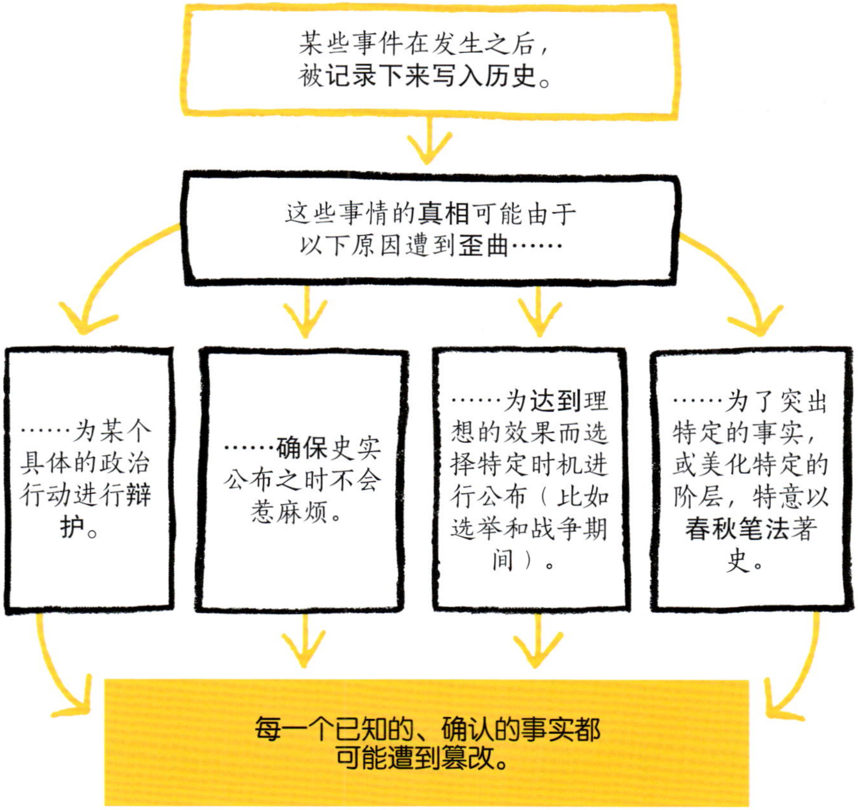

里，“不讲政治”的事实真相会被剥夺“事实的资格”，被贬低为一面之词。比如第二次世界大战中，属于“自由国家”的法国的“溃败”和梵蒂冈对大屠杀的“纵容”就“不存在历史真相的争议，而只是一个不同观点间的争论”。

另一种现实

众目睽睽之下，各个政府否认已知和确认的事实，并巧用笔法重写历史，这样不仅能因政治需要制造听众希望看到的“事实真相”，还会创造出一套面目全非的代替性真理。阿伦特认为，这种做法将贻害无穷，比如纳粹政权为大屠杀赋予正义形象时就曾制造大量代替性事实，并且还使得“历史真相的处境变得岌岌可危起来”。

近期，阿伦特的追随者们指出，2003年以美国为首的联合军队入侵伊拉克之时，上述提及的手法同样屡见不鲜。而2006年，维基解密的创始人朱利安·阿桑奇泄露了大量与官方口径不同的政治机密；相信阿伦特的观点也能为阿桑奇的行为进行辩护。■

汉娜·阿伦特

汉娜·阿伦特1906年出生于德国林登的一个世俗化的犹太人家庭。她在柯尼斯堡和柏林长大，后在马尔堡大学师从哲学家马丁·海德格尔学习哲学，随后两人建立起了学术和恋情的双重关系。不过，后来海德格尔支持纳粹党的行为导致了两人的分手。

由于其犹太人身份，阿伦特被禁止在德国的大学任教，并在纳粹时期逃亡巴黎，再之后去到美国，成为当时美国知识分子圈的一员。她一生发表了许多富有影响力的著作和文章，并先后执教于加州大学伯克利分校、芝加哥大学、新学院大学、普林斯顿大学（她是该校第一个女教师）和耶鲁大学。1975年，阿伦特因心脏病逝世。

主要作品

1951年 《极权主义的起源》
1958年 《人的境况》
1962年 《论暴力》

女人是什么?

西蒙娜·德·波伏娃（1908—1986年）

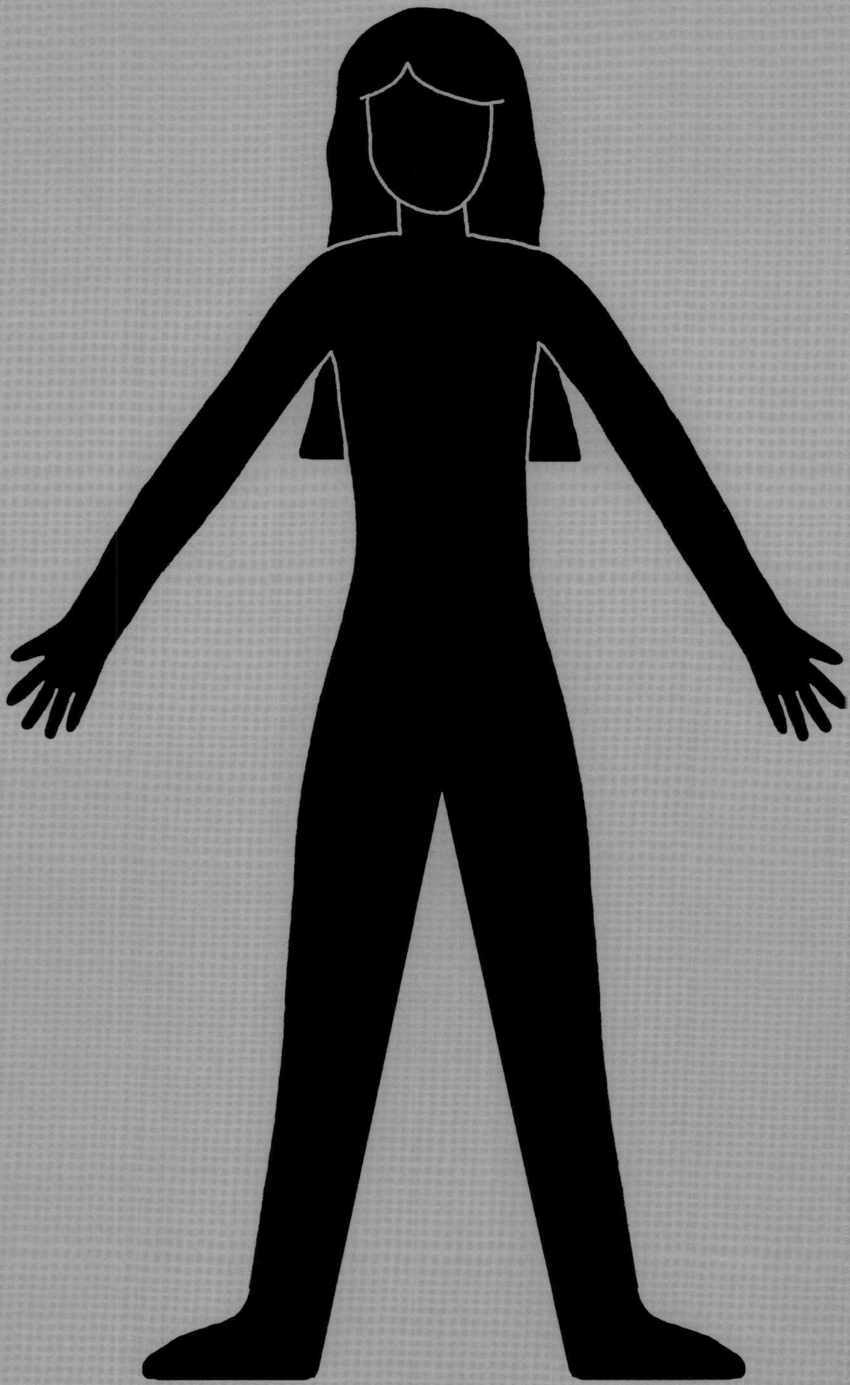

背景介绍

思想流派
存在主义的女性主义

聚焦
选择自由

此前
1791年 奥兰普·德古热写下《女性与女性公民权宣言》。

1892年 欧也妮·柏多妮-皮埃尔和莱昂妮·鲁萨德建立了法国女性主义社团联盟。

1944年 法国女性终于赢得选举权。

此后
1963年 贝蒂·弗里丹发表《女性的奥秘》，让更多人了解到了波伏娃的主要思想。

1970年 澳大利亚作家杰梅茵·格里尔在《女太监》一书中考察了消费社会中女性受到的多重束缚。

在全世界很多地方，女性的收入总体上低于男性，她们时常被剥夺法律与政治的平等权利，还遭受着不同形式的文化压迫。在这种背景下，通过女性主义的视角来诠释政治问题，不仅对政治学思想做出了重要补充，还对好几代的政治思想家形成了启发。

女性主义的思想在19世纪突飞猛进，但是各种不同的女性主义分支之间存在着深刻的概念性分歧。其中一些分支强调两性间“差异下的平等”理念，认为男女之间存在着本质的差异，而正是这些差异构成了两性在社会中的不同地位。另外一些分支则坚持，两性决不可以区别对待。这类思想以争取女性选举权为首要目标，并把平等的政治权利作为抗争的关键诉求。这波争取公民权利的浪潮被称为第一波女性主义。而第二波女性主义以更为广泛的权利为诉求，于20世纪60年代在全球范围内迅速发展。这波浪潮强调，女性在家庭和工作场所遭受着许多歧视，而人们潜移默化的性别偏见也会不自觉地在言谈举止中体现出来，对于这些现象，单单依靠让女性参与选举立法很难得到彻底改变。这一波浪潮从法国哲学家西蒙娜·德·波伏娃的著作里获得了大量启发和源泉。

> **男人是主体、是绝对，而女人则是他者。**
>
> ——西蒙娜·德·波伏娃

超越女性主义

波伏娃虽然通常被人们视为现代女性主义运动之母，但是在她撰写《第二性》时，还并没有把自

西蒙娜·德·波伏娃

西蒙娜·德·波伏娃1908年生于巴黎。她出生在一个富裕的家庭，在私立学校上学，后来又来到索邦学习哲学。大学期间，她认识了让-保罗·萨特，他们俩结为终身伴侣，并互相成为对方哲学思想上的影印。

波伏娃在年轻时公开宣称了自己的无神论立场。她拒绝了包括宗教在内的一系列社会制度，并也因此拒绝了同萨特的婚姻。她的思想一方面受到在巴黎的个人经历的浸染，另一方面又受到像共产主义在全球蔓延等政治现象的影响。而她对共产主义的好感，也让她的许多著作都涉及了这一主题。此外，她还写作了大量的小说。

1980年萨特去世后，波伏娃自己的健康状况也迅速恶化。她在6年之后去世，与萨特葬在了一起。

主要作品

1943年 《女宾》
1949年 《第二性》
1954年 《名士风流》

参见：玛丽•沃斯通克拉夫特 154～155页，格奥尔格•黑格尔 156～159页，约翰•斯图亚特•密尔 174～181页，埃米琳•潘克赫斯特 207页，希尔琳•艾芭迪 328页。

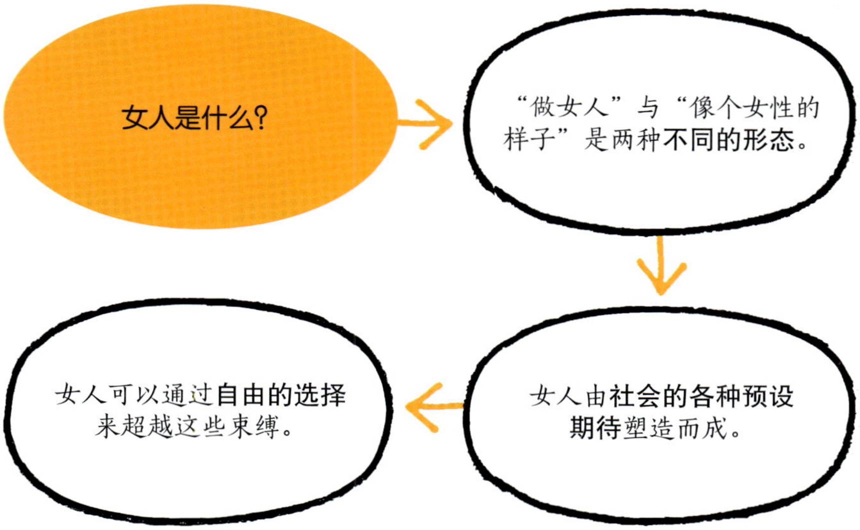

己视为一名女性主义者。她当时希望超越女性主义的框架，为“差异”这一重要概念做出另辟蹊径的解读：把女性主义的观点同自己的存在主义哲学观结合起来。不过这一结合的想法也常常让她自己陷入自相矛盾之中。后来波伏娃还是参与进了第二波的女性主义运动中，到了70年代不仅依然继续积极地支持这些观点，还写作了多本小说，对女性在社会其他许多领域中所面临的处境进行了探讨。

波伏娃意识到，当她想描述自己时，第一个闪现的内容总会是“我是一个女人”。她想要探寻这种不自觉的反应的原因及其背后的深层含义，这些反思就构成了她作品的基本内容。在波伏娃看来，人们一定要区分出“雌性人”和“女性”这两种形态的差异；而在她自己的著作中，这种差异则落在是否“符合女人的特征”上。（《浮士德》中）有一个概念叫“永恒的女性”，指的是女人身上有一种玄秘的女性特质；而波伏娃拒斥这一概念，因为她认为承认了这个说法就等于默认了性别的不平等。在《第二性》中，波伏娃指出，人们一定要对“女人是什么”这个问题进行追问；同时，她还不断提及女人对于男人而言所处的“他者”地位。此外，波伏娃还是最早完整阐释“性别歧视”的作家之一，她认为性别歧视指的就是社会对于女人的各种预设和偏见。另外，她还探讨了这样的问题：女人的社会角色是生而有之，还是被社会创造出来的？这些角色设定，有没有受到对女人的教育期待、在宗教教义中的位置以及各种历史传统要求的左右？于是，她考察了精神分析学、史学和生物学中对女人的设定，并通过挖掘文学作品、学术著作和奇闻逸事，向人们展示性别成见对女人产生了怎样的影响。

在追问“女人是什么”这个问题时，波伏娃在答案中融入了

女人的传统角色是主内的贤妻良母，波伏娃认为，这种设定把女人牢牢困于家庭之中，使她与其他女人分隔开来，任由丈夫定义她的一切。

波伏娃与让-保罗·萨特保持着一段长期性的伴侣关系，但两人始终没有结婚。她把这种开放式情感关系视作是女人选择自由的一个范例。

存在主义哲学的理念。存在主义强调，个人要通过自由选择来不断地发现自我。波伏娃就是在存在主义的这一观点上，发现了女人的自由遭受着社会的特有限制。她与让-保罗·萨特的情感关系，更是强化了她的这一哲学取向。

波伏娃的思想立场还受到了她左翼政治取向的影响。她把女性的抗争视作阶级斗争的一部分；同时她也意识到，是自己的资产阶级出身给了自己许多的生活可能，而下层阶级的女人则往往得不到这样的选择机会。所以，她的终极追求是，不论阶级身份，让所有的女人（事实上所有人）都能得到这样的选择自由。波伏娃将女性被强加的外在限定（就该待在厨房和闺房）和内在束缚做出对照，发现正是这些内外的限制，使得女人情愿接受自己的平庸人生，情愿打消赢得更多人生成就的念想。于是，女人被束缚于自己所能接触到的有限的直观体验之中，也只能在这样的狭窄人生中去寻找体验；波伏娃把女人这种状态称之为“内在性”。相反，男性则富有一种“超越性”，他们能够突破自己直观体验的限制，能通过自由的选择去探索通往自己理想生活的道路。在这个意义上，男人就是能定义自我的“主体”，而女人则只能是由男人来定义的“他者”。

> **做女人是多么悲剧啊！然而，更不幸的是，作为女人的她却意识不到那是一种悲剧。**
>
> ——索伦·克尔凯郭尔

波伏娃探讨了女人愿意接受“他者”地位的原因，希望借此寻找到女人总是服从男性设定的理由。对这个问题，波伏娃明确指出，女人做出困于“内在性”的选择，并不是女性自己的“道德错误”，因为女性很难解开两个自我身份之间的固有矛盾：一个自我身份是做一个本质上异于男性的女人，另一个自我身份则是做人类中的平等一员。要让女人走出“内在性”，并对这两个自我身份做出非此即彼的选择，是几乎不可能的事情。

自由选择

《第二性》的许多方面都极富争议。在书里，波伏娃对女同性恋直言不讳，并公然对婚姻制度表示轻蔑，而她在自己的生活中也身体力行。她拒绝嫁给萨特，是因为她不希望两人的关系受制于一个男性主导的制度。对她而言，婚姻制度乃是女性从属男性的社会现状的关键缘由，它将女性锁在社会中的顺从地位上，把她同其他女人割裂开来。波伏娃相信，只有当女性能自己做主了，她们才能一起觉醒并展开反抗压迫的斗争。

波伏娃观点的核心是来源于存在主义的“选择”概念，她说女人能通过一个个独立的“选择”，来改变自己所处的社会地位。“如果

> 人类社会中没有什么是天生的，女人也一样，她们也是人类文明精心制作的产物。
>
> ——西蒙娜·德·波伏娃。

女人发现自己处于次要地位，并总是触及不到主要的位置，就是因为她们没有主动去推动这一改变。”即女人只有靠自己才能解放自己，不可能等男性来赐予解放。所以她存在主义思想核心，是让女人敢于承担起“做困难决定”的责任。

有一些人读完《第二性》之后以为波伏娃的意思是，女人应当剥离与男性的本质区别，也就是甩掉被社会强加的“女性特质”，从而让自己变得像男人一样。但是，波伏娃自己的观点却是，“男人是主体、女人是他者”的这种地位差距给女性造成的内心冲突，只有通过两性之间的合作，才能够彻底化解。她在同萨特的相处中探索了这种可能性，并努力把自己著作中所倡导的各种品质嵌入到个人的实际生活里。波伏娃不仅诋毁婚姻制度，还对母亲的角色表示轻蔑，而这使她受到了大量的抨击。事实上，她并不是单纯地否定母亲角色，她只是认为社会没有给女人留足选择的权利，例如女人结婚之前就有了孩子，或生完孩子后还继续工作，这种行为就会被视为背离“母性”的糟糕选择。她发现，女人总把当母亲的机会视为自己的避难所，只要躲在里边就能明确自己这辈子的使命，但她们最终却往往发觉是自己把自己囚禁在了这种命运枷锁之中。总而言之，波伏娃认为，最重要的事是让女人做真心的选择、做最诚实的决定。

重塑女性主义政治

如今学界普遍认为，《第二性》第一版的英文翻译在语言和概念上都没能精确传达波伏娃的原意，这也让大量的非法语读者在很长一段时间误解了她的立场。而波伏娃在长达30年的时间里都没意识到英译本的缺陷，直到20世纪80年代她才得知此事，并表示希望有新的译本出现。如今，新的译本终于在2009年出版了。

尽管第一版的英译本存在巨大缺陷，但是《第二性》依然风靡了全球，并对女性主义思想产生了巨大影响。波伏娃对女性社会身份角色的分析，以及对女性顺从地位所造成的两性间政治性后果的解读，都在西方世界引起巨大共鸣，并吹响了激进的第二拨女性主义运动的号角。1963年，她“女性潜力在父权社会遭到荒废”的思想，得到了美国作家贝蒂·弗里丹的阐释，从而成为20世纪六七十年代女性主义运动的思想基础。■

波伏娃认为，在社会里，男性被定位为“主体”的位置，而女性则被归为“他者”。

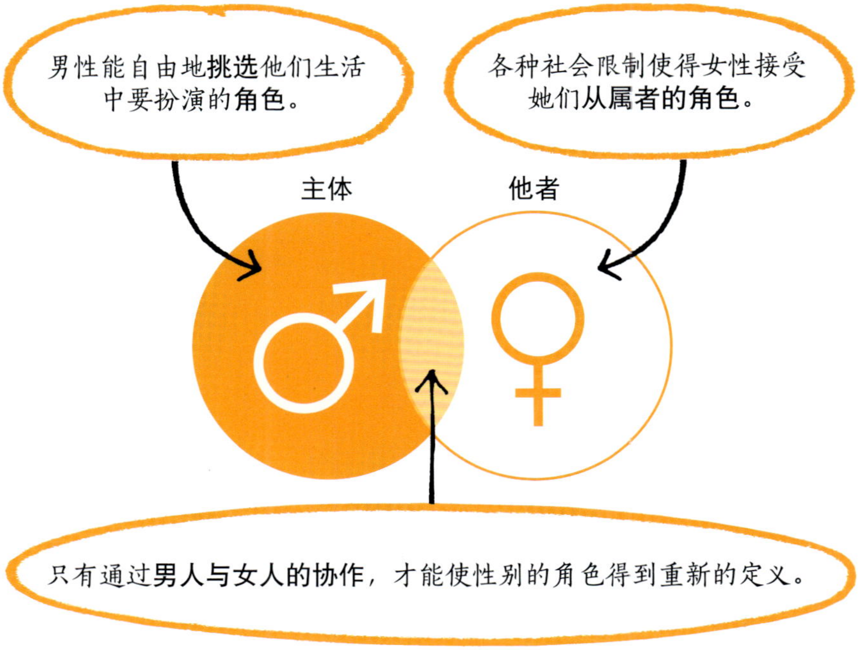

任何自然物都不仅仅只是一种资源

阿伦·奈斯（1912—2009年）

背景介绍

思想流派

极端的环境保护主义

途径

深层生态学

此前

1949年 奥尔多·利奥波德逝世一年后，他的《大地伦理》一文得以发表。他向人们推荐了一套在生态保护问题上全新的伦理体系。

1962年 蕾切尔·卡逊写下《寂静的春天》，为环境运动的诞生添上关键一笔。

此后

1992年 首届地球峰会在巴西里约热内卢召开，参会国签署《里约宣言》，就以全球性视角共同关注环境问题达成一致。

1998年 德国红绿联盟上台执政。这是环境保护主义政党第一次胜选。

近年来，随着全球气候的变化给人类在经济、社会和政治上带来的挑战，人们有必要建立起一套崭新的政治思想来予以应对。环境保护主义正是这样一套政治战略，它滥觞于20世纪60年代，如今已进入政治生活中的主流领域。当下，绿色运动已发展出多个分支，积攒了卷帙浩繁的思想成果。

环境保护主义的先驱

其实，环境保护运动有着较为坚实的社会基础。早在19世纪，

参见：约翰·洛克 104~109页，亨利·戴维·梭罗 186~187页，卡尔·马克思 188~193页。

人类只是这个脆弱的**生态系统中**的一个组成部分。

↓

人类行为对生态系统造成了**不可挽回的破坏**。

↓ ↓

浅层生态学主张维持当前的经济社会结构，并通过微调来**解决环境问题**。

深层生态学则呼吁，要**避免环境危机**，就必须进行大规模的社会政治变革。

英国批评家约翰·罗斯金和威廉·莫里斯就已经对工业发展及其对自然界造成的后果进行过思考。不过，针对人类造成的环境破坏的科学研究，直到第一次世界大战之后才开始出现。到了1962年，美国海洋生物学家蕾切尔·卡逊发表《寂静的春天》，指出了像DDT这样的杀虫剂的使用会对自然环境产生剧烈的影响。同时，卡逊还将人类视为生态环境的一个成员，而不是能独立于自然界之外的高级存在。她还指出，人类要对农药的危害负主要的责任。

卡逊的书催化了主流政治领域中环境保护运动的诞生。挪威哲学家、生态学家阿伦·奈斯就曾说道，是《寂静的春天》这本书给了他灵感，从而让他转向环境保护主义，要为此打造一套哲学的基础。在此之前，奈斯就已是奥斯陆大学赫赫有名的哲学家了，在语言学方面已有所造诣。1969年，他辞去了大学教职，全身心地钻研生态和环

“

地球并不只属于人类。

——阿伦·奈斯

”

阿伦·奈斯

1912年，阿伦·奈斯出生于挪威奥斯陆附近。完成学业之后，27岁的他就成为奥斯陆大学史上最年轻的哲学教授。他的学术生涯相当成功，在语言学和符号学领域颇有造诣。1969年，奈斯辞去教职，并着手对伦理生态学进行研究，要对环境保护的争论提出一些有可操作性的解答。自此，奈斯开始隐居写作，完成了近400篇文章和数量可观的著作。

除了做学术，奈斯还是一名登山爱好者。奈斯在19岁时就已经是一个小有名气的登山家了；而在其一生中，曾有多年居住在挪威荒野山林中的小屋之中，他后期的大量著作都是在那里完成的。

主要作品

1973年 《浅层生态运动和深层、长远的生态运动：一个概要》

1989年 《生态学、社区和生活方式：生态智慧》

工业革命改变了人们看待环境的方式。在奈斯看来，将自然视为用来消耗的资源的观念，可能给人类带来灭顶之灾。

境保护问题。随后，奈斯逐渐成为环境保护伦理方面的大师，致力于对当时出现的生态环境的问题做出新的解答。这其中，他特别提出了一种对人与自然关系的全新理解。

“地球并不仅仅是人类用来消耗的资源载体”——这是奈斯思想的核心。他说，人类并不是自然资源的消费者；相反，他们应该把自己视为这个相互依存的复杂体系的一个成员，并且应当孕育出对非人类自然物的一种同情之心。若非如此，并任由人类当下的狭隘思维和自利之心野蛮生长，那将可能给自然界带来致命的打击。

在奈斯涉足环境保护领域的初期，他勾勒出了一套致力于解决社会问题的生态思想理论框架，名曰“生态智慧T”。这里的“T”正是奈斯在山中为自己搭建的一座小屋子“Tvergastein”的缩写。生态智慧T的基本观点提出，不论是人类、动物还是植物，任何一个物种都拥有平等的生命权利。而当人们将自己理解成这个共生整体的一部分时，他们也就容易体会到自己对大自然的所作所为造成的影响了。而对于那些尚不清楚会造成何种后果的行为，人们唯一道德的做法就是放弃那个行动。

深层生态学

奈斯在其后期著作中，区分出了浅层生态学和深层生态学两个概念，从而指出了这一研究领域的缺陷。就奈斯看来，浅层生态学主张借助现有的资本主义、工业体系和人类干预，就能够解决环境问题。这一派观点认为，当前的社会结构是解决环境问题的恰当起点；同时，他们相信，依靠一些人类中心主义的手段就能药到病除。奈斯认为，浅层生态学并非毫无价值，但是它的问题意识较为肤浅。因为，这种生态学依然将人类视作生态系统中的高等生物，并且拒绝对社会进行更深刻的改革。这样一来，它依旧触及不到环境问题背后深层次的社会、哲学和政治根源，也不可能站在自然界整体的角度进行思考，而是依然将人类狭隘的自身利益摆在头等的位置。

与此相对应的深层生态学的主张是，如果人的行为不进行深层次的改革，那么人类对地球造成的环境破坏将不可挽回。人类的进步和社会的变迁已经对自然生态的平衡造成伤害，其后果不仅使自然界遭到破坏，而且作为环境一分子的人类也将把自己带向毁灭之路。奈斯提出，自然界并不依靠人类的需要而存在，它本身就具有内在的价值；因此，人们必须提高自身的觉悟，并认识到一切生命的同等重要性以及世间万物唇亡齿寒的关联。人类必须清楚，他们只是地球的栖

> **浅层生态学认为，维持当前的社会结构也能改善人与自然的关系。**
>
> ——阿伦·奈斯

奈斯认为，在现有的政治、经济和社会系统框架内**解决环境问题**的企图，注定将遭到失败。人们需要一种全新的对待周围世界的方式：即把人类只当作整个生态系统的一个组成部分。

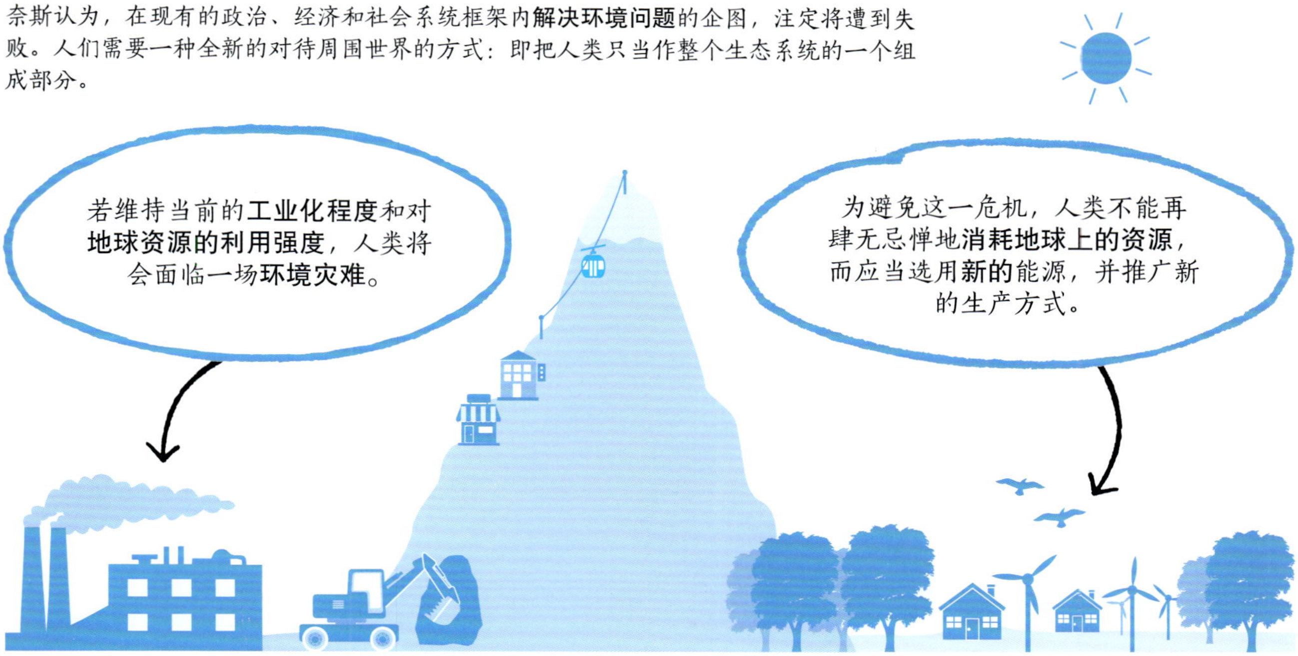

息者，而不是地球的主宰者；只有为满足最基本的需求时，他们才能消费地球的资源。

直接行动

奈斯不仅是环境保护问题的思想家，还是一名行动者。他曾将自己绑在挪威峡湾地带的马尔达尔斯瀑布边的石头上，以抵制水电站在此地修建。奈斯认为，要推广一种对待自然更加道义和负责任的态度，就必须坚持深层生态学的立场。他长期提倡遏制消费主义，并在这项长远的改革计划中，要求对发达国家的物质生活水平进行限制。不过，奈斯并不是环境保护主义的原教旨主义者；他相信，为了维持社会的基本稳定，人类运用一定的自然资源还是有必要的。

奈斯的影响

尽管奈斯本人倾向于渐进变革，并对环境原教旨主义嗤之以鼻，但是他的思想却被大量激进的环境主义行动者所采纳。例如，主张环境保护并采取直接行动的国际性组织“地球优先”，就曾援引奈斯的观点来论证其深层生态学的立场。他们认为，按照深层生态学的诠释，为了实现环境保护的诉求，行动者即使进行公民抗命甚至破坏性的政治行动，也是合情合法的。

随着人类环境保护意识的日益觉醒，奈斯的思想在政治领域引发了广泛的共鸣。环境问题已超越国界，成为思想家和实践者共同关注的问题。如今，绿色运动已经跨入主流政治领域，其中既包含政党组织，也包括社会团体，如“绿色和平组织”和“地球之友”都是此类范例。由于其学说为上述运动提供了哲学基础，因此奈斯的著作在此领域拥有很高的地位。当然，他的思想也激起了较多的争议，引发了来自不同领域的批评，比如有人指控奈斯的思想脱离了社会经济实际，易陷入神秘主义，等等。尽管环境保护运动遭遇着这样那样的批评，但由于其行动引发的政治思考，以及其深层生态学的立场，它依然产生了深远的影响，并且，在可以预见的将来会变得越发重要。■

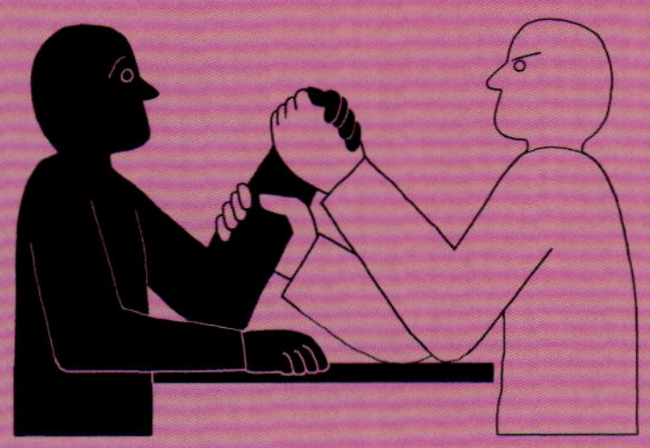

我们不反对白人，只是反对白人至上主义

纳尔逊·曼德拉（1918—2013年）

背景介绍

思想流派
种族平等

聚焦
公民抗命

此前
1948年 由布尔人领导的南非国民党胜选执政，开始推行种族隔离制度。

1961年 弗朗茨·法农在《全世界受苦的人》中提出了对压迫者进行武装斗争的思想。

1963年 马丁·路德·金在华盛顿发表“我有一个梦想”的著名演讲。

此后
1993年 诺贝尔和平奖颁给曼德拉，以表彰他为废除南非种族歧视制度所做出的贡献。

1994年 南非举行首次多种族大选，曼德拉成功当选南非史上首位黑人总统。

南非的种族隔离制度是对种族强制施行的一种不公正的**分隔行为**。

↓

人们要对这种**非正义、不平等**的现象进行抗争。

↓

改变现状，需要**全南非人民**一起战斗。

↓

我们不反对白人，只是反对白人至上主义。

南非人民反抗种族隔离的事迹是20世纪后期最有标志性意义的政治斗争之一。1948年，主张种族隔离制度的南非国民党（National Party）胜选上台，开启了这段白种人对南非人民的压迫史。那时候，纳尔逊·曼德拉加入了非洲人国民大会（African National Congress，以下简称非国大），长期动员社会支持，并组织抗议活动，战斗在抗争的最前线。随着新上台的政府立法通过了种族隔离制度，抗议活动开始升温。50年代时，在圣雄甘地和马丁·路德·金等民权领袖事迹的鼓舞下，更多的人参与到了抗议种族隔离的运动中来。

为了自由

非国大采取的斗争策略是，通过综合运用公民抗命、大规模罢工和集体抗议等手段，来阻碍政府正常运行。在50年代中期，非国大同其他一些反种族隔离制度的团体一起通过了《自由宪章》（*Freedom Charter*），借助这一文件表

参见：莫罕达斯·甘地 220~225页，马库斯·加维 252页，弗朗茨·法农 304~307页，马丁·路德·金 316~321页。

达了他们的诉求。他们高呼，民主、参与的价值与迁徙、表达的自由是至高无上的，他们将为此抗争到底。可是，当值政府将此举视为叛国行为。

抗议演变为暴力

对种族隔离制度的不满情绪虽然积累缓慢，但却日渐显著。到了50年代，虽然南非的民主制度依然把绝大部分的有色人种排除在外，但是，一些政党已开始主张为部分黑人赋予一些民主权利了。

如此一来，反种族隔离的运动开始获得了一些激进白种人的支持，这一现象意义重大，因为这意味着这项运动已跨越了单纯的肤色和种族界限。这同曼德拉建立"新南非"的斗争观不谋而合：他强调，抗争的目的不是为了单纯攻击白种人，而是为了消灭白种人的特权，并消除种族不平等的局面。

曼德拉说，**废除种族隔离制度的斗争**应该以消除不公正为目标，而不应该对南非白种人进行攻击。只有这样，改变现状的呼声才能获得更广泛的支持。

> **我为反对白人种族统治进行斗争，我也为反对黑人专制而斗争。我有一个建立民主和自由社会的美好理想。**
>
> ——纳尔逊·曼德拉

尽管非国大的纲领积极而完善，但是他们期盼的改革迟迟不来，选举权始终未能实现。而随着抗议强度的提升，政府的镇压也更加强硬。1960年，警察射杀了69位参加"反对'通行证法'运动"的民众，制造了沙佩维尔惨案，政府的血腥镇压达到顶点。

不过，南非人民对种族隔离制度的抗议行动也并非一直处于克制状态。同许多革命人物一样，曼德拉逐渐认识到，只有武装斗争才是废除种族隔离制度的唯一办法。1961年，他同非国大几位领导人一起建立了旗下的军事组织"民族之矛"，这一举动也使曼德拉被捕入狱。但是，他对于民权的抗争以及所坚守的宽容和解原则，使其得到了来自全世界的支持。最后，在曼德拉被释放出狱并且最终废除种族隔离制度之时，他已享有全球性的声誉。■

纳尔逊·曼德拉

纳尔逊·罗利赫拉赫拉·曼德拉1918年出生在南非特兰斯凯。他的父亲是滕布王朝酋长的一个幕僚。曼德拉年轻时离开家乡，来到约翰内斯堡学习法律。他于1944年加入非国大，积极参与到始于1948年的反抗种族隔离制度的斗争中。1961年，在一年之前的沙佩维尔惨案的刺激下，他参与建立了非国大的军事组织"民族之矛"。1964年，他被判处终身监禁，并（算上被判终身监禁之前的两年）在罗本岛上度过了18年时光。他于1990年被释放出狱。

自曼德拉被释放出狱起，他成为废除种族隔离制度的精神领袖，获得了1993年的诺贝尔和平奖，并在1994年当选了南非总统。1999年卸任以后，曼德拉积极参与到了包括消除艾滋病在内的多项事业之中，积极发挥余热。

主要作品

1965年 《走向自由之路不会平坦》
1994年 《漫漫自由路》

只有弱者才会相信政治是合作的场所

吉安弗朗科·米利奥（1918—2001年）

背景介绍

思想流派

联邦主义

聚焦

地区分离运动

此前

1532年 尼科洛·马基雅维利在《君主论》中预言了意大利的统一。

1870年 维托里奥·埃马努埃莱二世的意大利军队占领罗马，意大利完成统一。

此后

1993年 美国政治学家罗伯特·普特南发表《使民主运转起来》，该书对意大利的政治分层和公民生活状况做出了考察。

1994年 分裂主义政党北方联盟首次成为组建政府的政党之一。

意大利政治是一段对抗的历史。历史上，意大利曾是一个四分五裂的国家，在1870年完成统一之前，一直由一系列松散的自治城邦和王国构成。其中，在工业体系完整的北方地区和以农村为主的南方地区之间，发展的不平衡和互相间的争议长期存在。许多北方人认为意大利的统一给南方带来了经济利益，却只给北方平添了一个拖累。

意大利学者、政治家吉安弗朗科·米利奥的研究聚焦于政治生活中的权力结构问题。他从马克斯·韦伯和卡尔·施米特的思想中获得启发，提出了反对意大利中央集权化的主张，他认为这种地区间合作的形式将对北方地区的利益和民族认同造成损害。

北方分裂主义

米利奥相信，在政治中，地区合作很难让各方满意，各种政治思想间也很难达成和解。意大利各个地区的利益纠葛不可能通过协商和妥协来化解，相反，应该让更有实力的群组来主导和支配。米利奥的这一观点使他最终投身政界，加入1991年成立的分裂主义政党“北部联盟”，并在90年代当选意大利参议员。■

像菲亚特这类的汽车厂商为意大利北方的繁荣做出了重要贡献。在米利奥看来，拿走北方的财富去资助贫弱的南方是不公平的。

参见：尼科洛·马基雅维利 74~81页，马克斯·韦伯 214~215页，卡尔·施米特 254~257页。

在斗争的初级阶段，被压迫者有可能会转变为新的压迫者

保罗·弗莱雷（1921—1997年）

背景介绍

思想流派
激进主义

聚焦
批判教育理论

此前
1929—1934年 安东尼奥·葛兰西写下《狱中札记》，对马克思主义思想做出了发展。

20世纪30年代 大萧条时期的巴西出现了极端的经济困难。

此后
20世纪60年代 时任巴西累西腓大学历史和教育哲学教授的弗莱雷推出了一套扫盲计划。

20世纪70年代 弗莱雷同世界基督教会联合会一道，运用了近十年的时间在世界多个国家对他的教育改革进行传播和推广。

人们对政治压迫所做的抗争活动一直都是政治学家十分重视的话题。其中，卡尔·马克思和安东尼奥·葛兰西曾对压迫行为进行分析，划分出了压迫者和被压迫者两个主体。

巴西教育家保罗·弗莱雷的著作也探讨了两者的关系，并且力争找到一条打破压迫镣铐的途径。他坚信，“压迫”这一行为使压迫者和被压迫者的人性都遭受贬损和玷污；而且，即使被压迫者获得了解放，他们也极有可能转变为压迫者，也就是说，会把自己曾经遭遇的不公待遇施加到别人身上。这也就是循环往复的“压迫现象”。

真正的解放

受压迫的人们想要获得真正意义上的解放，就不能仅仅停留于身份角色的转变。弗莱雷坚信，通过教育，人们的人道主义精神将被唤醒；通过教育改革，能够促使人们重新去审视自己的人生。如此一来，曾经的压迫者就不会再把他人视作抽象的群体，并会认识到自己此前行径的非正义性。

在弗莱雷眼里，教育是一种政治行为，在教育过程中，学生和教师都应当注意和反思教育中的政治立场。弗莱雷的这些观点对许多的政治思想家产生过影响。■

> 被压迫者的历史性人道主义伟大使命，是在解放自己的同时也给压迫者带来解放。
>
> ——保罗·弗莱雷

参见： 格奥尔格·黑格尔 156~159页，卡尔·马克思 188~193页，安东尼奥·葛兰西 259页。

正义是社会制度的第一美德

约翰·罗尔斯（1921—2002年）

背景介绍

思想流派
自由主义

聚焦
社会正义

此前

1762年 在《社会契约论》中，让-雅克·卢梭对政治统治的合法性进行了探讨。

1935年 美国经济学家弗兰克·奈特的论文《经济理论与民族主义》启发了罗尔斯关于协商程序的思考。

此后

1974年 罗伯特·诺齐克发表《无政府，国家和乌托邦》，对罗尔斯的《正义论》提出批评。

1995年 G.A.柯亨以马克思主义的视角对罗尔斯进行批评。

2009年 阿马蒂亚·森发表《正义的理念》，着力讨论了罗尔斯的观点。

国家与个人之间所订立的**正义的社会契约**，是一个社会所以公正的关键。

而要保证社会契约的正义性，就要使契约之下**每一个人的需求得到平等的对待**。

要让每一个人得到平等对待，就必须要保证**社会机构/制度的正义性**：这些机构/制度必须对所有人开放，并在必要的时候能够对财富进行再分配。

只有**正义的制度**才能产生一个**公正的社会**。

正义是社会制度的第一美德。

约翰·罗尔斯是美国著名哲学家。他成长于种族隔离十分严重的巴尔的摩，后来又有过入伍服役的经历，正是这些特殊的人生体验，塑造了他关于正义、公平和平等的观念。他致力于构建一套道德原则的总体框架，并确保人们能在这一框架下进行个人道德行为的判断。同时，罗尔斯认为，民主的真正价值并不仅仅是选举行为本身，而在于选举之前的辩论和协商的过程，所以一套得到人们共同认可的决策程序才是民主过程的关键。同理，只有由人们普遍认可的决策程序所推出的总体道德原则才具有正义性。

财富的不平等

罗尔斯告诉人们，一套正义的原则不能单以个人的道德框架为基础。相反，正义原则的基础会通过蕴藏在教育、医保、税收和选举等社会制度中的道德感来表现出来。罗尔斯发现，财富的不平等将逐渐演变为社会政治影响力的不平等，并且最后将使社会政治制度只对有权有势的人或者组织有利。

罗尔斯写作《正义论》时，正值越南战争时期。他同情这个时期风起云涌的公民抗命运动，认为这是弱势群体呼唤主流社会良心发现的必要手段。同时，越战时期美国的征兵制度也遭到罗尔斯批评：有钱的学生能花钱免除兵役，而穷人学生则可能因为某一科成绩不佳而被招募入伍。这个例子展现了财

参见: 约翰•洛克 104~109页, 让-雅克•卢梭 118~125页, 伊曼纽尔•康德 126~129页, 约翰•斯图亚特•密尔 174~181页, 卡尔•马克思 188~193页, 罗伯特•诺齐克 326~327页。

罗尔斯认为，**正义的原则**并不仅仅以个人道德为基础。因此，在人们构建一套正义体系时，必须把整个社会的框架都考虑在内。

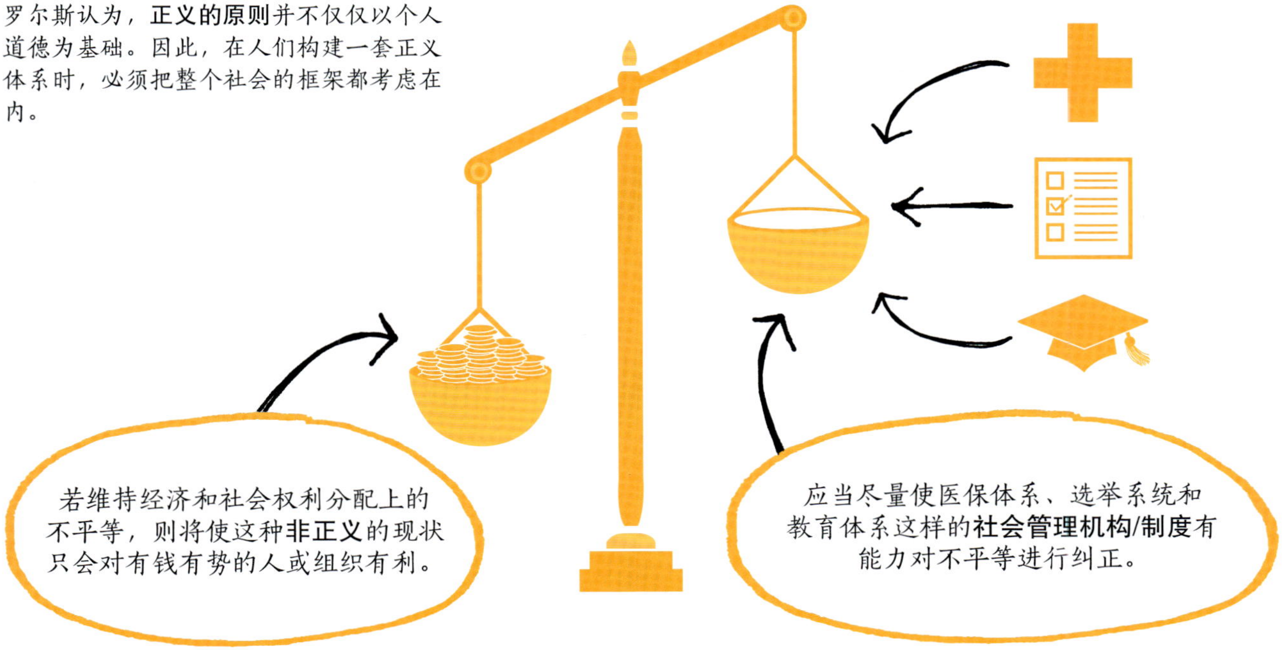

富的不平等如何催生歧视性的制度；而更可恶的是其执行机构还常常假借正义的名义来行歧视之实。这样的现状让罗尔斯非常困扰。

正义的原则

在罗尔斯看来，只有在符合某些平等原则的公平制度里，正义才会存在。罗尔斯根据自己的“正义即公平”理论，推导出了正义的两大原则。第一条原则是每个人都平等地享有基本自由权，此为“自由原则”；第二条是“社会和经济上的任何不平等安排，都能合理地期望让这种不平等符合每个人的利益，与此同时，（不平等的安排能）与向所有人开放的官职和职务联系起来”，此为“差异原则”。其中，第一原则优先于第二原则。这种优先是因为，随着文明的进步，经济条件越是好转，自由问题就将越发重要；况且，一个人几乎不可能在自由权遭到削减的情况下，反而获得更丰富的物质财富。

> **在“正义即公平”理论下，正当的理念优先于善。**
>
> ——约翰•罗尔斯

罗尔斯将社会和经济领域的一些特殊的优势称之为“威胁优势”，比如“实质的政治权力、财产和天生的禀赋”，一个人利用这些优势很容易获得超出其应得范畴的非正义财富。例如在学校里，一个身体强壮的人，可以利用其身材上的“威胁优势”，通过霸道手段抢夺其他学生的饭钱。所以，这种不平等，以及由这种不平等所带来的优势，就不符合任何正义原则的基础。然而，由于任何社会都会存在不平等，所以罗尔斯推论道，“世界上这种不平等资源的分配太具随意性，因此必须调整初始的契约状态来对其进行纠正”。罗尔斯这里所说的“契约状态”，指的是一种人与人之间，以及人与（包括家庭在内的）一切社会机构/制度之间所约定的契约协议。不过，在通常意义上的社会契约中，每个人往往并不处在一个平等的起点上。于是，罗尔斯指出，由于国家对每一位公民都负有相等的责任，所以它必须从根源上纠正这种不平等，以保证社会的正义。

对罗尔斯而言，社会机构/制度在纠正社会不平等的使命中扮演着重要角色——合理的制度才能保障每个人都有平等的机会去享受这些机构/制度；同时，改善人们生活的再分配行为也是在各项机构/制度中进行运转。罗尔斯认为，自由市场体制和民主制度是实现公平再分配的最佳政治制度。他指出，共产主义太过注重完全平等，却忽略了在这种完全平等下，人们如何能创造出充裕的社会物品。他认为，资本主义经济体系配上健全的社会机构，将是最有可能实现社会正义的制度。虽然资本主义总会自发地制造出不公平的经济差距，但是拥有强烈正义感的社会机构能够对这种不平等进行纠正。

多元文化的社会

罗尔斯认为，正义的制度还扮演着凝结社会的重要角色。他认为，只要社会中所有人都共享一种对社会结构的道德承诺，那么即使在没有社会公认的道德准则的情况下，人们只靠基本的日常规则也可能共同生活。换言之，只要人们认为社会的结构是公平的，他们就会满足，即使共同生活的人各自遵循不同的道德准则也无伤大雅。对罗尔斯而言，这就是多元主义和多元文化社会的基础，而在这一复杂的多元社会中，社会机构/制度就扮演着维系公平的关键角色。

无知之幕

社会应当采用怎样的基本原则来进行财富再分配？罗尔斯认为，这一问题应该在他称之为“无知之幕”的条件下做出回答。他虚构了一个每个人都不知道自己身份地位的情景；他认为在这种情况下，人们就会对理想社会结构的问题达成一致。“无知之幕”下，社会中每个人都不知道自己所处的社会地位，不了解自己所持的基本原则，不知道自己拥有哪些智力和身体上的天赋。每一个人都可能属于任何一种性别、性取向、种族和阶级。这样一来，“无知之幕”下，每个人都脱离了它的身份地位和个人特质，所以必将做出正义的判断——因为，他们将对社会进行设计，并确保在“无知之幕”揭开之后，自己乐意扮演这个社会里的任何角色。罗尔斯认为，由于每个人都害怕成为社会中最贫穷的人，所以亲手设计的这套制度也要尽量去保护穷人。因此，在“无知之幕”下达成的一套社会契约，必然将帮助到社会里情况最悲惨的人。

罗尔斯承认，社会仍将存在各种差异，但是在这套公平的正义原则下，人们将为社会中的最弱势群体带来最大的利益。这一推

> **嫉妒这种情感只会让每个人过得更糟。**
>
> ——约翰·罗尔斯

对罗尔斯而言，确保所有社会机构/制度（例如公共图书馆）对所有人平等开放乃是社会所以公平的关键，因为不论一个人处于社会的何种地位，都将因此获得同等的生活机会和人生可能性。

论，遭到了包括印度思想家阿玛蒂亚·森和加拿大马克思主义思想家G.A. 柯亨等人的质疑，批评罗尔斯对资本主义制度态度过于乐观，因为人们很难在这套制度下坚守公平的原则。此外，他们还质疑无知之幕的效果，因为在这个处处充满不平等的现代社会里，只有那些饥寒交迫的人，才会希望有一个无知之幕来给自己送来“公平”。

对罗尔斯的批评

森指出，罗尔斯没能对政治权利和经济权利做出正确区分。森认为，社会中的各种不平等和物资匮乏，是因为人们缺少获得必要物资的“权益”，而不是缺少物资本身。以1943年孟加拉地区发生的大饥荒为例，森发现，这场饥荒中，粮食本身并不缺乏；相反，是城市化的进程导致了粮食价格的上升，才引发了饥荒。物资本身，比如粮食，并不算一种优势；相反，人与物资之间的特殊关系才是优势——那些能高价买得起粮食的人形成了对买不起粮的人的优势。森进一步论证，罗尔斯的社会契约的设定也是有问题的，社会契约还会受到其他许多没有参与到契约之中的群组利益的影响，例如外国人的利益、未来的几代人的利益，乃至自然环境的利益，等等。

内在的不平等

罗尔斯对自由主义的乐观态度受到了G.A. 柯亨的批评。柯亨认为，自由主义对个人利益最大化的追求可谓根深蒂固，这与罗尔斯所预想的平等主义社会政策难以共存。他认为，社会的不公并不仅仅是因为再分配制度还不够完善；资本主义制度本身就存在着内在的不平等性。因此，柯亨认为，资本主义和自由主义永远不能提供罗尔斯所寻求的那种“公平”。

尽管如此，罗尔斯的《正义论》依然是当代政治理论中最有影响力的著作之一。他的思想引发了

孟加拉地区的大饥荒是由于人与人之间不平等的经济关系所造成的。罗尔斯的理论框架偏重于政治结构而非经济结构分析，因此其观点对这一类的大灾难缺乏解释力。

美国乃至全世界对于福利体系重建问题的争论。包括阿玛蒂亚·森在内的许多罗尔斯的学生都参与到这场争论之中。由于罗尔斯在社会和政治理论中的卓越贡献，1999年，美国总统比尔·克林顿将全国人文科学奖章授予罗尔斯。克林顿赞扬道，罗尔斯的著作让人们重拾对民主的信心。■

约翰·罗尔斯

罗尔斯生于美国巴尔的摩，他的父亲是一位著名的律师，母亲则是妇女选民联盟巴尔的摩分会的主席。罗尔斯先后两次感染了传染病，并都不小心传染给了自己的两个弟弟，还造成了他们的去世。罗尔斯患有口吃，生性内敛。他曾在普林斯顿大学攻读哲学，完成学士学位后入伍服役，参加了美国的太平洋战争，曾在巴布亚新几内亚、菲律宾和日本征战。回国之后他回到普林斯顿大学，1950年以一篇讨论“个人道德判断之道德原则”的论文获得博士学位。之后他在英国牛津大学访学一年，与法哲学家H. L. A. 哈特、政治思想家以赛亚·伯林建立起了良好的关系。在他的教学生涯中，他培养的许多学生后来都成为顶尖政治哲学家。

主要作品

1971年 《正义论》
1999年 《万民法》
2001年 《作为公平的正义——正义新论》

暴力是殖民主义的本质形态

弗朗茨·法农（1925—1961年）

背景介绍

思想流派

反殖民主义

聚焦

去殖民化

此前

1813年 西蒙·玻利瓦尔从西班牙殖民者手中夺下委内瑞拉的加拉加斯，人们将他奉为“解放者”。

1947年 甘地的非暴力运动终于使印度从英国统治下取得独立。

1954年 阿尔及利亚打响了反抗法国殖民者的独立战争。

此后

1964年 切·格瓦拉在联合国一次会议上宣称，拉丁美洲还没有实现真正意义上的独立。

1965年 马尔科姆·X说，黑人们为了抗争，要“不惜采取一切手段”。

20世纪中叶，欧洲殖民主义统治迅速衰落。欧洲大国受到两次世界大战的严重消耗，并遭到由工业化带来的社会变迁的巨大挑战，它们对其殖民地区的掌控力度日渐减弱。

第二次世界大战之后，殖民地民间争取独立的运动风起云涌。其中，肯尼亚的非洲民族联盟迅速崛起，使英国对肯尼亚的掌控遭到严重动摇；而印度也在经过长时间的斗争之后，于1947年实现了独立。而南非人民展开的对殖民者的抗争，还成为反抗种族隔离的长

参见：西蒙·玻利瓦尔　162～163页，莫罕达斯·甘地　220～225页，罗易　253页，乔默·肯雅塔　258页，纳尔逊·曼德拉　294～295页，保罗·弗莱雷　297页，马尔科姆·X　308～309页。

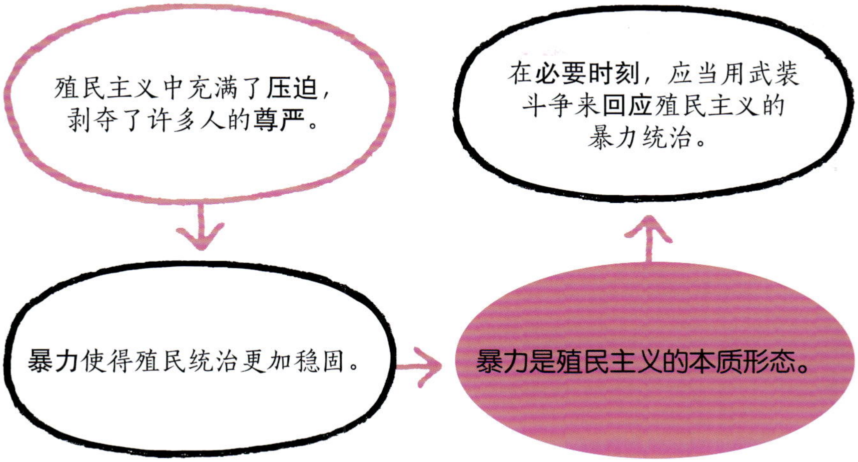

法国殖民者武装镇压阿尔及利亚独立运动，导致了**阿尔及利亚战争**的爆发。这场抗争运动中，法农为阿尔及利亚摇旗呐喊。

期斗争的重要组成部分。但与此同时，这些进入后殖民时代的国家应该采用何种国家形式？他们又该如何处理长年的殖民暴力和压迫统治所留下的历史遗产？这些新的问题开始不断浮现出来，亟待回答。

后殖民的思想

弗朗茨·法农是法裔阿尔及利亚思想家，他的研究着眼于殖民主义对殖民地造成的影响，并对殖民时代终结后曾经的被压迫民族所面临的新问题十分关注。法农借鉴了马克思和黑格尔的思想，对种族主义和殖民主义做出了一番另类的分析。他的著作在关注政治的同时也涉及语言和文化的问题，并经常探索这几个不同领域间的关联，他希望借此向人们揭示，种族主义以及其他类似偏见对殖民地的语言和文化系统造成了怎样的影响。法农关心去殖民化，也就是殖民地从压迫中解放出来的整个过程，在这一领域，法农具有重大贡献。此外，法农的思想对反帝国主义的思想产生了重要影响，并激励了当今一大批激进主义者和政治活动家。

法农对殖民统治给殖民地造成的后果和留下的遗产进行了深入研究。他将殖民主义看作是白种人的统治；他以一种强烈的平等主义关怀，谴责了殖民统治对人性的压迫和对尊严的剥夺。他的这些观点在一定程度上受到了自己亲身参与反抗斗争经历的影响。法农的《垂死的殖民主义》一书，以目击者的视角记录了阿尔及利亚人民反抗法国殖民统治的独立斗争，并尤其对武装斗争的过程和独立建国的方略进行了细致的刻画。该书对武装反抗殖民者的战略和思想进行了全面的呈现，还对双方所用战术进行了详细的分析。

> “重要的不是认识世界，而是改变世界。”
>
> ——弗朗茨·法农

殖民压迫的结构

不过，法农在理论上的贡献要大于实践。他对殖民统治体系的分析，向世人揭示了殖民压迫的结构。通过对种族等级体系的分析，法农发掘出了殖民压迫的内核。他认为，在这套统治体系中，殖民者不仅能稳固自己的特权地位，还能

以基库尤人为主体的肯尼亚**茅茅起义**遭到了英国殖民者的血腥镇压。由于镇压起义的英军和亲英武装的成员中也有一些基库尤人，因此起义也造成基库尤人的分裂。

打造出一套在文化上和政治上与被殖民者完全不同的表达体系。因此，在阿尔及利亚那样的后殖民统治地区，他们要想建立起新政治秩序，就必须摆脱过去的文化和政治的统治结构。

法农的去殖民化理论中，对“暴力”的态度可谓模棱两可。许多人或许听说过，他的《全世界受苦的人》一书是由让-保罗·萨特作序，在序中，萨特就强调了反抗殖民主义运动中“暴力”的重要地位。在萨特看来，这本书是要鼓励人们“拿起武器”；他认为书中描写的被压迫者们“狂热的杀人冲动”，乃是对多年来遭受暴政压迫的本能反应，是他们“集体无意识”的自然流露。经过萨特这样的介绍，人们很容易把法农的著作理解为煽动武装革命的号角。

> **殖民者堵住了土著人发泄怒火的出口，继而稳固了殖民统治；而土著人只能继续被殖民统治的枷锁紧紧套牢。**
>
> ——弗朗茨·法农

殖民地的种族主义

但是，如果我们太过看重法农著作中暴力革命的一面，就容易忽视他思想的深邃性和复杂性。

暴力确实是殖民主义的本质形态，但是暴力却可以以多种形态来呈现。它可以表现为残忍的暴行，也可以从种族偏见和等级分化的方式之中体现出来，法农认为这些偏见和分化深深地受到种族主义思想体系的影响，并主宰了殖民地的日常生活。在殖民统治下，白种人的文化占据着支配定位，并将非白人的其他特质都视为低劣的元素。而被殖民者也接受自身文化低人一等的预设，从而为殖民者和被殖民者的分化提供了文化基础。

法农认为，暴力是殖民统治最重要的因子，他的著作中也充满了对殖民暴力的诅咒和指控。他论证道，殖民压迫完全是靠殖民者的船坚炮利来维持的，这种武力威胁迫使被殖民者只能忍气吞声。被压迫的人民只能从两难之中做出痛苦的抉择：要么接受这种臣服的命运，要么就要遭受暴力的迫害。法农说，人们不仅要对维系殖民统治的那些观念预设发起挑战，而且还要发展出一套与欧洲人不同的身份认同和价值体系来。诚然，武装斗争必不可少，但是若不能真正意义上实现文化的去殖民化，那么这些武装抗争也注定会失败。

去殖民化之路

《全世界受苦的人》是法农最重要的著作，该书为那些致力于从殖民统治的屈辱中走出去的国家和人民提供了一套理论体系。法农根据自己在先前著作中对白人文化优越性的研究，对白种人的文化压迫做出了系统性概括：白种人将自己的价值体系施加于其他人身上，并将其上升为整个社会的主流价值。尽管如此，法农对去殖民化的过程所提出的改良方案却极富包容性，

> 奴隶制度剥夺了我祖先的人格，但如今的我已再不是这套制度下的奴隶了。
>
> ——弗朗茨·法农

它不论种族和背景，而是以所有人的尊严和价值作为基础。他强调，在去殖民化的过程中，所有种族和阶级都能参与，并且都会从中获益。除此之外，法农认为，去殖民化的过程若由土著的特权阶层来领导，并奢望通过同殖民者的谈判来进行改良，则此前压迫体制中的不平等必然会卷土重来。因为这样的妥协必定会堕入殖民者的优越性圈套之中。同时，由于被压迫者总有一种去效仿统治阶层行为姿态的倾向，所以改良的企图必定会失败。这种现象在土著人的中上层中尤为明显，他们接受了良好的教育，并且家境相对优越，会极力希望表现出与殖民者在文化上的亲缘性，去复制殖民时期的等级不平等。

相反，殖民地要实现真正蜕变，就需要平民大众的参与，并且通过一场持续不断的运动，创造出一套全新的民族身份特质与认同。一次成功的去殖民化运动，需要能够激发出民族意识，并生发出一系列的文学和艺术作品，来展现人们在抵抗暴力压迫、脱离殖民统治中的新兴文化。

法农的影响

法农对殖民主义暴力本质进行了深入分析，指出了民族认同对未来国家政治社会发展的重要性，这些工作都对激进主义者和革命领袖的反殖民斗争产生了直接的影响。其中《全世界受苦的人》一书更是在事实上成为武装革命的斗争宝典。同时，法农剖析了殖民统治方式，描绘了殖民主义的后果，这些内容都留下了深远的学术影响。他指出种族主义是殖民主义的根本，并分析了成功开展去殖民化运动的条件，这都对世界性的贫困研究和全球化研究等学术领域产生了极大的影响。■

在法国，殖民者被塑造成“文明的欧洲人”，他们为野蛮的土著带去了文明的秩序。这套种族主义的说辞成为他们暴力压迫的辩词。

弗朗茨·法农

弗朗茨·法农1925年生于马提尼克的一个富裕的家庭。第二次世界大战中，他加入了自由法国军并参与战斗，之后他在里昂学习医学和精神病学，就在这里，他亲身感受到了许多种族主义的成见，这对他许多的早期作品形成了启发。

完成学业之后，法农到阿尔及利亚担任精神病医生，同时也成为一名杰出的激进主义者和革命代言人。他不仅为阿尔及利亚民族解放阵线培养了许多护士，还将自己对革命的观察记录下来，并发表大量文章以表达对革命的同情。由于法农支持叛军，因此被法国政府驱逐出了阿尔及利亚。在革命接近尾声的时期，他被阿尔及利亚临时政府派往加纳担任大使，但很快便遭遇病魔袭击。1961年，年仅35岁的法农死于白血病，他在生命最后一段时间坚持完成了《全世界受苦的人》一书。

主要作品

1952年 《黑皮肤，白面具》

1959年 《垂死的殖民主义》

1961年 《全世界受苦的人》

给选票，还是吃子弹？

马尔科姆·X（1928—1965年）

背景介绍

思想流派

民权、平等

聚焦

（种族）自决权

此前

1947年 圣雄甘地领导的独立解放运动迫使英国撤离印度。

1955年 美国黑人罗莎·帕克斯在公交车上拒绝给白人让出“白人座位区”的位置，遭到当局被捕。在此事件影响下，马丁·路德·金组织了一场黑人抗议运动。

此后

1965年 马尔科姆·X遇刺身亡，促使黑人行动组织“黑豹党”成立。

1965年 美国通过了《选举权法案》，声明全体美国公民享有平等的选举权，并且废除了要求公民通过“文化程度测试”来获得选举权的法律。

美国黑人应该有资格**参加选举**。

↓

黑人投票者只应该把票投给那些承诺**代表黑人权利**的候选人。

↓

但是政客们总是在上台之后背弃他们在竞选期间做出的承诺。

↓

如果政客们**不能兑现**其在竞选期间的承诺，那么美国黑人应该**运用暴力来达到目的**。

↓

给选票，还是吃子弹？

追求社会和政治平等的斗争贯穿于美国历史，经久不息。第二次世界大战之后，民权运动成为这场长期斗争的新焦点。不过，抗争者对于应采取何种手段来实现上述平等始终缺乏共识。其中，在印度圣雄甘地非暴力不合作运动的影响下，以马丁·路德·金为代表的民权领袖们企图效仿这种方式，以争取社会更广泛的同情和支持。但是这种方案进展缓慢，使得始终无法摆脱种族压迫的大量美国黑人对这种路径产生了怀疑。

伊斯兰国度（Nation of Islam，NOI）是当时的一个重要组织，该组织倡导与白种人彻底决裂，实行黑人民族主义，马尔科姆·X正是这个组织的重要头目。他提出了一种与马丁·路德·金所代表的主流抗争方式不同的民权斗争路径。他并不认同非暴力的方案；相反，他坚信，要争取到平等，主要依靠的是人们主宰自我生活的能力。所以，面对那些对基本权利的限制，人们应当采取更直接的行动，并

参见：何塞·马蒂 204~205页；埃米琳·潘克赫斯特 207页，埃米利亚诺·萨帕塔 246页，马库斯·加维 252页，纳尔逊·曼德拉 294~295页，切·格瓦拉 312~313页，马丁·路德·金 316~321页。

> **我们将采取一切手段争取自由，我们将采取一切手段争取公正，我们将采取一切手段争取平等。**
>
> ——马尔科姆·X

在必要情况下使用暴力手段。虽然伊斯兰国度禁止其成员参加政治活动，但是当马尔科姆在1964年离开组织另立山头时，他也开始提倡政治参与，并且以争取平等选举权为诉求。他留意到了黑人的投票团体（voting bloc）的发展，认为随着他们的发展壮大，在选举期间可以提出彻底变革的要求，以此来对白人政客施加影响，从而确保更大意义上的社会与政治的平等。但是，马尔科姆依然对这种可能性保持警惕。因为，政客们在竞选期间和当选之后言行不一的作态让他十分担心，所以，他怀疑即使黑人被赋予选举权，也很难带来实质性的改变。

行动之年

1964年，马尔科姆在底特律发表演讲，他严正地对政客们提出警告：如果走正规程序，黑人的需求总是得不到正视，那么他们将亲手采取强制手段并且制造暴力。他说，"年轻的一代人对现状极其不满，倍感挫折的他们想要动手了。"他们不愿再接受次等人种的身份，并且决心破釜沉舟、不计成败。他说，美国的黑人已经"受够了白人的哄骗、谎言和空头支票了。"除非政治制度能够真正地回应黑人投票者的需求，否则他们只能放弃选举、拿起武器，放弃投票、装上子弹。

几位非裔美国人抬着一个配有"这里躺着吉姆·克劳"标语的棺材在街头示威，以抗议1944年通过的将歧视黑人合法化的"吉姆·克劳"种族隔离法。

那段时间，马尔科姆·X曾显赫一时，不过他几乎没留下什么著述。但是他对权利的争取，以及把美国黑人同他们的非洲遗产重新挂钩的想法，对民权运动的进程产生了持续不断的影响。■

马尔科姆·X

1925年，马尔科姆·X出生于内布拉斯加州的奥哈马，他本名叫作马尔科姆·利特尔（Malcolm Little）。他的幼年时光曾见证了种族歧视对他家庭的摧残。他的父亲是一名基督教浸信会牧师，在1931年死于非命。父亲的去世使得他的家庭经济状况急转直下。之后，他的母亲被送往了精神病院，而他自己则被领养。1946年，马尔科姆先是犯了轻罪，后又因入室行窃而被判入狱。

在监狱里，马尔科姆受到了社会和宗教的双重影响，皈依了伊斯兰教，并加入了伊斯兰国度组织。获释后，他改名马尔科姆·X，并且逐渐跻身为美国黑人民族主义的领袖人物。1964年，他离开伊斯兰国度，完成了去麦加的朝觐，成为一名逊尼派穆斯林，并在非洲、欧洲和美国进行了公共演讲。1965年，他遭三名伊斯兰国度的成员射杀身亡。

主要作品

1964年 《马尔科姆·X自传》（与亚历克斯·哈利合著）

我们要“砍下国王的头”

米歇尔·福柯（1926—1984年）

背景介绍

思想流派
结构主义

聚焦
权力

此前
1532年 马基雅维利完成《君主论》，在这本书里，他描绘了国家和君王在操控权力之时的阴险狡诈。

1651年 托马斯·霍布斯完成名著《利维坦》。他在书中强调了统治权的重要性，并认定“自然状态”是人类的一种糟糕的状态。

此后
20世纪90年代 绿色保护主义思想家们结合福柯的理论，提出政府可以在专家的协助下制定生态政策。

2009年 澳大利亚学者艾琳·杰弗雷斯运用福柯的理论分析了中国的社会权力结构，强调了中国社会的理性特质。

社会中的权力该如何定义？这些权力又集中于何处？这是政治思想领域一直以来最受关注的问题之一。在绝大多数重要的政治学著作中，政治领域（the state）都是权力的唯一场所。马基雅维利在《君主论》中就谈到，权力不论多么粗暴，只要能符合政府利益就能站得住脚。霍布斯在《利维坦》中，也将大权在握的主宰者视为拯救人类堕落灵魂的济世良方。他俩同其他一些思想家一起，为现今的政治学思想设定了一个分析样板，使得当下人们在分析权力时，始终逃不脱政治分析的窠臼。

而对于法国哲学家米歇尔·福柯来说，权力并不仅仅在政治领域中运作，而是分散于社会许许多多的“微观权力场”中。福柯批评主流政治哲学总是拘泥于狭义的“权力”概念，一直局限于对这个叫作“政治领域”的实体进行分析。在福柯看来，政权不过只是社会权力结构组合的一种形式而已，算不上一个专门的独立实体。相反，他更愿意把政权视作一系列行为的集合，而不是一个“物自体”。这也就意味着，要真正理解社会中权力的结构与分布，需要进行更广义的分析。

福柯对统治权的本质进行了分析。他说，人们总是以为政治理论应该主要对那个立法惩恶的独立主权者进行解读，但是这种理解是错误的，并应当抛弃。福柯认为，当今的政府性质与16世纪时已截然不同。16世纪时，政治的问题在

> 权力不是一种制度，不是一个结构，也不是某些人天生就拥有的某种力量。
>
> ——福柯

参见：尼科洛·马基雅维利 74~81页，卡尔·马克思 188~193页，保罗·弗莱雷 297页，诺姆·乔姆斯基 314~315页。

社会的性质已经变了。

权力不再只在政治领域运作，也不再只属于某一个权威人物。

权力也存在于社会中的每个“微观权力场”里，例如学校、单位和家庭。

政权的权力已不能再从社会的权力体系中单独出来了。

要理解权力的运作，我们就要在政治理论中“砍下国王的头”。

于主权君主如何获取权力并维持权力；而当下，政治领域的权力只是社会权力体系的一个组成而已。因此，他认为政治学家们应该“砍下国王的头”，重新发展一套解释权力的方法，来应对这种变化。

治理术

福柯在法兰西学院授课时，对自己的这些思想进行了完善，并提出了“治理术”（governmentality）的概念。这个理论把治理视为一种艺术，它由一系列的控制和规训的技术组成；这些技术被运用于各种社会场景中，如家庭、学习和工作场所。他的这种理解，拓展了此前局限于政权统治层级结构的权力观念，并强调社会中存在多种不同的权力形式，例如知识和数据收集等活动中都渗透着权力的影子。他将这种权力分析运用在了自己的许多作品之中，对包括语言、惩罚和性等领域都进行了精彩的分析。■

在福柯看来，**学校教室**是政治“微观权力场”的一个例子。微观权力并不处于传统的政治领域，而是在社会之中进行运作。

米歇尔·福柯

福柯出生于法国普瓦捷的一个富裕家庭。他天赋异禀，很快就成为小有名气的哲学家。1969年，法国政府总结一年前学生运动的教训，把巴黎大学拆分为13所大学，而福柯则来到巴黎第八大学担任哲学系主任。福柯支持学生的激进行动，甚至曾亲自参与了同警察的缠斗，这也使他臭名昭著。1970年，他当选法兰西学院思想体系史教授。

福柯在自己的人生末期参与了美国的激进主义运动。他一生中出版了大量著作，在哲学和社会科学诸多领域中都是一号重要人物。1984年，福柯因患艾滋病而去世。

主要作品

1963年 《临床医学的诞生》
1969年 《知识考古学》
1975年 《规训与惩罚》
1976—1984年 《性史》

世上根本没有什么解放者，是人民自己解放了自己

切·格瓦拉（1928—1967年）

背景介绍

思想流派

革命社会主义

聚焦

游击战

此前

1762年 让-雅克·卢梭在《社会契约论》的开篇写道，“人生而自由，却无往不在枷锁之中。”

1848年 卡尔·马克思和弗雷德里希·恩格斯共同发表《共产党宣言》。

1917年 俄国十月革命推翻沙皇统治，建立起布尔什维克的共产主义政权。

此后

1967年 法国政治哲学家雷吉斯·德布雷提出“游击中心论”（focalism），将游击战上升为理论。

1979年 尼加拉瓜反对武装通过游击战推翻了索摩查家族的独裁统治。

格瓦拉的一生辗转于古巴、刚果（金）和玻利维亚，积极参加当地的革命斗争，这使得在人们眼中，他主要是一个行动派而非政治思想家的形象。但是，由他发扬光大的游击战思想却为社会主义革命的发展做出了重要贡献。那时，南美洲有多个国家被美国扶持的独裁者所把持，这使得目睹了这种统治下的压迫和贫穷状况的格瓦拉坚信，要解放这块热土，只能靠马克思倡导的推翻资本主义的革命才能实现。

不过，马克思是对那个年代的欧洲资本主义国家做理论分析，而在格瓦拉那里，则是要展开更为政治化和武装化的革命实践。其实，同南美的专制政权比起来，马

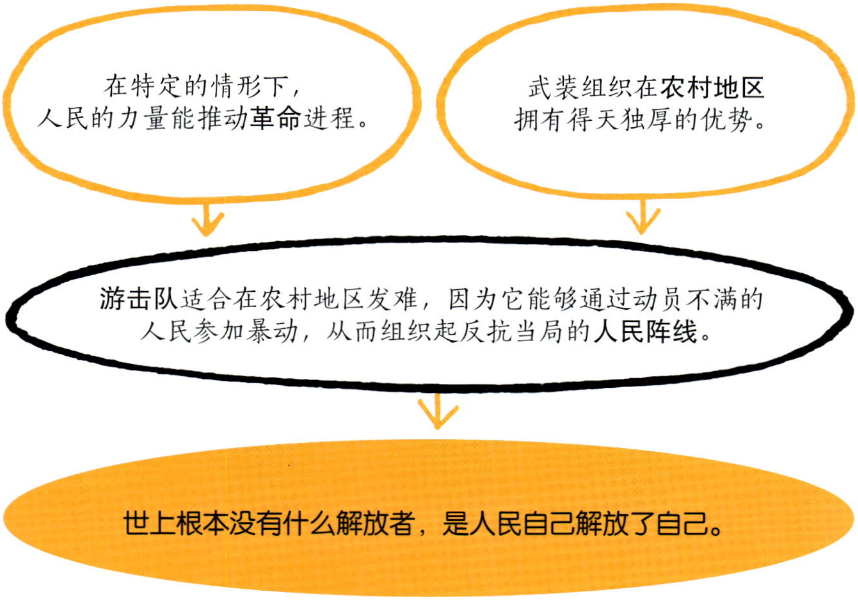

参见：卡尔·马克思 188~193页，弗拉基米尔·列宁 226~233页，列夫·托洛茨基 242~245页，安东尼奥·葛兰西 259页，菲德尔·卡斯特罗 339页。

人民组成的军队引导古巴革命，取得了对政府军的胜利。其中格瓦拉所提出的游击战思想对这场革命胜利居功至伟。

克思时代的欧洲国家已是足够仁慈开明了，格瓦拉也明白，要推翻这些政权，武装斗争是唯一的手段。他不愿坐等一个万事俱备的革命时机，而是打算通过游击战术煽动人民造反，主动地为革命创造条件。

权力属于人民

格瓦拉在《古巴革命战争回忆录》和《游击战》两本著作中谈到，1956年古巴革命的胜利很大程度上要归功于革命对人民的成功动员。他认为，革命不是靠某个解放者为人民送来自由，而是要通过源自人民的草根行动来逐渐瓦解剥削性的体制，由人民自己来解放自己。他相信，这种革命不能在工业化的城镇中打响，而应该在农村地区通过一系列的小型武装起义，给政权制造最大的麻烦。这样的暴动能够动员心怀不满的民众，在他们的支持之下，造反者能组织起人民阵线，从而逐渐达到全盘性革命的声势。

格瓦拉在古巴取得成功之后，先后对中国、越南和阿尔及利亚的武装斗争进行声援，并随后亲自投身到刚果（金）和玻利维亚的革命斗争之中，可惜并未取得成功。游击战术是格瓦拉的革命游击中心论（foco）的核心，他的这一战术后来对全球各地的反抗运动产生过重要影响，这其中既包括南非非洲国民大会对种族隔离制度的抗争，也包括阿富汗塔利班组织进行的伊斯兰运动。

格瓦拉同时还是一位出色的政治家。在担任古巴政府官员期间，他为把古巴建设成社会主义阵营中的重要成员立下了汗马功劳，并曾在工业、教育和金融领域实施多项政策，以期将资本社会中利己和贪婪的毒草从古巴消除干净，让古巴人民进一步实现解放。格瓦拉为世人留下了包括个人日记在内的大量著述，它们依旧对当下的社会主义思想产生着影响。■

> **如果你每次路见不平，都会气得发抖，那么你就是我的同志。**
>
> ——格瓦拉

切·格瓦拉

埃内斯托·格瓦拉出生于阿根廷的罗萨里奥，当然人们更熟悉他“切”（“嗨，朋友”的意思）的这个昵称。他在布宜诺斯艾利斯学习医学期间，曾先后两次骑行摩托车穿越南美洲。在途中，他目睹了沿途各国人民的贫穷和疾病，了解了底层人民恶劣的工作环境，这些经历让他更加坚定了自己的政治立场。

1953年毕业以后，他再一次漫游拉丁美洲各国，这次走得更远，并在旅途中见证了危地马拉的民主政权被美国扶持的势力所推翻的过程。1954年，格瓦拉结识了菲德尔·卡斯特罗，两人一起领导了古巴革命取得胜利。1965年，他离开古巴，前往刚果（金）帮助当地人开展游击斗争，次年他又转战玻利维亚。1967年10月8日，格瓦拉被美国中情局支持的军队俘获；次日，当地军队违背美国当局意愿，动手杀死了格瓦拉。

主要作品

1952年 《摩托车日记》
1961年 《游击战》
1963年 《古巴革命战争回忆录》

每个人都先得把富人们哄开心

诺姆·乔姆斯基（1928—）

背景介绍

思想流派

自由至上的社会主义

聚焦

权力和控制

此前

19世纪50年代 马克思指出，政治和经济的权力掌握在统治阶级手中。

20世纪20年代 德国社会学家马克斯·韦伯提出，社会是由官僚组成的精英阶层所掌控的。

1956年 美国社会学家查尔斯·W.米尔斯在《权力精英》一书中提出，社会中的重大决策都是由大商人、军人和少数政客所操控的。

此后

1985年 捷克剧作家瓦茨拉夫·哈维尔发表了《无权力者的权力》一文。

1986年 英国社会学家迈克尔·曼恩提出，"社会"是一个由多种重叠交叉的权力网络组成的组合体。

像媒体和银行这样的在社会中起**支配作用的机构**，总是掌控在**少数富人**手中。

↓

富人会确保这些支配性机构按照**符合他们利益**的方式来运行。

↓

任何**改革的冲动**都将给资本的投资形成阻碍，**会给经济带来巨大伤害**。

↓

为了经济健康稳定运行，即使是最贫穷的人，也必须**服从这套按富人利益需求**运行的体制。

↓

每个人都先得把富人们哄开心。

社会中的权力集中在谁的手中？这是长期以来一直吸引着思想家和政治家的一个大问题。随着人类持续发展，组织不断形成，有各种不同的群体和社会机构参与到社会运作中，继而在全球范围内形成了一个高密度的权力关系网络。那么，这一变化是否意味着权力是均衡地分散在社会的各个角落里的？还是说，权力其实仅仅掌握在一个由少数权贵构成的"精英阶层"手中呢？

美国语言学家、政治哲学家诺姆·乔姆斯基认为，在绝大多数国家里，社会和政治的核心机构总是掌握在少数富人手里，他们把像大众传媒和金融体系这样的社会机构掌控于手心，确保社会按照有利于权力精英阶层的方式来运转。同时这也意味着，只要报纸和银行这些支配性的社会机构能维持现状，做到互利共存，那么其他的社会道路和全盘性转变就几乎没有出现的可能。这群社会精英不仅在财富和

参见: 柏拉图 34~39页，卡尔·马克思 188~193页，弗雷德里希·哈耶克 270~275页，保罗·弗莱雷 297页，米歇尔·福柯 310~311页。

> 权力正日益集中于那些莫名其妙的机构手中。
>
> ——诺姆·乔姆斯基

地位上有巨大的优势，而且能使脚下的这一社会结构始终按自己希望的方式来运行。

在乔姆斯基看来，任何全盘性改革的企图，都不外乎会造成以下两种结果之一：一种会导致军事动荡，但权力最终还是会回到少数人手中；（更有可能出现的）另一种则会对资本流动形成阻碍，并会造成严重的经济问题。而后一种结果，最终会迫使社会中所有人，不论贵贱，都只有容忍富人的特权，才能勉强保住自己现有的利益。所以，为了经济稳定，每个人都先得把富人们哄开心。

旱涝保收

权力的集中化可不是这群少数精英人为捣鼓出的阴谋，而是一种结构化的社会现象。政府、大公司和投资人为了稳固各自的利益，会将公共政策中任何极端的倾向彻底扼杀。同时，他们会建立起一套相互依存的制度网络来维持经济体系的稳定，然后再告诉公众，他们这样做是出于公心。不过，乔姆斯基指出，这套体制能带来的所谓“利益”，“只是便于精英谋利，而对平民无益，也就是说它只是在技术层面上对经济有益罢了”。除此之外，乔姆斯基还将世上最富裕的国家视作地球的“精英阶层”，认为它们对发展中国家的安全和资源都构成了威胁。不过他也指出，如今帝国主义国家的争霸原则已有所变化，在这个日渐多元化的世界中，随着权力逐渐趋于分散，大国实施霸权的能力也已有所削弱了。■

像法国兴业银行这样的**大型银行**的总部，总是这般华贵气派。在乔姆斯基看来，整个社会的运转就是为了把这些富裕的组织哄开心。

诺姆·乔姆斯基

艾弗拉姆·诺姆·乔姆斯基出生于美国费城。他毕业于宾夕法尼亚大学，曾在哈佛学者协会担任过一段时间的初级研究员，在之后超过50年的时间里，他都为麻省理工学院效力。在那里，他一边在语言学领域做出了杰出贡献，一边也积极参与到广泛的政治领域活动之中。乔姆斯基在12岁就发表了抨击法西斯主义的文章，从那时起就成为一名政治激进主义者，并对权力问题和美国在全球的扩张主义尤为关注。虽然他的作品常常充满争议，但是仍在许多领域产生影响，这也为他赢得了许多荣誉。至今，他已完成了超过100本书，开设的讲座也已遍及全球各地。

主要作品

1978年 《人权和美国外交政策》
1988年 《制造共识》
1992年 《扼杀民主》

世界上没有什么东西比纯粹的无知更危险

马丁·路德·金（1929—1968年）

背景介绍

思想流派

社会正义

聚焦

公民抗命

此前

1876—1965年 美国南方诸州把针对黑人的多项歧视行为通过法律形式确定下来，统称为“吉姆·克劳”法。

1954年 美国最高法院对“布朗诉托皮卡教育局案”做出判决，宣布此前黑白隔离就读不同公立学校的法律违反宪法。

此后

1964—1968年 美国通过了一系列的法律，禁止种族歧视行为，并声明全体公民选举权的平等。

1973年 在国内的反战浪潮中，美国陆军完全从越南撤出。

20世纪60年代，美国的民权运动来到了最后的阶段。自一个世纪前的南北战争结束之后，重建中的南方各州一直寻求用法律手段把隔离黑人和剥夺黑人公民资格的现状确立下来。他们制定了一系列的区域性法令，有效地剥夺了黑人的大量基本公民权利，这些法令被世人统称为“吉姆·克劳”法。而美国黑人追求公民权利的斗争自南北战争结束之后就已揭开大幕，但直到20世纪50年代中期，它才通过群众抗议和公民抗命的方式演变为大规模的社会运动。

对无知的抗争

马丁·路德·金博士是一名激进的民权斗士，他与全国有色人种协进会（National Association for the Advancement of Colored People，NAACP）一道，抗争在运动的最前线。他受到世界各地民权斗争成功经验的鼓舞，尤其是在印度圣雄甘地对英国殖民者的非暴力运动的影响下，马丁·路德·金逐渐成为这场斗争中的领军人物。1957年，他召集数名黑人宗教领袖一起建立了南方基督教领袖会议（Southern Christian Leadership Conference，SCLC），这是个由众多黑人教堂构成的联合组织，它拓宽了运动的组织力量，使运动第一次形成了全国性的规模。

同其他的民权运动一样，马丁·路德·金认为抗争的一个要点是要借启蒙之光来战胜无知之暗。

> **自由从来不是由压迫者主动给予的；被压迫者只有通过争取才能赢得自由。**
>
> ——马丁·路德·金

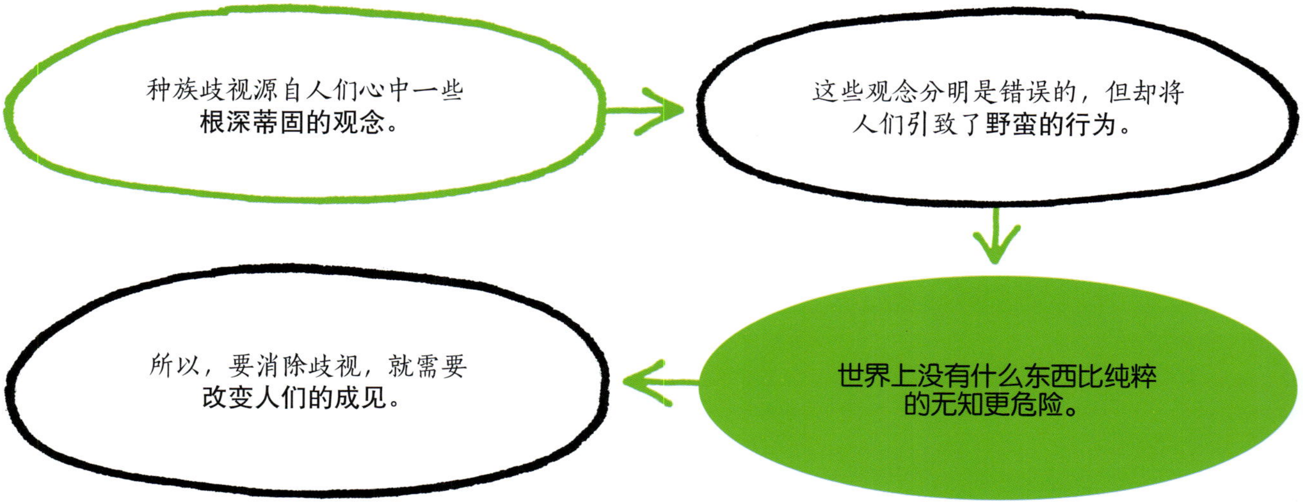

参加: 亨利·戴维·梭罗 186~187页，莫罕达斯·甘地 220~225页，纳尔逊·曼德拉 294~295页，弗朗茨·法农 304~307页，马尔科姆·X 308~309页。

当时，美国南方各州政府一以贯之地信奉白人身份优越和权利优先的观念，并在此基础上形成了一套把黑人以及其他少数族裔排斥在外的政治体制。当权者对这些观念的坚持让马丁·路德·金感触良多，他认为这种“纯粹的无知”恰恰就是当前不平等现象的根源。因此，任何试图通过单纯的政治手段来改变现状的路径都注定会遭到失败。诚然，要想变革政治体制，并争取民主政治的平等参与权，直接行动自然必不可少。但同时，想要实现长远性的改变，民权运动就还必须铲除多数人心中对少数族裔根深蒂固的成见。

非暴力抗争

与马尔科姆·X和斯托克利·卡迈克尔（Stokely Carmichael）等其他黑人民权运动领袖不同，马丁·路德·金把“非暴力”奉为这场斗争最基本的原则。虽然在对方的挑衅面前，要想坚守非暴力的原则需要极高的道德水准，但是甘地的事迹证明这依然是做得到的。甘地相信，如果抗议活动堕入暴力，那么抗议者的崇高目标将遭到玷污，公众的支持和同情也会流失。马丁·路德·金本人为防止民权运动陷入暴力做出了极大的努力，他甚至会在自己的演讲和抗议存在引发激进分子暴行的苗头时就取消自己的活动。与此同时，当他遇到激进民权分子的暴力和恐吓时，他也毫不畏惧，毅然面对。他会走在游行示威的最前线，他曾经多次受伤，并且数次被捕入狱。他知道，警察对民权斗士野蛮镇压的那些画面，正是运动获得全国性支持的最有效武器。

马丁·路德·金的非暴力原则还塑造了他反对越战的立场。1967年，他发表了“超越越南”（Beyond Vietnam）的著名演讲，严厉谴责美国发动越战的逻辑，将其斥之为美国军事冒险主义，并批评当局把大量的资源消耗在了军事上。他在某种程度认为，越战所消耗的大量预算支出本可以用于解决贫苦问题，因此越战在道义上已失去了正面意义。此外，他还认为这场战争在事实上给越南的穷人也带来了痛苦。

> **非暴力手段不仅要克制外在的暴力行为，还要克制内在的暴力欲望；你不仅要克制射杀一个人的冲动，还要克制对他的仇恨。**
>
> ——马丁·路德·金

在民权斗争中是否应采取暴力手段，迄今为止仍是公民抗命领域的一个争议性话题。在《来自伯明翰的狱中书简》中，马丁·路

1957年，9名黑人学生挑战种族隔离制度，欲进入小石城的白种人专属高中就读。他们在遭到学校阻挠后，在联邦陆军的护送下得以入学。

在民权运动期间，**非暴力的公民抗命**曾运用多种方式进行抗争。例如拒绝在公交车上的“有色人种区”入座。

德·金阐明了他抵抗美国种族主义无知成见的策略，他说道：“非暴力直接行动的目标，就是通过制造如今这样的危机，营造当前这样的紧张局势，来迫使那些一直拒绝与我们谈判的社群不得不直面这个问题。”不过，运动的另一些参与者对此提出异议，批评这样的变革速度太过缓慢，而且认为对于当前状况，以暴制暴才是最符合道义的正确做法。

反对一切不平等

马丁·路德·金的民权运动思想在20世纪60年代更进一步，他不仅关注种族间的不平等，还进而关注起了经济领域的不公正现象。1968年，他发起“穷人运动”，要求联邦政府划拨更多财政支出，以解决收入、住房和贫困等问题。具体而言，运动要求政府提供最低工资保障、扩大公共房屋建设，并且做出推进充分就业的承诺。该运动希望能团结一切种族，解决关乎所有公民的贫困问题。但是马丁·路德·金在运动开始前就不幸身亡，之后虽然出现了大规模的游行示威行动，但这些行动并未取得民权运动那样的成功。将种族与贫困相关联，本就是民权运动一以贯之的主题，也是贯穿于马丁·路德·金的各项行动的始终。例如，在1963年“（为工作和自由）向华盛顿进军”的运动中，反种族歧视自是其核心内容，但同样也对经济平等的权利提出了要求。而在他反对越南战争时，他也曾批评，美国介入越战是想转移国内民众注意力，并敷衍民众对经济改革的诉求。除了开展具体社会运动，扩大社会福利也自始至终都是贯穿于马丁·路德·金及其SCLC同仁的永恒主题。

> **歧视是地狱之犬，在黑人们觉醒后的每时每刻，它都在向黑人狂吠，提醒他们必须把“黑人生而低人一等”的谎言当成真理来接受。**
>
> ——马丁·路德·金

在自己的最后一本著作《我们将从此去向何方：走向混乱还是形成共同体》中，他谈到，人们还必须改变对穷人的成见。他感到，坊间盛行着一些针对贫人的说辞，例如，“经济地位是衡量一个人能力和才华的尺度”，又如，“一个人缺乏物质财富就必然缺少勤勉和坚韧的品质”，这些观念将助长人们对贫困问题的误解。因此，要解决贫困问题，必须要对这些成见发起挑战。

马丁·路德·金的遗产

马丁·路德·金是现代民权领袖中最有影响力的人之一。他的演说将流芳百世，他的名言已进入美国人的日常用语，他的著作还依然不断激励着美国乃至全世界的行动者们去跟随他的脚步。不过，衡量他所做贡献的最确切办法，或许当属他领导的民权运动所推动的对公民权利的改革。1965年的《选举权法案》和之后的《1968年民权法案》标志着“吉姆·克劳”法的终结，并废除了南方诸州对黑人公然歧视的制度基础。不过，他希望解决的另一个不公正现象，也就是贫困问题，至今依然任重道远。■

> 当一个人因个人尊严不被社会承认而抗争时，他的抗争行为已经让他有了尊严。
>
> ——贝雅·拉斯丁

马丁·路德·金知道自己可能遭到暗杀，但他依然毅然走在民权运动的最前线。而在他去世几天之后，美国就通过了《民权法案》。

马丁·路德·金

马丁·路德·金出生于佐治亚州的亚特兰大，青年时代在波士顿大学求学。1954年时，他成为一名牧师，并成为全国有色人种协进会的高层人物。在此时期，他跻身为民权运动的一位领袖人物，在美国南部地区组织了多场抗议行动，其中包括1955年在蒙哥马利市组织的罢乘运动。1963年，他因为在阿拉巴马州的伯明翰市组织抗议而被捕入狱长达两周时间。

出狱之后，马丁·路德·金领导了向“华盛顿进军”的运动，并发表了“我有一个梦想”的著名演说。1964年，他获得了诺贝尔和平奖，并引导民众对当局施压以废除“吉姆·克劳”法。1968年4月，在支持孟菲斯清洁工人罢工时，马丁·路德·金遇刺身亡。

主要作品

1963年　《为何我们不能再等待》

1963年　《来自伯明翰的狱中书简》

1967年　《我们将从此去向何方：走向混乱还是形成共同体》

改革的实质在于把社会主义和民主结合起来

米哈伊尔·戈尔巴乔夫（1931—2022）

背景介绍

思想流派

归为列宁主义

聚焦

（戈氏）改革

此前

1909年 列宁出版了《唯物主义和经验批判主义》。此书后来成为苏联所有高校必修科目用书。

1941年 斯大林任苏联人民委员会主席，继续推行铁腕高压统治。

此后

1991年 苏联正式解体，分裂成了15个独立主权国家。这一事件标志着冷战的结束。

1991—1999年 鲍里斯·叶利钦成为俄罗斯联邦首任总统，将该国的计划经济体制转变成市场经济体制。

20世纪80年代，时任苏共中央总书记的米哈伊尔·戈尔巴乔夫计划通过改革来挽救该国的经济泥潭。戈尔巴乔夫认为，国家经济的停滞，源自社会财富的不公分配、挫伤人民积极性的僵化经济体制和权力高度集中的行政指令体制。

戈尔巴乔夫的方案由两个主要成分构成。其中“改革”（Perestroika）在俄语中是“重建”的意思，其内容包括重新提倡民主集中制原则，推崇科学管理手段，并根据社会正义普惠原则为人们争取平等的福利。而“公开性”（Glasnost）在俄语中为“开放”之意，指的是增加苏联社会和政治领域的透明度，并推动言论自由。

戈尔巴乔夫指出，这样的民主化进程并不是要放弃社会主义制度。他声称，在列宁思想的精髓里，社会主义并不是一个死板的教条，而应该是一个不断变革的过程。在戈尔巴乔夫看来，社会主义和民主本就不可分割；不过，他对民主的理解也仅限于增加工人阶级权力的自由而已。■

戈尔巴乔夫的民主化还包括与美国总统里根商议停止冷战的决定。

参见：卡尔·马克思 188~193页，弗拉基米尔·列宁 226~233页，列夫·托洛茨基 242~245页，安东尼奥·葛兰西 259页。

我们的知识分子们愚昧地反对着伊斯兰教

阿里·沙里亚蒂（1933—1977年）

背景介绍

思想流派

伊斯兰主义

聚焦

伊斯兰民族独立

此前

1941年 为保护原油供给，英国和苏联入侵伊朗。

1962年 贾拉勒·阿勒·艾哈迈德发表《西化瘟疫》，痛批西方文明是毒化伊斯兰世界的一场灾难。

此后

1979年 伊朗革命成功，阿亚图拉·鲁霍拉·霍梅尼成为新政权的领袖。

1980年 在西方势力支持下，伊拉克入侵伊朗，这场两伊战争历时八年，给两国造成深重的灾难。

2005年 马哈茂德·艾哈迈迪-内贾德当选伊朗总统。他在宗教问题上采取强硬立场，推翻了此前的多项改革。

阿里·沙里亚蒂是伊朗著名哲学家，他的思想是伊斯兰原教旨主义、后殖民主义影响下的产物。沙里亚蒂长期致力于伊斯兰国家摆脱西方统治并实现民族独立的事业。

沙里亚蒂着力消除人们对伊斯兰教的各种误解。他认为，伊朗社会中，受教育的阶层和普通民众之间存在着一道鸿沟，正是这种有害的阶级分化造成人们对伊斯兰教的误解。

抨击知识分子

伊朗的一些知识分子们企图运用西方发展模式和现代性理念来改造伊朗，但是他们却对伊朗不同于欧洲国家的特殊国情缺乏认识。他们不但否认伊斯兰精神对伊朗文化的支配和维系地位，而且还总是把经济发展的失败归咎于宗教问题。沙里亚蒂认为，要让伊朗实现真正的解放，就必须认识并承认伊斯兰教在这个国家的根本地位，并且在宗教规范的框架内，建立一个人人平等的社会制度。当然，这需要人民群众拥有更高的自我觉悟；也需要这些知识分子更加崇尚“信仰”。不过，沙里亚蒂并非彻底拒绝现代性；相反，对他而言，强调伊斯兰文化的根本地位，正是为了让伊朗立足于现代世界之林。■

> 当下已经没有像穆罕默德一样至明、至威、至善的先知了。
>
> ——阿里·沙里亚蒂

参见：穆罕默德 56~57页，莫罕达斯·甘地 220~225页，穆斯塔法·凯末尔·阿塔图尔克 248~249页，赛义德·毛杜迪 278~279页。

战争的残酷性将驱使人们打破每一道道德的限制

迈克尔·沃尔泽（1935—）

背景介绍

思想流派

社群主义

聚焦

正义战争理论

此前

1274年 托马斯·阿奎那在《神学大全》中提出了正义战争的道德原则。

14—15世纪 萨拉曼卡学派的学者们总结道，只有当战争能够防止更为邪恶的事态发生之时方为正义。

1965年 美国派遣地面部队直接介入越南战争。在国内的反战声势中，美国的最终失败也引发了人们对战争的道德边界进行重新审视。

此后

1990年 美国总统老布什曾在第一次海湾战争前引述正义战争理论。

2001年 “9·11”恐怖袭击事件之后，美国牵头的武装力量入侵阿富汗。

当今，“**冲突**”的**特质**发生了以下几个新的变化，使**战争的伦理**面临全新的挑战：

- **游击战**出现。
- **国家间双边关系**日渐复杂。
- **军工复合体**得以建立，核武器得到使用。

为应对这些新的现象，“**正义战争**”的概念必须与时俱进。

一种观点认为，在某些特定情形下，**战争是必要的**，但是这种特定情形却要受到许多道德原则的限制。

但是，由于战争太过残忍可怕，所以只要能迅速终结战争，**任何限制都可以打破**。

战争的残酷性将驱使人们打破每一道道德的限制。

参见: 孙子 28~31页，希波的奥古斯丁 54~55页，托马斯·阿奎那 62~69页，尼科洛·马基雅维利 74~81页，史沫特莱·D.巴特勒 247页，罗伯特·诺齐克 326~327页。

战争在何种情形下是正义的？战场上哪些行为是被容许的？长期以来，每当人们陷入战争之中，上面这些问题就会驱使政治思想家们对此进行思考。希波的奥古斯丁曾探讨了正义战争的条件，他指出，以自卫和解救危难民众为目的而发动的战争，不仅在道德上是正义的，而且是一种不可推卸的使命。而后，托马斯·阿奎那在《神学大全》中的论述为现代的正义战争理论奠定了基础，他认为战争不能因私人利益争斗而发动，它必须由拥有合法权威的政治体来发动和执行，而且必须以保卫和平作为最高的目的。

但是这些年来，随着军工复合体的建立和国家之间关系的复杂化，加之游击战术的出现，上述战争伦理的基本准则都遭遇到了新的挑战。

核武器的出现对沃尔泽的思想造成了深远的影响。

美国政治哲学家迈克尔·沃尔泽是20世纪最为杰出的正义战争理论家之一。在沃尔泽看来，在某些特定条件下战争确实是必要的，但是这些发动战争的条件和战场上的行为都应受到伦理道德的严格限制。

不过，沃尔泽也认为，一场正义且必要的战争可以动用一切手段，不论这一手段有多么可怕。他举例说，如果杀掉一个平民能使战争迅速结束，那么这样的做法也是正当的。他认为，战争确实应当受到道德原则的约束，但没有什么约束是绝对不可打破的。

正义与非正义战争

在沃尔泽看来，在现代冲突之中，战场瞬息万变，具体情形的伦理问题极为复杂，这都对道德原则造成了巨大挑战。他援引了第二次世界大战中盟军对德累斯顿进行大轰炸的例子，论证了现代战场上的道德复杂性。此外，核武器的使用更是给沃尔泽增添了难题，因为核武器的灾难性后果使战争伦理的边界再次遭遇严峻挑战，使为战争建立道德原则体系的企图更加渺茫。不过他认为，当这些极端武器是你的最终打击手段时，这样的行为依然是正当的。■

迈克尔·沃尔泽

迈克尔·沃尔泽出生于纽约，曾在波士顿的布兰迪斯大学、英国剑桥大学求学，1961年在哈佛大学获得博士学位。1970年，他和罗伯特·诺齐克在哈佛大学开设了一门辩论课，这门课的内容后来成就了两部重要著作：诺齐克的《无政府、国家和乌托邦》和沃尔泽的《正义诸领域》。2007年，沃尔泽晋升成为普林斯顿大学高级研究院的终身教授。

沃尔泽在许多领域都颇具影响力，除了正义战争理论，他还参与到了平等、自由主义和正义等话题的论争中。他提倡社群的自我管理，也关注市民社会和福利国家的问题。他还是一名杰出的公共知识分子，他对正义战争的论述对当代的许多政治家和军事领袖产生着持久的影响。

主要作品

1977年 《正义和非正义的战争》
1983年 《正义诸领域》
2001年 《战争与正义》

比“最小政府”拥有其他任何多余职能的政府形式都是非正义的

罗伯特·诺齐克（1938—2002年）

背景介绍

思想流派

自由主义

聚焦

自由至上主义下的个人权利

此前

1689年 约翰·洛克在《政府论》中论述了社会契约的观念。

1944年 弗雷德里希·哈耶克在《通往奴役之路》中批判了政府通过中央计划来调控社会的行为。

1971年 约翰·罗尔斯在《正义论》中倡导，政府应当对社会中的不公正做出纠正。

此后

1983年 迈克尔·沃尔泽在《正义诸领域》中探讨了教育之类的社会资源的分配问题。

1995年 加拿大思想家G.A.柯亨在《自我所有、自由和平等》中，以马克思主义的观点批评了罗尔斯和诺齐克。

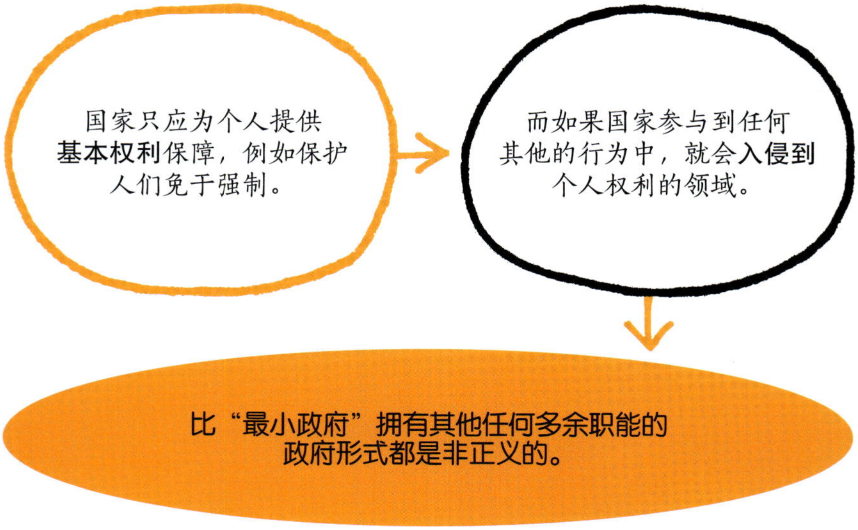

在这个强政府和公共机构盛行的时代，政治理论的肥沃土壤里也不会缺乏为个人权利辩护的声音。这些激辩之声里，哲学家罗伯特·诺齐克是其中的佼佼者，他的著作在某种程度上对约翰·洛克和约翰·罗尔斯做出了回应。

洛克1689年的著作《政府论（下篇）》里提出，每个人都享有自然权利，但需要一定的政府形式来保证这些权利的实现。这一思想为现代国家理论奠定了基础。而在此基础之上的社会契约理论，得到了让-雅克·卢梭的发展。他提出，个人所以让渡出部分权利，是为了获得来自国家的保护。

罗尔斯1971年的著作《正义论》也同样以契约论作为其观点的基础，他希望用这种方法来调和洛克所提出的自由与平等的关系。罗尔斯设计出一个框架，使人们能就一个以公平与平等、而非自我利益

参见: 约翰•洛克 104~109页, 伊曼纽尔•康德 126~129页, 亨利•戴维•梭罗 186~187页, 约翰•罗尔斯 298~303页, 迈克尔•沃尔泽 324~325页。

> 每个人都享有权利；而且，有一些事情是任何人、任何团体都不能对这个人做的。
>
> ——诺齐克

为基础的正义观达成共识；这个思想也为社会民主提供了学理基础。而诺齐克则套用了洛克和康德的理论指出，罗尔斯的社会协作形式存在一定的隐患。诺齐克的理论，为主张尽量限制国家职能范围的自由至上主义理念带来了复兴。

按照诺齐克的推导，除了“最小政府”（minimal state），其他任何的政府形式都会伤及个人权利，因此其正当性将无法保证。他指出，除了“保护人们免于暴力、偷窃、欺诈，保证人们履行契约”等基本功能，国家参与其他的任何行动，都必将侵犯个人的权利，就算是罗尔斯也要求保护的那些权利，也毫不例外会遭到侵犯。

无政府、国家和乌托邦

诺齐克的观点主要呈现在《无政府、国家和乌托邦》一书之中。在此书中，他为最小政府辩护，并且对罗尔斯所主张的许多观点进行了正面的回复。该著作的内容，来自诺齐克在哈佛大学同迈克尔•沃尔泽以辩论的形式共同开设的一门课。而沃尔泽后来也成为该书观点的最有力批评者之一。

《无政府、国家和乌托邦》中最著名的论断是：现代国家用以进行收入再分配和建设公共项目的税收制度，在道义上是站不住脚的。诺齐克认为，由于税收制度强制性地将人的一部分劳动成果转移给他人，所以它是一种强制劳动的形式。诺齐克认为，由于社会之中的每个成员，都拥有其劳动成果的正当所有权，因此税收可以被视作一种奴役形式。

《无政府、国家和乌托邦》影响力巨大，它为自由至上主义和自由主义之间划明了界限。如今，人们时常在阅读《正义论》的同时也阅读此书，它已被视为现代政治哲学最重要的著作之一。■

税收制度被诺齐克视为一种奴役的形式，因为它使得社会中的某个成员能够获取其他成员的劳动成果，因此这其中蕴含了“强制性劳动”。

罗伯特•诺齐克

罗伯特•诺齐克1938年生于纽约，是一个犹太企业家的儿子。他曾先后求学于哥伦比亚大学、牛津大学和普林斯顿大学。最开始，他的观点偏左；后来，他在研究生期间研读了哈耶克、安•兰德以及其他一些倡导自由市场的思想家的书，并从此转变成为自由至上主义者。他的教职生涯主要是在哈佛大学度过，在那里，他逐渐跻身为自由至上主义思想界的顶尖人物。不过，诺齐克的哲学思想立场并不坚定。

《无政府、国家和乌托邦》是诺齐克第一本、也是最重要的一本著作。但他并不把自己限定在政治哲学这一个领域，他一生的著述还遍及许多科目。而在生命最后几年里，他还放弃了自己曾经的极端自由至上主义立场，并且开始提倡对遗产权进行限制。

主要作品

1974年　《无政府、国家和乌托邦》
1981年　《哲学解释》
1993年　《理性的本质》

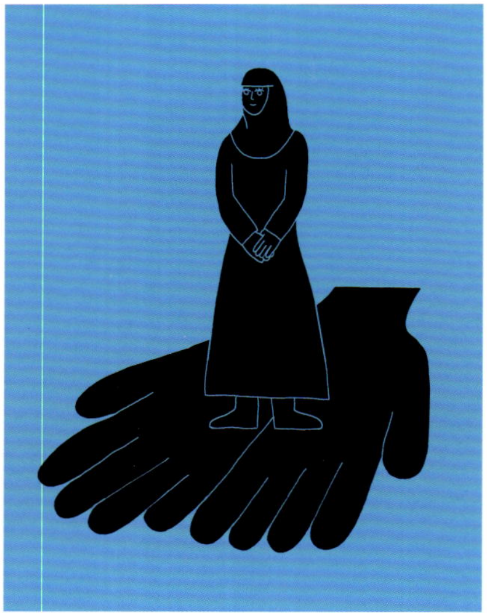

没有哪条伊斯兰教义写过妇女的权利可以被侵犯

希尔琳·艾芭迪（1947—）

背景介绍

思想流派
伊斯兰

聚焦
激进的人权活动

此前
1953年 美国CIA策动1953年伊朗政变，推翻了伊朗民选的穆罕默德·摩萨台政权。

1979年 阿亚图拉·鲁霍拉·霍梅尼领导伊朗革命推翻专制君主，建立伊朗伊斯兰共和国，同时实施了一系列高压性的法律。

此后
2006年 德黑兰爆发争取妇女权利的游行，部分示威者遭拘捕，被判处有期徒刑，并遭到体罚。

2011年 北非和中东地区多个国家爆发阿拉伯之春，社会和政治发生剧烈变化，不过伊朗得以幸免。

在伊斯兰世界国家中，人权处于何种地位？由这一思考衍生出的问题对当今政治思想产生了重要影响。随着伊斯兰原教旨主义的兴起，伊斯兰国家颁布了一系列“倒退性”的法令，尤其是对妇女在公共场合中的权利进行了歧视性限制。那么，面对这一局面应当如何应对？这成为众多伊斯兰思想家争论的重要话题。

诺贝尔和平奖得主希尔琳·艾芭迪是一位积极的人权问题活动家。艾芭迪认为，妇女的权利与伊斯兰教义是完全可以共存的；她还同时指出，伊朗妇女所遭受的歧视和限制是世俗政权的错误，而不应当归咎于伊斯兰教义。

在这个意义上，伊斯兰国家应当以何种态度对待主张改善人权的西方国家就容易引起争议了。对此，艾芭迪强烈反对西方国家对伊朗的干预，并指出这个政权尽管在性别歧视等人权问题上劣迹斑斑，也确实缺乏民主，但是，外国势力的任何插手行径都必将引发国民的敌意，而且只会帮倒忙，让事情更加复杂。所以，她相信，人权的改善必须源自人们自己，而其中，伊斯兰国家中最为激进的伊朗妇女运动就是这一变革的榜样。■

1979年，**伊朗妇女**游行示威，对新颁布的要求妇女在公共场所穿着包裹身体服饰的法律表达不满。艾芭迪相信，改变这种来自执政者的压迫只能靠伊朗人自己来实现。

参见：艾米琳·潘克赫斯特 207页，赛义德·毛杜迪 278~279页，西蒙娜·德·波伏娃 284~289页，阿里·沙里亚蒂 323页。

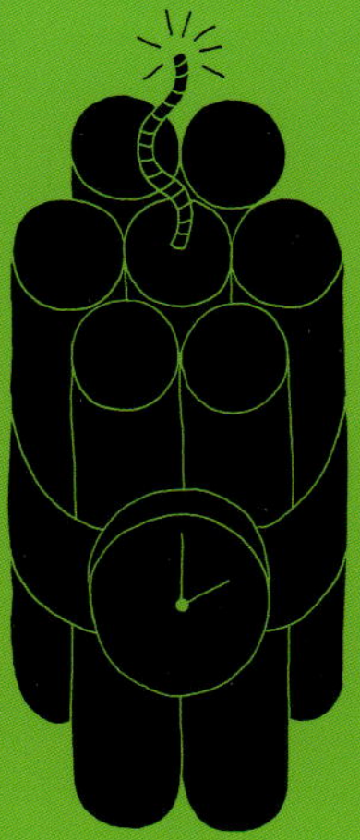

自杀式恐怖袭击是对外国侵略者的回击

罗伯特·佩普（1960—）

背景介绍

思想流派

战争研究

聚焦

实证主义政治研究

此前

1881年 俄国沙皇亚历山大二世遭遇自杀式炸弹袭击不幸身亡。

1983年 黎巴嫩贝鲁特发生了两起针对美国和法国兵营的自杀式炸弹袭击，伊斯兰圣战组织表示对该事件负责。

2001年 基地组织制造“9·11”事件；在那之后，美国相继入侵阿富汗和伊拉克。

此后

2005年 伦敦公交和地铁遭遇连环爆炸袭击，共造成52人死亡。

2009年 斯里兰卡长达26年的内战终于结束，期间泰米尔猛虎组织共制造了273次自杀式袭击。

2011年 美国从伊拉克撤军。

长期以来，人们普遍认为自杀式恐怖袭击是宗教原教旨主义的一种表现形式，其中，袭击参与者多数具有宗教殉道者的色彩，这更加深了人们的这种印象。对此，美国政治学家罗伯特·佩普收集了海量数据资料，证明了自杀式恐怖袭击并不是一种宗教的行为，而是一种为了将侵占祖国领土的境外势力赶出疆界的世俗行动。

> 自杀式恐怖袭击与伊斯兰原教旨主义几乎没有联系；它甚至与世界上任何一种宗教都几乎没有关系。
>
> ——罗伯特·佩普

战略性回应

佩普2005年发表的《为胜利而死》分析了1980年到2003年之间，总共315次可查的自杀式恐怖袭击。他发现，个人的动机和信仰无法解释这些行为，宗教和自杀式恐怖袭击之间也鲜有关联。相反，他提出了一个“自杀式袭击的随机逻辑”理论，也就是说，这些行动源自民间力量对外国侵占者的战略性回应。佩普的研究结果发现，所有涉事恐怖分子以及超过95%的恐怖袭击事件，都以民族独立解放为行动目标。

这一理论的推导结果必然是，由境外武装力量引导的军事镇压或改革社会的举动只会增加自杀式恐怖袭击的数量。正如佩普所言，自杀式恐怖袭击并不是狂热的宗教信仰所造成的结果，而是一种“被（反侵略）诉求所驱动的现象”。■

参见：赛义德·毛杜迪 278~279页，弗朗茨·法农 304~307页，阿里·沙里亚蒂 323页，迈克尔·沃尔泽 324~325页。

DIRECTORY

人名录

人名录

本书中呈现了人类历史上绝大多数最重要的政治思想和最杰出的政治家、思想家，然而由于篇幅有限，我们不可避免地漏掉了其他一些塑造和影响人类政治与历史的关键人物。尽管下面这篇附录也同样无法穷尽一切，但依然选取了一部分前面未被提及的人物，简要概述他们的主要成就和最为人知的思想理论。文中同时提供了页码检索，以便读者能够快速地找到本书中跟这些人物相关的思想与史实，以及与他们相关或受他们影响的思想家。

老子
约公元前571—前471年

老子，即老聃，老为当时的姓，聃是后人所给的谥号。春秋末年，战国初期，诸侯纷争，朝廷腐败，滥用权力，社会动荡，民不聊生。为此，他一生所关心的大事是如何治国安天下。老子的治国思想非常丰富，如“圣人常无心，以百姓之心为心”“圣人之治，甘其食，美其服，安其居，乐其俗，虚其心，强其骨”“治人事天，莫若啬。夫为啬是谓早服。早服谓之重积德。重积德则无不克。无不克则莫知其极。莫知其极，可以有国。有国之母，可以长久。是谓深根固柢长生久视之道”“治大国若烹小鲜”“以正治国，以奇用兵”等。其中最突出的莫过于《老子》“守柔曰强”的思想，强调人们应注意柔弱可以胜刚强，“天下之至柔，驰骋天下之至坚”。据联合国教科文组织统计，在世界各国经典名著中被译成外国文字发行量最多的除《圣经》外就是老子留给后人的唯一作品《老子道德经》，它是有史以来译成外文版本最多（西文译本总数近500种），海外发行量最大的中国经典。仅5000言的《老子道德经》也是世界上创造名言最多的巨著之一。

大流士一世
约公元前550—前486年

大流士一世于公元前522年成为波斯帝国的君主。他彻底平定了此前推翻了居鲁士大帝的武装反叛；与此同时，他还将波斯帝国的疆域远阔至亚洲中部、非洲东北部、希腊以及巴尔干地区。为了管理这个庞大的帝国，大流士一世创立了行省制，并且直接任命总督管理各省日常事务以及税收。这些分管总督分据各地区首都，例如苏萨和波斯波利斯，并在这些城市大兴土木。为了维护帝国的统一，大流士一世铸造了达里克作为帝国统一的货币；同时，他还将亚拉姆语规定为官方语言。

参见：亚历山大大帝 332页。

孟子
约公元前372—前289年

孟子相传是孔子之孙子思的弟子，因其对儒家学说的重要发展而被视为战国时期儒家的代表人物。他强调人的“本心”，并从而确立了性善论（或向善论）；他倡导教育，认为“人皆可以为尧舜”。此外他还主张民贵君轻，甚至赞同若“君无道”，臣民可以推翻政权。

参见：孔子 20~27页，墨子 32~33页，韩非子 48页。

亚历山大大帝
公元前356—前323年

亚历山大一世是马其顿帝国腓力二世的儿子，他出生时正值雅典古典文明发展的最高点；很多史学家认为，他在青年时期曾接受过亚里士多德的指导。在腓力二世去世后，亚历山大顺利登上了王座并立即开始着手准备对外扩张的战争。他成功地入侵了小亚细亚地区，并从此处开始征服了大流士三世治下的波斯帝国，最终将他的权力范围延伸至印度北部。在东征的过程中，他将希腊文明和制度介绍到了非洲和亚洲，并在被征服的区域建立了许多以希腊城邦为模型的希腊化城市。

参见：亚里士多德 40~43页，考底利耶 44~47页。

成吉思汗
1162—1227年

成吉思汗本名铁木真，降生于统治着北部蒙古地区的黄金家族；而在成功建立蒙古帝国后，他便获得了“成吉思汗”的称号。在他登上帝国权力的巅峰之前，漠北地区的民众正处于几个不同的家族统治之下，大部分过着逐水草而居的游牧生活。成吉思汗将其中的一部分家族统合为一，并发动了一系列军事战争，将他的帝国疆域扩展进了中国。在这位大汗的统治下，蒙古帝国被分割成若干个由他的子嗣和亲人所统治的汗国，并不断扩展其领土面积，一度幅员远及欧洲。尽管被他征服的地区的人都将成吉思汗视作暴君，但是他的帝国却在尊重文化多样化方面广有建树。

参见：孙子 28~31页，考底利耶 44~47页。

巴托洛梅·德拉斯·卡萨斯
1484—1566年

巴托洛梅·德拉斯·卡萨斯是西班牙著名的教士和历史学家，于1502年移民至伊斯帕尼奥拉（即今天的海地岛）。一开始，他曾经营种植园，并且蓄有奴隶；随后他还参与过西班牙征服古巴的行动。但是在目睹殖民者对当地泰诺人的凶残暴行之后，他开始转而为印第安人伸张正义并提供保护。之后，他以多明我会修士的身份进入圣多明各的寺庙，并开始在中美洲地区展开游历，最终成为墨西哥恰帕斯教区的主教，并被尊以“印第安人的保护者”的称号。他对殖民者在美洲地区暴行的控诉，在很大意义上算是开启了人权普世性思潮的先河。

参见：弗朗西斯科·德·维多利亚 86~87页，纳尔逊·曼德拉 294~295页，马丁·路德·金 316~321页。

阿克巴大帝
1542—1605年

阿克巴大帝是莫卧儿帝国的第三任君主，他不仅吞并了印度北部和中部的大部分地区，更将宗教平等和宽容的文化根植进了他统治的多民族国家的人民心中。阿克巴大帝对政府机构进行了重新整合；他并没有将帝国分割成有若干统治者辖制的自治区域，而是通过由中央政府按照军事编制任命各省总督的方式实现对全国的管理。阿克巴将政府分为处置不同事务的几个部分，包括税收、司法和军事等。在这套政府组织方式的协助下，阿克巴将决然不同的地区统合成为一个繁荣而和平的整体。

参见：考底利耶 44~47页，莫罕达斯·甘地 220~225页，罗易 253页。

德川家康
1543—1616年

日本军事家、政治家德川家康生于日本战国末期。作为三河国君主的子嗣，德川家康不仅继承了其父的权力宝座，还延续了与丰臣秀吉的政治同盟关系。不过，尽管德川家康曾承诺过在丰臣秀吉去世后仍严守同盟关系，但他最后还是荡平了丰臣家族。1603年，天皇任命德川为征夷大将军，江户幕府正式开幕，德川家康成为整个日本实质上的主宰者以及德川幕府的缔造者。此后，德川家康通过分封土地给各地诸侯，制定严格的幕藩体制，从而巩固他的权力基础，维护了整个国家的稳定。

参见：孙子 28~31页，尼科洛·马基雅维利 74~81页，伊藤博文 195页。

奥利弗·克伦威尔
1599—1658年

在英国内战中的赫赫战功，使克伦威尔从一个议会中的无名小卒变成炙手可热的政坛巨头。他作为议会派的领袖，击溃了保皇派势力，显示了其军事才华；他还作为处死查理一世的政令签署人之一，将这位君主送上了断头台。克伦威尔除有政治野心外，还受宗教动机的影响，因此他在推翻君主专制体制后，又率军攻占了教会治下的爱尔兰。1653年起，克伦威尔以护国公的身份短暂统治了英格兰、威尔士、苏格兰和爱尔兰。尽管克伦威尔被部分人视作残暴的反教会独裁者，但也有许多人把他当作摧毁腐朽专制的自由缔造者，并且为英国议会制民主奠定了坚实的基础。

参见：约翰王时期的封建领主 60~61页，约翰·李尔本 333页。

约翰·李尔本
1614—1657年

英国政治家李尔本的一生都在为自由而斗争。他认为，自由不是由法律所给予，而是由上天赋予的。17世纪30年代，他由于散发非法书籍而被捕入狱，并遭受酷刑。在英国内战期间，李尔本曾一度加入议会派参战，但中途由于感觉自己并不是在为自由而战，而因此在1645年宣布离开军队。李尔本强调财产和权利的平等，并与其同道者共同拟定了《人民公约》，这极大地鼓舞了内战中的平等派。1649年，李尔本因为叛国罪被逮捕入狱，随后因公共舆论而被改判为流放。1653年，李尔本回到英国，并再次被拘捕入狱，两年后获释，最后在1657年去世。

参见：托马斯·潘恩 134~139页，奥利弗·克伦威尔 333页。

萨缪尔·普芬道夫
1632—1694年

萨缪尔·普芬道夫是一位路德教会牧师的儿子。他原本就读于莱比锡大学的神学专业，但是后来经过深思熟虑之后决定转去耶拿大学学习法律，在此期间他刻苦钻研了格劳秀斯与霍布斯的著作。后来，普芬道夫任教于海德堡大学，并成为该大学最早的法律与国家学教授。除此之外，他此期间还进一步完善发展了自然法的理论研究，其发表的相关著作为后来卢梭提出社会契约论提供了基础。此外，普芬道夫还提出一整套排除了宗教的国际法理论。离开大学之后，萨缪尔·普芬道夫去到了瑞典担任宫廷历史学家，他创立了一套关于政教权力的理论，并主张教会的法律应该与世俗法律分开。

参见：胡果·格劳秀斯 94~95页，托马斯·霍布斯 96~103页，卢梭 118~125页。

胡安娜·伊内斯·德·拉·克鲁斯
1651—1695年

胡安娜·伊内斯出生于墨西哥城郊外的乡村，她是一位名叫伊丽莎白·拉米雷斯混血女人与一位西班牙船长的私生女。聪颖过人的胡安娜在她的童年时期就开始学习阅读与写作，她从9岁时与外公生活，并开始沉浸在外公的藏书房中博览群书。在胡安娜所处的那个年代，接受教育是男性独享的权利，因此为了能进大学读书，她曾恳请家人允许她乔装打扮成男性。不过如愿以偿地进入大学之后，她却发现那里的课程不能引发她的兴趣，于是又自学了古典文学。胡安娜于1669年起进入圣哲罗姆修道院直到终老。她的一生中写下大量诗作和散文，其中散文《答菲洛特亚·德·拉·克鲁斯修女》强有力地为女性接受教育的权利进行了辩护，并借此回应教会对她离经叛道的文字的批评。胡安娜认为社会剥夺女性受教育的权利会让女性蒙昧无知，其最终的结果只能是反过来危害社会。她曾质问道“如果我们这个时代的女性能够接受教育，那么我们可以避免多少的悲伤痛苦啊？”可想而知，她的前卫思想自然遭到了教会的审查和禁令。

参见：埃米琳·潘克赫斯特 207页，西蒙娜·德·波伏娃 284~289页，希琳·艾芭迪 328页。

乔治·华盛顿
1732—1799年

乔治·华盛顿是美国独立战争时期的大陆军总司令，及美国独立后的第一任总统。华盛顿一生从未加入过任何政党，不过他在执政之时就曾非常有远见地注意到了党派纷争的危害。在华盛顿两届的总统任期之中，他提出过多项举措，以确保美国在一个最高联邦政府之下统一。除此之外，为了提升美国人的国家自豪感，华盛顿不仅采取了一些切实可行的方法繁荣国家经济，还出台了一系列政策推动贸易发展——其中偿债基金法就曾帮助美国偿还了战时的各项债务。此外，华盛顿在外交方面也颇有建树，他在欧洲战事中的中立立场，也让美国及时逃离出了欧陆战争的暴风眼。美国政府当下实行的许多惯例都是由华盛顿开创的，包括总统就职演说以及总统任期不超过两届，等等。

参见：本杰明·富兰克林 112~113页，托马斯·潘恩 134~139页，托马斯·杰斐逊 140~141页。

约瑟夫·德·迈斯特
1753—1826年

约瑟夫·德·迈斯特伯爵是法国大革命后期的保守派、反现代派的代表人物。他认为法国大革命是由于民众被启蒙运动无神论思想所蛊惑而造成的；而雅各宾派的恐怖统治之所以会发生，也是他们因为拒绝基督教的必然结果。他为了躲避法国大革命分别先后逃往了瑞士、意大利和撒丁王国。他相信，那些依靠“理性”设计的政府系统都将注定走向暴力的结局；而这世间唯一稳定而且长命不衰的统治形式，必须是以教皇为至高权威的君主制。

参见：托马斯·阿奎那 62~69页，埃蒙德·伯克 130~133页。

尼古拉·莫尔德维诺夫
1754—1845年

尼古拉·莫尔德维诺夫是一名俄国海军军官，他曾服役于英国皇家海军，之后因受俄皇保罗一世赏识而先后晋升为海军上将和俄国海军部长。在统领俄国海军的时期，他制定了许多军事政策，这对后来的俄国军事发展产生了深刻的影响。在保罗一世专制统治的时期，莫尔德维诺夫却是一位自由主义的倡导者。作为一名狂热的亲英者，莫尔德维诺夫十分推崇英国的政治自由主义，因此他曾尝试利用自己的影响力说服当权者废除阻碍国家经济发展的农奴制度。莫尔德维诺夫相信，这样一来，这项改革就可以通过不流血的方式来实现了。

参见：约翰·斯图亚特·密尔 174~181页，彼得·克鲁泡特金 206页。

马克西米连·罗伯斯庇尔
1758—1794年

作为法国大革命的重要人物，罗伯斯庇尔被他当时的拥护者视为不可腐蚀和坚守革命原则的化身，但在历史上，却被看作一位残酷无情的独裁者。罗伯斯庇尔在巴黎学习法律期间，熟读了卢梭论及革命的作品。在他的故乡阿拉斯从事法务工作的同时，罗伯斯庇尔开始参与政治，并当选为立宪会议中的第三等级代表。在议会中，罗伯斯庇尔为平等权利和建立共和国而奔走呼号；而在处死路易十六后，罗伯斯庇尔主持公共治安委员会，为了彻底解除反革命者的威胁，罗伯斯庇尔毅然实行了革命恐怖统治。但最终，他自己也落下了被逮捕并处死的下场。

参见：孟德斯鸠 110~111页，让-雅克·卢梭 118~125页，格拉古·巴贝夫335页。

格拉古·巴贝夫
1760—1797年

巴贝夫是法国大革命时期的活动家和记者。他虽并未接受过正规教育，但是在大革命期间却以文字宣扬了自己的思想。他以“保民官”“格拉古”为笔名，向古罗马时期的改革家格拉古兄弟表达敬意。巴贝夫的观点在大革命时期都属于最为激进的派别，其中他在《人们的保民官》刊物中对恐怖统治表达过支持，后还成立了平等派以搞激进活动。但是由于叛徒告密，巴贝夫及其同僚欲通过密谋暴力方式推翻政权的计划泄露，并因此遭到处决。

参见：让-雅克·卢梭 118~125页，马克西米连·罗伯斯庇尔 335页。

约翰·费希特
1762—1814年

费希特通常以哲学家身份为人熟知，但他同时也在德国民族主义觉醒中扮演着重要角色。大革命之后，法国兼并了德国西部的许多小邦国，虽然在其过程中传播了自由和公民权的思想，但也同样激发了德国人的爱国情绪。费希特呼吁德国人民以共同的历史遗产和语言为中心，团结起来抵制法国的影响。与此同时，费希特对犹太人也不欢迎，他曾公开表达过自己的反犹态度，认为德国境内的犹太人区域犹如国中之国，将对国家造成威胁。一个世纪之后，希特勒纳粹的行径也许就是费希特思想的极端化展现。

参见：约翰·戈特弗雷德·赫尔德 142~143页，格奥尔格·黑格尔 156~159页，阿道夫·希特勒 337页。

拿破仑·波拿巴
1769—1821年

拿破仑出身于科西嘉的一个意大利贵族世家，虽然保留了科西嘉国籍，但他决定在法国军校内深造并效命于法国军队。在大革命后期，拿破仑的共和观念为他在法兰西共和国军队中赢得了一席之地；雾月政变后，拿破仑成为法兰西第一共和国执政官，并颁布了《拿破仑法典》。法典废除了与出生相关的特权，从而构建了一个能人政府，还同时实现了包括犹太教和新教在内的宗教解放。拿破仑与教皇庇护七世签订了政教协议，重塑了基督教的地位。1804年，拿破仑加冕称帝，并发动了一系列最终导致他垮台的战争。1813年，拿破仑一度被迫退位并被放逐于厄尔巴岛，但很快又重新掌权。1815年，在滑铁卢兵败于英军后，拿破仑被放逐至圣赫勒拿岛，最终在那里逝世。

参见：弗雷德里希·尼采 196~199页，马克西米连·罗伯斯庇尔 335页。

罗伯特·欧文
1771—1858年

欧文出生于威尔士一个贫穷的家庭，于青年时期移居曼彻斯特。在不到20岁的时候，欧文就成为一名小有名气的纺纱厂厂长。此后，他在其《新社会观》中阐释了自己的社会改革思想，要致力于改善工人的住房、福利和教育水平。其后，他在苏格兰的新拉纳克开设工厂，从而展开自己思想的社会实验；之后又在美国印第安纳州的新哈莫尼进行过尝试，但最终失败。欧文可谓是空想社会主义和社会实验的先驱，他的行为激励了后来许多英国的社会改革后继者。

参见：托马斯·潘恩 134~139页，杰里米·边沁 144~149页，卡尔·马克思 188~193页，比阿特丽丝·韦伯 210页。

夏尔·傅里叶
1772—1837年

傅里叶出生于法国贝桑松的一个商人家庭。他曾游历欧洲，干过许多行当，在最后成为一名作家。傅里叶与革命年代的许多社会主义思想家不同，他认为社会问题的关键不是不平等，而是贫困；他在这样的思想基础之上，发展出了一套自由至上的社会主义。同时，傅里叶也是妇女权利的早期倡导者。此外，他认为，商业和竞争是犹太人传来的恶习，应当被抛弃；人们应当建立一种以合作为基础的社会体制。根据傅里叶的空想社会主义，工人们在名叫“法朗吉”的建筑里，根据其劳动贡献而获得酬劳，而其中那些冷门的职业还能获得更高的收入。后来，1871年的巴黎公社将傅里叶的思想付诸实践。除此之外，美国一些地方也曾进行过“法朗吉”的实践。

参见：玛丽·沃斯通克拉夫特 154~155页；罗伯特·欧文 335页。

朱塞佩·加里波第
1807—1882年

在19世纪，意大利经历了一场实现民族统一资产阶级革命，通常人们习惯将这段历史称为意大利复兴运动（Risorgimiento），其中，加里波第就是这段时期的一位传奇人物。加里波第当时领导着红衫军夺取了西西里岛和那不勒斯；而他在流亡南美之时还参与了多次当地的斗争运动。在欧洲和南美的传奇经历使他威震大洋两岸，而民众对他的尊敬爱戴也在一定程度上对意大利统一有所帮助。虽然加里波第是一位共和主义者，并且强烈反对教皇的专制统治，但是他以意大利统一为重而支持建立君主制；于是，1861年他协助创建了由撒丁国王维托里奥·埃玛努埃莱二世统治的意大利王国。九年之后，教皇在王国军队君临罗马城之时宣布投降，标志着漫长的意大利复兴运动结束。此时的加里波第非常渴望由刚刚统一的德国牵头建立一个欧洲联邦，从而联合欧洲各个国家互相救助，扶贫济弱，让百姓过上安定美好的生活。

参见：朱塞佩·马志尼 172~173页。

纳赛尔丁·沙
1831—1896年

纳赛尔丁·沙是伊朗恺加（卡扎尔）王朝的第四任统治者。在1848年登上王座后，纳赛尔丁在欧洲思想的影响下推进了改革。他大力改造国内基础设施水平，加大了道路、邮政和通信的建设；同时他还开设西式学校，并采取了削弱伊斯兰神职人员权力的措施；此外他还对犹太人寻求建国的运动较为同情。1873年和1878年，纳赛尔丁两度游历欧洲，并对英国的政治制度大为赞赏。不过，在执政后期，纳赛尔丁开始逐渐专制独裁，并对少数族裔实施迫害，同时给欧洲商贩让利并中饱私囊。这样离心离德的行为使其被国人视为外国势力的走狗，1896年，遭日渐不满的伊朗民族主义者暗杀身亡。

参见：西奥多·赫茨尔 208~209页，穆斯塔法·凯末尔·阿塔图尔克 248~249页。

奥斯瓦尔德·斯宾格勒
1880—1936年

德国历史学家斯宾格勒因其《西方的没落》一书而享有盛名。这本书虽然1914年便已完成，但在第一次世界大战结束之后才得以出版。他在书中说道，所有文明都将面临衰落的命运；而20世纪20年代德国呈现的一片颓势则把他的这一预言映照得更加真实，也使其赢得了更多人的认同。而他的另一部著作《普鲁士精神与社会主义》则主张一种威权式的社会主义政体，并鼓励发动新的民族主义运动。不过，他并不是纳粹的支持者，并且曾对希特勒的优等人种思想提出过批评。斯宾格勒曾向世人警告，若出现一场世界性的战争，那么西方文明将走向终结。

参见：伊本·赫勒敦 72~73页，阿道夫·希特勒 337页。

R. H. 托尼
1880—1962年

托尼是英国著名的经济史家，他以对资本主义掠夺性的批评而著称。托尼著有《宗教与资本主义的兴起》等知名作品，并提出了一套基督教社会主义和社会平等的思想。同时，他还是主张社会改良的英国独立工党的成员，并曾与韦伯夫妇一起参与改善工人教育和劳动环境的运动。此外，他还积极倡导成人教育，参与过进步工人教育协会的运动，并于1928年担任该协会主席。

参见：比阿特丽丝·韦伯 210页，罗伯特·欧文 335页。

富兰克林·罗斯福
1882—1945年

1932年，富兰克林·罗斯福于国家危难之际出任了美国第32任总统——此时美国正处于历史上经济最低迷的大萧条时期。罗斯福审时度势之后推行了一系列的政策措施以提振国家经济，降低失业率，并规范金融机构行为，历史上被称为“罗斯福新政”。同时，他还主导了多项的社会改革，旨在促进公民的权利。他这些大力发展公共社会福利和干预经济市场的行为终结了传统的放任自由主义，并开创和定义了美国20世纪的新自由主义。他主导制定出台的各项政策有效地推动了经济的发展，恢复了公众对美国政治制度的信心。在第二次世界大战之初，他还结束了美国奉行多年的孤立主义，取而代之的是美国更加积极主动地担任国际事务上的领导责任，这又进一步增进了罗斯福在民众心中的威望。

参见：温斯顿·丘吉尔 236~237页，约瑟夫·斯大林 240~241页。

贝尼托·墨索里尼
1883—1945年

墨索里尼于青年时代离开意大利远赴瑞士，并在那里成为一名社会主义活动家和政治新闻记者。墨索里尼是一个不折不扣的意大利民族主义狂热分子，他曾因为支持意大利介入第一次世界大战而被意大利社会主义党所驱逐。结束在意大利军队服役之后，墨索里尼宣布放弃以工人革命为内容的正统社会主义，并在其《法西斯宣言》中，将社会主义与民族主义混而为一。1922年，经过墨索里尼的精心策划，他的国家法西斯党发动了名为“向罗马进军”的政变，继而成为联合政府的总理。几年的时间内，墨索里尼获得了独裁的权力，赢得了“领袖”（Il Duce）的称号，并开启了多项公共工程和经济改革。在第二次世界大战中，墨索里尼与希特勒站在同一阵营。在盟军攻入意大利后，墨索里尼被捕入狱，后被纳粹德国特种兵救出。1945年，墨索里尼被意大利游击队员擒获并处死。

参见：乔万尼·秦梯利 238~239页，阿道夫·希特勒 337页。

阿道夫·希特勒
1889—1945年

希特勒出生于奥地利，在青年时期移居德国并很快成为一名狂热的民族主义者。参加完第一次世界大战之后，希特勒加入了一个初出茅庐的德国工人党（后来的纳粹党），并在1921年成为该党的领袖。1923年，希特勒发动了啤酒馆暴动，但政变的失败也让他锒铛入狱；在狱中，他写下了回忆录《我的奋斗》。在随后的几年内，希特勒以德国民族主义、种族优越观念和反犹、反共的观念，鞭策着他的拥趸们全力支持他的事业。1933年，希特勒当选总理，并迅速建立了独裁统治，推翻了魏玛共和国，代之以德意志第三帝国。与此同时，他继续整军备战，为德国开疆扩土，为德国人争取生存空间。1939年，希特勒闪击波兰，第二次世界大战拉开帷幕。战争期间，他的第三帝国一度贯跨欧洲，但最终于1945年被击败，在盟军即将攻克柏林的最后时刻，希特勒在其地堡中自杀身亡。

参见：约瑟夫·斯大林 240~241页，贝尼托·墨索里尼 337页。

胡志明
1890—1969年

胡志明原名阮必成，出生于法属印度支那（今越南）义安省，在顺化的法国公立学校接受教育。结束学业后，胡志明曾在私立学校担任教师，而后作为一名船员远赴美国，随后又在伦敦、巴黎以仆役工作维持生活。在法期间，胡志明接触到了共产主义思想，并积极开展运动，要求越南民族独立。接着，胡志明在苏联和中国开展工作，并在香港被英国政府逮捕。1941年，他化名胡志明并返回越南领导民族独立运动。在第二次世界大战期间，他领导了越南人民抗日的斗争，并在1945年建立了共产主义的越南民主共和国（北越），兼任共和国主席与总理。胡志明为实现越南统一而坚持奋战，但终于在1955年因健康原因而不得不退休。胡志明在越南战争结束前的1969年去世，但他一直被奉为精神领袖，激励着越南人民军和越共，与南越和以美国为首的联军进行长期而艰苦的战争。

参见：卡尔·马克思 188~193页，切·格瓦拉 312~313页，菲德尔·卡斯特罗 339页。

何塞·卡洛斯·马里亚特吉
1894—1930年

马里亚特吉是秘鲁著名的记者和政治家。他14岁便辍学，在几家报纸里打零工，也从而摸到了这一行的门道。此后，他自己创办了几家左翼的刊物，但也因为自己的左翼立场在1920年遭当局驱逐出境。此后他游历于欧洲，并在旅居意大利时期经历了墨索里尼的上台过程。他严厉谴责道，是意大利左翼的软弱纵容了法西斯政权的崛起。1923年，回到秘鲁的马里亚特吉根据其在意大利的经历开始撰写对秘鲁时局的看法。他积极支持秘鲁的美洲人民革命联盟（又称阿普拉党、秘鲁人民党），并创办了支持性的刊物《阿毛塔》。1928年，他创建秘鲁共产党，并通过《阐述秘鲁现状的七篇论文》发表主张，呼吁国人找回秘鲁土著时期的集体主义精神来。在马里亚特吉1930年去世之后，他的思想依然对秘鲁政治产生着深远的影响，其后秘鲁发生的“光辉道路”等运动都受到了他的启发。

参见：西蒙·玻利瓦尔 162~163页，卡尔·马克思 188~193页，切·格瓦拉 312~313页；贝尼托·墨索里尼 337页。

赫伯特·马尔库塞
1898—1979年

20世纪30年代，有一大批德国知识分子移民美国，其中马尔库塞也是其中一员。他是法兰克福社会研究所的重要成员，在1940年获得美国公民身份之后也依然与研究所保持密切联系。《单向度的人》和《爱欲与文明》是马尔库塞的代表作，书中，他受到马克思的启发，对现代社会的异化进行了分析。他对马克思主义的诠释一定程度上因为美国社会的特性而做了修剪，减少了对阶级斗争的强调。他同时也是苏联共产主义政权的批评者，他相信这种体制与资本主义一样不人道。马尔库塞在美国的少数群组以及学生中颇受欢迎，这为他赢得了六七十年代新左派之父的称号。

参见：让-雅克·卢梭 118~125页，卡尔·马克思 188~193页，弗雷德里希·尼采 196~199页。

列奥波尔德·塞达·桑戈尔
1906—2001年

桑戈尔出生于西非的法国殖民地地区，青年时代获得去法国读书的机会，并在毕业之后在图尔和巴黎担任教授。在第二次世界大战期间，他曾积极参与抵抗纳粹德国的运动。桑戈尔与艾梅·塞泽尔等非洲后裔一起完善了“黑人传统精神”的思想，这一思想挖掘非洲文化积极的因素，反对欧洲盛行的对殖民地地区人民的种族歧视文化。第二次世界大战之后，他回到非洲继续治学，并积极参与政治活动。1960年，塞内加尔实现独立，桑戈尔成为该国的首任总统。他与其他后殖民地国家的马克思主义立场有不同之处：他在社会主义的框架下还加上了黑人传统精神的内涵。此外桑戈尔还同法国等西方大国保持着密切的联系，这也是他较为独特之处。

参见：莫罕达斯·甘地 220~225页，马库斯·加维 252页，马丁·路德·金 316~321页。

米哈伊洛·马尔科维奇
1923—2010年

马尔科维奇出生于前南斯拉夫的贝尔格莱德，是马克思主义的人道主义运动“实践学派”中的重要成员。马尔科维奇曾参加过第二次世界大战；而他对斯大林治下的苏联的尖锐批评也使他在南斯拉夫共产党中声名鹊起。20世纪60年代，他大力倡导言论自由和马克思主义的社会批判，并成为实践运动中的重要人物。1986年，他参与起草了塞尔维亚科学与艺术学会的塞尔维亚在南斯拉夫地位备忘录（SANU Memorandum），激化了南斯拉夫国内各族的民族情绪。此外，他还是塞尔维亚社会党创党人和领导人斯洛博丹·米洛舍维奇的忠实支持者。

参见：卡尔·马克思 188~193页，赫伯特·马尔库塞 338页。

让-弗朗索瓦·利奥塔
1924—1998年

利奥塔是法国后现代主义运动的领军人物。与许多20世纪50年代前后的社会主义者一样，利奥塔也对斯大林治下的苏联的专制真相感到极度失望。利奥塔在1968年加入了学生和工人的行列，参加五月风暴，但对于政治思想家鲜有发声的表现感到失望。1974年，利奥塔在《力比多经济》一书中宣布放弃革命马克思主义的信仰。此后他的著作中运用了大量的后现代主义手法对马克思、资本主义以及弗洛伊德的思想进行了精彩分析。

参见：卡尔·马克思 188~193页，赫伯特·马尔库塞 338页。

菲德尔·卡斯特罗
1926—2016年

卡斯特罗称得上是20世纪反对帝国主义的一位代表人物。当他还是哈瓦那大学法学系学生时，就曾参与到政治活动中；其后又先后参加了哥伦比亚和多米尼加反对右翼政府的起义。1959年，卡斯特罗同其弟劳尔以及好友切·格瓦拉一起，推翻了古巴由美国扶持的巴蒂斯塔独裁政权，并建立起了以马列主义思想为指导的古巴共和国。在他的统治时期，美国曾试图颠覆其政权，甚至对他展开暗杀，但都没能奏效。不过卡斯特罗并未同苏联保持太过亲密的关系，相反，他加入了不结盟运动，并以这种方式表达自己对冷战中帝国主义的态度。苏联解体之后，卡斯特罗开始同拉丁美洲各国改善关系，并且着力开放经济，吸引外资。2008年，卡斯特罗因为身体原因退居幕后，将政权交给了弟弟劳尔。

参见：卡尔·马克思 188~193页，弗拉基米尔·列宁 226~233页，切·格瓦拉 312~313页。

于尔根·哈贝马斯
1929—

于尔根·哈贝马斯是德国著名哲学家、社会学家，以宏观的马克思主义视角对资本主义和民主社会的分析而著称。他十分看重马克思主义分析的理性特征，认为这是对启蒙思想的一种延续。哈贝马斯曾亲历过第二次世界大战以及之后的纽伦堡审判，这些经历给他造成了很深的影响，促使他努力为战后的德国开辟一种新的政治哲学。哈贝马斯曾在法兰克福社会研究所学习，但并不认同该研究所批判现代性的立场。但后来他还是担任了该研究所的所长。他是一名高产的思想家，其思想的关怀集中于对真正的民主模式的探索，以及对后现代主义的批评。

参见：卡尔·马克思 188~193页 马克斯·韦伯 214~215页。

大卫·哥梯尔
1932—

哥梯尔出生于加拿大多伦多，先后在多伦多大学、哈佛大学、牛津大学研读哲学；之后回到多伦多大学担任教授，在1980年转投匹兹堡大学。他的主要领域是道德哲学，尤其关注霍布斯和洛克的政治理论；他根据启蒙运动时期的道德思想为起点，发展出了一套自由至上主义的政治哲学。他最知名的著作是《协定道德》，该书中，他运用博弈论等现代理论对社会契约问题进行了探究，并以此检验了现代社会的政治与经济的决策的道德基础。

参见：托马斯·霍布斯 96~103页，让-雅克·卢梭 118~125页。

厄尼斯特·拉克劳
1935—2014年

阿根廷思想家拉克劳早年是一位积极的社会运动家，并曾是左翼党派的成员。1969年，他流亡英国，开启学术生涯，在埃塞克斯大学进行研习，而时至今日依然是该大学的政治理论教授。拉克劳的思想从利奥塔、德里达等法国思想家那里吸取养分，再综合以拉康的精神分析理论，形成了被自己称为“后马克思主义”的理论。他的理论已放弃了马克思的经济基础决定论和阶级斗争理论，转以倡导自己的“多元激进民主”论。

参见：卡尔·马克思 188~193页，安东尼奥·葛兰西 259页。

术语表

（绝对）专制主义 Absolutism
指政府拥有完整而不受限制的权力。有时也等同于全能主义（to-talism）或极权主义（totalitarian-ism）。

重农主义 Agrarianism
这种政治哲学认为农村优于城市、农民优于工人，并认为农业生产方式能够塑造社会的价值体系。

无政府主义 Anarchism
主张消灭政治权威，并以自愿合作为基础建立社会。其过程中，如有必要可使用暴力手段。

种族隔离 Apartheid
特指1948年南非国民党胜选上台之后推行的一系列种族隔离和歧视的政策和法令。

（苏联式）党政官员 Apparatchik
特指苏联共产党执政机器中的党员、官员。如今常用作贬义，以描述只知服从上级的政治官僚。

专制体制 Autocracy
一种政体形式，其中权力掌握在某个不受限制的个人手里。

两党合作 Bipartisan
在某种情形或问题上，两个对立的政党临时达成一致。

布尔什维克 Bolshevik
俄国政党。它本是俄国社会民主劳工党中的一个派别，后与党内的孟什维克决裂。1917年之后演变为苏联共产党。布尔什维克在俄语中是“多数”的意思。

资产阶级 Bourgeoisie
根据马克思主义理论，资产阶级是指掌握生产资料的阶级，他们的收入源自其对生产资料的掌控，而非被他人雇佣。

资本主义 Capitalism
一种在生产和分配中以市场作用为主要动力的经济体制，以私人投资和私人产权为主要特征。

集体主义 Collectivism
这种政治理论强调，社会和经济机制尤其是生产资料应当掌握在集体而非个人手中。

殖民主义 Colonialism
指一国对新占领的地区宣布主权的举动。其中，殖民地统治者和土著之间的不平等地位是其主要特征。

普通法 Common Law
指既不源自成文条例也不源自宪法的法律；它是根据以往判罚先例作为法律的根据。

共产主义 Communism
以1848年马克思和恩格斯发表的《共产党宣言》为基础的意识形态；它主张废除私有制，建立公有制社会。

保守主义 Conservatism
指一种反对社会急剧变革的政治立场。保守主义涉及面较广，一般崇尚经济自由，重视企业、自由市场和私有产权；并主张搞私有化，减少政府行为。

宪政（立宪主义）Constitutionalism
指一种谨遵宪法的政府系统。其中，宪法是指国家的基本原则和法律的成文文件。

儒家思想 Confucianism
围绕孔子学说而建立的一套思想体系，强调社会人伦秩序，同时也关注人的修为与抱负。

民主 Democracy
指一种政府形式，主张社会的最高权力掌握在人民或民选代表手中。

依赖理论 Dependency Theory
这套理论认为，南半球的发展中国家已成为北半球的发达国家的附庸，并形成了一套新殖民主义的世界体系。

专制君主 Despot
指拥有绝对权力的统治者，尤其指滥用权力、倒行逆施的暴君。

独裁者 Dictator
指权杖独揽的统治者，尤其指闭塞言论、拒绝异见，并且时常使用权力打压社会的统治者。

直接民主 Direct Democracy
民众直接参与治理，对每个相关的议题都投票表决的政治形式。这种民主方式曾在古希腊的雅典城邦盛行一时。

君权神授 Divine Right of Kings
指君主统治的合法性并不是源自任何世俗权威，而是源自上帝。

反乌托邦 Dystopia
一种设想出来的、充满了罪恶和混乱的社会形式。可参见乌托邦（Utopia）。

经济基础决定论 Economic Structuralism
认为政治世界的运行由经济世界的运转所左右。

生态智慧 Ecosophy
源自绿色政治运动中阿伦·奈斯的生态哲学；它强烈呼吁社会注重生态环境的和谐与均衡。

平等主义 Egalitarianism
指一套强调政治、经济和社会平等的政治哲学思想。

精英主义 Elitism
该理论认为社会应当由精英团体来管理或统治。

启蒙运动 The Enlightenment
又称“理性时代”，特指18世纪由知识分子所推动的一场文化运动；他们质疑宗教思想的世界观，主张运用人的理性来认识和理解世界。

极端主义 Extremism
一种在政策和行动上不留任何妥协余地的思想或行为方式。

费边社 Fabian Society
一场20世纪早期发生在英国的社会运动，参与者呼吁通过教育和渐进的立法改革逐渐走向社会主义。

法西斯主义 Fascism
指一种民族主义意识形态，主张强人统治，强调集体主义与认同，提倡通过暴力和战争来增进国家的利益。法西斯一词源自拉丁语Fasces，意为一堆捆在一起的木棍，意指一种集体意识。墨索里尼政权是这个词最早的使用者。

联邦制度 Federalism
指中央政府和地方州（省）政府权力明确划分的政治制度。

（西欧）封建制 Feudal System
指西欧中世纪时期的政治制度，其中统治者将属地分封予贵族领主，使后者形成公国、侯国等属国；各属国中的农民行耕作之事，与其领主形成人身依附关系。

第四权力 Fourth Estate
即媒体。其来源有两种说法：一种认为媒体是立法、司法、行政之外的第四大权力；另一种则是认为，它是指18世纪末期法国三级会议（教士、贵族和资产者）之外的第四等级。

原教旨主义 Fundamentalism
一种严格遵从宗教原则的行为。

公开性 Glasnot
特指戈尔巴乔夫在20世纪80年代苏联推行的增加政治透明度和问责机制的改革举动。

绿色政治 Green Politics
指一种强调建立生态可持续发展社会的意识形态。

人身保护令 Habeas Corpus
这一条例规定，个人在被拘押之后应当移送法庭以决定该拘押是否合法。

帝国主义 Imperialism
指通过干预他国事务、掠夺领土、征服土著等做法扩张领土、建立帝国的行为。

孤立主义 Isolationism
一种主张本国退出各种军事联盟、国际协定乃至国际贸易的政策导向。

（拉丁美洲）军人政权 Junta
特指拉丁美洲的一种政治形式；它由军人的政治小帮派、小集团构成，通常通过军事政变的方式篡夺政权。

正义战争理论 Just War Theory
一套关于军事战争的伦理学思想，内容包括开战正义和战时正义，其中前者论述发动战争的道德基础，后者则关注战争之中的行为伦理。

窃盗统治 Kleptocracy
指由集体腐败的政客、官僚所统治的政府形式。其中，统治集团中的成员各自利用职权为自己及其亲属党羽谋取私利。该词来自希腊语中的“窃贼的统治”。

左派；左翼 Leftism;Left Wing
也就是政治意识形态中的“左”。其拥护者通常赞成公共机构通过干预手段来调节社会福利，并且多持有全球性的关怀。18世纪法国大革命时期，当时议会中主张改善农民境遇的贵族坐在国王左侧，由此得名。

法家思想 Legalism
中国的战国时期一种类似于功利主义的思想，主张以严刑峻法维护社会稳定秩序。

自由主义 Liberalism
一种强调个人权利与自由的政治意识形态。自由派通常会呼吁当局推行保护贸易自由、言论自由、宗教信仰自由、结社自由等方面的政策。

古典自由主义 ClassicLiberalism
一种肇始于18世纪的哲学观，主张个人权利先于国家和教会，并反对君主专制和君权神授。

自由至上主义 Libertarianism
强调自由权利和自由意志。这种哲学观在左和右都各有代表，它主张自主，强调人的理性能力，反对政府对经济和个人事务的干预。

马基雅维利主义 Machiavellian
指各种投机的、多疑的、机会主义的政治行动。该词得名于16世纪佛罗伦萨的思想家尼科洛·马基雅维利。

毛泽东思想 Maosim
指毛泽东把马克思主义基本原理同中国国情相结合，用其独特的政治智慧，所集中体现的实事求是、群众路线和独立自主三个基本方面。

马列主义 Marxism-Leninism
基于马克思和列宁的思想提出的，号召世界无产阶级革命的理论体系。

马克思的社会主义 Marxian Socialism
根据马克思的思想，这是指资本主义进入到共产主义之前的一个重要的经济发展和过渡阶段。

马克思主义 Marxism
是马克思主义理论体系（马克思主义哲学、马克思主义政治经济学和科学社会主义）的简称，是关于全世界无产阶级和全人类彻底解放的学说。

能人政治/尚贤 Meritocracy
呼吁挑选统治者不应根据财富和出生，而应当根据治国理政的才能。

道德绝对主义 MoralAbsolutism
主张人的行动应当将道德作为绝对根据。这个术语经常在国际法中得到运用。

多边主义 Multilateralism
指多个国家相互合作来共同处理国际事务。其对应的是单边主义。

民族主义 Nationalism
指个人对祖国的忠诚和奉献，以及与此相关的政治理论，主张祖国的利益应该成为政治行动的头号目标。

自然法 Natural Law
指宇宙秩序中作为一切制定法制基础的关于正义的基本和终极的原则的集合。而根据阿奎那的说法，自然法是对上帝的永恒法的一种体现。

黑人性/黑人文化认同/黑人传统精神 Negritude
指20世纪30年代，为反抗法国殖民者的种族主义而发展起来的一套黑人意识形态，强调非洲黑人的共同属性和文化认同。

寡头制 Oligarchy
一种由小团体把持政权并谋取私利的统治形式；他们通常会损害到人民的利益。

和平主义/反战主义 Pacificism
一种反对以战争和暴力手段解决争端的思想和运动，它通常还以某种宗教和道德原则作为思想前提。该词由法国和平运动者埃米尔·阿尔诺最早提出。

党徒 Partisan
指对某一领袖、政党或政治事业绝对支持和拥护的人。

（戈尔巴乔夫）改革 Perestroika
特指戈尔巴乔夫在20世纪80年代对苏联在政治、组织和经济上的改革和重建的举动。

多元主义 Pluralism
认为在同一社会中，不同的社会和种族团体是可以按照自己的传统去自由地追求各自利益的。

财阀统治 Plutocracy
指社会的富商财阀把持政府或左右政府决策的政治局面。

人民主权论 PopularSovereignty
这一理论主张，主权权威源自并属于国家的每一位公民，是他们将主权的实际执行权交付到国家、政府和领袖手中；但主权的掌握者依旧是人民。

进步主义 Progressivism
这种政治学说主张通过温和的改革来改良政府与社会。

无产阶级/普罗大众 Proletariat
根据马克思主义学说，这是指社会之中那些没有资本、只能靠出卖劳动来谋生的劳动者群体。马克思相信，无产阶级必将推翻资产阶级的统治，并建立共产主义制度，从而亲自掌握社会的政治和经济资料。

激进主义 Radicalism
主张动用极端手段推动政治变革来实现政治目的的行为倾向。它同样也指，一种欲同传统和既定的观念彻底割裂的思想主张。

复古主义/反动主义 Reactionism
这种主张不仅反对激进变革的政治倾向，而且希望回到曾经某个时段的政治和社会秩序中。

现实政治 Realpolitik
指崇尚实用主义、现实主义的政治倾向，并且不提倡根据伦理道德目标来施行统治。不过现实政治可能会在保护公民自由权上较为乏力。

共和主义 Republicanism
认定这样的政府形式是最佳统治形式：建立共和国，也就是没有帝王、君主统治的国家，这个国家里权力属于人民，并由民选代表来主持和运转。

右派，右翼 Rightism,RightWing
指由以下的政治倾向叠加的松散集合：倾向于保守主义，支持市场，认为个人权利比政府干预更重要，强调法律与秩序。此外它有时还等同于民族主义。

种族隔离主义 Segregationism
这种观念相信，各个不同的人种、阶级或者种族应当相互隔离起来生活。

沙里亚法/伊斯兰教法 ShariaLaw
指伊斯兰教统摄着教徒的宗教和世俗生活的神圣教法。有部分穆斯林认为沙里亚法是一切世俗法律的唯一正当基础。

社会契约 Social Contract
指由人与人之间，或人与统治者、政府机构之间订立的关于权力边界、个人权利和义务的契约，它可能是真实存在的，也可能只是一种理论假设。霍布斯、洛克等人均把社会契约作为人类走出自然状态并获得公共权力保护的一种途径。

社会民主主义 SocialDemocracy
指通过渐进改革，运用合法、民主的手段从资本主义过渡到社会主义的政治道路。它反对歧视，并主张保障所有公民的教育、医疗和津贴的普惠性权利。

社会主义 Socialism
它既是一种政府形式，也是一种意识形态；它提倡公有制，主张政府运用经济计划来对生产和分配进行调控，并避免由市场力量来主导。

主权者 Sovereignty
指由独立的国家政权或统治者行使的至上权力，它不受到任何外部力量的干预。它通常是指一个国家独立的对内政和外交进行决定的权力。

自然状态 State of Nature
根据社会契约论，自然状态是指政府或社会出现之前的一种假定的状态。卢梭认为，在自然状态下，人与自然都纯正而和谐；而霍布斯则认为自然状态几乎是一种反乌托邦，是一切人与一切人之间的战争状态。

选举权 Suffrage
指在选举或公投中投票的权利。而普选权（universal suffrage）则指公民不论其性别、种族、社会地位和财富，都应有权投票。而妇女的选举权则是指女性要享有同男性一样的选举权，并且同样不受（财产、年龄等）限制。20世纪早期，为这一事业而进行激进行动的妇女被称为“妇女参政权运动者”（suffragettes）。

工团主义 Syndicalism
这是20世纪初一种不同于资本主义和社会主义的意识形态，在法国和西班牙较为盛行。它主张通过由工会组织的罢工来推翻现行政府，并掌握生产资料，再通过企业联合（辛迪加）来组织社会生产。

神权统治 Theocracy
一种由教士等神职人员组织并统治的政治形式。它通常会根据宗教教义来施行统治，或以神的名义对世俗事务进行干预。

极权主义 Totalitarianism
这种政治组织形式通过对政治经济事务的垄断，以及对民间的思想、价值、信仰的控制来压制个人权利，继而促进国家利益。

单边主义 Unilateralism
指各种单边的、片面的行动。在政治里，它通常指的是一国在处理外交事务时不与他国（包括盟友）协商的行为。与多边主义相对。

功利主义 Utilitarianism
由边沁进行推广的一种社会哲学，认为在任何时候，能够实现大多数人的最大幸福的政策即为此刻的最佳政策。

乌托邦 Utopia
即完美的地方。在政治里，它是指那些理想中的完美社会制度。在希腊语中，乌托邦是“没有的地方”的意思。1516年托马斯·莫尔的《乌托邦》首次使用这一术语。

索 引

加粗显示的页码内有详细人物介绍。

A

阿道夫·凯特勒 165
阿道夫·希特勒 142,160,180,208,218,219,236~237,254,256,**337**
阿尔伯特·爱因斯坦 225
阿尔弗雷德·德雷福斯 208~209
阿尔及利亚 304,305
阿富汗 268,324,329
阿克巴大帝 **333**
阿拉伯帝国 39,56,57,58
阿拉伯之春 269,328
阿里·沙里亚蒂 **323**
阿历克西·德·托克维尔 110,**170~171**
阿伦·奈斯 269,**290~293**
阿马蒂亚·森 300,303
阿瑟·拉弗 72,73
阿威罗伊 53,64
阿维森纳 53,58
阿亚图拉·鲁霍拉·霍梅尼 323,328
埃德蒙·伯克 116,117,**130~133**,137
埃尔南多·德·索托 183
埃里希·冯·鲁登道夫 160
爱弥尔·左拉 208
埃米莉·戴维森 207
埃米利阿诺·萨帕塔 218,**246**
埃米琳·潘克赫斯特 **207**
艾琳·杰弗雷斯 310
艾梅·塞泽尔 338
艾米丽·戴维斯 155
艾瑞克·霍布斯鲍姆 282
爱德华·伯恩施坦 169,201,**202~203**
爱尔兰起义（第二次） 116
安·兰德 **280~281**
安东尼·吉登斯 214
安东尼奥·葛兰西 80,**259**,297
昂立·圣西门 165,170,190
奥尔多·利奥波德 290
奥古斯都（罗马帝国皇帝） 49
奥古斯特·布朗基 228
奥古斯特·孔德 164,**165**,210
奥古斯特·皮诺切特 275
奥兰普·德古热 154,286
奥利弗·克伦威尔 101,102,136,**333**
奥萨马·本·拉登 278
奥斯曼帝国 117,248,249
奥斯瓦尔德·斯宾格勒 **336**
奥托·冯·俾斯麦 160,211
奥托·冯·基尔克 93
澳大利亚 195

B

巴蒂斯塔 204,399
巴格达 58,59
巴基斯坦 278,279
巴黎公社 168,336
巴拿马运河 247
巴托洛梅·德拉斯·卡萨斯 **333**
巴西 297
罢工 201,234~235,250
柏拉图 14,19,**34~39**,52,54,55,59,170
　《理想国》 13,19,36,37,40,49,54
柏林墙 170,269
保罗·弗莱雷 **297**
保罗·利柯 196
保罗·马蒂克 245
保守主义 14,25,117,130,147,258,274
　欧克肖特 276~277
　丘吉尔 236~237
　施米特 254~257
鲍里斯·叶利钦 322
贝蒂·弗里丹 286,289
贝尼托·墨索里尼 80,218,238,**337**
本杰明·富兰克林 85,**112~113**
比阿特丽丝·韦伯 169,**210**,336
彼得·克鲁泡特金 184,**206**
波尔布特 276
波费里奥·迪亚斯 218,246
波兰 234
波利比阿 49
波斯帝国 **332**
伯里克利 40
伯纳德·曼德维尔 214
不干涉主义 247
不结盟运动 258
不平等 122,148,300~303
布丹195
布尔什维克主义 206,218,230~233
布鲁诺·鲍威尔 208

C

财富 300~301
查尔斯·W. 米尔斯 314
查尔斯·布思 210
查尔斯·狄更斯 148
查理曼大帝 52,71
查理五世 80,87
查理一世（英王） 85,101~102,106

茶党运动 280
朝鲜战争 268
成吉思汗 332
城邦 18,19,40~43,49,56,59,71
处死国王 109
春秋时期 18,22,28
存在主义 287~288

D

大流士一世 **332**
大卫・哥梯尔 **339**
大卫・克里斯蒂安 232
大卫・斯蒂尔 275
大卫・休谟 103,146,153
大萧条 218,219,236,272,297,337
戴维・米勒 282
道德 33,128,146,186,196~199
道德哲学 18,23,25~27,28,32,33
道德主义 12~13
道家思想 32
德川家康 **333**
德国 143,180,195,219,290
  德国社会民主党 168,194,202~203
  德意志统一 168,169
  纳粹 225,256,337
德摩斯梯尼 236
等级制 23~26,28,29~30,32~33
邓小平 262
狄奥多西一世（罗马皇帝） 52
帝国主义,参见殖民主义
第一国际 169,185,200
独裁/专政（dictatorship） 49,133,242

E

俄罗斯/俄国 194,246,322
  俄国革命 169,190,194,202,218
厄尼斯特・拉克劳 **339**
恩里科・科拉迪尼 200

F

法国 88,89,110,111,183,208~209
法国大革命 85,92,182,334,335
  伯克论法国大革命 116 130~133
  潘恩 137~138
法家思想 18,19,22,27,32,33,48,76
法拉比 52,53,**58~59**,72
法兰克福学派 219
法西斯主义 14,218,219,238~239
反帝主义 169,204~205,234,246
反对绥靖主义 236~237
反极权主义 282~283
反犹主义 143,208~209,219,335
非暴力抵抗 220~225
非正义/不公正/无道（injustice）
  54,72~73
非洲 219,258,269
非洲人国民大会 294~295
非洲统一组织 258
菲德尔・卡斯特罗 204,313,**339**
腓力二世（马其顿国王） 41,332
分裂主义 296
丰臣秀吉 84,333
佛罗伦萨 53,76,81
弗拉基米尔・列宁 169,190,218,
  228~233
弗拉基米尔・普京 242
弗兰克・奈特 300
弗朗茨・法农253,269,294,**304~307**
弗朗西斯・福山 196
弗朗西斯科・德・维多利亚 **86~87**
弗朗西斯科・佛朗哥 218,219
弗朗西斯科・苏亚雷斯 **90~91**
弗雷德里克・道格拉斯 158
弗雷德里希・哈耶克 269,**270~275**
弗雷德里希・尼采 **196~199**,200
伏尔泰 85,110,116,117,146,185
福利国家 169,176,202,210,268
妇女参政权运动者 186,207
富兰克林・罗斯福 219,242,247,**337**

G

革命社会主义 234~235,253,312~313
格奥尔格・黑格尔 14,15,117,**156~159**
格拉古・巴贝夫 242,**335**
格里高利十三世（教皇） 91
个人主义 186~187,238,280
个性 176,178~179
工党（英国） 202
工会 201,234
工人阶级 14,168,190~191,200~201
工团主义 200~201
工业化 168,178,190,250,290
公民权利 182,222,268,269,304
公平 131,301
公意 120~125
功利主义 44,146~149,179~180,198
共产主义 14,27,168,170,202,206
  列宁 226~233
  马克思 188~193
  托洛茨基 242~245
共和国 53,68,76,94,106,116,136
共和政体（亚里士多德式） 19,36
共和主义 49,80,112,141
  玻利瓦尔 162~163
  卢梭 120~125
  潘恩 136~139
古巴 204~205,268,313,333,339
古兰经 57
古斯塔沃・古铁雷斯 164

寡头制 43,49,68
官吏 18,23,24~25,27,28,33,45
官僚制 33,48,147,314
贵族制 43,49,68,133
国际法 86,87,90,91
国际关系/邦交 29,30,103
国家/州/政治领域（state） 92,310
国家社会主义 240~241
国联 218
国有化 240

H

哈利·海伍德 245
海牙和平会议 86
韩非子 18,19,32,48,76
汉娜·阿伦特 125,**282~283**
汉斯-格奥尔格·伽达默尔 282
合法性/正当性（legitimacy） 100,
106~109,123,300
何塞·奥尔特加·伊·加塞特
250~251
何塞·卡洛斯·马里亚特吉 **338**
何塞·马蒂 **204~205**
何塞·马利亚·路易斯·莫拉 **164**
和平主义/反战主义 223~224
核武器 268,325
赫伯特·马尔库塞 **338**
黑豹党 308
亨利·柏格森 200
亨利·戴维·梭罗 **186~187**,222
亨利一世（英王） 53,60
后现代主义 338,339
后殖民主义 258,305
胡安娜·伊内斯·克鲁斯 **334**
胡果·格劳秀斯 64,84,91,**94~95**,122
胡志明 31,**337**
互助主义 183
环境保护主义 269,290~293

J

基地组织 269,278,329
基督教 39,40,52~53,54,56,64,70,86
基督教会 52,53,54,64,69,70
激进主义 297
吉奥乔·阿甘本 257
吉安弗朗科·米利奥 **296**
吉尔·德勒兹 199
吉姆·克劳法 318,321
极权主义 13,39,125,219,242,245
集体化（苏联） 228,240~241
集体行动困境 101
集体主义 238
家长制 22,24,39,181
家庭 24,27,32,48,165,302
贾拉勒·阿勒·艾哈迈德 323
简·安格 154
简·克里斯蒂安·斯穆茨 224
简·亚当斯 **211**
蒋介石 264
教皇（权威） 52,53,69,70,71,86
教育 38~39,45,155,173,211,259
阶级 14,84,168,179,203,231,241
杰里米·边沁 117,**144~149**,179,180
杰梅茵·格里尔 286
结构主义 310~311
精英阶层 314~315
居鲁士大帝 332
军工复合体 268,325
军事 29~30,45,46,56
君权神授 14,27,53,70,84,85,87,91
君士坦丁大帝（罗马帝国皇帝）
52,54,64
君主制 43,49,53,137,163,176

K

卡尔·冯·克劳塞维茨 76,**160**
卡尔·马克思 **188~193**,203,215
《共产党宣言》 165,168,183
《资本论》 130,193,214,259
卡尔·施米特 88,**254~257**,296
考底利耶 19,28,39,**44~47**,76
科学 165,200
克里斯托弗·哥伦布 86,162,204
客观主义 280~281
肯迪 52,53,58
肯尼亚 219,258,268,304,306
孔雀王朝 19,28,44,47
孔子 13,18,19,**20~27**,28,32,39,47,48
恐怖主义 268,269,329

L

拉丁美洲 164,238,247,304
拉丁美洲独立战争 117,162~163
美国对拉美的干预 204~205
拉贾尼·帕姆·杜特 225
莱昂妮·鲁萨德 286
莱赫·瓦文萨 234,235
劳动的异化 190~193
老子 32
勒内·笛卡尔 156
雷吉斯·德布雷 312
蕾切尔·卡逊 290,291
冷战 190,219,268,322
黎巴嫩 329
礼/礼仪/礼节/（ritual） 25,32
理查德·瓦格纳 197
理性 67,68,85,107,116,280~281
理性主义 36,53,276~277,339

历史的终结 15,196,198
立法 107,111
联合国 60,64,69,149
联合体 92~93
列奥·施特劳斯 257
列奥波尔德·塞达·桑戈尔 **338**
列夫·托尔斯泰 223
列夫·托洛茨基 **242~245**
列宁主义 262~265,322
路德维希·冯·米塞斯 272
路易十四（法王） 85,106
绿色运动 269,290~293,310
伦理 12,18,45
罗伯特·诺齐克 269,300,**326~327**
罗伯特·欧文 **335**
罗伯特·佩普 269,**329**
罗伯特·普特南 296
罗马 18,19,39,49,52,54,60,64
罗马的吉尔斯 40,53,**70**
罗纳德·里根 272,275,280,322
罗莎·卢森堡 **234~235**
罗莎·帕克斯 308
罗易 **253**

M

马丁·路德 71,84,88
马丁·路德·金 **316~321**
马尔科姆·X 304,**308~309**,318
马哈茂德·艾哈迈迪-内贾德 323
马克思主义 14~15,165,169,201
马克斯·韦伯 169,**214~215**,296,314
马克西米连·罗伯斯庇尔 **335**
马库斯·加维 **252**
马西米连诺一世（墨西哥皇帝） 164
玛格丽特·吉尔伯特 101
玛丽·沃斯通克拉夫特 **154~155**,207
迈克尔·曼恩 314
迈克尔·欧克肖特 130,165,**276~277**
迈克尔·沃尔泽 268,**324~325**
麦地那 52,56~57,278
毛泽东 28,31,33,219,**260~265**
美德/德行（virtue） 32,33,36,113
　美好生活 37,38,42,70
　儒家思想的德行 22,23,25
　神职人员和神学的美德 53,58
　政治美德 40,58~59
美国 84,106,112~113,169,171,181,186~187,219,225,282
　《爱国者法案》 254,257
　《独立宣言》 60,86,140~141,176
　保守主义 280
　持枪权 150~153
　大萧条 218,219
　独立战争 116,137,152,205,334
　干涉主义 204~205 247
　公民权利 187,268,269,308
　罗斯福新政 219,242,337
　美国《权利法案》 109,150~153
　美国对外战争 269,324
　美国国父 112~113,139,150~153
　美国宪法 90,91,93,109,111,112
　南北战争 168~169,182,205,318
　奴隶制 161,168
美好生活 18,36~38,41,42,55,59
门罗主义 205
孟德斯鸠 49,84,85,**110~111**,130,142
孟子 18,19,22,27,32,**332**
米尔顿·弗里德曼 272
米格尔·普里莫·德里维拉 250
米哈伊尔·巴枯宁 **184~185**,262
米哈伊尔·戈尔巴乔夫 240,**322**
米哈伊洛·马尔科维奇 **338**
米歇尔·福柯 **310~311**
民主 14,68,102,137,148,239,300
　代议制民主 85,248~249
　古罗马民主 19,49
　古希腊民主 18~19,36,39,40~43
　民主的缺陷 68,151,170,176
　民主的失败 200,201
　自由民主制 180~181,257,282
民族国家 15,84,88,89
民族主义 14,117,142~143,197,209
　黑人民族主义 252,308
　美利坚民族主义 140~141
　土耳其独立战争 248~249
　意大利民族主义 172~173,238
　印度民族解放运动 222~225
民族自决 13,308~309
摩西·门德尔松 208
莫罕达斯·甘地 186,219,**220~225**
莫卧儿帝国 333
墨家思想 32~33
墨西哥 164,169,218,246
墨子 18,19,22,27,**32~33**,39,47,48
目的和手段 14,24,2245
穆罕默德 52,**56~57**,64,278
穆罕默德·摩萨台 328
穆斯塔法·凯末尔·阿塔图尔克 218,**248~249**

N

拿破仑·波拿巴 158,162,163,**335**
内维尔·张伯伦 236,237
纳粹 208,218,219,237,256,257,283
纳尔逊·曼德拉 269,**294~295**
纳赛尔丁·沙 **336**
娜奥米·克莱恩 275
南非 223~224,269,294~295,304,313
南斯拉夫 338
难陀王朝 44,47
尼古拉·莫尔德维诺夫 **334**
尼古拉·苏汉诺夫 233
尼古拉二世（沙皇） 218,228
尼基塔·赫鲁晓夫 240

尼加拉瓜 247
尼科洛·马基雅维利 13,53,**74~81**
《君主论》47,53,88,120,254,276
尼禄（罗马皇帝）39
奴隶制 14,156,161,168,252
废奴运动 182
奴隶道德 198~199
梭罗论奴隶制 186~187
主人-奴隶 157~159
女性 14,112,117,154~155,207
女性主义 154~155,180,207,268,269
诺姆·乔姆斯基 268,**314~315**

O

欧盟 15,173,248
欧内斯特·盖尔纳 73
欧内斯特·勒南 282
欧也妮·柏多妮-皮埃尔 286
欧洲 190,193,268,269

P

帕多瓦的马西利乌斯 53,70,71
皮埃尔·布迪厄 250
皮埃尔-约瑟夫·蒲鲁东 **183**,184
贫困问题 210,211,297,320,336
平等派（英国内战派别）333
普罗蒂诺 52,58
普罗泰戈拉 18,36

Q

齐亚·哈克将军 278
耆那教 222,223
企业家精神 85,112~113
启蒙运动 110,116,131,146,154
美国启蒙运动 85,112,140
枪支管制 150~153
乔默·肯雅塔 219,**258**
乔万尼·秦梯利 **238~239**
乔治·W. 布什（小布什）236
乔治·巴塔耶 196,199
乔治·布什（老布什）324
乔治·华盛顿 334
乔治·索雷尔 169,**200~201**
切·格瓦拉 162,304,312~313,339
切萨雷·贝卡里亚 146
秦始皇 29
去殖民化 304~307
全球化 15,270
权力 13,269,310~311,314~315
权力意志 196~199
权利 100,106,117,182
《权利法案》85,98,106,108
财产权 134~139,183
个人权利 94,132,172~173,326
国家的权利 161
普遍的权利 86~87,140~141,172
权利与义务 85,172~173
自然权利 131~133,148,151
自由至上的权利 326~327
群臣 22,24~25,27,33,44~48

R

让·布丹 84,**88~89**,93,98,100
让-保罗·萨特 288,289,306
让-弗朗索瓦·利奥塔 **338~339**
让-雅克·卢梭 110,**118~125**,139
社会契约 89,92,116,120
自然状态 100,102,103,121
人类意识 156~159
人民宪章 117
人权 60,61,85,87,140,328,333
人身保护令 60
人文主义 76,77,80,90
任人唯亲 22,27,33
任人唯贤 19,22,26,27,32~33,48
日本 84,168,169,195,212,219,333

S

撒切尔夫人 236,272,275,280
萨尔瓦多·阿连德 204,205
萨拉曼卡学派 54,84~87,91,94,324
萨缪尔·普芬道夫 **334**
赛义德·毛杜迪 56,269,**278~279**
三权分立 49,84,85,107,110~111,146
商鞅 19,32,48
社会保障 210,211
社会改良 211,335
社会改良运动 211
社会激进主义 252
社会民主主义 218,327
社会契约 13,40,70,84,88,91,92,93
霍布斯 98~103,120
卢梭 120~125
罗尔斯 300,302,303
洛克 106~108,326
社会团体 92~93
社会选择理论 126
社会学 214~215
社会正义 274,298~303,318~321
社会主义 14,169,170~171,183,190
革命社会主义 234~235,253
国家社会主义 240~241
修正主义 202~203

自由至上的社会主义 314~315,336
社群主义 324~325
深层生态学 269,290~293
神圣罗马帝国 52,53,71,117
圣战 57,278~279
实践学派 338
实证主义 165
史沫特莱・D. 巴特勒 247,268
世俗主义 71
世袭制 24,26,70
税收 72,73,140,327
私有化 129
私有制/私人财产权 122,123,124
斯拉沃热・齐泽克 233
斯里兰卡 329
斯坦利・鲍德温 236
斯托克利・卡迈克尔 319
苏格拉底 18,36~37,38,39,186
绥靖主义 236~237
孙中山 32,33,**212~213**,218,263
孙子 18,27,**28~31**,44,56,160
梭伦 18,19,36

T

塔尔科特・帕森斯 214
塔克西拉 44~45,47
塔利班 313
塔西佗 142
天命 22,25
天主教会 64,69,71,90,335
土地 212~213,246
土耳其 218,248~249
托马斯・阿奎那 40,53,58,**62~69**,79
阿奎那论正义战争 54,56,87,268
托马斯・霍布斯 13,40,80,84,
96~103,106,107,116,121,122
《利维坦》 70,76,85,88,98~99
托马斯・杰斐逊 88,109,133,**140~141**
托马斯・莫尔 13
托马斯・潘恩 **134~139**,141,148,151
托尼・布莱尔 236

W

瓦茨拉夫・哈维尔 314
外交 28,45,160
威廉・贝弗里奇 210
威廉・葛德文 184
威廉・莫里斯 290
威廉・皮特 138
威廉三世（英王） 108
威权主义 14,18,27,32,39
威斯特伐利亚条约 89
唯心主义/理想主义（idealism）
148,156~159
委内瑞拉 162~163,204,205,242
温斯顿・丘吉尔 225,233,**236~237**
文化 142~143,259
文艺复兴 39,76,80
乌戈・查韦斯 162,163,242
乌托邦思想/空想 13,15,59
无阶级社会 170~171
无政府主义 184~185,206,234,246
五四运动 263
伍德罗・威尔逊 162

X

西奥多・赫茨尔 169,**208~209**
西班牙 184,250
西班牙美洲殖民地 162~163,204,304
西班牙内战 218,219,250
西尔维奥・贝卢斯科尼 259
西蒙・玻利瓦尔 117,**162~163**,3205
西蒙娜・德・波伏娃 268,269,284~289
西塞罗 **49**,54,60,64,66,150
希波的奥古斯丁 39,52,**54~55**,56,64
希尔琳・艾芭迪 269,**328**
夏尔・傅里叶 **336**
现代化 164,195,262~265
现实主义 13,14,28,44,76,80,98~103
宪法 18,19,43,49,69,70,110~111,195
宪章运动 117,136,139
效用 76,78,80
新柏拉图主义 52
新大陆 86~87,112
新自由主义 272~275
幸福 13,117,142~143
功利主义 146~149,179~180
康德论幸福 126~129
修正主义 202~203
虚无主义 196~199,257
选举 117,168,252
选举权 117,136~139,148,154,186
雪莱 186

Y

雅典 18~19,36~37,39,40,42,136,236
雅各宾派 120
雅克・德里达 339
雅克・拉康 339
亚伯拉罕・林肯 161,**182**
亚当・斯密 72,147
亚里士多德 12,14,19,36,39,**40~43**
《政治学》 19,42,67,68,70,71
亚历山大・赫尔岑 **194**
亚历山大・索尔仁尼琴 240
亚历山大大帝 19,41,47,**332**
亚历山大二世（沙皇） 329
亚瑟・叔本华 196,198

第一次世界大战 218,231,232,238,250,255,263
伊本·赫勒敦 53,54,**72~73**,121,165
伊拉克 236,247,268,269,282,323
伊朗 269,323,328,336
伊曼纽尔·康德 85,116,**126~129**
伊斯兰教 52~53,56~59,72~73,269
　伊斯兰原教旨主义 278~279,328
伊斯兰主义 323
伊藤博文 **195**
以赛亚·伯林 94,176,180,303
以色列 208
议会 60,61,98,102,106,151,276~277
议会民主制 201
意大利 172,173,200,218,238,239
意识形态 14,276~277
印度 19,186,253,278,279,303
　甘地 219,220~225,304,308
　考底利耶 28,39,44~47
　孔雀王朝 28,44,47
英国 117,176,178~179,181,186
　《大宪章》 60~61
　《权利法案》（英国） 85,98
　大英帝国 112,116,117,219
　福利国家 169,202,268
　光荣革命 98,106,130,132,136,195
英国内战 60,61,84,85,98,99
英雄神话 200~201
尤里乌斯·恺撒 19,49,60
犹太复国主义/锡安主义 169,208~209
犹太人 143,169,208~209,237
于尔根·哈贝马斯 282,**339**
原教旨主义 278~279,328,329
约翰·C. 卡尔霍恩 **161**
约翰·肯尼迪 268
约翰·费希特 142,**335**
约翰·戈特弗雷德·赫尔德 **142~143**
约翰·李尔本 **333**
约翰·卢卡奇 250~251
约翰·罗尔斯 103,126,269,**298~303**
约翰·罗斯金 290
约翰·洛克 **104~109**,116,140~141
约翰·梅纳德·凯恩斯 272~273
约翰·米尔斯海默 254
约翰·斯图亚特·密尔 **174~181**
约翰·沃尔夫冈·冯·歌德 143
约翰二十二世（教皇） 70,71
约翰内斯·阿尔图修斯 84,**92~93**
约翰王（英王） 53,**60~61**
约翰王时期的封建领主 **60~61**
约瑟夫· 普里斯特利 146,147
约瑟夫·德·迈斯特 **334**
约瑟夫·斯大林 218,232,**240~241**
　托洛茨基与斯大林 242,243,244
约瑟夫·熊彼特 113
越南 268,269,300,318,319

Z

再分配 274,302,303,327
造反猫咪乐队 242
旃陀罗笈多 19,28,47
詹姆斯·麦迪逊 **150~153**
詹姆斯一世（英王） 90
战国时期 18,22,27,33,48,332
战争 13,28~31,48,76,78,107
哲学王19,36~39,40,58,59,250
正义 13,31,36,37,52,53,56,65~66
政府角色/政府职能 108
知识分子 250~251,259,323
执行部门 107,111,124
直接行动 186~187,222~225,308
殖民主义 86~87,143,162~163,168
　反殖民主义 169,204~205,222~225
　后殖民主义 258,305
　民族独立运动 116~117,172,204
　去殖民化 304~307
治国术 45,76~81
治理术 311
智利 204,205,275
智者派 18
中国 18,19,72,168,179,310
　孔子 20~27
　墨子 32~33
　孙中山 212~213,218
　孙子 28~31
　中国共产党27,219,228,233,260~265
中国国民党 212,213
种族 252,294~295,305,306,308
种族隔离（南非） 269,294~295,305
朱利安·阿桑奇 283
朱塞佩·加里波第 **336**
朱塞佩·马志尼 **172~173**
诸子百家 18,22,28,32
主权 92,98,100,222,254,310
　人民主权/主权在民 93,123~124
主权者 24,26,28,30,45~46,88~89,92
专制主义 25,26,27,37,49,111,162
资本主义 85,113,170,196,202,203
　反对资本主义 184,229
　哈耶克 270~275
　马克思 190~193
资产阶级 228,230,250
自利 33,43,98~99,280
自然状态 13,98~103,107,120,121
自由 85,107,123
自由的共和主义 162~163
自由民主制180~181,257,282,302
自由市场 176,181,272~275,276,280
自由至上主义 314~315,326~327
自由主义 14,85,95,117,164,169,334
自主性 126,128,177,180
宗教 25,27,146,184~185,198,199
宗教改革 71,84,90

致谢

Dorling Kindersley and Tall Tree Ltd would like to thank Sarah Tomley for contents planning, Alison Sturgeon and Gaurav Joshi for editorial assistance, Debra Wolter for proofreading, and Chris Bernstein for the index.

PICTURE CREDITS

The publisher would like to thank the following for their kind permission to reproduce their photographs:

(Key: a-above; b-below/bottom; c-centre; f-far; l-left; r-right; t-top)

23 Dreamstime.com: Rene Drouyer (tr). **25 Getty Images:** Yann Layma / The Image Bank (br). **26 Wikimedia Commons:** http://de.wikipedia.org/w/index.php?title=Datei:Palastexamen-SongDynastie.jpg&filetimestamp=20061104233014 (bl). **27 Getty Images:** Peter Gridley / Photographer's Choice RF (tr). **29 Corbis:** Danny Lehman (cra). **31 Dreamstime.com:** Ron Sumners (tl). **Getty Images:** Chinese School / The Bridgeman Art Library (bl). **33 Getty Images:** Lintao Zhang / Getty Images News (cla). **37 Getty Images:** G. DAGLI ORTI / De Agostini (br). **39 Corbis:** Bettmann (bl). **Getty Images:** FPG / Taxi (tr). **41 Wikipedia:** Jastrow(2006) / National Museum of Rome. Inv. 8575 (tr). **42 Corbis:** Aristidis Vafeiadakis / ZUMA Press (bl). **45 Dreamstime.com:** Basphoto (br). **47 Corbis:** Richard & Gloria Maschmeyer / Design Pics (tr). **49 Getty Images:** Ken Scicluna / AWL Images (crb). **55 Getty Images:** Sandro Botticelli / The Bridgeman Art Library (bl); French School / The Bridgeman Art Library (cr). **57 Getty Images:** Muhannad Fala'ah / Stringer / Getty Images News (tr). **59 Corbis:** Michael S. Yamashita (tr). **61 Dreamstime.com:** Juergen Schonnop (bl). **Getty Images:** Danita Delimont (tr). **65 Corbis:** Alinari Archives (tr); Heritage Images (bl). **66 Getty Images:** Fabrice Coffrini / AFP (tr). **67 Dreamstime.com:** Newlight (cra); Paul Prescott (cla). **68 Corbis:** Hulton-Deutsch Collection (tl). **69 Corbis:** Wally McNamee (bl). **Wikimedia Commons:** Wilfried Huss/http://en.wikipedia.org/wiki/File:Flag_of_the_United_Nations.svg (tr). **70 Corbis:** Stefano Bianchetti (cr). **78 Corbis: (tl). 80 Corbis:** Bettmann (tl). **81 Corbis:** Bettmann (tr). **Getty Images:** James L. Stanfield / National Geographic (bl). **87 Corbis:** Bettmann (bl); Ken Welsh / Design Pics (tr). **89 Getty Images:** French School / The Bridgeman Art Library (br). **91 Alamy Images:** Prisma Archivo (tr). **Getty Images:** Juergen Richter / LOOK (cla). **93 Corbis:** Bettmann (cla). **Wikimedia Commons:** Jean-Jacques Boissard/http://en.wikipedia.org/wiki/File:JohannesAlthusius.png (bl). **95 Corbis:** The Gallery Collection (bl). **Dreamstime.com:** Georgios Kollidas (tr). **98 Dreamstime.com:** Georgios Kollidas (bl). **99 Library Of Congress, Washington, D.C.:** http://www.loc.gov/exhibits/world/images/s37.jpg (cla). **100 Corbis:** The Print Collector (bl). **102 Corbis:** Bettmann (tl). **Fotolia:** Andreja Donko (br); Vladimir Melnikov (cb). **103 Corbis:** Alfredo Dagli Orti / The Art Archive (bl). **106 Getty Images:** Hulton Archive (bl). **107 Corbis:** The Print Collector (br). **108 Getty Images:** Hulton Archive / Stringer / Hulton Royals Collection (bl). **109 Corbis:** The Gallery Collection (br). **111 Corbis:** (bl); Rick Maiman / Sygma (cr). **113 Corbis:** Doug Wilson (clb). **Dreamstime.com:** Georgios Kollidas (tr). **121 Corbis:** Alinari Archives (br). **124 Getty Images:** Time & Life Pictures (bl). **SuperStock:** Peter Willi (tl). **125 Corbis:** Stefano Bianchetti (tl). **127 Getty Images:** The Bridgeman Art Library (br). **129 Corbis:** Michael Nicholson (bl). **Getty Images:** Mario Tama / Getty Images News (cr). **131 Getty Images:** James Gillray / The Bridgeman Art Library (cra). **133 Corbis:** Hulton-Deutsch Collection (tr). **Getty Images:** Imagno / Hulton Archive (tl). **137 The Bridgeman Art Library:** Fitzwilliam Museum, University of Cambridge, UK (br). **138 Corbis:** Owen Franken (tl). **139 Corbis:** Bettmann (bl). **Getty Images:** Universal Images Group (tr). **141 Getty Images:** Hulton Archive (tr). **143 Corbis:** Bettmann (bl); Lebrecht Music & Arts (cr). **148 Corbis:** Andrew Holbrooke (bl). **Getty Images:** Mansell / Contributor / Time & Life Pictures (tr). **149 Getty Images:** Apic / Contributor / Hulton Archive (tr); Peter Macdiarmid / Contributor / Hulton Archive (bl). **151 Corbis:** Bettmann (br). **153 Corbis:** (bl); Martin Van Lokven / Foto Natura / Minden Pictures (tr). **155 Getty Images:** Fine Art Photographic / Hulton Archive (cb); John Keenan / The Bridgeman Art Library (tr). **157 Getty Images:** Universal Images Group (tr). **158 Alamy Images:** The Art Gallery Collection (b). **159 Getty Images:** Samuel N. Fox / Archive Photos (crb). **160 Getty Images:** Hulton Archive / Hulton Royals Collection (cra). **163 Corbis:** Sergio Alvarez / Demotix (cb); Christie's Images (tr). **164 Getty Images:** SuperStock (cb). **171 Corbis:** Bettmann (bl, tr). **173 Corbis:** Bettmann (bl); Alfredo Dagli Orti / The Art Archive (tr). **177 Corbis:** Nazima Kowall (tr). **179 Corbis:** Bodo Marks (bl). **180 Corbis:** Jeremy Horner (clb). **181 Corbis:** Bettmann (tr). **185 Corbis:** Hulton-Deutsch Collection (tr). **Dreamstime.com:** Regina Pryanichnikova (bc). **187 Corbis:** adoc-photos (tr); Bettmann (bl). **192 Corbis:** Swim Ink 2, LLC (tr). **193 Corbis:** Bettmann (tr). **Getty Images:** Time & Life Pictures (clb). **194 Corbis:**

Philippe Giraud / Goodlook (cr). **197 Wikimedia Commons:** F. Hartmann/ http://en.wikipedia.org/wiki/ File:Nietzsche187a.jpg (tr). **198 Corbis:** Heidi & Hans-Juergen Koch / Minden Pictures (bl). **201 Getty Images:** Steve Eason / Stringer / Hulton Archive (cr); Roger Viollet (bl). **203 Getty Images:** CHRISTOF STACHE / AFP (clb); UniversalImagesGroup / Universal Images Group (tr). **205 Corbis:** Bettmann (cr, bl). **207 Corbis:** Hulton-Deutsch Collection (cb). **209 Corbis:** Bettmann (tr). **Getty Images:** Paul Chesley / Stone (clb). **211 Getty Images:** Fotosearch / Archive Photos (cr). **213 Corbis:** Adam Woolfitt (cla). **Library Of Congress, Washington, D.C.:** LC-USZ62-5972 (tr). **215 Corbis:** Mark Moffett / Minden Pictures (cla). **Getty Images:** German / The Bridgeman Art Library (tr). **223 Corbis:** Hulton-Deutsch Collection (bl); Frederic Soltan / Sygma (cr). **224 Getty Images:** Hulton Archive / Stringer / Archive Photos (clb). **225 Corbis:** David Osuna / Demotix (br). **229 Corbis:** Bettmann (tr); Hulton-Deutsch Collection (bl). **230 Corbis:** (bl). **231 Corbis:** Hulton-Deutsch Collection (tr). **232 Corbis:** Bettmann (bl). **233 Corbis:** Bettmann (tl). **235 Alamy Images:** The Art Archive (bl). **Corbis:** Bettmann (cla). **237 Corbis:** Bettmann (cla). **Library Of Congress, Washington, D.C.:** LC-USW33-019093-C (bl). **238 Alamy Images:** tci / MARKA (cb). **241 Corbis:** Bettmann (bl). **Getty Images:** Buyenlarge / Archive Photos (ca). **243 Getty Images:** Keystone-France / Gamma-Keystone (br). **244 Corbis:** Hulton-Deutsch Collection (tl). **245 Corbis:** Underwood & Underwood (bl). **Wikimedia Commons:** The Russian Bolshevik Revolution (free pdf from Archive.org)/http://en.wikipedia.org/ wiki/File:Lev_Trotsky.jpg (tr). **246 Corbis:** (cra). **249 Corbis:** Bettmann (bl); Tolga Bozoglu / epa (cl). **251 Corbis:** Bettmann (tr). **Getty Images:** Alinari Archives / Alinari (cb). **257 Getty Images:** (br). **258 Corbis:** Bettmann (cb). **263 Getty Images:** Imagno / Hulton Archive (cra). **264 Getty Images:** Hulton Archive / Archive Photos (tr). **265 Corbis:** Roman Soumar (tr). **Getty Images:** Keystone-France / Gamma-Keystone (bl). **274 Corbis:** Martin Jones; Ecoscene (bl). **275 Corbis:** Wally McNamee (tl). **Getty Images:** Apic / Hulton Archive (bl). **277 Corbis:** (bl). **279 Corbis:** Michel Setboun (cra). **281 Corbis:** Atlantide Phototravel (tr); Oscar White (bl). **282 Corbis:** Bettmann (bc). **283 Getty Images:** Apic / Hulton Archive (tr). **286 Corbis:** Hulton-Deutsch Collection (bl). **287 Corbis:** Blue Lantern Studio (br). **288 Corbis:** Gianni Giansanti / Sygma (tl). **291 Getty Images:** ERLEND AAS / AFP (tr). **292 Corbis:** Stapleton Collection (tl). **295 Corbis:** Hulton-Deutsch Collection (clb); Stephane Ruet / Sygma (tr). **296 Corbis:** Bettmann (cr). **302 Dreamstime.com:** Marcio Silva (bl). **303 Getty Images:** AFP / Stringer / AFP (tr); Frederic REGLAIN / Gamma-Rapho (bl). **305 Corbis:** Raymond Darolle / Europress / Sygma (cra). **306 Getty Images:** Topical Press Agency / Hulton Archive (tr). **307 Getty Images:** AFP (bl); Leemage / Universal Images Group (tr). **309 Corbis:** (cra). **Library Of Congress, Washington, D.C.:** LC-USZ62-115058 (bl). **311 Corbis:** Bettmann (tr); Wolfgang Flamisch (cb). **313 Corbis:** epa (cla). **Getty Images:** Joseph Scherschel / Time & Life Pictures (tr). **315 Corbis:** Christopher Felver (bl). **Getty Images:** Bloomberg (cra). **319 Wikimedia Commons:** US Army/ http://en.wikipedia.org/wiki/File:101st_Airborne_at_Little_Rock_Central_High.jpg (br). **320 Corbis:** Bettmann (tr). **321 Corbis:** Flip Schulke (bl). **Library Of Congress, Washington, D.C.:** LC-USZ62-126559 (tr). **322 Corbis:** Bettmann (cb). **325 Corbis:** Najlah Feanny / CORBIS SABA (tr). **Getty Images:** AFP (clb). **327 Corbis:** Pascal Deloche / Godong (cb). **Getty Images:** Martha Holmes / TIME & LIFE Images (tr). **328 Corbis:** Bettmann (cra)

For more information see:
www.dkimages.co.uk